荊楚文庫

〔嘉靖〕蘄水縣志

〔明〕黃國政 修 〔明〕蕭 璞等 纂

〔順治〕蘄水縣志

〔清〕劉 佑修 〔清〕楊繼經 纂

〔康熙〕蘄水縣續志

〔清〕李振宗 纂修

荊楚文庫編纂出版委員會

武漢大學出版社

荊楚文庫

〔嘉靖〕蘄水縣志
JIAJING QISHUI XIANZHI
〔順治〕蘄水縣志
SHUNZHI QISHUI XIANZHI
〔康熙〕蘄水縣續志
KANGXI QISHUI XIANXUZHI

圖書在版編目(CIP)數據

〔嘉靖〕蘄水縣志/〔明〕黄國政修;〔明〕蕭璞等纂.
〔順治〕蘄水縣志/〔清〕劉佑修;〔清〕楊繼經纂.
〔康熙〕蘄水縣續志/〔清〕李振宗纂修.
—武漢:武漢大學出版社,2023.6
ISBN 978-7-307-23417-8
Ⅰ.①嘉… ②順… ③康…
Ⅱ.①黄… ②劉… ③李… ④蕭… ⑤楊…
Ⅲ.浠水縣—地方志—明清時代
Ⅳ.K296.34
中國版本圖書館 CIP 數據核字(2022)第 208321 號

責任編輯:黄河清
整體設計:范漢成 曾顯惠 思 蒙
責任校對:汪欣怡
出版發行:武漢大學出版社(中國・武漢)
地址:武昌珞珈山
電話:(027)87215822 郵政編碼:430072
録排:武漢恒清圖文菲林輸出工作室
印刷:湖北新華印務有限公司
開本:787mm×1092mm 1/16
印張:30 插頁:6
版次:2023 年 6 月第 1 版 2023 年 6 月第 1 次印刷
定價:118.00 元

ISBN 978-7-307-23417-8

出版説明

湖北乃九省通衢，北學南學交會融通之地，文明昌盛，歷代文獻豐厚。守望傳統，編纂荆楚文獻，湖北淵源有自。清同治年間設立官書局，以整理鄉邦文獻爲旨趣。光緒年間張之洞督鄂後，以崇文書局推進典籍集成，湖北鄉賢身體力行之，編纂《湖北文徵》，集元明清三代湖北先哲遺作，收兩千七百餘作者文八千餘篇，洋洋六百萬言。盧氏兄弟輯録湖北先賢之作而成《湖北先正遺書》。至當代，武漢多所大學、圖書館在鄉邦典籍整理方面亦多所用力。爲傳承和弘揚優秀傳統文化，湖北省委、省政府決定編纂大型歷史文獻叢書《荆楚文庫》。

《荆楚文庫》以「搶救、保護、整理、出版」湖北文獻爲宗旨，分三編集藏。

甲、文獻編。收録歷代鄂籍人士著述，長期寓居湖北人士著述，省外人士探究湖北著述。包括傳世文獻、出土文獻和民間文獻。

乙、方志編。收録歷代省志、府縣志等。

丙、研究編。收録今人研究評述荆楚人物、史地、風物的學術著作和工具書及圖册。

文獻編、方志編録籍以一九四九年爲下限。

研究編簡體横排，文獻編繁體横排，方志編影印或點校出版。

《荆楚文庫》編纂出版委員會

二〇一五年十一月

總目録

荆楚文库

〔嘉靖〕蕲水縣志

〔明〕黄國政　修

〔明〕蕭　璞等纂

《荆楚文庫·方志編》編纂組

組　長：劉偉成　陽海清（執行）

副組長：劉傑民（執行）　王　濤　謝春枝　范志毅（執行）

參編人員（以姓氏筆畫爲序）：

王　濤　李云超　宋澤宇　范志毅　柳　巍　馬盛南　陳建勛　梅　琳

張文静　張雅俐　陽海清　彭余焕　彭筱澂　賀定安　楊　萍　雷　静

劉水清　劉傑民　謝春枝

編　審：周　榮

顧　問：沈乃文　李國慶　吴　格

前言

《〔嘉靖〕蘄水縣志》四卷，明黄國政修，明蕭璞等纂，明嘉靖二十六年（一五四七）刻本。

黄國政，明廣西桂平人，監生，嘉靖二十二年（一五四三）任蘄水主簿。蕭璞，四川大足人，選貢，嘉靖二十三年（一五四四）任蘄水教諭。

蘄水縣，春秋戰國屬楚，漢爲江夏郡蘄春縣。南朝宋元嘉二十五年（四四八）置浠水縣。南朝梁又析置蘄水縣。唐初改浠水爲蘭溪，後改蘄水。宋元仍舊。明洪武改屬黄州府。縣名來源據該志《沿革》載，『治前一水，西注於江而匯於蘄，故名』。

據是邑現存志書記載，明朝蘄邑多次修志，可確定嘉靖前有正統邑令胡奎本和弘治知縣程昌本，其後有嘉靖元年（一五二二）本，纂修者不詳，今皆無傳本。嘉靖二十六年，時任湖廣布政司左參政檄蕭璞修縣志。蕭璞遂與邑諸訓導、庠生等，依左參政所頒志例，在舊志基礎上，稽考載籍野録，補缺正訛，删繁續新，又質之耆宿公論以斷取捨，成書四卷。每卷卷端題『教諭蕭璞生員余俸周紹堯周中何瑞纂修』，正文前有序、目録、凡例，正文後有蕭璞後序一篇。

是志《凡例》遵照湖廣布政使司爲省内各府、州、縣修志所定的統一體例，首書『抄奉湖廣布政使司左參政丁明文』，其下共分二十五門：圖考、建置沿革、形勝、山川、名蹟、風俗、物産、户口、田賦、徭役、秩官、公署、水利、惠政、學校、選舉、兵防、秩祀、名宦、宦蹟、鄉賢、人物、災祥、方外、藝文。以上每個門目都簡要叙述採訪、收録的要點，以及記述的順序、詳略等應當注意的事項。在大綱之下，本志又依據蘄水本地特色增設細目。如是邑臨水，且縣境内有河流穿過，其『建置沿革』綱下設『橋』『渡』子目，詳細記録橋樑分佈與相關事蹟。『山川』下設『崖嶺洞石附』，記載更爲詳盡。『藝文』分上、下，上以記、説等文體爲主，下以賦、詩等文體爲主，共占整體志書約一半篇幅，收録邑人所作及題材有關當地者。

是志正文内所有門目名稱及子目内標註朝代所用文字皆以陰文刻成，頗顯突出，具有明確的提示功能，使人觀之一目了然。

據《中國地方志聯合目録》，是志有明嘉靖二十六年刻本，僅藏於國家圖書館。另有一九六三年上海古籍書店影印本。本次據國圖藏本影印。該底本原缺卷三第二十四葉。（彭筱漱）

目録

重脩蘄水縣志序

列國有史郡縣有志古今異時史志異制其實一也是故文獻不足夏商之禮不傳諸侯去籍爵祿之制遂泯志也將存典籍備考證爰立政教其可忽哉雖欲弗作弗續不可也蘄水舊志

止於嘉靖壬午迄今二十有六年其間事實良有可紀適布政司左叅政丁公方留心通志有事纂脩行府牒縣刻期責成公之自任自可想見其奉行則主簿黃君國政其編輯則教諭蕭君璞及庠生余子倖周子紹堯周子中何子瑞也夫志以傳遠作者固難諸君本之見聞考之載籍又質諸耆宿其草創討論脩飾潤色各盡所長其於舊志缺者增訛者正繁者刪當續者各以類增入焉採摭博而紀錄詳去取公而輿情愜將使

百里之內百數十年以來盈天地覆載一展卷而俱見無志可乎志之為書析之為縣志合之為郡志又合之為省志通合之為一統志天下之事備矣自吾蘄一邑論之今志所載比舊志為益詳為卷者若干首圖考次

建置次形勝次山川以至方外藝文無不備載是故觀民以立政觀風以施教觀祀以禮神觀兵以守觀戶口以養觀田賦以貢觀水利以備旱觀名宦以盡職觀鄉賢以進德觀孝行以厚人倫觀節義以厲廉耻觀災祥

以致脩省觀藝文以資玩索觀名物以資博識志之有益於世大矣況由是而觀之郡廣之省又益之以天下乎始聞師生之集議也謂郡邑建置凡以爲民也舊志所載詳於事而畧於民今之所增宜詳於民以補其畧

故觀今志所載事固不增於舊而生民利病所關則舊志有所未備也他之爲志者非售諂諛即騁文詞安有惓惓爲民者昔夫子脩春秋凡災眚必書興作不時必書聖人固畏天命而悲人窮所以立民命也推此爲志

不亦良乎以是觀之志之作誠不虛矣文聞諸父老謂方今病民者四鎮山水陸俱厄於採石里甲夫馬益困於送迎一條邊立而催科併有損於民無益於官連歲災傷而公私竭國非其國貢生所憂凡此安得聞於

當道抑安知康濟之無策乎故并識之以昭民隱且備志之所不及也志成縣丞周君琟脩覲事還遂登諸梓云

旹

嘉靖丁未仲春月甲午

賜進士出身朝議大夫奉

勅撫治商洛提督軍民陝西布政使司右參議邑人蘭江胡仲詰

書

蘄水縣志目録

蘄水縣志目錄終

蘄水縣志凡例

抄奉

湖廣布政使司左參政丁 明文

一圖考

府州縣各列畫圖城池內備畫各衙門各城門及樓廟倉舖之類府圖城外備列所屬州縣城池并境內名山大川州縣圖城外凡境內山川備列所在各備書山水名目及去州縣若干里并大小險夷之狀圖外各備書界至里至庶有所考

二建置沿革 星野 郡名 城池 疆域 關梁附

府州縣沿革各開載古昔歷代以至

國朝或改或復或併或析或屬某處為某國某郡某軍某路某府某州某縣先後升降徙治廢置更迭不一若往代帝王將士戰伐之地其間僭偽竊據之鄉亦所當詳或某府某縣係某年新設或某縣原屬某府今改屬某府以至天文分野古今郡邑名界至里至編里坊鄉之類逐一開載務須博訪精覈庶使傳承有據証按無遺

府州縣城池或磚或土或有或無或某年某人築或增築或昔有而今廢或舊無而新築及週圍高

壕深濶若干並各城門名目以至關鎮橋渡之類
或先今某年某人創修或廢圮俱備細查録

三形勝

府州縣據險守要各有形勝須引証實載不當杜
撰而泛為之説

四山川

名山大川亘古不移府州縣各據境内山水開列
處所實跡至于大小險夷之狀復于府州縣圖内
表而出之以備查考若湖潭溪灘泉井時有湮塞
陂塘之類尤水利所關備考創脩存廢之實以録

五名蹟

府州縣古今勝蹟如樓臺亭館城宅苑囿池沼之
類或經遊于先哲而遺化攸存或吟眺于名賢而
篇編具在其名與蹟俱不可泯須查其處所訪其
實跡以録

六風俗

風俗以方土而異府州縣自各不同或有昔美而
今入于薄者亦有昔薄而今轉為厚者美惡各從
實録務引故典成語不當有所避而為諱詞也

七物産

府州縣各有方土所産之物及或舊有場冶有
務今或存或廢逐一開載

八户口

府州縣户口除成化八年正德七年舊通誌已開
載外自正德七年以後至嘉靖二十年止歷年民
數或有消長不同逐一查録

九田賦

十徭役

府州縣田賦各開官民田地山塘若干頃畝夏税
秋粮及課鈔各類目歲辦則備開某物若干至于

額派徭役如驛傳銀力二差之類備開驛馬驛船
水夫各若干銀差某差若干編銀若干力差某差
若干工食若干或有昔重而今獲減輕者或有昔
編而今則改派者俱要逐一查明從實開報毋滋
煩文

十一藩封

府州縣有
王府者移文長史司備查始封某王府名諱支派某年
開國某處某年薨謚曰某并查嗣封歷世以及
今王或無嗣國除改封各郡王府各將軍府各

王府祠廟陵墓處所以至王府各額設官屬員類逐一
查録

十二秩官

府州縣幷各儒學及合屬大小衙門備列額設職
官若干員某縣全設某年裁減或添設或某衙門
係某年題
准新立府州縣正官查自
國朝至今歷官某某姓名貫係出身某年任佐貳以下
名氏免録

十三公署 舖舍附

府州縣治署察院分司府館幷合屬巡檢司河泊
所倉場稅課司驛遞批驗所陰陽醫學僧道綱紀
正會司等衙門申明旌善二亭俱各分列其所即
於其下註云先原舊建何如繼自某年某議革某
修葺某遷徙何如某舊無而近年添建者則曰某
年某某議創某某成立至于舖舍傳置有程中間
或有分析歸併亦或近年添建逐一查録

十四水利 附山川條不另開

十五惠政

府州縣預備便民二倉養濟一院令稱惠政各列

處所某年某人建或重建或遷徙幷惠民藥局漏
澤園逐一查録

十六學校 社學書院附

府州縣儒學幷
敬一亭明倫堂射圃社學各分列其所即於其下註云
先原建何如以後某年某人修葺遷徙何如逐一
查録
書院或建于古或創于今或增葺移徙備列其年
其人其地幷或爲某人而建或係奉
命修置或係有司創立或係某人自造從實查録

十七選舉 薦舉 恩蔭附

進士舉人起自
國朝挨年開列姓名仕至某官或見任某官如由府學
則註係某縣人其進士仍於舉人下註云中某科
進士歲貢則挨次録其姓名仕至某官不必記年
薦舉恩蔭各開列名氏薦舉註云某年以某事舉
仕至某官恩蔭註云係某官諱某之子某年以蔭
任某官

十八兵防

兵防統于都司督於憲臣而又有總兵守備之設

各府或設有兵備道江防道幷總兵守備等衙門
務查某年原為某事而設或原設某處而某年改
以某處題
准添設幷所轄衛所府州縣各若干以至本府州縣教
場牧馬草場去處民快弓兵數目幷某年或某處
寇盜剽掠某處蠻洞竊發有某某官勦平之及所
行事實節畧俱查錄
十九秩祀　祠廟　陵墓附
文廟啓聖名宦鄉賢等祠社稷山川郡邑厲等壇
城隍等廟此係載在祀典時有常祭祭有儀者俱

書入秩祀例幷查處所某年某人創修何如如先
賢功臣等祠或係奉
命修建或係
撫按衙門守巡等道府州縣官之表崇或出於鄉士
之景慕或出於百姓之遺思皆一方風教所係備
查其年其人其地始末緣由入祠廟例以至古今
墳墓或係先賢名宦或出
朝廷恤典俱聽查錄
二十名宦
二十一宦蹟

二十二鄉賢
二十三人物　孝義　貞節　逸士　僑寓附
名宦宦蹟鄉賢人物孝義貞節逸士僑寓俱查自
先代以至
國朝必事蹟允孚公論已定者各從實開載名宦鄉賢
止載已入祠者其未入祠者不與居官政蹟可紀
百姓蒙惠而未入祠者書入宦蹟例居鄉行誼高
邁表表爲人所共與者不論崇卑顯晦而未入祠
皆書人物例如居官雖政蹟可稱而去任未久居
鄉雖制行可嘉而蓋棺未定者姑俟之可也皆不

與載孝義貞節各查實跡分已未旌表逸士之名
甚不易稱有則書無則寧闕僑寓紀其顯者查其
原籍某年因某故流寓毋得徇情混載賢否無別
仍于名宦鄉賢祠下註云名宦祀某某共若干人
鄉賢祠某某若干人庶有所考
二十四災祥
府州縣災祥如水旱歲荒甘露芝草之類各查其
歲時及某年某官某弭災救荒實政以錄
二十五方外
府州縣寺觀仙釋逐一查錄

二十六藝文

詩賦序記之類有關於其地有關於其風教有建以明理學者備録以憑採擇

附

秩官類佐貳官教官所屬官

選舉類

恩封

御醫援例吏選

原文不録籍惟志書縣詳於府府詳於省省詳於一統志故附録以備一縣觀覽

蘄水縣志凡例終

蘄水縣志卷之一

教諭蕭璞生員余倅周紹堯周中何瑞纂脩

圖考

志圖何周官職方氏之法也圖以形之而輿地可坐知矣觀河洛者思功觀明堂者思背寄百里之命者按斯圖也寧無所思乎對公署而思振肅對山川而思險阻對疆域而思保障對城郭而思人和對闤市而思平準對津渡而思不通對學校而思教化對倉囷而思貧窮對堤堰而思旱澇對舖舍而思墾闢庶幾無負於斯圖矣

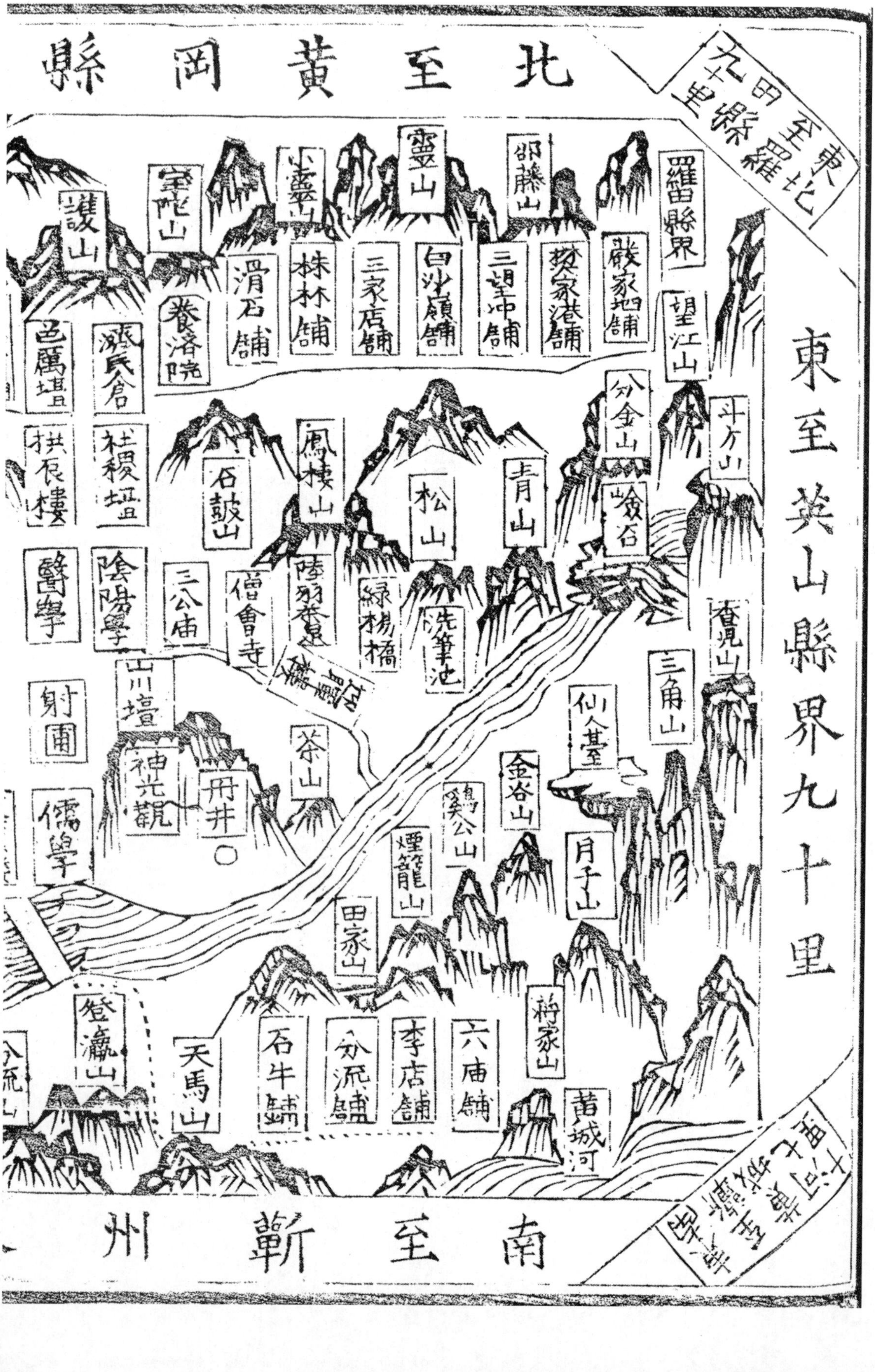

北至黄岡縣
東北至羅田縣九十里
東至英山縣界九十里
南至蘄州
羅田縣界
靈山
部藤山
護山
滑石舖
株林舖
三家店舖
白沙嶺舖
三望冲舖
楊家港舖
饒家坳舖
望江山
養洛院
濟民倉
邑厲壇
八分金山
斗方山
青山
松山
鳳棲山
石鼓山
社稷壇
拱辰樓
洗筆池
綠楊橋
僧會寺
三公廟
陰陽學
醫學
三角山
仙人臺
金谷山
茶山
神光觀
山川壇
射圃
儒學
煙籠山
田家山
月子山
黄城河
登瀛山
天馬山
石牛舖
分流舖
李店舖
六廟舖

界七十里
西北至黄岡縣一百二十里
西至蘭溪大江心武昌界四十里
黄州府界
七里舖
劉店舖
巴水驛
松林舖
巴河鎮巡司
子胥庵
張巡廟
城山
卓旗山
城隍廟
分司
蘄水縣
仵洲
總舖
憲司
府館
浠川驛
五顯廟
龍潭
闍黎山
太公石
蘭溪驛
仙靈觀
蘭溪巡司
晏公廟
青獅山
白羊山
茅山口
界五十里

建置沿革

志沿革何昭損益也按秦之郡縣周之封建也今之沿革秦之郡縣也封建不可作矣柳子有言有理人之制而不委郡邑有理人之臣而不使守宰失在於政不在於制秦事然也由是觀之沿革時也守宰之重則不易之理也

蘄水縣隸湖廣布政司爲黃州府屬縣也春秋戰國屬楚漢爲江夏郡蘄春縣地劉宋於此謂今建浠水縣及永安郡蕭梁又析置蘄水縣治南一水西注於江而匯於蘄故名隋郡廢以二縣屬蘄州唐初改浠水爲蘭溪治在龍泉山南尋省蘄水後又改蘭溪爲蘄水蘄蘭皆香草故名復還今治宋元仍舊吳孫權於此屯兵即城山元至正間羅田妖人徐壽輝於此僭都即今北門婁氏倉地三省令兵收復皇朝甲辰間仍隸蘄州洪武巳未改屬黃州府編戶四十六里後增爲七十六里成化初併爲五十八里在市三里在鄉五十五里今不分鄉市

星野

志星野何察妖祥也周禮保章氏之職如此而已景公發善言而熒惑退舍襄公不戢兵而隕石宋五人事感於下天變見於上郎官應列宿者也何

不慎歟

蘄水舊楚地禹貢荊州之域荊州翼軫星野歷代天文志春秋元命包云軫星散爲荊州其地屬楚翼軫之星野按翼軫二星也雖同次鶉尾辰在巳正義云翼軫皆爲鶉尾於辰在巳而各有攸繫星經云翼十八度軫十七度天官書云翼爲羽翮主遠客軫爲車主風正義云翼爲天樂府又主夷狄亦主遠客占明大禮樂興四夷服從天子舉兵以罰亂者軫四星主冢宰輔臣又主車騎亦主風占明大則車騎用太白守之天下學校散文儒失業兵戈大興熒惑守之南方有不用命之國當發兵伐之辰星守之徐泗有戮之者零陵長沙武陵桂陽則入軫晉天文志零陵入軫十一度桂陽入軫六度武陵入軫十度長沙入軫十六度蘄水嘗屬江夏郡今江夏縣屬南郡今江陵縣則入翼考翼自張十七度至軫晉天文志張南陽星野與鶉尾同占唐天文志南陽直走南郡以暨於黃按南陽兩漢書俱云楚分一統志又云豫州地今河南道河南府輿地畧云南陽直走襄黃之郊襄陽舊爲南郡地南陽南郡距南陽者也江夏距南郡者也以此推之蘄水已入翼六度南郡入翼十度江夏入翼十二度晉天文志距江夏不遠當在十二三度之交蓋楚有三江陵爲南楚彭城爲西楚吳爲東楚蛇勢也春秋傳楚長蛇之地吳地多屬楚今江西道幷吞者置勿論九今九江府南今南康府吉今吉安府古荊揚二州之域竊計半爲楊斗分半即爲荊翼分吳之頭楚之尾也則翼之餘度在吳三郡之間而蘄在十二三度之交無疑矣或又謂蘄水當荊楊之交楊之九江入斗一度

廬江亦入斗六度蘄接壤九廬疑亦入斗愚謂斗翼分限甚明天文畧斗北方之宿翼南方之宿章俊卿云斗牛星曰星紀宮曰磨蝎時曰丑州曰揚翼軫星曰鶉尾宮曰雙女時曰巳州曰荊晉天文志自尾十度至斗十一度自斗十二度至須女七度自張十七度至軫十一度自軫十二度至氐四度斗不聞其混翼蘄又禹貢時荊州地也荊不聞其雜楊荊州主翼軫蘄安得復入斗乎翼星天文畧歌云二十二星大難識上五下五橫着行中心六箇恰似張更有六星在何處三相連張畔附必若不能分處所更請向前看野取五箇黑星翼下頭欲知名字是東甌翼星形狀若此附志之以便觀覽

邑名

浠水劉宋名蘭溪唐名蘄水今名仍蕭梁舊

城池

志城池何設險之義也記曰城郭溝池以爲固凡以禦暴也司守者或爲暴焉則盜不止於外矣故曰城郭不完非國之害也以盜在內也

城池舊無止於四面大市口設樓其隘巷設門爲防昏夜擊柝亦倣城守者之禁東迎暉樓舊東門嘉靖甲午知縣譙暘改今名南來薰樓舊南門嘉靖丙子知縣李佳改今名西鎮西樓舊西門在城隍廟前嘉靖甲辰典史黃登改今名望江樓舊土門亦典史登改今名北拱辰樓舊北門正德壬申知縣何澄建改今名

疆域

志疆域何專統理也古者天子入諸侯之疆視國之盈縮而慶讓行焉分土定而四境罔不治者責有所歸也今之制其古之遺乎不識今之臣視古之臣何如也是故岐周上也羊叔子抑亦可以爲次乎如阿大夫吾懼其不免矣

蘄水東西相距一百六十里南北相距一百四十里東至厖寺前英山縣界九十里西至下巴河黃岡縣界七十里南至女兒街舖蘄州界五十里由此達廣濟縣北至長嶺舖羅田縣界九十里此四正之境也東北至嶮石羅田縣界六十里東南至沙河中心蘄州界四

十里西北至上巴河黃岡縣界七十里由此達麻城縣西南至蘭溪大江心四十里江南武昌縣界此四隅之境也西達本府一百一十里達布政司水路三百六十里陸路三百二十里南達南京水路一千七百五十里陸路一千二百里北達北京水路五千八百里陸路三千七百八十里

鄉都周禮二千五家爲鄉十邑曰都

義門南鄉在治北轄九都三圖一十四里

一都一圖二圖二里二都一圖二圖二里三都一圖二圖二里一十一都一圖一里一十二都一圖三圖二里一十六都一圖二圖二里一十七

都一圖二圖三圖三里
里名四 雲馳 城子 永樂 港口
保八 馬衖 九河下 斯埸 阜潭 團陂 鮮尾 九河上 古村
義門北鄉在治西北轄八都三圖一十三里
四都二圖一里六都一圖一里七都一圖一里八都二圖一里九都一圖一里十都一圖二圖二里十五都一圖二圖三圖三里十八都一圖二圖三圖三里
里名二 永樂 城子
保八 高陂 阜子 松山 張阡 南庄 新村上 永樂 新村下
開原上鄉在治東南轄九都二圖一十二里

三十都一圖一里三十一都一圖二圖二里三十二都一圖二圖二里
三十四都一圖一里三十五都一圖一里三十六都一圖一里
里名三 石司 招義 彪兇
保九 汝羅 樂林 姑塘 東溪 樓下 城角 白馬 東似 樂田
開原下鄉在治東轄八都二圖一十里
三十七都一圖一里三十九都一圖一里四十一都一圖一里四十二都一圖二圖三里四十三都一圖一里四十四都一圖一里四十五都一圖一里四十八都一圖一里
里名五 彪兇 義豐 招義 三吾 新安
保十二 上革 東村 河東 南村 馬舊 黄城 太馬 下羅田 崇橋 猪羊上

猪羊下 三溪
永福鄉在治西南轄九都一圖九里
一十九都一圖一里二十都一圖一里二十一都一圖一里二十三都一圖一里二十五都一圖一里二十六都一圖一里二十七都一圖一里二十八都一圖一里二十九都一圖一里
里名四 赤水 楊歷 新城 廣應
保十一 高龍 黄兇 上士 馬塘 河東 烏江 古塘 谷陂 新陂 下保 白羊
以上曰雲馳里馬衖保之類皆村落里社之名
非定制也官制舊七十六里正統志南鄉一十

七里北鄉一十九里上鄉一十里下鄉一十三
里永福鄉一十二里止七十五里遺一里前脩
志者之責也今五十八里其都圖数缺者成化
初併里而去之非遺也

坊表 成周表厥宅里所以示勸也今之坊表盖取諸此

導道坊 通政坊 中和坊 義和坊 崇善坊俱在治東
善教坊 南風坊 清源坊 太平坊 澄清坊
蘭清坊俱在治南 善政坊 通化坊 賞節坊俱在治西 儀善
坊又曰集和又曰尚善 興賢坊 慶善坊又曰大田又曰方社 井泉坊俱在治北
○昔舊名坊久廢第居民仍取為坊巷圖社之稱故仍志之 激濁坊 揚清坊

俱在按察分司前東西街雲路坊在治南馬路街口表科第姓名于上城隍坊在城隍廟東巷口進士坊有三一永樂甲申科許禎一成化戊戌科呂渭一成化辛丑科魯永清俱廢恩榮坊成化丁未科徐紹先折桂坊有二一宣德丙午科呂鏞一景泰庚午科徐溙俱廢文魁坊正統戊午科張詳今廢進賢坊正統辛酉科吳永哲廢步武坊景泰癸亥科薛濟廢致錦坊景泰丙子科鞏恭廢賓興坊景泰癸酉科張頊廢登雲坊成化戊子科程岳廢傳桂坊成化丙午科李汰弘治己酉科程節壬子科詹易乙卯科李尚仁廢桂林坊在治北市正德壬申知縣程昌爲舉人徐吉貞程翺郭文輔陳策田重器田貢呂爵周鄉李宗元操永兆建今廢名改入雲路坊增程轍蔡曰涇程象胡仲謨陳欽張瑨李龍芳胡仲詰殷相李承陽易文訓徐步雲錢邦儔攀龍坊正德丙子科蔡曰涇會魁坊正德辛巳科周鄉迎恩坊駐驄坊俱在浠川驛前廢康莊福地坊在巴河鎮廢

蘄水志卷之一　九

關梁

志關梁何王政之所不廢也關以待譏察梁以濟不通皆於民有賴焉故志○蘄水舊無關備列市鎮

縣前街市舊爲土街正統四年知縣胡奎率民砌以磚石南達憲司通驛遞往來雜沓甓隘嘉靖壬午知縣謝爵闢之馬路口街市在治南河東街市在治東南達英山路

李店舖小市　六神港小市　關口小市在治東四十里

蔡家河小市　三家店小市　朱店小市在治北三十里

團陂小市在治北九十里蘭溪鎮有市巴河鎮有市係下巴河

橋

浮橋在南門河儒學前南北通津舊以木爲梁名渡橋久作春廢民甚病之弘治初知縣黎源潘玨建議造舟二十有五維以鐵鑽學士篁墩程敏政記弘治庚申縣丞冊徒趙麟重造正德甲戌知縣灌縣王伯重修正德辛巳知縣成都謝爵重造以後雖有修葺者然歲久材朽今僅存八隻人病涉矣昭化橋在昭化寺前正統初典史呂繇本重脩正德丁丑典史王浴重脩繩武橋在昭化寺左今廢通明橋在治北久廢昭嗣橋在治北今廢綠楊橋在玉臺山後宋蘇東坡月夜遊賞醉眠此橋作西江月詞見文藝類橋廢已久址爲沙壅畫街橋在治北三里成化壬辰知縣陳與主簿侯爵建木橋造樓於上成化戊戌縣丞張紀重脩後水衝廢弘治辛亥知縣潘玨伐石鼎建麻橋在治西一十五里義民湯瓘伐石重建苦竹港橋在治西三十五里城角橋在治東三十里三望橋在治東三十里大馬橋在治東四十里周家橋在治東三十里萬花山橋在治北十五里畢氏橋在河東街嘉靖丙戌畢氏伐石鼎建馬坡沖橋鄉民朱玉成伐石建大冊寺橋景泰初鄉民伐石建正德間水衝廢

蘄水志卷之一　十

朱家橋天順間民李儉建造樓於上成化甲午水衝廢巴水橋在驛東青蒿港橋成化初民程福伐石鼎建旁居舟丁鑿毀以利其渡潘家橋在縣治東十里爲六安英山太湖宿松蘄州羅田通衢宣德初年鄰女潘氏終身不嫁紡績自給伐石鼎建蔣家橋東六十里

渡

南門河渡　彭家港渡　六神港渡　蘭溪渡　下

巴河渡　清泉寺渡　濤兒口渡

形勝

志形勝何地之險也披山帶河季子以爲天府之國龍蟠虎踞孔明以爲帝王之都形勝之尚久矣大抵畫野分土必據其津塗而扼其喉衿古稱荆

湖之地爲州十一而其鎮則江陵武昌是也蘄水當武昌順流固江漢之外藩也蘄實金楚之總會扼楊吳之上游緩急不虞足相警備志形勝非後觀也

枕蘄（蘄州）黃（黃岡）之交接英（英山）羅（羅田）之壤東北高而山色蘢葱西南下而湖光掩映每當春過雨則豬清聳翠舉在目前唐李白過此題壯觀二字於譙樓云

山川

志山川何以鍾靈也山川之積也川瀆之注也崧嶽降神河洛出瑞於世道有文明之候焉脉脉峙立血脉朝宗於王臣有不貳之義焉仰高思齊臨深知懼於君子有損益之箴焉若夫雲雨中原限隔戎馬或竭或崩是相警戒此其大都也

山

玉臺山（治東一里漢張道陵於此煉丹後人美之故名許丹井下）茶山（治東二里嘗產茶因名今無唐劉禹錫詩蘸葉照人呈夏簟松花滿碗試新茶）鳳棲山（治東二里狀如飛鳳俗傳有鳳凰棲此故名東有王羲之洗筆池）護山（治東十里爲縣基學基脉源蘄水之秀盖鍾於此其上多白石迺來採於官府伐於豪家殆無虛日不惟震洩地靈且官府大征不勝勞瘁兼以曲徑崎嶇備嘗險阻經行其下即是田疇稼穡害禾誅茅赭地行者側目居者寒心詩人有憐爾誤桑麻不須護山居之句豈虛語哉）鷄公山（治東八里共武初有大虵其首赤冠似鷄生兩翼作鷄鳴鳴則雨鄉人以爲神立社祠之遂不見因以名山邑人周玉球詩云[illegible]巖下螭初醒飛向天門唱一聲塵土不知雷雨意至今山色咲鷄名）煙龍山（治東七里相轉有龍蟠於上雲常蒙不散）陰德山（治東六里）蒙廬山（治東九里）石頭山（治東十里）兎鳴山（治東十里）嵩山（治東十二里）黃家山（治東九里以上俱鷄公山對峙）峉峯山（治東二十里宋刘公平宅其下）田家山（治東二十里）金谷山（治東四十里）三角山（治東六十里三峯插天爲縣東南之鎮其半有龍洞洞有三泉旱則取水禱焉其上烟雲出沒人以驗陰晴之候唐伏虎禪師脩行於此後有僧過其下詩云鷄鳴天上曉犬吠洞中春可以觀其勝矣）班竹山（治東五十里）鸚鵡山（治東六十里）月山（治東七十里）四望山（治東七十里）望江山（治東七十里）斗方山（狀如斗有唐無着禪師古寺宋佛印禪師嘗住此有六景）分金山（治東七十里）太平山（治東五十里上有寨基）迴龍山（治東四十里）查兒山（與自蘄英山縣接界山勢險阻民性暴橫賦役拒捕盜賊出沒且爲逋逃藪云）僊人臺山（治東九十里世傳刘真人飛升之所故名）登瀛山（治南半里儒學近案舊頗殘缺正德辛巳知縣謝爵以工築壘豐鋭秀麗用唐學士之義名之以勵蘄士今爲豪民占侵垣墊而勢日頹矣）天馬山（治南十里儒學遠按）袁家山（治南十五里）石龍山（治南十八里）分流山（治南二十里水分兩派故名）榾柮山（在分流山南巔有大石若蓮花有伍貞節嘉靖丁亥邑人程轍第孤山書院於其下）月子山（治南三十五里下有龍潭世號龍潭沖）馬頭山（治南三十里）燈籠山（治南三十里狀若燈籠故名）闍黎山（治西南二十里巔頗平西有嶂岩巨石昂聳若咲天非子）師公山（治西南二十五里）大旺山（治西南二十五里）倒牛山（治西南三十一里）挑羊山（治西南四十里）朱家山（治西南四十里）青獅山（治西南四十里）板橋山（治西南四十五里）呂家山（治西南四十五里）白羊山（治西南四

十五里
陸奇山治西南四十五里
儒臺山治西南五十里
石佛山治西南三十五里上有石佛故名横亘四五里為縣基西南屏障
蓮花山治西南二十五里
龍泉山治西南三十五里下有龍潭因之蘭溪遂稱溪潭潭畔舊多笋又稱笋潭正統志序稱縣治舊在溪潭山南故今山亦不稱龍泉矣近嶺南有古井水甚洌即陸羽煑茶泉詳井泉下正德辛巳本府同知謝朝宣立石懸崖題曰天下第三泉
梅子山治西四十五里
大埠山治西四十五里
小埠山治西四十里
豎虎山治西三十里
玉鏡山治西二十里巔有大石圓如月又名月峯
寶陀山治西二十五里
白荊山治西二十里與閣黎山相向横峙縣基水口
城山治西一十里有吳王孫仲謀築土城遺址故名今有吳王廟按赤壁之勝公瑾始受使至潯陽仲謀召還會䇲柴桑仲謀曰船糧戰具俱備卿當前發孤當續發為卿後援當時諭以舟楫以陸故經此凡近今師旅由江州趨江夏者必道江北蘄為南北交衢之地古亦然矣
卓旗山城山西二里

劉馬山城山南一里
調軍山城山西十里
兜刀山城山西八里以上皆仲謀屯駐之處
孟家山治西三十里
揆樓山治北十里
石鼓山治北十五里有巨石叩之有聲故名
恩山治北二十五里
婁紫山治北二十五里
雲峯山治東四十里
游洪山治北三十里
小靈山治北四十里有馬踏石古跡
野虎山治北五十里
靈山治北七十里
邵藤山治北七十里晉王烈字長休有道術嘗遊此
華桂山治北九十里抵羅田縣界
麻牙山治東北三十里
金繡山治東北二十里
羊角尖山治東北六十里
金寶山治東北三十里
雨摽山治西二里水口寺社河廟在上

崖嶺洞石附

嵤峯崖寄峯山之南
滴水崖治東三十里
清風崖治西南三十里
紅石崖治西三十里
觀音崖斗方山之南
朴樹嶺治東八里大樹繁人往來憩息者甚衆

虎踞嶺治東三十里今訛為火燒嶺
凳兒嶺治東三十里
吳道人嶺治東八里
父子嶺治西二十里
角兒嶺治西北十五里
烏沙嶺治西北二十二里
長嶺治北五里
白沙嶺治北四十里
神僊洞玉臺山側內有石床石凳俗傳虗靖張真人煉丹之所
羅漢洞斗方山之西
打鼓石治前龍潭岸南俗傳市中有鼓聲輒應今無
廻瀾石儒學前臨河岸横峙壁立流波縈廻宋蘇子瞻嘗遊愛之鐫激湍二字於上今沙瘞
月石玉鏡山之陰上有咸淳二字
花膏石治西南三十里濱於河有石磯磯色如花膏故名
豹兒石治西二十里
缽盂石斗方山與分金石對峙
嶮石治東六十里當羅田之交石梁横截河中泉飛奔迸瀑布有聲西滙崇岡疊嶂多奇觀
枕石玉泉山之右蘄州陳仁近嘗讀書於其上
回風磯石治西南五十里
君子崖石石鼓山之巔有泉上有石碗石白今止呼君子崖
晒谷石治西北三十里
望城岡治東北三里
走馬岡治北二十里由此達朱店

川

河

南門河儒學前即浠水源出英山六安歷險石環繞於治前隨合衆流以達大江
白港河治東五里
百師河治東二十里
閻家河治東三十二里
曹家河治東八里
蔡家河治東四十里
倒流河治東四十里
白蓮河治東四十五里
沙河治東南五十里
蘄陽坪河治東五十里
分流河治南四十里
羅家河治南八里
下巴河治西七十里轉北逈八十里即稱上巴河源出扳石山
新揚河治北七十里
史家河治北七十里
游河治北九十里

港

紫埠港治東十里　烏沙港治東二十里　馬潮港治南二十里　青石港治南十五里　杜家港治南一十里　瞿家港治西南五里　六神港治西南二十里　青蒿港治西南三十八里　彭家港治西南四十五里　黃鳳港治西四里　麻橋港治西十五里　毛店港治西三十里　苦竹港治西三十五里　官橋港治西四十五里　樊家港治北七十里　萬花港治北十五里　清水港治北二十里　官港治北二十五里　爬船港治北二十五里　金橋港治北五十里

湖

皂泥湖治南三里　荷蕩湖治西十里　薛家湖治西南二十五里　毛家湖治西南二十五里　黃勉湖治西三十里　黃草湖治西南四十里　潘師湖治西南三十七里　左家湖治西南三十八里　蘭溪後湖治西南四十里　坼湖治西南五十里有河泊所　楊歷湖治西南四十里有河泊所　魯家湖治西四十里　官田湖治西四十五里　望天湖治西四十五里　蔡家湖治西南十里　大江即川江又洞庭漢沔之合流歷下巴河及蘭溪抵毛山經流九十里每夏秋汎水作漲瀰漫積月永福及北鄉鄰江田地禾稼俱傷楊坼二湖課利亦虧

井

義井治東市俗傳關雲長曾於此淬劍　三眼井治東市弘治庚申縣丞趙麟建亭于上後廢嘉靖壬午知縣謝爵重建今廢　便民井治北市儒學前泉極寒冽汲取無盡刻而不涸病暑者飲之或愈蓋居民之通利也　神光觀井在玉臺山下水味甘俗傳能解熱疾　清泉井治東二里在清泉寺前色清冽　龍泉井在龍泉山近巔南畔唐陸羽嘗取此水烹茶品為天下第三泉今作鳳棲山者喪其真矣正德戊辰本府同知關西謝朝宣考得其實刻石表於潭畔著泉辯見藝文　向家井治市西遇夏視他井水獨寒　大水井治南二十里　馬婆井治東在馬婆冲　老龍洞井治東六十里在三角山　冷水井治北十五里　雙井治前久廢

名蹟

志名蹟何重其人也山一也而名於僊水一也而靈於龍古人蹤跡之所以至今存者誠非以其地也噫後之視今亦猶今之視昔也今之人其思所以重於後之人乎

太公石在六神港屹立河中相傳太公曾釣於此　伍洲治西南四十里昔伍子胥奔吳於此渡江故名　白甫冲查兒山前相傳李白杜甫過此故名　散花洲治西南五十里濱大江相傳赤壁之勝於此犒士散花故名　吳王城在城山巔內有石井石臼　伍員井在分流山北浠川舊驛基前昔伍子胥於此淬劍摺山巔大石有劍跡　僊人石治東北二十里大河西相傳有僊人於此飛昇石上有履跡　龍泉井陸羽品為天下第三泉見井類　鳳山夕照詳見鳳棲山以下八景　石壁迴瀾　綠楊曉煙　龍潭秋月在南門河蘇子賞月夜泛舟遊賞鐫擊空明泝流光六字于東西石壁　玉臺丹井在玉臺山近巔漢張道陵自蜀青城山還過此鑿井煉丹神光燭天井為後人脩而大之雖曰表之及累其實此井在山中泉井在山下　蘭清時雨　羲之墨沼在鳳棲山下晉王羲之字逸少會稽人嘗寓池洗筆俗傳舊池岸小竹俱有墨色今無弘治辛酉縣丞趙麟建亭於上今廢　陸羽茶泉在龍泉山巔之南詳井泉類　僊人臺詳僊人山下

風俗

志風俗何備觀省也漢志凡民函五常之性剛柔緩急音聲不同繫水土之風氣故謂之風好惡取舍動靜無常隨上之情欲故謂之俗雖然吾聞之矣風俗與化移易成人至倍也而總於子羔童子無知也而仁於魯恭孰謂水土之性能繫人哉隨上之說信矣

按蘄俗其善者有六其不善者十有三而大壞極敝之源則一也秀民樂爲儒富人多畏法居官者不輕入公府爲士者不崇尚浮屠農力耕穫女勤織紡淳朴之民以藝自給此其俗之善者也其不善者收頭

之漁獵猛虎之翼飛也而公私俱困矣蘄之弊收頭爲甚狡僞亡賴者幹僉此役其先不惜稱貸賄囑官吏以圖肆志官吏旣德私遺遂相與爲市唆罰嚴刑鉗制人口郡兌倍加莫敢控告蓋可歲月完輸也彼且肥馬輕裘伐狐擊兎嫁女贅郎宿娼買妾養柔燒鉛歌呼賭博凡可糜費財用者罔不視若泥沙以明得意所以自備之術不過埋沒文移不行查究埋沒不免則呈告之呈告不免則奏斷之惟以小民拖欠爲辭而已萬一歲月旣久由票遺亡是小民果逋負也又有一衛焉蘄多水推沙壅爻磽瘠荒蕪田地求以賠費魄人而不可脫者則欣然受之假造契書增添畝價預爲告陷善良之計有司者方以公賦爲重弗察民隱獄禁考掠勒成和買買田未幾而先已賣田矣以已之膏腴易人之瘠弱剁肉醫瘡賣絲糴谷救急目前雖爲子孫他日之憂姑未暇計不務時而減畝措價之訟又見告矣於此不足焉又將曰某家吾之寄頓也某家吾之債負也又不足焉則宗族親戚以次而及矣吾見其有累而死者若干人矣彼固幸生焉吁收頭之肉其足食乎

吏胥之貪饕鐵鶚之搏摯也而懦弱爲噬矣婦女無别擅入寺觀此鶉奔之私所由起也嫁娶論財姻好不終此夷虜之道猶未息也刁訟牽連覬覦孚利打鋪打網之名自爲得計矣共不至於武周之告密

聖明之在上耳惡少群聚縱横市邑十虎九龍之號全無忌憚矣其不至於四凶之比周勢力之懸殊耳富貴天也燒煉者欲司大化之爐錘今比屋也死生命也魘魅者妄干太初之脩短非一人也葬期定制也拘山水之未便於是有經年暴露者矣甚則水溢火焚所不能免仁人之所隱也釋老左道也謂禍福之

可求於是有爭相師事者矣甚則燃指捨身亦所不惜知者之所羞也商賈所恃以不匱也有司之誅求則涌危也市價相欺寧非耗削之弊所自來乎優人欲何爲也觀場之浮費則尾閭也剽掠漸倡寧非游手之徒所自致乎雖然有責焉官盂也民水也盂圓則水圓盂方則水方苟爲政者以官守爲逆旅視分土爲傳舍下膚上欺轉遷而去則吾事是矣俗之善不善固秦越之肥瘠焉者無事則莫之禁戢有犯則惟問苞苴於此而望其禮義之俗是反轅而索照也故曰大壞極敝之源者此也

物産

志物産何生人之大用也天地之生物以利民也禹平水土金木土穀惟脩周禮有辯壤辯土之法凡以為民而已民得一視而吏以自封焉不知天地生物之意聖王裁成之心果為吏否乎左氏曰象有齒以焚其身賄也可懼矣

穀類

救公饑　留姑早　矮脚黃　蓋草占　七十占

四節占　江西占　楊三占　黃泥占　烏風占

毛江占　瘦田占　以上俱占穀

水蒲頭　烏節晚　便子晚　銀珠晚　瑚珠晚

香子晚　稀子晚　青管晚　以上俱晚穀

紅壳糯　馬宗糯　黃金糯　巳毛糯　馬牙糯

交秋糯　魚子糯　虎皮糯　以上俱糯穀

右占晚宜飯糯宜酒占則寄布其種於田候月餘拔撒其苗易揷之謂之揷秧晚則稀布其種於田及時耘之謂之種田糯有種有揷

粟類

珍珠黃　黃金科　老軍頭　下馬看　野鷄紅

大粟　草粟　糯粟

右諸粟俱宜飯稀布其種於地及時以鋤耘之及實以時收之其收視穀甚薄糯粟可酒

麥類

大麥　小麥　蕎麥

右大麥宜飯小麥宜麵每秋末冬初或布種于地或布種于田及夏則熟蕎麥宜粉宜麵秋種秋熟三麥視粟其收尤薄

豆類

黃豆　菉豆　紅豆　黑豆　豌豆　江豆　飯豆

泥豆　刀豆　娥眉豆

瓜類

冬瓜　西瓜　王瓜　菜瓜　甜瓜　香瓜　絲瓜

果類

桃　李　梅　杏　梨　棗　栗　柑　橙　石榴

柿　橘　菱　銀杏　櫻桃　核

蔬類

芥菜　白菜　芹菜　莧菜　油菜　萵苣　苦蕒

馬齒莧　葱　蒜　薤　韭　茄　芋

黃瓜菜（田野所生二三月間貧民多資以作食）　地菜　茼蒿

木類

松 株 栢 椿 楓 栗 樟俱宜作棟 朴 檀 楊
柳 楮 梧桐 皂角俱雜植 桐子 烏桕俱取子作油
桑 柘俱取葉食蠶

竹類

水 桂 淡 斑 叢 苦 猫 京 烏堤

畜類

牛有水黃二種俱以耕民用之大者 馬 猪 羊 驢 騾 鷄
鵝 鴨 犬 猫 蠶每歲以清明後浴之采桑以食之成繭而繅作帛以貢○
雖蟲類亦家畜故附焉

雜植

綿花 苧蔴俱宜作布 油麻有黑白二色 蘿蔔 葫蘆
鷄頭實即芡子 藕根曰藕葉曰荷花實曰蓮 荸薺

藥類

艾 蒼朮 木瓜 瓜蔞 香薷 紫蘇 薄荷
桔梗 香附 車前草

鱗類

鯆 鰱 鯉 鯽 鯖 鯿 趧
草 叅 白直 赤眼俱池畜江湖亦廣 鯚 鱣黃白
鮎俱江湖產 鰉 時 鱘俱江產
已上諸類利爲食利爲衣利作居室是器用備祭
祀皆民生之切用而上供之所取足焉者

花類

桂 菊 蓮 百合 山芝 山茶 芭蕉
牡丹 芍藥 月月紅 映山紅 海棠 梔子 紫薇

蟲類

蜂有數種惟蜜蜂多畜于家作蜜餘皆野毒 蝸牛 胡蝶 青蜓 螢
蜘蛛 丘蚓 蝦蟆 蟬 蚊 蠅 蟻
班毛

介類

龜 鼈 鼉 螺螄 螃蟹

禽類

雉 燕 鴈 鷹 鳩 喜雀 老鴉
烏鴉 布谷 鷗 鵲 麻雀 山鵲 鴛鴦
陀鶴 鸜鵒 楊雀 畫眉

獸類

兎 狐 鼠 獺 黃鼠 野猫 狗獾
虎 鹿 麞 麂 豺狗 豪猪自虎以下非蘄產惟自遠來而間見

户口

志户口何重民數也生養休息之則蕃矣民牧者

類爲周官比數之制而殊無咸和無逸之心是欲其蕃之又從而伐之也余嘗思王成之僞增户口尤惟恐民之不多也至有亡耗荐加而漫不加意則全無忌憚矣

嘉靖元年

户一萬二千九百一十八

口一十一萬七千七十一

軍户四千八百四十一

貼軍户四千八十三

民户一千七百四十七

雜役人匠户一千二百四十七

嘉靖十一年

户一萬三千七十

口一十一萬八千七百四十一

軍户四千八百七十三

貼軍户四千二百一十八

民户二千八百八

雜役人匠户一千一百七十一

嘉靖二十一年

户一萬三千一百五十九

口一十一萬八千七百四十一

軍户四千八百七十三

貼軍户四千二百一十八

民户二千八百八

雜役人匠户一千二百六十

田賦

志田賦何則壞之法也賦逋則病官賦盈則病民其試邑甚難也要之憂民甚於憂賦則無不可輸之民憂賦甚於憂民則有必不可征之賦有若曰百姓足君孰與不足百姓不足君孰與足不易之

說也司民牧者欲爲繭絲乎抑爲保障乎請擇於斯二者

官民田土

官田土全科田六十二頃九十六畝九分四釐科則每畝正米一斗八升一合一撮七圭六粟減半原科田一頃二十四畝五分減半原科每畝正米一斗五升一合八圭八粟減半自實田一頃六十四畝三分每畝正米一斗四升○凡三則每畝俱租絲六分小麥地三十畝二分每畝正麥三升絲二錢粟豆地三頃九十畝一分每畝正米三升桑地三十畝八分每畝科絲四錢麻地二頃一十畝八分五釐每畝正米七升八合花地一頃五十四畝八分每畝

正米八升六合基地二十八畝八分七釐每畝科租鈔三百文塘七頃六十五畝一分每畝正米七升七合五勺二撮二圭通計八十一頃九十六畝五分六釐基地歲賃鈔八貫六百六十文○夏稅小麥九斗六升九合五勺麥絲六兩四分農桑絲一十一兩三錢七分[illegible]絲二十四斤一十兩一錢四分秋粮一千三百七十八石八斗二升一合六勺二抄

民田土○田四千三百七十一頃二十畝九分每畝科則正米七升七合五勺二撮二圭○九正米一斗帶耗米七合地土○小麥地二十頃四十五畝九分九釐○桑地五頃七畝九分○粟豆地一百八十五頃六十六畝九分三釐○麻地一百九十九頃五十一畝八分二釐○花地

一百九十四頃六十二畝四分三釐科則俱與官地同塘四百一十九頃九畝八釐與田畝科同今有便法起例每畝八升二合九勺二抄七撮三圭五粟通計五千三百九十五頃六十五畝五釐○夏稅小麥六十五石六斗八升六勺麥絲二十五斤九兩一錢九分八釐農桑絲一十二斤一十一兩一錢六分秋粮四萬三千七百七十六石八斗六升六合八勺通計官民田土五千四百七十七頃六十一畝六分二毫

一[illegible]

夏稅小麥抵米六十六石六斗五升三合外耗蓆脚麥隨遞年派單倉口派定的數徵納

兩京庫絹五十一疋八尺九寸二分二釐○北京庫絹四十疋一丈五尺七寸二釐正扛共銀三十六兩四錢七分一釐六絲南京庫農桑絹一十疋二丈三尺二寸二分正扛共銀九兩一錢五分七釐九毫

秋粮米四萬五千一百五十五石六斗八升八合四勺二抄內廬州府英山縣民陸廷先等先年各買本縣民喻正文等戶連界田粮二百二十石三斗四升二合八勺行令該縣就近徵觧廬州倉上納外實徵米四萬四千九百三十五石三斗四升

五合六勺二抄內官田減半自實田減半原科田全科田一斗以上起科米一千二百七十一石五合五勺二抄一斗以下起科與不等則民田米共四萬三千六百六十四石三斗四升一勺沙壓田產去粮存民害到骨雖經
奏勘允行而藩司每年坐單所派猶夫昔也民之居臨溪港者何以聊生○無徵米額外包陪乃影射飛詭之弊有司清疆者當剗削之○白米各州縣皆同而本縣前官結交便已褱以饋人遂聞於上司而褱取公用累民甚矣蓋李倡之江和之也

一歲支

本縣倉吏本縣幷合屬官吏孤老俸月粮大約用米六百石一斗六升一合四勺二抄內小麥抵米

六十六石五斗三合秋粮米五百三十三石六斗五升八合四勺二抄○儒學倉支師生吏典俸廩香燭大約用秋粮米三百五十五石二斗

一額派

丁粮額辦派辦二項該派實在成丁一萬五百六十五丁秋粮四萬五千一百五十五石六斗八升八合四勺二抄内除一斗以上起科沒官等田折半米六百三十五石五斗二合七勺六抄免派實該派米四萬四千五百二十石一十八升五合六勺六抄丁粮共計五萬五千八十五丁石一斗八升五合六勺六抄該派比京藥味一百三十八斤南京藥味三十三斤各色段七十二疋白硝麂皮三百四張胖襖褲鞋一十九副活鴈三隻翎毛二萬三千四百根軍器銀八十九兩三錢七分九釐九毫五絲曆日銀三十八兩三錢共該正扛銀六百五十五兩一錢五分一釐九毫五絲内除捕户出辦活鴈銀四錢五分丁粮出辦銀六百五十四兩七錢一釐九毫五絲遇閏加段銀三十八兩四錢與派辦銀兩遞年俱聽布政司會計派定的数徵納

一課程

户口食塩實徵男婦八千六百八十八丁口每丁口無閏實納起存正扛銀一分五釐二毫四絲二微二塵二纖九渺共銀一百三十二兩四錢七釐五絲六忽一微八塵二纖八渺内分觧○起運南京庫鈔二萬六千六十四貫内本色鈔一萬三千三十二貫正扛共銀一十五兩四錢九分一釐三毫九絲九忽四塵折色鈔一萬三千三十二貫折銅錢二萬六千六十四文正扛共銀三十八兩七錢二分三釐六毫五絲七忽一微四塵二纖八渺○存留布政司庫鈔二萬六千六十四貫折銀七十八兩一錢九分二釐○遇閏每丁口實納起存正扛銀一分六釐五毫一絲二微四塵一纖四渺共銀一百四十三兩四錢四分九毫七絲七忽五微三塵一纖四渺内分解○起運南京庫鈔二萬八千二百三十六貫内本色鈔一萬四千一百一十八貫正扛共銀一十六兩七錢八分二釐三毫四絲八忽九微六塵折色鈔一萬四千一百一十八貫折銅錢二萬八千二百三十六文正扛共銀四十一兩九錢五分六毫二絲八忽五微七塵一

織四渺○存留布政司庫鈔二萬八千二百三十六貫折銀八十四兩七錢八釐

一商稅

巴河門攤鈔五千七百九十一貫二伯一十七文折銀二十兩二錢六分九釐二毫五絲九忽五徵遇閏無

蘭溪門攤鈔六千一百八十一貫八伯五十七文折銀二十一兩六錢三分六釐四毫九絲九忽五徵遇閏無

一魚課

揚歷湖河泊所乾魚四百斤內○北京三百一十一斤一十四兩該正銀一十一兩二錢二分七釐五毫扛解銀四錢四分九釐一毫南京八十八斤二兩該正銀一兩七錢六分二釐五毫扛解銀一分七釐六毫二絲五忽○魚油改折麻鐵等料一千八百斤內熟鐵一千七百三十斤折銀三十四兩六錢黃藤五十斤折銀一兩一錢線膠二十斤折銀一兩六錢遇閏加徵熟鐵一十五斤折銀三錢線膠一十二兩折銀六分○課鈔七千二百九十五貫四百四十文折銀二十五兩五錢三分四釐四絲遇閏加鈔三十貫折銀一錢五釐○鮰魚價銀三兩五錢

圻湖河泊所乾魚六百斤內○北京四百六十七斤一十二兩該正銀一十六兩八錢二分九釐扛解銀六錢七分三釐五毫六絲南京一百三十二斤四兩該正銀二兩六錢四分五釐扛解銀二分六釐四毫五絲○魚油翎鰾改折蔴鐵等料七千六百一十八斤七兩六錢內白蔴一千二百五十斤折銀三十七兩五錢熟鐵六千二百三十一斤一十三兩折銀一百二十四兩六錢三分六釐二毫五絲線膠一百三十六斤一十兩六錢折銀一

十兩九錢三分三釐遇閏加徵熟鐵一十四斤折銀二錢八分線膠一斤二兩折銀九分○課鈔一萬一千一百九十一貫一百五十文折銀三十九兩一錢六分九釐二絲五忽遇閏加鈔二十貫折銀七分○鮰魚價銀三兩五錢

徭役

志徭役何身庸之法也周禮均人視歲之豐凶以均其力重可知矣盖使民者徭役之義而酌損者不忍之仁勞之以義愛之以仁斯謂道也殆無不

均之嘆矣若劉平令全掛民至減年以就役其殆庶幾乎

一里甲 係正役

里長 每里歲役一名五鄉通五十八名催辦錢粮勾攝公事出備該年正辦銀兩及日生公用役滿徵收送運該里稅粮消乏者大造時擇甲首戶內有丁粮多者補之

甲首 每里歲役十戶計丁粮同里長出備該年公用近有每甲僅存一一戶者有並里長全甲逃者

老人 里設一名惟教民勸俗如漢三老之意擇行止頗端者充之近則充之者與用之者殆非初設意矣

粮長 舊酌都里設徵稅粮起運後至弊生成化前華惟令役滿里長依里分任徵收起運官惟統之該倉擎取適完事分易舉民甚便之弘治中及正德間變而爲收頭解頭令各里稅粮悉附運之官利其便而無籍者幹充焉民受其害不可勝言矣詳風俗類

一里甲出辦

日生公用無定額○支應人夫二百四十名馬七十疋○歲貢花紅酒席帶徵銀六兩○春牛物料幷迎春彩扶酒席門神桃符共銀二兩三錢○應朝盤費脚力造冊紙劄扛解正佐官銀二十五兩首領官二十兩無官應朝吏給銀二十兩隨官應朝給銀十兩官脚力銀一十五兩吏一十兩造冊紙劄扛解銀六兩

一均徭 係雜役

銀差除孤老布花難定銀外餘差計銀一千八百一十九兩一錢

荊府柴薪審理正副各二名每名銀一十二兩遇閏每名加銀一兩○齋郎庫子各一名每名銀六兩○鋪排夫屠戶樂舞生各一名每名銀三兩○斗級二名每名銀四兩○禁子一名銀三兩○富順王民校四名每名銀一十二兩○永新王民校四名每名銀一十二兩○教授柴薪一名銀一十二兩遇閏加銀一兩○都昌王民校四名○都梁王民校三名○永定王民校二名每名銀一十二兩○樊山王教授柴薪一名銀一十二兩遇閏加銀

一兩○廚役一名銀四兩○民校三名每名銀一十二兩

楚府柴薪教授典寶正紀善正副典樂各二名共十名每名銀一十二兩遇閏每名加銀一兩○崇陽東安江夏永安通山通城壽昌七王各教授柴薪二名每名銀一十二兩遇閏每名加銀一兩○武岡王典膳柴薪二名每名銀一十二兩遇閏每名銀一兩○南京禮部尚書大常寺少卿錦衣衛指揮柴薪各一名共三名每名銀一十二兩遇閏每名加銀一兩○布政司左右參政正理問檢校馬

夫各十名每名銀四兩○門子三名每名銀六兩
遇閏每名加銀五錢○庫子二名每名銀八兩遇
閏每名加銀六錢六分六釐○書手一名銀九兩
遇閏加銀七錢五分○皂隸九名每名銀六兩遇
閏每名加銀五錢○禁子一名銀八兩遇閏加銀
六錢六分六釐○應朝長夫一名每年帶編銀四
兩○按察司柴薪副使僉事各二名每名銀一十
二兩遇閏每名加銀一兩○表夫銀一十二兩七
錢○皂隸一十六名每名銀六兩遇閏加銀五錢
○禁子三名每名八兩遇閏加銀六錢六分六釐

○油燭庫子二名每名銀一十五兩遇閏每名加
銀一兩二錢五分○本府油燭銀二十兩○知事
柴薪二名每名銀一十二兩遇閏每名加銀一兩
○本縣油燭銀一十兩○門子值堂二名縣丞主
簿典史各一名每名銀三兩六錢遇閏每名加銀
三錢○柴薪知縣四名縣丞主簿各二名典史一
名每名銀一十二兩遇閏每名加銀一兩○馬夫
各十名每名銀四兩○布按分司府舘門子三名
每名銀二兩四錢遇閏每名加銀二錢○山川壇
二祭每祭銀七兩○社稷壇二祭每祭銀五兩○

邑厲壇三祭每祭銀六兩○富户一十二名每名
正扛銀三兩一錢五分○孤老每名口歲給布花
銀三錢逐年查照見名編給遇有事故照名扣除○巴河鎮公舘門子
一名銀一兩八錢遇閏加銀一錢五分○山川社
稷邑厲壇門子一名銀一兩二錢○縣儒學門子
三名每名銀六兩遇閏每名加銀五錢○齋夫六
名每名銀一十二兩遇閏每名加銀一兩○膳夫
四名每名銀十兩○文廟二祭每祭銀二十兩○
啓聖祠二祭每祭銀四兩○名宦鄉賢祠二祭每
祭銀各一兩八錢○鄉飲二次每次銀六兩○歲

貢盤纏每年帶徵銀一十五兩○文廟明倫啓聖
名宦鄉賢祠門子一名銀一兩二錢
力差銀一千一百五十四兩四錢○本府皂隸六名
每名銀三兩○庫子二名每名六兩○禁子三名
每名銀六兩○斗級二名每名銀三兩○本縣庫
子一名銀二兩四錢○皂隸直堂二十名縣丞主
簿各四名典史一名每名二兩四錢○禁子六名每名銀
四兩○京鮮一名衣粮銀三十兩遞年徵銀解布政司貯庫其解
役聽候取用○巴水驛文應庫子一十二名每名銀一
十兩○舘夫二名每名銀四兩○浠川驛文應庫

子一十二名每名銀一十兩○舘夫二名每名銀四兩○蘭溪驛支應庫子一十二名每名銀一十六兩○舘夫二名每名銀四兩○預備倉老一名銀四兩○各倉斗級六名每名銀三兩○各巡司弓兵巳河四十三名蘭溪四十六名俱每名銀三兩○各河渡夫四名每名銀二兩○各舖司兵六十九名路俱衝繁每名銀三兩○縣儒學祭器庫子一名斗級二名每名銀四兩

驛傳

原額秋粮官民正米四萬五千一百五十五石六斗

八升八合四勺三抄內一斗以上起科官米一千三百七十九石七斗九升六抄○除優免米外坐派實編米四萬二千六十七石八升五合六勺六抄○該銀三千四百七兩五錢九分三釐三毫

南京濟川衛馬船九隻水夫二百一十二名駄字四十四號水夫三十四名○駄字四十五號水夫三十名○駄字四十六號水夫三十二名○駄字四十七號水夫三十一名○駄字四十八號水夫三十二名○騠字號水夫三十名○騂字號水夫一十八名○驟字號水夫一十名○驗字號水夫五名蘄州遞運所馬紅船四隻零七釐水夫九十一名信字號水夫三十名內省存夫六名駕船夫二十四名○礼字號水夫三十名內省存夫六名駕船夫二十四名俱馬船○地字號水夫一十五名

內省存夫三名駕船夫一十一名○玄字號水夫一十五名內省存夫三名駕船夫一十二名俱紅船○外零夫一名與麻城縣良字號共船之數蘭溪驛站船九隻零八分水夫九十八名仁字號水夫一十名內省存夫二名駕船夫八名○義字號水夫一十名內省存夫一名駕船夫八名○禮字號水夫一十名內省存夫二名駕船夫八名○智字號水夫一十名內省存夫二名駕船夫八名○信字號水夫一十名內省存夫二名駕船夫八名○温字號水夫一十名內省存夫二名駕船夫八名○良字號水夫一十名內省存夫二名駕船夫八名○恭字號水夫二十名內省存夫二名駕船夫八名○儉字號水夫一十名內省存夫二名駕船夫八名○讓字號永夫一十名內蘄州補夫二名以作十名之數內省存夫二名駕船夫八名黃岡縣李坪驛站船一隻零七分水夫一十七名李字九號水夫一十名內省存夫二名駕船夫八名○李字十號水夫七名外麻城縣補夫三名共作一船之

數襄陽府襄陽縣漢江驛上中下馬一十一疋馬夫一十一名上馬五疋馬夫五名○中馬丑疋馬夫五名○下馬疋馬夫一名武昌府江夏縣山陂驛上中下馬九疋馬夫九名上馬二疋馬夫二名○中馬五疋馬夫五名○下馬二疋馬夫二名東湖驛中馬一疋馬夫一名○本縣浠川驛上中下馬一十疋馬夫一十名上馬二疋馬夫二名○中馬四疋馬夫四名○下馬四疋馬夫四名巴水驛上中下馬六疋馬夫六名上馬一疋馬夫一名○中馬三疋馬夫三名○下馬二疋馬夫二名西河驛上中馬六疋馬夫六名上馬一疋馬夫一名○中馬五疋馬夫五名江夏縣将臺驛上中下馬三疋馬夫三名上馬一疋馬夫一名○中馬一疋馬夫一名○下馬一疋馬夫一名以上船

馬各隨編定上中下等鋪陳什物一副

秩官

志秩官何以馭貴也先儒常謂達則願為卿相窮則願為良醫大則願歸天下小則願宰一邑以其濟人則一也令之責豈易易也哉然自長吏以下皆志之不云乎九一命之士苟存心天下於物亦有所濟官有大小愛君之心一也

唐置令丞尉各一人

宋以京朝官知縣事其下有丞主簿尉各一員

元置達魯花赤尹丞簿尉各一員又置典史一員為首領官

皇朝設知縣一員　秩正七品　俸月七石五斗　欽給馬一疋馬夫一十名　柴薪皂隸四名　柴炭每月鈔四貫一佰六十文　○縣丞一員　秩正八品　俸月六石五斗　欽給馬一疋馬夫一十名　柴薪皂隸二名　柴炭同前　○主簿一員景泰六年增置一員正德初革　秩正九品　俸月五石五斗　欽給馬同前　柴薪皂隸二名　柴炭同前　○典史一員　秩未入流　俸月二石　欽給馬同前　柴薪皂隸一名　柴炭同前

知縣

朱文漢洪武初任　趙季光洪武五年任見宦蹟　郭德謙洪武十年任。　祖宗文洪武十四年任　陳得義洪武十六年任　張政蘇州人洪武間任　尹起耕洪武二十二年任　曹興四川洪武間任廬州人　譚渭廣東人詠　鄭伯圭江西人

王振福建人　陳李福建人宣德八年任　胡奎番易人見名宦　李文輔

蔣茂　李序直隸真定人　楊端廣東人　何實廣東東莞人天順壬午任

王杲吳橋人民傳其良惜其政莫可考也　陳洪江西新淦縣人　陳興河南許州人見宦蹟

楊經江西新昌縣人成化十三年任襲陳之舊政初頗足觀後亦自怠矣　潘珏直隸婺源人見名宦　余浙四川綿州人由舉人弘治十年任　黃鳳江西吉水人見宦蹟　張正浙江烏程縣人由監生弘治十五年任　汪深江西進賢人見名宦　程昌祁門人進士正德戊辰任

何澄福建候官縣由舉人正德七年任　王伯四川灌縣人由舉人正德十年任　謝爵

四川寧川衛人由舉人正德十五年任　徐申直隸昆山縣人由舉人嘉靖二年任　楊世相河南隸州籍江西太和人進士嘉靖六年任　拱廷臣廣西桂林籍直隸廣德縣人進士嘉靖六年任居官三月以丁憂去民有遺思　王幹四川眉州人舉人嘉靖七年任　譙暘四川南充縣人舉人嘉靖十一年任　李佳四川金堂縣人舉人嘉靖十六年任　周慎直隸高淳縣人監生嘉靖二十二年任　盛鳳直隸合肥縣人舉嘉靖二十三年任

縣丞 附

方處漸江西人　張衡浙江諸暨縣人洪武七年任入籍　簡明昌四川人　陳文四川人　黃舍觀江西樂平人見宦蹟　王簡四川人　李蔚內江人見宦蹟　鄭隆成都人　楊真　楊濟貴州人　錢福浙江處州人　劉得貴浙江麗水人　沈清　張佐浙江人　張玘浙江蕭山人見宦蹟　陳暹浙江人

鄭文福建漳浦縣人　郭新四川嘉定州人　王相浙江人見宦蹟　何綸浙江秀水縣人由監生弘治九年任賦性敏任事勤後以母憂去　趙麟直隸毋徒縣人由吏員弘治己未任長於創作勤于幹辦縣治公宇以及古蹟之廢墜者多其脩舉焉　余瑫福建古田縣人由監生弘治壬戌任　劉鉞山東東平州人由監生正德四年任溫厚文雅長繪畫善吟詠滋事平易雖無赫赫聲民亦德其不擾也　傅士彥江西貴溪人吏員正德十一年任通律令有能聲　陳昇四川巫山縣人監生嘉靖七年任　袁琛四川新寧縣人監生嘉靖十一年任　毋充嗣四川劍州人監生嘉靖十四年任　程文四川人監生嘉靖二十一年任　呂澤浙江麗水人監生嘉靖二十三年任　周瑆直隸舒城人由吏員嘉靖二十五年任

主簿　附

馬懋山西人　梅欽河南人　夏時直隸建平縣人宣德八年任　朱友文蘇州人　王輔四川綿州人正統二年任　王環河南夏邑人　翟誠　丁顯江西豐城人　胡澄江西永新人　吳友志四川人　吳忠四川眉州人　平和直隸桃源人　石崧河南人　傅信江西進賢人　侯爵河南人見宦蹟　林宗誠浙江僊居人　李茂四川綿州人　熊寧江西豐城人　謝思昇四川綿州人　張傑鳳陽人　閔思昌四川人　張洪四川遂寧人　王賓綿州人見宦蹟　張明江西人監生　徐懋　張本根四川富順人吏員　閻端河南汝州人　文學四川涪州人監生　顏敬之四川瀘州人監生　戴允洪浙江常山人監生　傅瑤直隸毋徒人監生　徐志仁直隸安肅人吏員　張錦陝西安定人吏員　嚴賓四川銅梁人監生正德七年任　郎彰浙江建德人吏員正德十年任　楊鑾廣西鬱林州人監生正德十三年任　陳鳳浙江慈谿人嘉靖元年任　黃鵠四川眉州人監生嘉靖三年任　郭晃河南

孟津人監生嘉靖九年任　黃冊福建莆田人吏員嘉靖十三年任　羅吉四川巴縣人監生嘉靖十七年任　沈科江西會昌人監生嘉靖廿九年任　劉棟四川劍州人監生嘉靖二十年任　黃國政廣西桂平人由監生嘉靖二十二年任

典史　附

石均佐順天府人　宋祥河南人　呂繼本浙江金華人正統三年任　金鼎浙江嘉興人　陳育志廣東人　孔宣山東東平州人　張真　黃祥浙江金華人　李經四川綿州人　杜禮河南鄭州人　陳污四川永川人　楊中四川人　蕭賛江西龍泉人弘治九年任　周崇禮四川巴縣人弘治十一年任　王勳忠山東章丘人　崔嵩河南杞縣人　王裕直隸江都人　楊自明四川[illegible]州人正德十四年任　凌棟梁四川巴縣人嘉靖七年任　汪仲和直隸青陽人嘉靖十一年任　[illegible]四川遂寧人嘉靖十七年任　黃瑤四川巴縣人嘉靖二十二年任　黃大綱浙江餘姚人嘉靖二十四年任

儒學

宋舊制縣無學官而令佐皆得兼之故以管勾學事繫銜景定三年始置主學一員咸淳元年轉運提學行下選請學正學錄直學各一員學諭四員長諭八員小學教諭一員未幾宋亡而廢矣

元初爲縣學設教諭一員選請訓導一員後陞州學則有學正等官其詳未有攷焉

皇朝設教諭一員　訓導二員　秩俱未入流俸月各米三石齋

夫 每員二名

教諭 附

李恕 廣西潯州人舉人 鄭昌 廣東人 申居鐸 福建懷安人舉人正統三年任見名宦
薛謙 直隸武進人監生 鄭京畿 江西泰和人儒士 李廣居 四川人舉人
黃煜 浙江浦江人舉人 周同倫 浙江歸安人監生成化二十一年任 傅楫 浙江仁和人監生弘治元年任
錢瓚 直隸盧江人舉人弘治九年任 劉復 直隸來安人監生弘治十五年任
陳訥 直隸江陰監生正德四年任 宋鈺 雲南楚雄人舉人正德九年任 張灝 江西德興人監生正德四年任
馬才倫 廣西全州人舉人嘉靖二年任 林增 福建莆田人由監生嘉靖七年任
李仁 廣西儀衛司人舉人嘉靖十一年任 鍾萬 順德人監生嘉靖壬寅任見宦蹟
蕭璞 四川大足人選貢嘉靖二十三年任

訓導 附

張交諒 勞謙 浙江人 盧與齡 江西豐城人儒士 張坤 江西人
左惟賢 直隸武進人儒士正統初任 簡縉紳 江西臨江人舉人正統初任 王頴 江西人
聞學 四川銅梁人監生 宋叔昭 福建蒲田人舉人 趙交 四川安岳人舉人
鄧琳 四川長寧人監生 盛德 上元人監生 揚復初 江西泰和人成化十四年任
胡廣 江西瑞州人監生 周寬 雲南人監生弘治元年任 徐文質 四川人監生
冉鎡 四川涪州人監生弘治七年任見 江溥 江西南城人監生弘治九年任 胡深 浙江西安人監生弘治十五年任
時亨 山東維縣人監生正德九年任 朱鈁 直隸安東人監生正德元年任
李珏 直隸英山人監生正德六年任 李元素 雲南人舉人正德九年任 劉璧 直隸定遠人監生正德十五年任
麥盈之 廣東高要人監生正德十五年任 牟正

表 四川巴縣人監生嘉靖元年任 余鎣 直隸滁州人監生嘉靖七年任 梅乾 四川內江人監生嘉靖七年任
官仕 四川威遠縣人監生嘉靖十三年任 楊元 雲南太和人監生嘉靖十四年任
吳臣 直隸華亭人監生嘉靖十八年任 胡用中 河南光州人監生嘉靖二十一年任
鄔玄繡 浙江寧海人監生嘉靖二十二年任 陳吉 四川新繁人監生嘉靖二十四年任

諸屬設官

巡檢 附

蘭溪巡檢司巡檢 鮮于吉 洪武七年任 熊孔蔓 宣德間任 張斐 正統十年任 何正 直隸阜城人 黃瑭 河南蘭陽人 張璁 山東四水人 謝銘 直隸涿州人 袁學 河南許州人 徐振 山東武城人正德十二年任 解清 山東德州人正德十五年任
林伯山 四川德陽人 張子祿 王敞 直隸玉田人

巴河巡檢司巡檢 許宗 洪武七年任 高瑀 正統六年任 丁顯 正統十年任 王進 直隸丹徒人正德四年任 柴亮 張浩 直隸固安人

驛丞 附

浠川驛驛丞 劉恕 正統六年任 聶明之 豐城人 孟弘 常清人
韓季安 長山人 王鑾 易州人 陳思傑 遂平人 王澄 商河人 段續 中牟人
陳薑 餘干人 劉汝敬 唐縣人 王勝 王夢卜 陝西咸寧人
梁漢 河南人

巴水驛驛丞 靳中 洪武十五年任 樊仕華 正統六年任 范銘 興化人
謝聰 五河人 谷時 曲周人 祁玠 汝州人 鄭相 直隸固安人 陳廷相
袁瀌 樊笄

蘭溪水驛驛丞　吴思譽（正統六年任）周賡（正統十年任）喬玉
（直隸廣平人）周銭（陝西乾州人弘治元年任）王璉（山東黄縣人弘治十年任）李璁（山東
人弘治十一年任）吴諭（鳳陽人弘治十六年任）賈森（直隸　縣人弘治十八年任）陳
選（直隸人正德元年任）裴惟仁（陝西渭南人正德二年任）侯永壽（山西陽曲人正德五
年任）譚鳳（陝西咸寧人正德十二年任）許洪　王國卿（山東商河人）李森
（直隸無爲州人）張政

河泊所官　附

楊歷湖所官　熊貴（洪武十七年任）楊鉉（正德十三年任）李鼎（直隸內黄
人）魏廣（直隸容城人）
圻湖所官　袁敬（正德間任）閆華（河南河內人）

公署　鋪舍附

志公署何以有臨也就私室則弊生通閭閭則廢
褻宋初廨宇不備田錫謂其非太平之氣象有以
也噫游君之庭可以明禮轄公之閣足以寡過今
之公署其然乎其不然乎臣門如市臣心如水得
之矣

縣治（吳元年開設洪武甲寅知縣趙季先創立正統辛酉知縣胡奎重建成化壬辰知縣陳輿脩葺）
（辛丑知縣楊經重修正德辛巳知縣謝爵重脩）正廳三間○無倦堂五間（在正
廳後）幕廳三間（正廳東）儀仗庫三間（幕廳東北有屛垣）縣庫一間
（在正廳西）架閣庫（知縣謝爵欲創以貯軍黄二冊未就）六曹房（在正廳前東八間爲承發
科吏房戶房糧科禮房西八間爲清軍科兵房刑房工房）戒石亭一所○儀門三
間○囹圄一所（在儀門東）土地祠（在儀門前正道之東有屛垣）知縣衙
（在無倦堂之後）縣丞衙（在正廳東北）主簿衙（在正廳西舊二所今存一）典史衙
（在正廳東南）清軍廒（今廢）吏舍（在儀門外東西二所）譙樓三間○申明
亭三間（舊書作奸犯科者名罪于壁今無）旌善亭三間（舊書孝義貞節者名實于
壁今無）榜房五間（面丁譙樓）
按察分司（在治南巷闊九丈深一十九丈五尺○洪武初知縣趙季先建正統壬戌知縣胡奎
重建正德辛未知縣程昌重建正德辛巳知縣謝爵重修）正廳三間○衛鑑堂五
間（中爲堂東西各一間爲宿所）中堂一間（在廳後）耳房二間（在廳之東西爲
值事吏書奉謄文案所）廊房（在廳前東西各三間爲祇候宿止所）廚房二間○浴

房二間（俱在中堂之東）儀門三間○二門三間（通後周繚以垣）官房
（在二門外東西各三間爲縣官候止所有門有屛垣）
布政分司（在治曲正統五年奉工部勘合添置六年知縣胡奎建正德乙亥知縣王伯以舊
府館基地益之闊九丈深一十四丈五尺）正廳三間廳之後曰中堂一間
堂之後廳五間中三間扁曰肅鎮東西各一間爲宿
所廳之前東西各三間曰廊房爲祇候宿止所廳之
東西各一間曰耳房爲值事吏書謄案所中堂之東
爲庖舍三間浴舍二間廳之前約十餘步爲儀門三
間又前數步爲二門三間周繚以垣二門之外東西
官房各三間爲縣官候止所亦有屛垣規制俱與按

察分司埒焉

府館舊在治西逼隘淺陋正德乙亥知縣王伯遷建浠川驛東嘉靖壬午知縣謝爵重脩正廳三間後堂三間廊房東西各三間廚房二間浴房二間儀門三間二門三間外官房三間遺後緣以垣

陰陽學在治東洪武十七年知縣陳得義起立久廢正統六年知縣胡奎本學訓術彭鼎建于治之東與醫學相竝爲學舍三間榜房二間此正統舊志文又久廢弘治初知縣潘珏重建正廳三間後屋二間正德丙子知縣王伯脩飾

醫訓科在治南洪武十七年知縣陳得義立正統六年知縣胡奎訓科易濟遷于治東弘治初知縣潘珏重建正廳三間後屋二間正德丙子知縣王伯脩飾其基拚陰陽學基闕王廟基通闊九丈五尺各深三丈五尺

浠川驛洪武十五年知縣祖宗文建于治南二十里分流山北弘治戊午奉文改遷治西推官羅輪建知府盧濬記正廳退省兩廊鼓樓私衙馬房共大小三十四間嘉靖十四年知縣謝暘重脩

巴水驛治西四十里基廣輪各三十丈洪武十七年知縣祖宗文建正統辛酉知縣胡奎重建正德壬申知縣何澄重脩嘉靖八年知縣王幹重建前廳五間後堂五間穿廊一間沐浴房一間儀門三間左右廂房一十四間爲房八間鼓樓一座嘉靖十五年知縣謝暘重建

蘭溪水驛治西南四十里洪武甲寅知縣趙季光創建基臨江滸正統庚申知縣胡奎遷建孟家嘴成化壬辰知縣陳興重建水地正德戊寅知縣王伯築土重建正廳鼓樓廊房榜房官廨吏舍庖房共二十三間

蘭溪巡檢司治西南四十里洪武甲寅知縣趙季光建宣德初巡檢熊孔蔓重脩正統乙丑知縣胡奎重建歲久頹弘治間知縣潘珏重建廳屋三間住房三間監房三間

巴河巡檢司治西七十里洪武七年知縣趙季光巡檢許宗立基鄰大江水患弘治壬子知縣潘珏遷於巴河市建立未備正德庚午巡檢冊徒王進重建中廳三間廂房二間榜房一間獄房一間巡檢廨一所較場一所

楊歷湖河泊所治西南四十里蘭溪之西洪武十七年知縣陳得義河泊所官熊貴立其地洿下屋宇連年水泛姑結茅爲所團魚辦課焉○此正統舊志文存之以見在職者之難爲也

圻湖河泊所治西南六十里蘭溪之東南洪武丙辰知縣郭德謙立正廳三間耳房二間司房三間公廨三間

稅課局有二一在治南儒學傍一在巴河鎮俱宣德間革今弗詳

僧會司即昭化寺

鋪舍附

縣前總鋪洪武二年知縣朱文煥建正統壬戌知縣胡奎重脩正德丙寅知縣汪深重建嘉靖元年二月二十九夜被火知縣謝爵重建石牛鋪一十里分流鋪二十里李店鋪三十里陸廟鋪四十里當西河驛之中途距廣濟百里爲官司往來憩足之所正德辛巳知縣謝爵剏建廳舍後房門樓郵亭已上南路達蘄州并廣濟縣

鍾師樓鋪一十里松林鋪二十里孟家山鋪三十里河廟鋪四十里劉店鋪五十里七里鋪六十里已上西路達本府

滑石鋪一十里株林鋪二十里三家店鋪三十里白沙嶺鋪四十里三望冲鋪五十里樊家灣鋪六十里嚴家坳鋪七十里

長嶺舖八十里舖東蘄水界舖北羅田界 已上北路達羅田轉麻城

水利

志水利何重民事也自禹濬畎距川周漢以來溝洫河渠之利講之者衆矣今之堤堰固稻人止水蓄水之制也卒歲悠游寖以湮沒十日之霖巨浸也一月之旱赤土也而田野嗷嗷矣噫叔敖起芍陂楚受其惠文翁穿洩口蜀以富饒臨政君子謹尋故道而疏築之則鄭旁稻粱之詠涇陽禾黍之謠不有待於今乎

萬工堤治西南五十里每江河作漲多能敗舟正統乙丑知縣胡奎築之工費頗繁故名萬工隄

僉番易屈伸記 王公堤巴河鎮西瀕江地卑春夏水溢南北往來者甚艱正德乙亥知縣王伯築壘高衍民便之故名

曹家堰在南鄉 袁家堰北鄉 胡可堰治西六里 北胡師灣堰下鄉 官陂堰南鄉 段家觜堰永福鄉家湖尾 薛李家堰永福鄉黃草湖尾 慈菰堰下鄉今訛爲師姑堰 飲馬陂治北三十五里 團陂治北七十里 鴨子陂治東二里 蓮花塘治坐山後爲縣基脉源今壅爲民居風水家多稱不便長吏 聯塘昭化寺前 藕塘治西五里 十月塘治東十里

惠政

志惠政何哀窮民也聖王在上鳥獸草木魚鼈咸若而況於人乎故爲之倉廪以恤其凶荒爲之醫藥以救其疾苦爲之瘞埋以長其恩愛是使民養生喪死無憾矣名惠而實不至則有司之罪也

聚民倉治北市弘治初知縣潘珏建議創立四面共二十六間中爲官廳三間立東作西成南訛朔易四扁於四面嘉魚李承芳記民犯輕科者罰稻儲中以備賑濟後改濟民倉義稱淺矣今民仍稱聚民倉云

預備倉有四一在華家岡曰東倉一在分流山曰南倉一在巴河路曰西倉一在團陂保曰北倉俱洪武己巳知縣尹起耕創立正統辛酉知縣胡奎重建成化己亥知縣陳興重脩成化丁未知縣潘珏重脩○按四倉去治竝遠間滿之地官之周視難常歛放之閭民之輸支未便每遇淋雨隙漏之道隔溪河卒難報告吏值官爵他務便經旬日而積濕已腐以致貯留難久揀守易類看守人員多累蕩產弘治初知縣潘珏備得輿情故立聚民一倉間厫間厫饒足無以存晉俱爲便益今四倉俱廢

蘭溪官倉在蘭溪鎮儲永福上下鄉二十九里起運秋糧成化初知縣陳興主簿侯爵即民地建立正德丁丑縣丞傅士彥重脩正德辛巳知縣謝爵主簿楊鎏重脩 官廳三間○東

前厫 間○後厫 間○西前厫 間○後厫 間○南厫 間○門屋一間周繚以垣今俱頹圮

巴河官倉在巴河鎮南儲南北鄉二十九里起運秋糧成化初知縣陳興主簿侯爵建立正德丁丑縣丞傅士彥重脩正德辛巳知縣謝爵主簿楊鎏重脩俱泰置三間 官廳三間○東厫 間○西厫 間○南厫 間○門屋一間周繚以垣今俱頹

養濟院正統舊志稱洪武二年知縣朱文漢立男房三間女房三間在治北今未詳基所後遷建神光觀側亦無考弘治乙丑知縣汪溶於神光觀側改遷今聚民倉之北正德丙子知縣王伯重脩嘉靖壬午知縣謝爵縣丞傅士彥重脩增爲一十九間繚以垣總以門表以額今頹

惠民藥局治東正統六年知縣胡奎創科易脊建弘治初知縣潘珏重建 正廳三間

後堂二間今麻組之於醫學

漏澤園治西北隅知縣謝爵市民不耕之地為之

蘄水縣志卷之一終

蘄水縣志卷之二

教諭蕭璞生員余倖周紹堯周中何瑞纂脩

學校

志學校何以養士也豈惟養士所以養一邑之人心也所以養

國家之元氣也盖學校風化之所自出士習正而人心有不淑哉道德一風俗同而

國家元氣為日固矣然則養者養之者可不慎與

儒學在治東宋元舊址元末兵燹洪武甲寅知縣趙季光創建宣德癸丑縣丞黃舍觀主簿夏時重建正統己未被震辛酉知縣胡奎縣丞李蔚主簿王輔典史金鼎教諭申屠鐸訓導簡縉紳左惟賢重建制多增舊○按學面臨大河往昔水遠岸南雖災亦不至甚十餘年來水反故流衝突岸北土漸瓦解而基日乗虛每遇春潮夏漲積雨彌晉遂成巨浸朔望行香卯酉弁盡則徑走竇由殊襲衣冠矣

敬一亭三間在明倫堂左嘉靖辛卯知縣王幹奉文鼎建

御製敬一箴宋儒程頤四箴范浚心箴註解勒石

明倫堂三間箱房二間舊在文廟後水嚙地促弘治乙卯教諭張輔建議改廷丙辰春知縣潘珏市北碑右立主簿綿州王寘市村鼎建于廟西堂內左立眏

敕諭

兩齋東曰進德西曰脩業各五間弘治丙辰知縣潘玨建　儀門三間知縣潘玨建　育
賢坊在儀門前舊名科第坊知縣潘玨建弘治辛酉縣丞趙麟重脩嘉靖丁酉署縣事隨州判前監
察御史曹遠改今名　坊東西號房共一十間知縣潘玨建今亦頹圯僅存六間訓導衙廢居
之　五經樓在大成殿後正德丙寅知縣汪淥撤舊明倫堂而葺之以儲經書今亦就壞
書樓在文廟殿東西各五間知縣汪淥撤舊齋及觀瀾樓而創之今亦將頹　後號房二十
間在五經樓後山下成化戊戌提學副使薛綱委知縣陳興建又頹正德辛巳知縣謝爵重建今廢　教
諭衙在五經樓西弘治丁巳知縣余漸建廢又嘉靖乙巳教諭大足蕭璞捐俸建廳三間　訓導
衙二今俱廢　饌堂三間今廢　學倉舊在學後出納未便正德丁丑知縣王伯迁建進德齋南
今廢　學前墻瀕於河數被水圯正德乙亥知縣王伯斷木爲欄上甃以瓦後爲水壞嘉靖甲辰年

署縣事黃陂主簿江文煥以磚砌之　觀瀾樓在文廟東今廢　興文閣在舊明倫堂東今廢
釆芹閣在舊明倫堂西今廢　廻瀾亭　時雨亭俱正統間知縣胡奎建於櫺星
門外東西對峙弘治間洪水衝廢　射圃在儒學後廳前基橫闊五丈二尺有前潤六丈直長一十
六丈弘治乙丑知縣汪淥建立圃廳頹廢嘉靖壬午知縣謝爵鼎建廳三間廢址存

社學

皇祖洪武八年諭中書省臣曰成周之世家有塾黨有
庠故民無不知學是以教化行而風俗美今京師及
郡縣皆有學而鄉社之民樂觀教化宜令有司更置
社學延師儒以教民間子弟庶可導民善俗也學有三一
在治北成化壬辰知縣陳興古地建立壬寅知縣楊經增地重建今頹○其地共闊四丈七尺五寸深二
十四丈一在蘭溪鎮一在巴河鎮俱廢

書院

南門書院在儒學之右南門街西倚雲亭東正德戊辰同知閻西謝朝宣市地建立　講堂
三間附記王逸少陸鴻漸蘇子瞻於內石碑二座一刻書院記一刻倚雲亭記　廂房二間　號房
東西各三間　前屋中門一間東西號房各二間　○以上屋舍前瀕大河
俱水圯廢基址猶存嘉靖甲辰告官勘量周圍止民
居砌定石脚爲界東西橫量潤四丈二尺五寸前抵
河心給帖爲證　倚雲亭在書院之右竝立石刻鳶飛魚躍四大字于亭後俱
正德戊辰同知謝朝宣建立正德戊寅洪水衝廢石刻存　三賢祠初建于鳳棲山繼遷神光觀側
又遷附于南門書院水廢嘉靖壬午知縣謝爵鼎建于儒學之西山巔舊五顯廟址中爲堂傍有翼室前

有門周有屏垣今俱廢○三賢爲王逸少陸鴻漸蘇子瞻三賢儒宗也故祠附書院後

選舉

志選舉何賓興之義也成周書升之法也王文正
公謂條貫之嚴隔賢士之路朱子謂科目之設銷
英雄之氣夫賢士英雄豈至於隔其路而銷其氣
哉抑或有爲言之也士與有司者可以深長思矣

進士

許禎易經中永樂甲申科曾棨榜任山東賓州霑化縣知縣
呂渭詩經中成化戊戌科曾彥榜任行人司行人鏞之子
魯永清詩經中成化辛丑科王華榜歷任四川成都府知府陞江西左參政辛見鄉賢例

徐紹先易經中成化丁未科費宏榜仕終貴州銅仁府知府卒

周瑯春秋會魁中正德辛巳科楊維聰榜任廣東提舉司副使卒見人物例

胡仲謨易經中正德辛巳科楊維聰榜見任浙江左參政詰之兄

胡仲詰易經中嘉靖丙戌科龔用卿榜歷任陝西兵備參議謨之弟

舉人

戴綸詩經洪武庚午科任山東道御史見人物例

許禎易經中洪武癸未科永樂甲申科進士

章琦易經中洪武癸未科任江西南昌縣學訓導

陳文顯易經永樂乙酉科

何進易經永樂乙酉科

張喜書經永樂戊子科任河間府通判

馬汝賢易經永樂戊子科

可鉞書經永樂甲午科任四川郫縣學訓導

丘思恭詩經永樂庚子科任河南彰德府同知

焦昌詩經永樂庚子科任四川安縣學訓導

彭鈇易經永樂庚子科

何憲文詩經永樂庚子科

張銑詩經永樂癸卯科任金吾衛經歷陞上饒縣知縣

呂鏞詩經宣德丙午科任清流縣知縣死節渭父見鄉賢例

張詳書經正統戊午科

吳永哲書經正統辛酉科授河南道監察御史見人物類

徐漆易經景泰庚午科任四川夔州府學教授

薛濟易經景泰庚午科任四川內江縣學訓導

張頊易經景泰癸酉科任開縣學教諭

龔恭易經景泰丙子科任南充縣學教諭

呂渭詩經天順壬午科第三名成化戊戌科進士鏞之子

魯永清詩經成化乙酉科辛丑科進士

程岳易經成化戊子科任鳳陽府潁州同知見人物類

徐紹先易經成化庚子科丁未科進士

李汰易經成化丙午科任浙江義烏縣教諭宗元之父見人物例

程節易經弘治己酉科

詹易詩經弘治壬子科任江西饒州府學訓導

李尚仁禮記弘治乙卯科

徐吉貞易經弘治戊午科任四川忠州知州擒大盜府鶴亮及叛逆文千户歷南京户部郎致仕養重山林維藩臬部使罕得一見有司敬信御評推重步雲其孫也

程翔易經弘治辛酉科岳之子

郭文輔易經弘治甲子科第二名任廣東鹽運司提舉見人物例

陳榮易經弘治甲子科任陝西西鄉縣知縣

錢重器舊姓田嘉靖辛卯年子同知貢

秦復今姓春秋弘治甲子科任四川永川縣知縣卒與子貢同科見人物例

錢貢 春秋與父重器同科邦偁之父歷任杭州府同知弱冠登科以文學志操爲特推重晚年削迹城市知絳州移俸養繼母張氏寫懷詩消移俸喜酬供母志救荒難遂愛民心之句

呂爵 春秋正德丁卯科

周卿 春秋正德丁卯科辛巳進士

李宗元 易經正德庚午科任河南沈丘知縣卒見人物例

操求魁 春秋正德庚午科任河南襄城縣學教諭陞南京國子監助教武岡王府長史

程轍 易經正德丙子科第七名任四川墊江縣學教諭陞南京國子監助教卒見類

蔡曰涇 易經正德丙子科

程象 易經正德丙子科吾之姪

胡仲謨 易經正德己卯科辛巳進士

陳欽 易經正德己卯科任河南新野縣知縣愷悌愛民民甚德之陞南京大理評事民遮道泣送晋別以詩鼓角聲悲清水頭牽裳人泣欲前途平生惜別羞兒女爭爲蒼生淚一流曉年養重山林清約如寒士可以觀其人矣

張瑨 易經正德己卯科任河南儀封知縣陞刑部主事歷郎中潯州知府

李襲芳 易經嘉靖乙酉科任知州

胡仲誥 易經嘉靖乙酉科丙戌科進士

殷相 易經嘉靖戊子科

李承陽 易經嘉靖辛卯科

易文訓 春秋嘉靖甲午科

徐步雲 易經嘉靖庚子科吉貞之孫

錢邦偁 春秋嘉靖庚子科貢之子重器之孫

歲貢

黃紹祖 任刑部侍郎 葉輝 任四川鹽運司同知 鄒以脩 任刑部主事 李思默 任浙江溫州府知府剛毅慷慨宦多政績惜今無所考也 王瓚 任四川清神縣知縣 程紀 任四川新津縣知縣 劉榮 任浙江奉化縣縣丞 柴孟溱 任保寧府倉大使 張珩 任山東嘉祥縣主簿 陳賓 金華同知 劉淳 任四川瀘州吏目 徐添禮 任浙江道監察御史 劉倖 任直隸建平縣縣丞 張瑛 銑之子 戴鵬 任廣西鎮安府同知 徐淳 任廣東肇慶衛經歷 方文質 任四川江津縣知縣 黃思剛 任興州左衛經歷 徐振 任廣東保昌縣縣丞陞貴州程番府經歷 王鏞高 任雲南廣通縣知縣 汪德全 詩經未仕卒 張富 任廣西賀縣知縣 徐信 任浙江衢州府知事 魯

忠 任雲南鶴慶軍民府經歷 陳仕霖 任山西大平府知府 王直 任雲南楚雄府經歷 程思銚 任四川保寧府知事 方清 任四川崇慶州吏目 樂武 未仕卒 李端 任南京鴻臚寺序班 龔淵 任雲南鶴慶軍民府吏目 劉汝賢 未仕 華鏞 任江西奉新縣縣丞 余璣 任直隸易州吏目 戴自省 綸之孫任四川銅梁縣縣丞 殷倫 相之祖任直隸隆慶衛經歷 彭垍 見人物類 趙淳 未仕卒 張文禮 四川營山縣知縣 郭奎 任留守衛經歷 丘高 任河南遂平縣學訓導思恭之子 周仕淵 任廣西平樂府推官忠誠樂易蒞政民稱長者 周宣 任江西瑞州府經歷 周仲安 未仕 柯楚山 任浙江麗水縣主簿 吳志 任直隸金壇縣學訓導 樂和 任四川眉州學訓導 徐公正 未仕 南朝陽 未仕 王泰 未仕 南時陽 冠帶 胡宗周 任四川酆都縣學訓導 萬福 任四川順慶府經歷 游庠 任南京光祿司署丞陞署正

詹子雲 任廣東英德縣主簿 汪倫 未仕 王紳 任浙江淳安縣縣丞見人物類 周

紹武 任浙江慈谿縣縣丞 張練 任江西瑞州府照磨 畢鴻 未仕見人物類 王中

正 任江西都昌縣知縣致仕 陳大鵬 任泗州判官 樂愜 未仕 李性文 任雲

南嶍峨縣知縣擒巨寇有功爲餘黨中蠱而卒 程文遠 轍之父見人物類 李延芳

任四川大足縣訓導陞汶川教諭致仕賦性剛直人不敢干以私歷任有教聲鄉評以古君子歸之

袁紹芳

閔子厚

丘璽 任長壽縣學訓導

周臣 任清平知縣

龔鑾

丘璋

畢良訖

張玨

周制

魯恩 任四川井研縣學訓導永清之子

何爵

朱文明 未仕卒

夏尚表 任涪州學訓導

汪輔

朱蘊祥

魯辯 任四川彭水縣學訓導思之弟永清之子

浩瑝

薦舉

志薦舉何成周里選之法也古稱惟明者足以舉人惟賢者不負所舉明不至則奸之囮也賢不至則亂之機也是故千載之下無祁奚亦無子午矣無解狐亦無伯荊矣宜乎此法之難行也

楊思義 洪武二年歷任戶部尚書 沈傑 歷任汀州府同知 楊泰 洪武二十一年任真定府同知 蘇哲 任直隸欒州學正 蔡鑑 任晉府紀善陞長史 王庸 任南京凌煙閣纂脩書籍 薛均 任直隸泰州同知上應天府府尹 楊子旻 任山西太原府同知 席永 任

京忠義前衛倉副使 梅思溫 任江西撫州府稅課局大使 周澍 任定遠縣橋驛驛丞 張

張氏瞻 任副使 王道 任廣東惠州府知府 張存禮 任廣東德慶州知州 王如

源 任浙江寧波府通判 ○以上事實俱無考

恩蔭 恩封 附

志恩封何以示勸也顯親揚名可以觀孝矣然事親之孝事君之忠一也移顯親者而顯君不亦可乎

張吉華 以子銑貴贈徵仕郎金吾左衛經歷銑母王氏妻彭氏繼妻勞氏俱贈孺人

魯綱 以子永清貴贈文林郎大理寺右評事清母彭氏繼母胡氏俱贈孺人

徐漆以子紹先貴贈承德郎工部營膳司主事先母張氏封太安人

游復初以子庠貴贈徵仕郎南京光祿寺大官署署丞庠嫡母周氏生母蔡氏俱贈孺人

周紹激以子卿貴贈徵仕郎吏科給事中卿母李氏封太孺人妻郭氏封孺人

胡溥以子仲謨仲誥貴封承德郎南京戶部廣西司主事謨母王氏封安人謨妻李氏繼室樂氏俱贈安人誥妻潘氏封安人

陳琛以子景文貴贈登仕佐郎鴻臚寺序班

徐桂以子吉貞貴贈南京戶部員外郎吉貞母薛氏妻江氏俱贈宜人

陳孚元以子欽貴贈文林郎新野縣知縣欽母饒氏封孺人

張大昕以子堦貴贈北京刑部員外郎堦母陳氏妻滕氏俱封宜人

蔭例 附

徐紹禮寧府典寶　畢鵬鳴之兄府知事　陳謨　陳景文鴻臚序班陞東鄉知縣　胡濂　畢良貴　徐瑞　詹瀾　程定遠　程憲遠　周楫紹武之子滎昌縣丞　王承寵中正之子浙江理問陞南京兵馬　胡仲芳南京兵馬　羅衣初門縣丞　徐文貴紹先之孫　周珪紹武之子　周策　程漸　王廷文　易文吉金壇縣丞　周璞　周情

程軔　程葦　詹元相　詹化　姜朝制　畢昊　畢星　畢軿　丘如山　丘塾　蔡斗熺　陳錄　陳言　李薦　徐璋步雲之父　李藹　劉元吉　劉元士　程軒　桂森　李宗孔　周怡　李崇芳　李旱芳　周文　李莊　龔起鳴　郭洽　周鳴鎬　周鳴篪　王廷諍　南子申　南廷佐　楊鳴春　詹元衡　王國仁　胡在謙　胡耀謙

醫術 附

龐安常名安時宋元祐間人自號蘄水道人以醫術聞准甸間嘗著傷寒卒病論及脉法欽人張子充從之遊一日丐者扣門自言爲風寒所苦安常見其手執蒲扇指以煎湯調服子充初不省其意徐

曰豈非本草所謂敗蒲能止汗者乎常曰然翌日疾果愈嘗詣舒之桐城有民家婦孕將產七日而子不下百術無所效安時之弟子李百全適在傍舍邀安時往視之纔見即連呼不死令其家人以湯溫其腰腹自爲上下拊摩孕者覺腸胃微痛呻吟間生一男子其家驚喜而不知所以然安時曰兒已出胞而一手誤執母腸不復能脫故非符藥所能爲吾隔腹捫兒手所在鍼其虎口既痛即縮手所以遽生無他術也取兒視之右手虎口鍼痕存焉其妙如此

國朝王彬以良醫陞太醫院院判　易濬善起危疾司府多用之　易坤以醫名家善吟咏由醫士陞太醫院御醫

吏選 附

宋初人吏每差稅戶後以不省文牘遂募有田業人爲之人多懼不從

元時以吏爲出身之階以月日序遷有自尉司吏至顯官者人爭求之不俟募也

皇朝亦以吏爲出身之階 楊銘清水驛丞 王志剛吳山驛丞 魯必成樂安縣丞 李儉河澗衛知事忤中貴左遷安仁典史長吟咏由生員充吏其不同衆如此 張儁生員充吏任淳安縣丞洋之父 龐永剛霑化縣丞 王永溫江典史 張銓聊城縣丞 閔存霸州判官 吳讓太倉衛知事 徐誌順天府照磨 龔源倉大使 胡文南京工部文思院大使 郭琅山西按察司司獄 徐昂雅州吏目 陳仁本婺源主簿 李林福山主簿 聶俊石洋驛丞 黃瑄楊庄巡檢 周星青塘巡檢 袁鈺鄞都典史 孫鏞 王璉 李陽春稅課大使 盧伯林銀山巡檢 胡昇武寧巡檢 孫贇新都主簿 李剛 吳忠鹽井提主 涂由巡檢 龔志剛巡檢 吳顯 馬訓文石潭巡檢 李宗彬滇陽驛丞 陳友義水西驛丞 席尚王茶課局大使 劉文虎倉大使 馮懋巡檢 潘洪 朱思浩倉大使 王珊鹽井大使 葉仲義倉大使 陶贇大曹巡檢 劉富倉大使 陳賢博白典史 詹鑾倉大使 舒旻 王福海 劉漢輔 程碧霄倉大使 蔡仲仁 申大用典史 蔡斗章驛丞 劉相 鄒王沔縣典史 曹仲仁 袁本先 汪瓚 王福濟倉大使 胡仲武西充典史 李道 祝應奇 夏渭南浦驛丞 胡仲哲衛知事 呂濟衛經歷 王勝祖 熊文會倉大使 楊嶺樂好巡檢 劉滋 游朝紀 周王寶業儒能詩 李瑞 李寶業儒 徐定 徐相 謝景芳 謝林芳 程濟 周王琥 李蘭 李麟左蠡巡檢 韓質 范朝鳳 丘積山 楊昇 徐雲翊 周蓋

蘄水志卷之二 十二

兵防

志兵防何王官之武備也井田裂而兵農分唐之府兵殆廢幾近之然亦隨廢於彍騎矣今之鄉兵募於丁粮固寓兵於農之意也雖然牛犢歸耕豺狼歛跡犬蟠甕足而臥矣防身爲下防心爲上非與

縣教場演習民壯之所在治西浠川驛右山崗正德丁丑知縣王伯市地建廳三間嘉靖癸卯典史巴縣黃瑞建演武坊于街口諸武坊于場前

蘄水志卷之二 十三

巴河巡檢司教場演習弓兵之所在司舊基前長一百步闊四十步嘉靖二年署縣事一黃州府檢校凌巖勸民如爲之

〇民壯成化初設五十名以中下江無額役丁以上有粮者役之弘治初以粮食一百六十四名正德初知府余貴酉丈及十丁粮及十石以上者役一名丁粮雖多亦止一名嘉靖以來額定二百五十名十年一編查照縣丁粮均派粮多者爲頭少者爲貼每名編丁粮一百八十五石三斗扌一年工食器械銀七兩二錢聽各兵自取應當通共銀一千八百兩

〇弓兵主捕盜賊詰奸細〇巴河鎮巡檢司原額一百名今消乏四十三名於均徭僉補〇蘭溪巡檢司原額一百名今消乏四十六名於均徭僉補

秩祀 祠廟附

忌秩祀何有國之大事也按祭法法施於民則祀之以死勤事則祀之以勞定國則祀之能禦大災

捍大患則祀之是故於先聖先賢則祭於名宦鄉賢則祭於忠臣烈士孝子慈孫之在其境内者則祭於社稷則祭於兩師風伯山林川澤則祭凡此皆以有功德於民者也若鬼神之無依者則祭曰吾爲之後也是祭不至於淫矣以義處禮則不欲煩以仁處禮則不欲踈是祭不至於慢矣記曰賢者之祭也必受其福言内盡於己而外順於道也其斯之謂與

文廟三間基隣河歲被水激弘治壬戌知縣張正縣丞趙麟遷卻二丈昺建正德丙子知縣王伯脩飭嘉靖壬午知縣謝爵脩飭暨後歲久材朽嘉靖丙申慈谿東峪叅議王鎔謁廟命知縣譙暘脩飭有記癸卯邑人副使胡仲謨内艱家居勸署縣事黄陂縣主簿江文煥脩亦有記近來河水衝突基日乘虛無以積兩廟亦就圮矣

兩廡各五間東西向列諸賢及從祀後賢于内弘治乙丑知縣汪深遷建嘉靖甲辰主簿桂平黄國政捐俸脩飭

戟門三間門向仍正統間舊址嘉靖壬午知縣謝爵遷建稍左而與向山反戾

櫺星門舊用木正德紀元丙寅知縣進賢汪深伐石昺建

神廚三間在櫺星門東正德辛巳知縣謝爵建今廢

神庫舊即明倫堂西廟爲之內貯祭器新舊庫後交盤如數

啓聖祠舊無以文昌祠爲之在戟門東圮溢不便今祀

名宦祠祀知縣番易胡奎婺源潘珏進賢汪深儒學教諭三山申鏴共四人〇舊無祠附神主於鄉賢祠內

鄉賢祠戟門西弘治甲寅知縣潘珏建嘉靖癸卯署縣事主簿江文煥重建祠旌表孝義王燾封武城侯王聰一統賦爲漳國公清泜知縣呂鏞成都知府魯求清共四人

社稷壇治北市基南北通二十一丈東西通二十一丈洪武甲寅知縣趙季光創立正統初知縣胡奎重建周植以松俱及合抱歲久松萎〇正德甲戌知縣王伯脩飭正德辛巳知縣謝爵重葺

國初民稱壇在郭外今居民稠密直接聚民倉漸近盡街橋而壇反在郭內矣嘉靖甲午巡撫程過縣以壇建郭内非制命縣改創未行

壇制北向崇三尺東西廣二丈五尺南北如之四出陛各三級壝前八丈東西南各五丈四以垣各一門入祭由北繚

石柱長二尺五寸方一尺埋於壇中近南邊露員尖

祭器香爐二燭臺四鉶二籩八豆八簋四簠四爵六祝板一帛匣二牲匣四神案一香案二酒罇三釜一

神庫三間

宿齋房三間俱頹圮

宰牲池

壇外門一間南向

山川壇洪武甲寅知縣趙季光建于治西正統戊午知縣胡奎遷建于治東玉臺山巔基地輪一十四丈五尺南北廣一十二丈四尺繚垣

壇制南向東西廣二丈五尺南北如之

祭器數增社稷三之一

邑厲壇治北洪武二十二年知縣尹起耕立正統間知縣胡奎重建繚以垣門一間今以就頹

壇制南向崇二尺東西各二丈五尺南北如之

城隍廟治西洪武初建宣德八年知縣陳李縣丞黄會觀主簿朱交文重建正統六年縣丞李蔚重脩弘治辛酉縣丞趙麟重建頹圮嘉靖二十二年居民萬珊蕭紹宗募財重建制增舊宏敞可觀

正廳三間

寢室三間

卓廳一間

廊房東西各六間

中門三間

齋房三間在中門西今廢

大門三間周繚之以垣

碑二座一刻勅諭一刻正統間知縣胡奎文〇門子宅基地一所在廟東

卓壁一座

祠廟附

關王祠治東市成化甲午知縣陳興重脩

五顯祠治南儒學西

晏公祠有三一在治東今併于關王祠一在蘭溪鎮一在巴河鎮俱縣丞李蔚修建

張真君祠在巴河鎮士民思慕張巡立祀之

伍子胥在伍州

吳王祠在城山嶺昔孫仲謀駐兵此山因祠之

東嶽行祠有四一在治東五里一在巴河鎮一在圻湖一在朱店一在城角橋

俱名方居民祠之以祈報告焉南嶽行祠有二一在治南五里一在龍泉山亦方民祠以祈報告

名宦

志名宦何思賢也思其人不忍忘則祠之矣祠之者所以存其人也是故惜南國之棠者存召公也敬西土之棤者存姬文也泣峴山之碑者存羊祜也雖百世之下猶有生氣可也噫同一宦也存之者寡亡之者衆可警也夫

胡奎 番易人舉人正統間任九九年寬平樂易勤於勸稼公暇課士訓誨尤篤縣治學宮每加脩理至今稱善治者必以公焉

潘珏 直隸婺源人進士成化弘治間任九十年寬厚莊重持身清苦莅事公明尚德教恥奔競愛民重士賦政優游雖無赫赫聲迄今蘄人慕之立有去思碑公亦有芊棠集及三覲稿

申屠鐸 福建懷安人舉人正統間任儒學教諭立教嚴正一本朱子規則生徒貧者斂者必資給而飭屬之知縣胡奎脩舉廢墜創置區畫多所參定云

汪深 江西進賢縣人舉人弘治十七年任嘉靖二十年入祠

宦蹟

志宦蹟何紀功也嗚單父之琴種河陽之花亥江陵之風馴中牟之雉三稱善於蒲不敢欺於鄴者固其蹟之尤者也余又有說焉持心近厚者似懦處事過詳者似遲好持義者似迂恥言功利者似拙其功德則隱然於匹夫匹婦之心而不易知今之所謂良吏吾又恐其操切之風著而豈弟之政泯撫字之心薄而催科之令巧與嗚呼無赫赫之聲者晉去思之愛書賢能之最者貽蛇虎之憂辯今日之蹟正不當取其顯然之名而尤貴其有隱然之德則不疑於似是之非矣

知縣

趙季光 洪武初任縣治百務皆其創建區畫定立各有攸宜

陳興 河南許州人舉人成化初任九九年公正端謹精吏事勤敎誨脩本廢墜民不告勞士論欽服

黃鳳 吉水人由舉人弘治間任慈祥愷悌莅官借一年清苦如一日拙催科而勤撫字簡承奉而忤當道竟調廣西義寧民至今懷之

曹逵 直隸太倉人進上隨州判官嘉靖十六年署縣事勤慎廉明人不敢干以私刻貪酷一錢於[illegible]杜以警官邪會

聖駕南巡治劉夔煩民稱不擾及去士民爭送不忍失

縣丞

黃舍觀 江西樂平人宣德八年任存心平恕操履端慎學校亦興舉焉

李蔚 四川內江人監生正統三年任行檢端脩佐政平易胡俣建立經畫多贊之

張玘 浙江蕭山人由薦辟成化間任勤幹濟善吟咏勸士教民之意多形於詩

王相 浙江嘉興人監生弘治己酉任清慎耿介不可干私政平民和長令推讓當道獎勵意以恬退行其志

鄭淮 黄陂縣丞福建臨淮人吏員正德癸酉署縣事勤慎端謹公恕廉明承奉拙而愛利多任事一年訟簡民安及去民相與泣送之

主簿

侯爵 河南永城人恩例成化間任直己愛民幹濟勤敏有聲於當道擢鄖西縣尹

王賓 四川綿州人監生弘治壬子任職專賦稅催科有方勤於勸誨刑不繁而上供足

羅吉 四川巴縣人監生嘉靖十年任職專督糧革去常例迎接

辭宮多方處置民不見擾至今感德之

教官

冉鎡 訓導四川涪州人監生弘治甲寅任操履端莊教誨勤篤生徒有貧者不責束脩有覲老□必加存問教勸之善者當以公爲看云

梅乾 訓導四川內江人監生嘉靖七年任謹厚清介教有大體丁內艱去生徒至今懷之

鍾萬 教諭廣東順德人選貢嘉靖二十年任職勤恭諄諄教誨然不樂承奉守甘恬退公論惜焉

鄉賢

志鄉賢何勸不覽也王烈居鄉訟者望廬而還陳寔居鄉恥爲陳君所短誠得君人而典刑之比屋可封之俗可想也所謂鄉先生沒而祭於社者舍斯人吾誰與歸

王壽 北鄉人七世同居少長三百餘口庭無間言有司具實以聞旌表其門曰孝義

王聰 永福鄉人性勇敢有膂力洪武初命爲燕山中護衛總旗永樂初從陳封武城侯後封漳國公

呂鏞 護山人宣德丙午科舉人授江西萬安縣教諭陞河南宜陽知縣有政績補福建清流縣時沙縣寇鄧茂七陷清流邑無城郭可恃鏞拒之力不能支具服端坐公所抗罵不屈遂爲賊解於厲方是時也狼群已迫犬類及踏雖於端坐之間而其心雄萬夫氣重丘山伸大義於萬仞之上夫豈肆力於一劒之雄所得而多哉清流民思其忠節於阜城廟祀之

曾永清 字端本謹厚簡重行端言寡篤周母黨之貧求振業師之後成化辛丑進士歷大理寺右評事寺副寺正四川成都府知府在大理時任事忠誠獄多平恕奏減法司冗員參宰三原王先生評法司人才必以公爲稱首大宰士西崖李先生曰魯君端本凡刑曹察院所斷獄審覆評駁必援理守法而參之以情不刻不縱用是屢書上考稱能官于朝南呂張東白先生謂公志趣才識偉然一時之良大宰士篁墩程先生稱其諳練之才通碩之宰在成都時都憲獻臣吳先生爲其佐服其清苦蜀士徐公禱高尚鴻儒也誦表德政惠愛甚悉夫判明永民有魯下解擔之謠於厚公之才德雖著於歷官而風範蘄之後李也亦多矣

人物

志人物何天地之紀也李陵降而隴右慙子夏隱而河西美甚矣人之有關於地也蘄雖褊小亦衣冠禮樂之一都會也不肖君子其能邑乎故人物志而前脩者景耀矣後來者其尚聞風而興起與

戴綸 字經邦英邁方正篤孝友長音律治詩經領洪武庚午鄉薦任山東道監察御史出按山東風裁凜凜方面欽服優文李與李士解繕交稔解撰譜叙親書送之以糾劾逆時貴謫廣西梧州府別駕章愈激烈再謫庫官尋改監倉數鎖盤粮作木伴歌詞時貴啻欲拘繫而危之料量既平坐之無隙公行已歷官剛明自居清苦自持而忠憤一節又有足以媿王魏於地下者公誠

大丈夫也哉

李汰 字清之性仁孝謹禮度氣和儀莊重義輕利居常以紫陽家禮爲飾立教以敦行孝弟爲先少失怙終身衣素治易中成化丙午科任江西永新訓導陞義烏教諭歷有教聲府僚有念公貧遺金三百公擇諸生諳練者付之俾修學府僚曰一絨之惠上及聖賢下及士類矣聘福建試事有以黃金私謁公辭謁者曰爾儒耳公謝以詩云義利叢中識頗真黃金難買爾儒貧莫言暮夜無知者迫塞乾坤有鬼神其人慚退致仕卒宦途門生故舊哀輓眞章迭至著立菴稿

程轍 字子徒號漪南治易經中正德丙子亞魁篤性孝友行已剛方自少不悅紛華聞大宗伯甘泉湛公倡道南服即往師之慨然以道自任數年有得而歸杜門潛心未嘗少輟其魁堂之整肅坐立之端莊雖燕居深夜盛暑隆寒與與如也丁內艱朝夕哭次三年不入私室嘉靖辛丑父訥菴君命之仕任四川墊江教諭蒞名宦舉鄉賢嚴飲射修學宫循循教誨日有課程著有易錄一時達人咸禮重之侍御石公察其學行檄掌蜀城大益書院著有四書講章陞南京國子助教大司成松溪程公及六館同寅咸惜相見之晚越五月卒通政使司右參議玉崖余公銘其墓曰道存人行惟學以明知行並進乃一乃精虞庭與言亘古至今杏壇既遠異術爭鳴闢閩濂洛爰續其真江門派泳乃自源清甘泉正脉淥論九塵漪南程氏伊川後身泉翁一見遂延道盟回也默識參也至誠吾道楚矣墊江派人發揮易道解醉呼醒士風丕振臺省知名既遷國子助教懇懇松溪降禮亦織載憑云胡不偶梁木發傾大志未就易錄幸存聞道夕死萬古孳榮右龍莊上卿魯遺馨

郭文輔 字良弼號卅菴治易經中弘治甲子科第二名勵志問學手不釋卷清苦自持雖朝夕不給晏如也未嘗入公府干有司以私一日家忽火公顧天曰有不義物願焚之火遂滅任廣東運司提舉著有惠政致仕歸圖書數卷而已家居躬秉鋤犁不事他業而好學一念至老不衰

議者方之無懷葛天之民云○

吳永哲 字克明事母以孝閩治詩經領正統辛酉鄉薦授浙江蕭山縣學訓導四川重慶府學訓導試河南道監察御史復授南川縣學教諭公器英儒問學充裕分已產以贍兄弟之貧者凡居校學教誨有方士之貧者必贍給之可進者必飭勵之㕘士江朝宗方伯蔣雲漢俱出其門下都御史蔣恭佩其德至今蜀士尚追思之

彭堉 字子厚以歲貢歷任貴州新添衛學教授性淳厚敦孝友尚德義好吟詠休致二十餘年非公事不履公廳邑大夫甚敬重之

王紳 字廷章治易經浙江淳安縣丞內蘊剛明外行整飭學深於易志書於患居官清苦聲聞籍籍撫按達其績於朝將起擢之而公謝世於厚公之弗得於天又不獨也是

錢重器 字國用號菊山弘治甲子與子貢同科賦性坦夷邃於經學蘄之春秋自公始門生呂爵周瑯操永兆皆登上第家雖貧竭力奉母敬其兄重仁無間言嘗念兄子頗多割己產一分以益之任四川永川知縣值流賊殘後興廢補壞作士撫民六年官有成績都憲馬浩提學王廷相欲大用之議薦于朝尋以疾卒

李宗元 字舜臣號黎山治易經中庚午科舉人性嚴毅長文學任河南沈丘知縣著理沈政譽皆見之躬行欽取大用遘疾歸家尋卒沈父老士民相赴弔祭

周瑯 字光載號兩山中正德庚辰會魁性醇和行謹飭經史贍腴文章卓越著有巖侗集守廬州時以廉名廬與蘄接壤其親戚故舊俱不敢干以私督廣東學甄別悉當士人敬服之

畢鴻 字翔霄號朴菴性氣醇和學問充洽未嘗有忤於人鄉黨無賢愚皆稱其爲長者有司盛禮敬爲

程文遂 字尚質號訥菴律己端莊與人樂易善吟詠雅意林泉不耆仕進築臺以自娛詩云泥塗風雨怡沾衣臺築荒園祇自宜竹放靈根封穩樹庇清影下堦邊雲山對我情懷雅鑑丁涵天景色奇野興濃然時未晚從容典則詁群兒井泉湛公題其臺為樂壽

胡溥 字景周號西村器弘量素好李長吟存心正大光明行己方圓平直以嚴毅齊家以譽室化俗教二子俱登甲科際膴仕累受
襃封絕跡城市一時達人求見不可得人稱古君子

孝義

志孝義何人之大倫也孔子以為至德要道孟子以為良知良能分也亦性也雖然豈徒以事親哉孝者百順之謂也有孝子而後有忠臣有忠臣而後有善治舉此而措之耳故周禮六德六行之教孝弟為先而族師書之此志之所以不可已也

元

周古象 本縣人元兵下淮被虜至薊地贅蒙古氏既生子嘗見其喜樂一日妻詢其故曰有母在欲得歸省其許之囑曰母在當奉養勿以妾故復來得父歸母尚未恙象奉養不怠及母歿廬墓三年聞其妻亦亡象時年四十餘終身不娶淮西僉幹克莊求見象避之克莊留詩於室云事親未必可魯參職分當為每愧心昨夜風來飄忽動抱琴更入白雲深復為立孝里門按古象為孝子為義夫而妻為孝婦一人而三善備焉百世之下令人景慕吁可[illegible]也已

國朝

王壽 見鄉賢類

許恩 治前南市人甫冠正德辛巳季冬廿三夜四鼓時鄰火及恩宅恩覺已得出忽思母江氏未出即反冒焚突入救母遂俱厄為燼止存其手尚抱母身嗚呼痛哉比鄰舍已焚已舍己然倏忽之頃不見所怍是豈不知火熖之烈耶而念母之心尤烈也不然胡百物俱燼而獨存一手其誠一點丹衷烈火不能焚天為表狀以貽斯世人子也與〇教諭蕭璞修志至此取以詩云萬古綱常屬兩身救焚一念動蒼旻下數此手晉殘火虀世誰能辨假真〇生員周坤詩云一手天心自不焚可堪撐住此乾坤紛紛大孝觀風者誰乞
君恩為表門

姚求濬 義門南鄉人讀書惟能記姓名父昱早卒事母張氏飲食冠櫛必躬執事尤嚴禮節至所謂出告反面昏定晨省冬溫夏清濬實見於庸行母樂乃喜母憂即驚懼務致其娛及母壽終哀毀濱死者屢之三年間仍溫清卧榻一如所生自藁卧於側未反私室寒暑惟露足草履自亦不爐扇大祥後一日事耕妻蔡氏供母饌蔡以業綿襪其祖遺記爾禮濬適歸過大號泣謂蔡以死視其母蔡幾被逐焉

戴仲英 本縣人明經勵行為時聞人蚤失雙親觸時悲哀感慕及老不替大宗伯陶公凱嘗贈以詩憶昨干戈起白日風塵昏子家蘄水縣少小失雙親生死不相知念念徒酸辛艱難適異鄉乃謂他人昆聖人攬乾符汰劍掃妖氛六合已一家欲歸道無因思親不可見忽見故鄉人聞言腸九泉淌淚滿衣巾水流必有源木生必有根抱此終天恨莫報罔極恩茲行返故鄉累土成丘墳墳前植松栢慘淡結愁雲父母有遺體在邇保其身常存純孝心錫類垂子孫

樂韶 開原上鄉人性和易孝友行母程氏卒哀毀踰禮時父常存命子弟侍養躬廬墓三年後七年父卒亦廬三年以時追思祀禮亦謹焉

可清 義門南鄉人蚤失父事母李氏奉養如禮欽欽朝夕務期母樂亦有大賢君子之所難者鄉人稱為可孝子

詹子陵字希嚴上鄉人性沉靜重然諾少事父母敬愛惟謹父先卒事母孝養尤篤每出獲時味必懷歸母母或疾陵未嘗及私室母之服食動上必躬事之事諸兄尤恭順鄉人多稱之

劉淳南鄉人少失父事母呂氏甚謹母卒廬墓三年撫按聞而嘉之給以冠帶表其門

桂交金不事詩書天性友愛長兄交隆蚤卒事寡嫂如母事次兄交榮如父嘗禁生墳願與兄同穴而不計其妻撫姪如子每周以財不少昔卒之日尚以友愛之道勉諸子云○按交金其他不可知而敬兄嫂愛猶兒一節則有士大夫所不及者使輔以學問所得又當何如耶

萬明善性柔和事親孝割股二次廬墓六年以鄉田市基爲牒詳察院旌獎三次

以上俱未經

旌表

附

志忠義何律王臣也天下有大分焉君臣是也臣子有大節焉忠義是也明大分而盡大節則民彝以立綱常以持而於吾身吾心始克無怍豈徒增重世道而已耶於戲莫非臣也雖已之身有顯晦位有崇卑而其臨我之義一焉爾平居而砥節礪行有事而捐軀徇國君子惟求自盡於所遇耳

元

李清七黎山人與弟清八俱標梧英邁性剛毅謹禮好義羅田妖人徐壽輝據邑爲都鄉人有才識者皆妄授以官尋清七兄弟以爲恥壽輝及門辟之兄弟潛於鄉鄰吳伯通居所壽輝必索致之兄弟歷陳大義堅抗不屈遂被縛於樹而殺之至今耆老指其地曰此李清七兄弟死義所也

國朝

呂鏞見鄉賢祠

貞節

志貞節何風化之端也易義著貞詩詠關雎女德之能紀綱人道大矣況未亡人者又難於此乎或以慷慨或以從容其間懿範良規且不一而足嗚呼賢矣然世固有一醮之婦而咨有二心之臣所謂二心者非必於板蕩識之也操守壞於無事之日則氣槩可想於臨難之時矣平日之自負何如而反婦人女子不若焉因并志之以告天下後世之爲人臣者

元

武氏趙正二之妻年二十二夫卒家貧寡居二十年終不移志事舅姑尤謹有司具實奏

聞已

旌表

國朝

王氏甘原禮之妻年二十二歸原禮甫二年原禮卒甘貧守節五十三年有司具實奏

聞

旌表其門

潘氏黎山李渭之妻年二十一適渭甫一載渭卒遺五月生子寡居五十九年清苦不變鄉人稱之曰真節婦年八十餘卒

呂氏劉求劉之妻年二十歸求劉八禩而求劉沒畢貧自勵寡居五十八載勤儉如一劉淳之母也

袁氏分流山程祉之妻有懿行奉養舅姑心適其意相夫無違教子有法人號女君子

胡氏儒士周道妻生員鳴球母也年十七適道越三年道卒鳴球在襁褓中誓撫之以爲終身計姑舅憐其少欲嫁之以死辭蓋其素性不悅紛華既失夫後益毀容自勵見者知其爲真節婦及今六十年始終一日嗚呼難矣

楊氏生員周鳴復繼妻年十九夫故撫前妻之子延祚如已出誓不再醮父母不能奪事舅姑以孝至老不衰延祚以子道自盡其有所感也夫

胡氏汪弼繼妻年二十三歲夫故撫妾楊氏遺腹之子楊氏亦共相誓礪願爲雙節家業貧寒織紝自給晏如也事姑孝敬至老不衰富貴者多求之意不變

楊氏方九歲遺刻女傳十五適王仲模越二年仲模卒父母強之再醮斷髮自誓撫遺孤知教事二姑能敬至老完節人甚稱之○以上七人俱未旌表

進士

志進士何崇節義也士生斯世不爲世用奚崇爲噫使仕者皆志在行道則亦已矣如其求富貴而競功名其視鴻冥鳳舉者不亦可以少紓其急急之心乎此固激勸士習之一機也是故梁鴻詠詩於伯陵韓康伯賣藥於長安天下高士如魯仲連南州高士如徐孺子何爲而至今存哉必有以也

元

李子質有孝行持身不苟鄉人皆重之

潘彥成有孝行以善道訓鄉里人皆說服

國朝

程在霄分流山人登業儒書史籍關世教者多能成誦以禮度自閑友愛諸昆老無間言日飲微醺輒挾卷隨步人哦晚號孤山樵隱

王儒字君擇圖溪人讀書循禮年八十餘手不釋卷和睦宗黨人無間言尤善吟咏勸人多以詩

錢仲仁習春秋欲學舉子業季弟戰事毋竭愛以弟仲器姪貢俱有用世才逐自晦

周仕哲鷄公山人字尚明存心謹厚好學敦素以孝友宜家以忠信善俗放逸山林有司累請而不肯一見時稱真隱者云

陳厚德字汝善篤實好禮能詩處家嚴整處鄉黨和易平生無非僻之行未嘗一屈於有司

僑寓

志僑寓何人之良也莫汲居化州士從其學邵光祖居吳下樂以教人不有光於斯士也哉若章丞相之不肯居停衛商鞅之被逐出境可戒矣

宋

程居正統縣志無成化間湖廣通志云程居字谷隱明道伊川直下嫡孫咸淳二年授漢陽軍漢陽縣主簿由漢徙蘄宋賜迪功郎弘治辛酉府志襲其文添云籍隆興府武寧縣○按明道兄也伊川弟也類云直下嫡孫宗法果如是乎況正統間我先胡侯之創縣志也蒐羅蘄物搜揚恐後下及尚義民人亦采書之儒宗世系果寓於茲其肯遺耶有識故老考云程居爲伊川嫡孫宋授漢陽縣主簿丁母憂復授英山縣主簿遂家焉或云家宿松經元亂子姓微主簿公誥命爲其某世女孫持歸某氏天順末歲旱女氏子某持鬻於蘄水分流之程分流辭之查山得而存焉道宗世派誼所當後并志之冀得血食者之實歆焉

災祥

志災祥何示脩省也人有言災衆而懼則其國安祥多而怠則其國危孔子作春秋凡災青必書而祥獨畧焉者爲是故也苟知其祥非可恃之地而災亦不失爲天心之仁愛又安有祥之非福而災之足禍也哉

正德十五年以前無考

十六年冬大火延燒二百餘家

嘉靖元年旱秋粮减免四分餘冬有火災

二年夏大旱秋澇損運稲秋粮减免四分六釐

十二月二十九日大雪深三尺民多凍死者

五年旱秋粮减免二分

六年大水秋粮减免三分

七年彗星見

十四年大旱秋粮减免五分

巡撫都御史翟　分守道叅政吳　委知縣譙勝發稲穀二千四百九十八石賑濟

十六年旱後大水秋粮减免四分

十七年旱秋粮减免三分

二十三年大旱占晚稲俱無収斗米至銀二錢逃亡載道以前無有也本年冬

分守道叅政楊　分巡道僉事李　委知縣盛鳳發銀一千四百六十七兩六錢賑濟二十四年春又發穀八千八百五石六斗賑濟秋粮减免六分

二十四年旱十一月間

布政司發銀一千四百六十兩六錢賑濟二十五年二月間

巡撫都御史姜　分守叅政楊　分巡僉事侯　委掌縣事通判鄭　發銀八百四十七兩四錢賑濟

方外

志方外何懲勸之也事不著則人不知此説之爲邪邪不知則人昧於常道之當反方外志而無父無君之教彰矣人安得不歸於正乎孔子删詩而存鄭衛之風盖均此意也

昭化寺治東北咸亨四年五祖弘忍禪師創立元兵燬

國朝洪武己酉僧寶林重興後設僧會司永樂間僧德明道原脩成化丙申僧會心鏡脩建經閣加靖壬午知縣謝爵重脩佛殿額地甲辰僧本良本太本标紹義紹明募脩

清泉寺治東北二里唐貞元六年開建鑿井得泉清烈故名清泉元至正間羅田妖人徐壽輝燬其寺宇古井猶存弘治庚申知府[illegible]

濬按縣考復古蹟命縣丞丹徒趙麟僧子榮重建　龍水寺治北石鼓山之陽今廢　白荆寺在白荆山　月峯寺玉鏡山之陽　福泉寺治東二十里　岳林寺治南三十里　大冊寺治南三十里　雲林寺治南三十五里　天元寺青獅山之北　鳳城寺治西四十里唐開元七年馬祖師建元兵燹洪武壬子僧德懃重建　大峴寺治東四十里舊有千年凌魯八百大峴之讖　觀音寺治東四十里回龍山畔　斗方寺治東斗方山後唐同光元年無著禪建元兵燹洪武庚戌僧心節重建　三角寺治東五十里　萬壽寺巴河鎮旧名觀音　穫悲寺治東五十里太平寨旧有鐵佛及鐵羅漢像　華桂寺華桂山之巔　求樂寺治北七十里有古塔元兵毀不能仆正德間僧圓珊重建　資福寺　馬舊寺　天福寺治北六十里　白畝寺治北三十里　龍泉寺治北五十里野虎山　玉鏡寺治西五里　十月頂寺　連台寺治西二十里　觀音庵治北六十里大林山　星形庵治東北六十里　白雲庵

神光觀玉臺山西漢張道陵於山鑿井煉丹神光燭天因名後號玉臺福地正統丙寅請給道士住持　仙靈觀在蘭溪鎮南大江滸正統辛酉建世傳張道陵丹成下此遂升化因名仙靈　龍居觀治三十里　鳳城觀巴河鎮正統六年里大重脩　玉泉觀玉泉山前

儒釋

龍女月子山昔宋謝女居其側嘗謂人曰我将鳥獸弃墳又能預知風雨鄉人祠之

仙女峉峯山宋劉公平居其下有女未笄父出耕或天晴女日今日雨持簑笠或天陰女日今日不必雨具皆如其言後數年女入山不知所在鄉人立祠祀之○以上出正統志

蘄水縣志卷之二終

蘄水縣志卷之三

教諭蕭璞生員余倖周紹堯周中何瑞纂脩

藝文

志藝文何以章德也韓子曰仁義之人其言藹如也將以鼓吹六經羽翼名教君天下者得之足以鑒興衰通治體公卿大夫得之足以勸忠嘉藎臣節士廢人得之足以檢身厲行為君子之歸以至山顛水涯幽人放客得之則流詠浩歌亦不失情性之正此豈載之空言而已耶志藝文非槩也

蘄水縣重脩記　申屠鐸教諭

聖朝有天下土地至廣生齒至繁因地而設縣任人以為政甚重其事焉夫縣乃百里之總會土田之所產人物之所由盛風俗之所由美甲兵錢糧貢賦方物無一而非縣之所出故必任人以管束之苟非得人則事不能自理矣是故縣有令有丞有簿有典史而主之者令也縣既立矣令有人矣丞簿得人贊政有方則治道之著亦昭然也蘄水在禹貢荆州之域星分軫翼之次圖經志云始名浠川次名蘭溪次名蘄水治前一水自東南而流達于大江故曰蘄水東晉時以屬蘄州後因地近黃州故隸焉其田地有五千

四百七十七頃有奇夏秋稅糧四萬五千一百五十四石有零男婦大小十萬四千五百有奇與夫山川地里土産人物咸載版籍昭昭可見元末兵燹文獻煨燼僅存基址洪武七年知縣趙季光草創聊且粗畧因循數歲正統嗣承以

聖繼聖任官惟賢守令尤重遴選有才德者以任邑牧番易胡公以儒官擢令蘄治示篆之初周旋細視深不愜懷乃謀於二尹李公蔚判簿王公輔典史金公鼎曰爲縣莫先於制度制度弗明欲治徒治也遂以營縣治嚴祀典興學校脩廢墜若家事擇日與工量

度去取次第以行前有堂曰公明次則忠厚忠愛以及勤政有廳吏胥有舍貯物有庫儲糧有倉鍾鼓有樓囹圄街衢坊巷壇壝郵驛燦然一新百里封畛由公再造也作於正統五年之春訖工於正統九年之秋屬予言以託不朽予時領教斯邑躬覩其事辭不獲遂次序其所成者以記之

重脩廟學記　　廬陵陳循翰林學士

學校自京師以至天下府州縣莫不有夫子廟其所從來遠矣蓋夫子之道如天地之化覆幬持載及於萬民則萬民之生成長養皆有所賴而不失是孰使之然哉天地之化成也仁義道德明於天下也天下親親長長皆知所向而不昧是孰使之然哉夫子之道行也蒙天地之化者皆知感荷於俯仰之際學夫子之道者孰有不欽崇瞻仰之間也哉天地俯仰有象夫子瞻仰無方此廟學所由建也黃之蘄水縣學在治東之高阜前臨大溪元季廟學並燬於兵

國朝洪武甲寅知縣趙季光始復建於此歲久日就朽壞宣德癸丑縣丞黃舍觀主簿夏時其患之始勉新禮殿未幾被害正統己未番易胡奎以大臣薦來領縣事下車之初即謁廟學而周覽之大懼無以稱

瞻仰之盛心謀於僚佐師儒曰爲政舍此曷所當先於是縣丞李蔚主簿王輔典史金鼎教諭申屠鐸訓導簡縉紳左惟賢僉曰不可後相與市材鳩工撤其舊而大之爲禮殿九三楹東西兩廡戟門外楹各視殿之數有差備享有厨藏器有庫楹皆如之經始於明年之春落成於是年之秋既成胡奎兩以職事至京求記其興畢之歲月於戲爲政以興學爲先惟令允知教化之本紀事以溢美爲戒故不敢沒人之善况求之篤如此遂爲之記不辭

重脩廟學記　　慈谿王鎔湖廣右參議

蘄山之陽蘭溪之匯古建學宫焉負崖抱流探奇挹勝其左則鳳棲玉臺之廻翔其南則登瀛天馬之拱向風氣萃止靈光俱存斯以文藻淵源簪纓聯續樂育餘音庶幾鄒魯善乎作者之遺也惠考邑志
國初祠宇迄今僅一再脩棟橈榱朽瓦甓零雜配席饗禮無所於依久之未有克振者走以展謁因論其不餙而諸生亦奉以告潡嘻此有司之責也夫墜而待舉者亦艱矣謀貳則不協數歛則厭衆計處稍濫則財用不給任事者惰則鮮克有終令緍庶同聲不可謂貳三紀而後葺不可謂數度支簡節不可謂濫師

贊而丞勵不可謂惰夫谿也會其謀而達其幾者也乃裒金於東矢取財於廢寺鳩工於比閭錢不滿百工不踰月作而新之以永安妥
聖作鍾焉豪傑興焉茲非文運之一助歟夫吾儒誦法者夫子之言所推行者夫子之道瞻宫墻而弗肅者非禮也逢圯殆而弗加之意者非義也禮以成敬義以孚信將令德之保膺而民人協和在位者慎矣將
帝學之緝熙而敬恭明神諸士子亦進於是矣事巳而竣教諭李仁偕其僚友求重以文請因緒書其槩以識歲月云

重脩廟學記

邑人胡仲謨

聖天子御極二十有五年是天下臣工述職之期吾邑長吏以去歲之冬北徂臺省諸公謂蘄當孔道政務旁午選於屬僚檄判黃陂江君文煥署邑事至則檢身心設條約嚴吏胥之防寬里甲之役滌煩訟杜需求享祀克虔征斂未嘗擾豪右屏跡小民無隱懷前此妙齡清擢久於厥官莫之或及也維邑
廟學歲久就圮
聖賢無妥靈之地師生無棲止肄業之場江君見而憂之謀諸邑判黃君國政志同力協俾罪犯輕科者贖

以木石諸材躬自區畫夫匠並興頹者立之敝者補之陳者新之事半而功倍焉茲固斯文之公樂也徵江君之圖難於易將誰任之予觀老佛宫墻遍於天下黃冠緇衣者皆其徒也往往節衣食求施舍時葺而日新之崇本始也凡今誦詩讀書典司學校者非孔氏之徒耶乃恝然不爲之所此無他故矣網羅民財以爲己有惟恐身之不肥家之不富又安肯出錙銖爲學校計耶由是觀之今之誦詩讀書典司學校弗若黃冠緇衣者亦多矣而江君其賢矣哉抑學校所以養才六經之道炳如日星師之所以教弟子所

以學朋友所以切磨率不外是而已若夫模範不良志存温飽非教也文藝是攻氣質弗能變非學也相與以善柔相率以豫怠無匡失輔仁之益非切磨也今日之士習他日之官箴係焉可不慎歟予時丁內艱家居無黜陟考課之責姑爲是矯俗之論與吾黨商搉焉

時雨亭記

番昜胡奎 知縣

天地生萬物聖人成賢才同一化工也蓋聖人與天爲一其至教之妙因時以化成賢才豈不猶天澤及

時而化生萬物乎今夫天高高在上物無不覆當春之時霖雨既零百卉萌生固天恩也夏五六月亢陽作旱萬物枯槁雨澤不降如之何哉必也有渰萋萋興雨祁祁不先不後適當其時土地斯沃畎畝益霑萌者舒葉者秀青者溼翠者濃芃芃然欝欝然若忽抽而有神天時化生萬物之妙如此聖人教人莫不同然嗟夫周室既東盛極斯變天不變道適生孔子而不得君師之位於是删述六經多士雲集聖人施教各因其材成德者以成其德達材者以達其材如顏曾之徒因其默識心通告以四勿因其真積力久告以一貫大以成大小以成小聖人至教神速之妙信乎時雨之化矣雖然聖人之道全體大用高妙難言而事則切近孰謂學聖人者舍生民日用彝倫之常而他求哉是故父子有親君臣有義夫婦長幼朋友有別有序有信綱常倫理萬世永賴聖人之教其功大矣古今治世王國郡縣莫不建學以明其道作廟以妥其神而吾蘄水學南又有廻瀾時雨二亭創於東坡廢於近時今復作於

正統文明全盛之日廟學一新皆有名公著作惟是亭落成之餘景麗洙泗予不敏敢述聖人至教之妙

與天地同一化工如此游學孔門沾時雨之化有志以行斯道者當不至於聖賢之地不止也周子曰士希賢賢希聖聖希天

廻瀾亭記

尹遜 黃州府李教授

昔蘇文忠公居黃岡時任情放達不以文法自拘性嗜山水聞佳麗處輒携童挾琴雖遠必造吟咏品題筆翰珎字留徧人間以故黃地多遺勝跡也蘄水之儒學居溪潭之上流水盤廻且四面青山若畫誠有是於怡翫者故先生嘗浮觀其間甚歡愛之因書潄湍二大字鑱於峭石之壁作亭其上因名曰廻瀾正

統丁巳爲洪水所覆邑大夫胡奎景檠番昜之秀出者也以科第發身來令是邑忠厚愛民首崇學校於聖廟廊廡歷歷完脩乃曰廻瀾一亭在乎學前今雖傾圮亦前賢之勝槩不可無也遂重搆之亭成予乘暇而往與胡侯臨眺于中徘徊瞻盼深羡乎山川之奇於是胡侯舉酒而屬曰願先生有以記之俾後之人知予續是亭也得微有所闡乎予躩然而嘆曰偉哉侯之學術心志也夫流水之爲物也有類乎學者之事如夫子在川上而言逝者如斯夫不舍晝夜以水明道之無間斷也孟軻氏亦云觀水有術必觀其

瀾所以見水之有源以譬道之有本也今觀斯溪之水遠接英山之麝發近納羅田之會流混合奔赴於溪巨石中立逆障其流廻旋踴滚浪花爛然有紋之可觀變化魚龍澤潤生物非淺近之可擬也若夫芹宮士子朝入而翫夕出而覧甚者頭以沐之身以浴之觀水之消長認道之本末則於學問之功豈不大有裨益焉雖然侯之脩是亭也深有慕前賢之雅志而欲學者觀瀾以究夫道也侯之命予以記亭者非耀文於當時必使來見斯文之遺如今覩坡仙之字而不忘也予喜侯好古右文故樂爲之記云

鄉進士題名記

泰和王直學士

國家於郡縣皆立學擇其人之秀者使之學乎其中妙簡師儒以任教事而郡守縣令飭勵焉務有以成其德達其材藩省每三歲則與夫賢者能者而試之其得名薦書者謂之鄉貢而升之禮部禮部會試而取焉以奏之

天子而對揚乎大廷然後謂之進士在其選者益榮矣今之取士不止於一途而惟重學校尤莫重於進士之科豈非養之厚教之備擇之精故耶然天下之學多矣其人之登名薦書取進士效用於當時垂裕於

後世者已不少其或歷數十年而無一人與其選者豈獨其人之咎哉教之不篤飭勵之不至也蘄水黄州屬邑環其地皆有山惟蘭溪一水繞縣治以達於大江故其風氣完固民俗醇厚悦禮義而好詩書

國朝興學以來士之名薦書取進士者未嘗乏然其間有隆有替則係乎師與令之賢與不賢耳正統己未番昜胡侯奎舉自教官來爲令既施惠於民而尤加意學校盡其所以飭勵之道而士益知奮相繼以科目顯胡侯又思振起於將來考求前進之士得元劉㣉心以下至于今若干人盡刻其名於石而立之學

宫曰後之覽者必當有所歆動而思繼述於無窮胡侯之心何其至哉夫立學以造士而以科目進之使得位行道士而遇此可謂非常之幸也當夙夜匪懈誦聖賢之微言求其所以善乎已而裕乎人者庶幾不負

朝廷教養之意與胡侯勸勉之心而刻石於此者將繼繼無已而亦求求有耀矣雖然予聞之屈子曰善不由外來名不可以虛作屈子楚之先賢也其言之可法當益信於楚勉盡其實豈非爲士者之當務哉胡侯求予記故爲序以告之

倚雲亭記

關西謝朝宣 本府同知

浠川之上有亭煥然扁曰倚雲即時雨亭之故基也是亭東與廻瀾對俱在斈前考之舊志蘇子有廻瀾疊嶂二亭所謂時雨意教者欲以自况借重蘇子云爾實則非也戊辰秋予廵行是邑目其頹敝撤而新之厥地背皆雲根面當雲路因借高蟾之時儷題於亭從其類也暇日進諸生而語之曰子知所以更名之義乎爲斈所以致用也若輩化被時雨之滋咸將有登雲之望矣蓋雲爲造化功用非氣不凝非風不運昔人以風雲爲車馬謂風雲際會以比君臣共弗信矣乎蟾之詩曰日邊紅杏倚雲栽又以杏爲春日喻君也學至登雲則月桂已折杏園可探駸駸乎得君近日駕雲鞭霆霖雨天下何其快哉於戲龍蟠泥中未有雲不能生彼升天翼士之登庸有待於雲尚矣其未雲也必有倚桂之勤有倚衡之敬倚馬之才夫然後造倚雲之境既登雲也必有中立不巳之操明禍福相倚之幾以至夫焉有倚之地然後收倚雲之功吾儒之能事畢矣其或倚才而傲倚勢而陵甚至倚氷山而固人將謂之何哉皆斯亭之羞也諸生其知所以自擇而自勉矣僉曰然是日落成見異雲亭外托地遊天久之不散他年有當韓琦之瑞者庸

知不自茲亭始乎記以俟之

三賢祠堂記

謝朝宣

傳曰神依人而行又曰鬼神不歆非類三賢舊祠於鳳棲山下人跡罕遊棟宇漸廢繼遷神光觀内道不同謀位號罔存今改建學宮之西正有寢堂傍有翼室士皆攸歸人因謁墓曰依曰歆兩得之矣三賢爲誰晉内史會稽王公羲之唐處士竟陵陸公羽宋翰林眉山蘇公軾也三公生不同代産不同方出處亦不同跡王陸遊寓斯地蘇則宦謫斯郡蘄人祠之所

以景仰者同一心焉鳳山有洗筆池人知王之蹟矣不知蘭亭有記筆陣有圖後世仰爲書仙蘭溪有第三泉人知陸之蹟矣不知茶有經水有品後世祠爲茶神題橋有詞磨崖有書人知蘇之蹟矣不知有卓犖之才忠義之心後世稱爲文宗三公之賢固難跂及蘇其尤也若槩以聖人之道目之則書得游藝之末茶得烹飲之節文得辭達之義其視聖道貞若霄壤然一善之精均可取也士必以聖賢爲准朝斯夕斯景仰三公可也賢於三公猶不敢望大賢之域未有不知彼者而驟得聖人之道者矣於戲聖人日月

也三公景星慶雲也日月萬古常新景星慶雲世不多見若三公者豈易得耶宜乎蘄人敬之而不忘也歟祠成諸生請記若以予爲功者噫振頽補敝有司之分也何功之有哉是役也肇於今年冬初踰月而工告成民牧有提督之勤儒官有賛襄之益諸生有改遷之議鄉人有助脩之美皆可書也是用題名碑左附名碑陰使後人知之其亦可也

新建浠川驛記　天台盧濬 本府知府

浠川驛改造於縣治側以府推羅君鵬舉董若事咎當道者議也落成鵬舉請予記予以不文辭踰年觜耕寓驛諦視閭奕興動目睫雖不文亦將應之矣竊惟營建之要有三曰地曰材曰人地勝矣材良矣非得其人有廉操有深計内之所融足以敷其外則近之所樹或不能芳乎遠地與材徒美也況度地相材有資於裁成輔相焉者豈特營建哉驛成中有堂前有門有樓後有室左右有廂四圍有崇垣所以爲廳事爲寢息爲夜警爲僕御所者靡不具東爲小館亦有門有堂有閣閣之下有石床有石欖石案所以爲棲寓理公務者亦罔弗周靡冊艭節棁之施而攻緻宋廓黜榑櫟而集楩楠棟棟梁而整榱桷其得材歟

兹地先爲演武所一轉爲星館綠楊鳳棲距其東赤壁伍洲繞其西龍潭廻瀾映其南石鼓卲藤踞其北挹晴嵐而瞰水光眞有所謂延綠野而混天碧者其得地歟且公帑不過白金三十兩餘鵬舉節費禁奸錐竹頭木屑悉爲公助板築運甓率身先之非有廉操深計弗能其得人歟先儒裁成天地之道輔相天地之宜以左右民者於兹見矣今制館以皇華名蓋取詩周爰咨詢之義職以詢苦樂察淑慝爲觀風計意至良也後世以迎餞降簡爲喜怒甚怒甚或轉斁䜀於雌黄者非古也浠川路交南北執牘投館者旁

年鑒茲鵬舉造驛之寶之勤其亦有追古而拯焉否也雖然地與材有遇不遇皆係于彼者若夫養性情持名節植綱常于上無欺于下无愧有所以宜于家郅福于黎庶者則吾人所自致而吾輩當勉之矣旅多孤燈引杯對酌以是應鵬舉之請鵬舉曰善遂伐石書爲記且以脩葺裁輔與後之人凡共成厥美者咸刻氏姓于碑陰楹架廣袤之數别圖具焉蓋經始於弘治十一年四月以是年七月訖工僅三越月云鵬舉名翰别號无逸南昌人也

新建聚民倉記　東崙居士嘉魚李承芳

孟子曰五畝之宅樹之以桑五十者可以衣帛矣雞豚狗彘之畜無失其時數口之家可以無饑矣管仲曰守國者守穀而已某縣之壤廣若干某縣之壤狹若干則必積委輕重之相因時之化舉無不爲

國策後世之爲治者心於爲人用其法而良焉心於爲已倚其法而姦焉民之生死國之興喪實係之水旱不聞豊凶拜誅用其力不遺其時盡其求不遺其法吾楚茲數年來民之苦困可勝道哉以此觀之九州可知也雖然九州亦大矣爲

國家培植根本而清明王者之所天者果無其人哉仲伯者之佐也收其利萑於已離民喪和而所以啓之者誰歟衣帛食肉不饑不寒而使之若誰歟軻王者之佐也行其言而利其人吾不得而見之矣新安潘君珏以甲辰進士宰蘄水至今乙卯九年于茲矣予嘗道蘄蘄父老羅浦金等相率而告予曰吾令其養民也能其取民也不能吾生實賴之其公帑之間毫積寸絫貴則吾與賤則吾收義以入之仁以散之禮以守之智以藏之倉以日開廪以日實乃者又於治所之北郭門再開而再實爲屋者二十有四間扁曰濟民內外完密不啻大賈富豪之有成令之守法勸

民上下孰知是舉也藩參林公　臬僉張公　實有以成之主簿王賓關端徐懋典史于恕恭趣所事惟恐後而令之志得以行焉吾民相率伐石請能言君子而文之以辭期法於遠敢以屬公予曰王者之佐吾不得而見之矣守中古之法者得見焉吾能爲天下忘言乎乃記之

浮橋記　新安程敏政　侍講

天下事有可已而不已者有不可已而已者皆非也可已而不已則厲民不可已而已則隳事君子之莅政也必酌其中以爲制則使民不厲事不隳而足爲

吾人之求利斯可矣若今蘄水縣之所謂浮橋者吾有取焉初蘄水有渡在縣之南門當邑路之衝每入冬架木爲橋春漲作則橋壞而濟以舟舟不勝載隨溺隨之秋水涸而灘積露則橋不時成舟不卽達歲費白金十斤責以渡夫六人而民恒病涉焉爲歲滋久莫或究心徽之婺源潘公珏以成化甲辰進士擢知蘄水縣事甞祗謁

宣聖廟進其師生與語而前教諭周同倫訓導楊復初周寛暨諸生王泰輩首以是爲言盖渡當儒學前故悉其事而君亦首肯心計曰是必爲浮橋使守者

歛放有時庶可久也歲違歉不克如志會巡撫都憲馬公來有令諏縣興革事君躍然以狀上報可卽往衍水令耆民游泰度河面之廣狹以丈計者六十計歲造之常費不足以給募之義民捐金以佐官而君又愳吏之有所朘削也親往視役命僧會悟智市材鐵集工力肇功於弘治戊申七月訖事於十月每艘縱若干尺衡若干尺砌以巨板繫以鐵維長與河等歲並夫四人水平則放以渡漲則歛以俟東西往來若覆恒途行者歌呼居者慶嘆以爲求利實始自今非賢令尹之究心民事卽其勞而紓其費莫與致此於是寛與今教諭傳楫訓導徐文賢暨諸生汪倫等具其事以請記於戲此非事之出於不可已者共惟事之出於不可已者則所爲者皆義而非利言於上聽之而不撓倡於下應之而不譁謀之同行之果而成之亟利之大有如此者彼無所酌於事之中制則或坐而任其事之墮或起而爲其民之厲又何擇乎義利之說而遑惜夫君子之譏哉矧學校公論所自出乃亟稱潘君之賢雖橋梁一事亦有得於拯溺濟涉之遺規則其他政之善從可知矣異時陟位台鼎則任益隆天下所謂可已而不已與不可已而已者

固當大明乎義利之見乎勳猷而蘄水固其發軔也然則是橋也將有共崇之思繫焉豈可無述哉君字玉汝生於朱子之鄉而誦其遺書甚力且於予有講習之雅故嘉其筮仕有惠及民而又知所先務如此俾後來者有所考且有所勸以嗣經久之圖焉

巴河鎮王公堤記

與大功以爲民利惟賢者能之則夫昭令名以垂不朽亦有乎惠德自不容已耳蘇軾守杭作堤於湖人謂之曰蘇公堤陳堯佐守滑築堤障河人謂之曰陳公堤二子豈固欲掠取此名哉盖其惠心有孚口碑

籍籍自是不朽也蘄水縣七十里鎮曰巴河爲江淮鄂岳光蔡之衝要持節遊宦覽勝觀光與夫商賈工藝往來輯連踵接殆無虛日其地北阻高山大江經其南湖水衝其東石潭遶其西蓋水鄉也方夏淫雨江漲潢潦縈紆罔施舟檝冬則雨雪水涷泥淖坎壈莫難負乘人咸病焉正德甲戌成都王侯來尹是邑道出巴河目繫民病嘆曰古之爲政固有以橋壞爲已過而賞民餮粗請以身塡金堤之決而自盧堤上者今此地雖餮粗之盧而水勢亦非金堤比舉事宜無所難吾安逭吾責哉視篆之餘首捐金二十爲吏

民倡命道士胡覺照董其役旣而二尹傅君判簿鄭君幕賓王君及家居於是經行於是者咸分餘貲以相厥功今年四月堤成允長三十丈廣五尋高一丈甃以石樹以柳一方大利民咸歌誦萬口歡呼皆曰此王公惠政也因名王公堤休寧商人金顯寧王佐者覩其盛捐金爲亭請予文以記予惟十一月徒杠成十一月輿梁成典也尹之事也堤亦橋梁耳使其久而弊弊而壞後人狃於惠不已出誰當嗣而緝之哉二公無以應予謂之曰自蘄有此途而無此堤若等受病非一日矣王侯乃能興大功圖大利功烈實章章矣堤名王公固其所也然必君子而後能水人之美繼今官是邑者以王侯之心爲心以王侯之惠爲惠恒用培植圖遠民利是所謂求人之美君子之道矧蘇陳舊堤迄今猶存寧非皆得人以求其美哉請者咸稱謝曰是所願聞也請併書之以憲永祀侯名伯字希召號棠軒成都灌縣人登戊午賢科筮仕於此政績膾炙人口此其一事云

萬工堤記

番易居仲 貴州僉事

嘗謂五行之用惟水之功爲最大五行之害亦惟水之害爲尤甚惟得賢才以制之則水患消而反利澤

于民矣予姻友胡公奎景燦早掇巍科擢令蘄水賢而有禮恭儉而愛人凡有便於民者輒舉而興之有害於民者務祛而去之田疇陂堰學校橋梁路道亭榭無一而不盡其力焉去秋予自貴上京道經于蘄會胡君于回風之磯見磯水迴漩洶湧巨浪峭石巖巖屹峙中流心甚怖慄又見磯上一港其流甚濶内通圻湖外接大江恒慓過客罹於沒溺之禍胡君喟然嘆曰斯磯雖險乃在大江舟楫或可遠之未若斯港當乎要衝而爲吾人之害者也斯港古未之有近自漁舟拖拽而開之再被龍水衝決遂　蓋大爲其艱

險特甚水涸以渡其泥没篙水泛則湍流湧折榜拚舟危溺于斯者不可勝紀奎自涖官以來心切于茲而未能極也幸遇高明頗有以教諸予曰君才穎敏巧思過人其力爲之既别去君歸語諸僚佐僉曰斯港之爲民患久矣奚可以不治也乃謀以竹籠箸石塞其上口使湖水不流于江取土以鎮實其港俾江流不入于湖二水既分底址乃見爰命耆老謝居安黃伯恭徐得義董夫丁築壘而高之經始于乙丑十一月朔告成於次年三月之望工計以萬遂名之曰萬工堤仍立廟磯上以祀江神用壓水物予舟回復

艤揖磯上以訪胡君怨覩向之爲港者今皆平爲陸地如岡如阜車馬之上下人物之往來一任所如而無艱涉之患矣乃揖胡君而賀之曰君之愛民甚至是乎君曰未已也雖爲苟完恐年久湮没願公有以記之庶不泯鄙志也予惟典利除害者守令之事濟人利物者仁者之心昔李冰守蜀郡鑿離堆山分爲三十六江以溉民田民賴其慶陳堯佐爲兩浙轉運使築錢塘江堤以遏水患民安其居而享其福利今君之宰蘄水便民之事多矣然是堤之利永消酷没之患是又便民之大者也將見民懷其惠又豈在三公下哉予非佞譽書其所見爾是爲記

蘄水縣青雲坊記　胡奎知縣

韓魏公歸相州作晝錦堂于後圃歐陽文忠公爲之記云仕宦而至將相富貴而歸故鄉此人情之所榮而今昔之所同也古之君子崇重其人必更名其居以表異之良有以夫然或以其德或以其才或以其義或以其貴康成之鄉曰鄭公慈明之里曰高陽王彦方之鄉曰君子張嘉貞之里曰鳴珂是已蘄水鄉貢進士張詳仲約蚤從嚴侍貳尹淳安親師取友習業而歸嚴陵交游作青雲萬里圖歌詠記述以贈之

其所以期待仲約之意爲何如仲約既歸游邑庠正統戊午秋以書經中鄉試上第郡侯表其門曰文魁辛酉挾策之

京預期以俟春闈戒行有日予忝爲縣愧無豈弟之化素資啓予之功因題其讀書之坊曰青雲于以副嚴陵師友之望備有司賓興之責益將崇尚仲約而與其顯揚宇宙爲邦家之光於後日也且蘄水素稱齊安名邑故人材稟扶輿之清淑鍾山川之秀麗圭璋特達于明堂瑚璉高登于廊廟者項背相望今張氏世襲簪組笙鏞

聖世其榮幸可見况仲約之賢卓然有以異於人予因其事而題其坊因其題而爲之記則前脩之表異其鄉可與矣行將際文會觀國光激昂青雲不至於韓魏公之事業不止也後之學者抑將觀感而興起是則予之所舉非惟崇重其人是亦奬勸于後進也庶幾風化小補萬一於是乎書

去思碑記　金陵沈鍾　提學副使

國家著令建官率以九載秩滿滿則去去則不可復留黄之蘄水據湖藩艮隅地衍而民衆號稱劇邑嶽之發源潘君珏字玉汝者以成化甲辰進士丙午來爲

邑侯距今弘治丁巳秩滿滿而去去而不可復留矣九載間遺愛被民淪肌浹髓不翅若雨露覆渥以故民無長少知愚賢不肖無遠邇環百里而寄命者于其去將無不致其思而用其情相與圖筆諸記鑱諸石豎諸邑之周道命曰去思碑殆與襄峴墮淚者同科於虖斯豈民有所諛於侯侯有所迫於民耶侯迫於民藉以勢民諛於侯資以利侯去矣勢復奚藉利孰與資一日邑之父老畢銓羅滿金以予素與侯相稔走武昌禮館下通具侯遺愛事蹟於予以記請書不云乎民罔常懷懷于有仁夫仁者愛人愛也者仁之推也而懷即思之謂耳竊惟侯不挈家室澹泊不以爲厭廨宇僅蔽風雨不以爲嫌蓋侯將遺其愛於民或恐有所勞而妨其愛故耳首開拓學基改築殿堂齋廡脩鄉賢祠立科第及廣寒傳桂坊使章縫之徒有所觀感而興起非其愛之遺於俊秀者與捌聚民倉增永次倉峙餱糧陳陳厥舍使凶年有所倚以賑貸非其愛之遺於貧餒者與二端教養居然具愛民之大者莫先焉餘若鋤豪猾奸盜而於民之良善者遺其愛判鼠牙雀角之訟之明而於民之寃抑者遺其愛又若南門盡街有橋以便往來阜民有坊以

肇瞻視復陰陽醫學以示趨避時日吉凶以濟疾病焉往而不遺愛於民與若此者雖不能不有所勞於民愛之能勿勞勞之斯愛之矣然而侯有事則有愛事見於愛之表愛寓於事之中而其愛寔其仁之所流通民知之何而弗思抑孔子曰子産古之遺愛予則曰潘侯今之遺愛古今人未必不相及奚容以差殊觀

孝順紀授童子　　邑人胡仲詰

天地覆載日月推盪氣化形生女柔男剛良識良能愛親敬長仁由孝弟學由勉強虞舜力田夏禹治水啓賢能繼鯀益有光太甲居憂克終允德高宗諒陰宴致賢良周文問寢旦夕以朝武王侍疾冠帶而養太伯居夷虞仲自廢伯夷遵命終於首陽公旦小心同於祇載漢文躬養侔於成康率德改行特羨蔡仲仍大與政孰如孟莊養志曾參單衣閔損子路負米藜藿是嘗申生扶蘇果於順命少連顏丁善於居喪泣血高柴三年不齒悅親萊子七旬弗忘考叔遺羹

郯子求乳伯俞泣杖子春下堂王祥卧冰王崇止雹道慇遇雨伯奇履霜仁傑望雲王閏赴火祝天旺舅祈日歐陽郭巨埋兒子華守母茅容飯客蔬勝羔羊泣竹孟宗採桑蔡順王裒攀栢不盡哀傷杜孝寄魚朱泰遇虎集蚊吴猛竟入仙鄉江革行傭董允自鬻丁蘭刻木阿毋不亡普林墓廬毛義捧檄黃香扇枕變化炎涼李密陳情張孝乞命姜詩推愛鄭毋同餉盛彥感嘈許孜埋獸改渴叔達遭癘夏方斂平舟書黔婁誠禱至孝徐積棄官壽昌周盤致祿顒之豐膳訪藥叔讓斷葷子鍇虛之感神劉平感盜肖固孝謹雉來車旁王彭湧泉何琦息火劉殷夢粟毋有餘糧庚袞躬耕薛包躬掃王延色養子平營壙薦范沉舟紹祖肩刃趙洛迎盜履險如常宣子憂傷陸郎懷橘緹縈申訴曹娥投江孝子順孫古今相望所處不同同於馨香一念之懿原於帝降推而廣之容保無疆莫解莫逆達於家邦爲法傳後當仁奚讓童而不習幼而不遜長而無述卒爲原壞是以世譏仲子尤薄匡章

名實紀　　邑人周瑯

夫名實之始失也胥也其再失也誣也其終失也亂

也亂之生也其孰能救之是以君子慎之也吾嘗考之顓孫師之達也其實聞也趙簡子之禮也其實儀也梁丘據之和也其實同也鄉原之德也其實賊也白圭之治水也其實壑也魏徵之仁義實功利也蘇明允之經術實權謀也象山慈湖之論德性實血氣也陳同父之論王道實強伯也叔孫通之朝儀實法度也荊舒之言堯舜實商鞅也司馬相如之諷諫實逢君也公孫弘之開閤實閉賢也杜欽之骨鯁實邪媚也六朝之於文實詞章也宋人之於詩實文義也偽儒之道學實異端也俗士之舉業實俳優也詩曰

相彼盍旦尚猶患之君子考中庚貞其可忽乎哉

物象篇

邑人周卿

夫善惡習也非性也習於善則以善進善而不善莫之進矣習不善則以不善進不善而善亦莫之進矣是故荼之苦而始飴也鶡之妖而好音也蓬之斜而直於麻也虎之殺而娟於養也物之惡者不可變而之善乎玉之焰而毀也劍之蝕而缺也水之淆而濁也鑑之垢而昏也物之善者不可變而之惡乎故墨翟感於絲曰玄黃易更也楊朱感於岐曰東西易適也孔子感於鮑蘭曰香臭易化也是以君子慎其習

也是故觀玄豹之澤霧則知所以脩身矣觀雄鷄之顧影則知所以正容矣觀金石之中音則知所以擇言矣觀竊脂之不穀則知所以謹行矣觀涓泉之赴海則知所以進業矣觀葑菲之下體則知所以取善矣觀工規之三錯則知所以達變矣觀尺蠖之能屈則知所以適時矣觀函鼎之烹鮮則知所以致用矣觀神龍之雨下土則知所以澤物矣故曰糟粕煨燼無非教也稊稗瓦甓無非道也君子以我觀物以物觀道其烏容忽之

說政篇

贈邑知縣

人之言曰使堯牵一羊舜杖而隨之堯不能前舜不能後夫有以逆也一童子而牧十羊欲進則進欲退則退而指顧叱咤咸得其意焉夫有以順也夫民有性而情斯具矣有情而欲惡斯具矣是故大寒既届民燠是利大炎在上民清是走吾是以知民之情有同欲也雖復仇者不折鏌干雖忮心者不怨飄瓦吾是以知民之情有同惡也是故欲之所在有與成之惡之所在有與棄之是民之有情我順之矣民順其情有不若其政乎無也欲之所在有與禁之惡之所在有與施之是民之有情我逆之矣民逆其情有不

戾其政乎無也是故大雅靈臺子來是樂而祈父月怨刺興焉民不誣德也夫已久矣是故順而不容逆者政之則也從而不容遠者民之天也易曰悅以先民民忘其勞悅以犯難民忘其死民之勸也悅也民之悅也順也是故以順爲政政成矣

捕蝗說

邑人錢貢

歲嘉靖庚子秋八月蝗自北來蘄昏蒙蔽天止則亘地民無少長咸極力捕之或曰此天物也捕之懼爲殃民曰予寧與虫偕亡無寧以熟稼飽虫也少江子告之曰嗟乎鼠害稼汝迎猫而吉可瘳豕害稼汝迎

虎而害可瘳蝗害稼汝捕之雖極其力吾見荍粟之殘者多而遺者寡矣害烏瘳雖然此特産一區禍一時而有形之蝗汝得而捕之猶有無形之蝗徧寰宇而延紀祀者汝得而捕之乎民曰何説曰今秉堅策肥前辟後擁員贅事擾號爲民蠹者亦一汝之蝗也若何而捕之今少脆老怯弋刓而馬豬胱丁仰食號爲民蛀者亦一汝之蝗也若何而捕之今論緣業盤據中土招致党類指幻福以徼重利號爲民蠱者亦一汝之蝗也若何而捕之今窩其軀婦其貌華寢豊餐襲威流禍號爲民螯者亦一汝之蝗也若何而捕

之今棄業捋手日無所事事酗飲譁奕鼓訟餌財號爲民蝕者亦一汝之蝗也若何而捕之此五蝗者害徐而巨彼一蝗者害速而微舍大弗恤而惟小之是計如人抱腹心之疾則不之知而心閔閔焉色瞿瞿焉求手足之安誅使臧此朝食而稼與蝗絶其非蝗之蝗亦陰食汝矣烏能帖然無憂乎言既民揺手應聲曰吾方紓旦夕之命而子為百年謀吾方救目睫之危而子爲天下慮竊恐子之病迂猶吾之病蝗均莫瘳矣喜其有警而説之

蘄陽文會序　胡奎

蘄水名邑也今隸黄州府盖自漢晉唐宋以來代有名人過化於斯如伍子胥孫權關雲長張道陵王羲之陸羽蘇東坡諸公是已兵燹後文獻不足徵而其遺跡猶存正統四年己未余忝治邑弔古感慨愧莫能與明年庚申時政頗通秋八月迺謀諸同寅暨邑師十有四日集邑庠諸士子較藝於政事堂明日榜示優劣禮筵遊街士民交賀底晚正值中秋佳節倘徉泛舟分題賞月與嘉會者有若郡侯公子鉞文炳貳尹李公蔚判簿王公輔幕賓吕公繼本掌教李公恕司訓張公紳簡公縉紳致仕官府尹薛公均府判

張公喜爹史徐公添理司訓可公鉞以及校書曾思永仕友吕鏞李儉鄉進士張詳庠生張富王鏞高奐永哲陳仕森輩流觴曲水賡唱迭和擊鼓催詩成章爲帙余不讓而爲之序引以弁其端噫是舉也雖不能以繼昔人之絶響亦盛事焉生逢

文明至治太平無事之秋得與諸同寅從容燕樂以鳴

國家之盛爲有司育賢之先務豈細故哉然則賞心樂事其所以鼓舞髦士之志也歟諸君子勉諸

勸農詩序　簡縉紳　儒學訓導

勸農所以力本躬耕所以勸民盖勸農而不躬耕徒

爲虛文則力本者不獲自盡此所以爲勸農之本昔周公作無逸一則曰稼穡艱難一則曰稼穡艱難使天下後世皆知國以農爲本農以食爲天故古之人君高居九重未嘗不以是爲拳拳而况爲人牧乎蘄水人民繁庶田野饒沃正統乙丑時當東作大尹番易胡公奎覲侍回迺謀諸僚佐謂民事不可緩於是率五鄉夫老出自東郊親秉耒耜躬耕南畝蘄民扶老携幼環睹而樂觀者千萬計嘖嘖歎賞以爲頭白未之見也事畢張筵宴及儒紳酒酣樂作賓主情懽掌教申屠公

鐸歌之於先司訓左公維賢繼之於次文人騷客各出篇章得若干首幽澹閑雅清暢可誦深有關於政教者也余以爲今之詩即古之詩觀風者采而獻之天子之庭所謂有周官御農之法天下無惰農者不在彼而在此又所謂有關雎麟趾之意然後可以行周官之法度者亦不在昔而在今又惡知今日之詩不爲古詩乎今日之風不爲古風乎大尹采集成編屬余序其首併出余所作之歌視之使人心悸面赧欲自毁之而不可得不識後之視今其悸赧復何如因書以爲序

蘄陽懋績序

李汰

予少讀聖賢書以爲禹稷伊尹之志苟得一縣亦可小試以於民最近而爲惠易及也及讀傳記名公所論往往以作縣爲難柳文肅曰諸使之軺傳所臨賓客之道途所出餉次舍而具委積簡卒乘而供勞遣惟縣之求惟令之責故寧保障不先而無寧趨辦或後王忠文曰財者民之心徵需所集沮而不辦則致怒於其上取之無藝則貽患於其下品調消息之間難矣此皆難其勢也至吴臨川則曰固有廉者矣然或未明則眩於壅蔽亦有明者矣然或未仁則入於

嚴刻仁矣或短於剸裁則澤不下逮仁而不能故也能矣或意向小偏則事亦小疵能而未公故也全此五善難矣哉此又難其才也方讀時未涉於事未之深信既從宦牒淹於一氈凡五易縣主亦兩攝邑符乃得與諸公劇談治理且目擊夫縣之爲縣上轄於大府宣使監臨巡鎮而又有分督諸使者文移旁午動盈几案催科撫字異趣殊塗然後真知作縣之難而信前脩之不我誣也弘治庚申長樂鄭公令烏傷閱初考召補基關士夫贈言而屬序於予予因申道作縣匪易召之難且附于其末曰天下事所欲言者多

矣顧困琴泥塗叩
閽無自年來得傾罄於君而亦時蒙首肯茲行也當
正色臺端必將大有敷陳一得之愚或亦得以見諸
論列則愚雖不言猶言也既而方石謝先生亦贈以
詩云東南民力半凋殘撫字須應作縣難三載政成
碑在口
九重恩溥豸爲冠顛崖已分無容足赤手誰能遏倒
瀾我願使君推此念擊彈須使萬方安方石西涯當
朝元老而寒齋常布之念政與之合治道初無二理
有識所見畧同顧可以崇卑顯晦而殊觀哉雖然此

江東西之縣耳吾蘄則素號易治而霅竹潘公亦有
縣官難之句豈今昔異宜也耶正德甲戌成都王公
希召以西蜀之英由賢科
簡命來治于茲甫及朞年百里藹然有愛戴意衢童
壤老一則曰吾侯有以蕃吾生矣阜吾財矣一則曰
吾侯均我賦矣解我紛矣格我俗矣正我德矣未幾
大府騰檄書褒勞而士夫亦形諸詠歌頌嘆願望洋
洋滿耳嗟夫曩固有獲乎上者矣或未必得乎民有
得乎民者矣或未即獲乎上今下悅上信聲聞翕然
公何以得此哉要之以宏達之才施愷悌之政其儒

先所謂能全五善者乎所謂能品調消息者乎所謂
保障是先者乎殷美攸萃而濟以文學將無施不可
於縣何有是故人難其難而公則易其難也毛靜可
曰安得百器之布滿弦歌城予亦曰安得公百輩萬
宇回陽春或曰吾邑得賢侯足矣遑恤其他意狹矣
宇宙吾人分內持泰保豐聖人所謹
國家承平百四十餘年可謂盛矣試言今日徵科之額
比之
國初奚啻數倍近時羅圭峯有云官之斂也日增民之
生也日蹙持泰保豐果若是乎韓子曰財已竭而斂

不休人而窮而賦愈急其不去爲盜也幸矣往歲流
賊猖獗令民者以懷印踰垣爲得策民迯匿山谷叢
刃避脅死拒不從與夫一呼而雲集響應者異矣是
何也
國澤深浹民心未忘故也有識於此占知賊之不是平
焉民惟邦本古今置官而尤致慎於民牧者以此誠
得循良若公者布之天下下以撫摩綏輯使民有所
賴本曰以固庸詎非
國家基祚億萬載靈長之福哉前致意於鄭公而冀其
有以風厲乎天下之凡爲郡縣者今又將屬望於公

彼專以期會敲扑爲能者烏足以語此士夫輯詩盈卷衆議題曰蘄陽懋績而徵予序予退老山林方欣託棠陰之庇者奚啻默乃攄此蒭蕘之懷用引群玉庶幾傳循吏者詢而采焉指日榮膺臺召又當誦方石之詩以贈

敘來雨之章

齊安王廷陳

謝君令蘄水壬午春三月不雨民戚曰何以播君歩自邑壇禱焉雨越四月不雨民戚曰何以植君歩自邑壇禱焉雨越五月不雨民戚曰何以穫君歩自邑壇禱焉雨邑人歌之爲來雨之章王子聞之曰歌也

足爲長民者風矣帝也豈民棄夫錫蕃育庶靡不民焉供是務殖也或雨靳焉食且不粒以甦務殖之而復以棄也其否也矣是孰用棄棄吏也吏也者族氓而臨之殆爲帝殖者乎不德而賄帝其曰吾且氓殖不有於氓之室而吏橐用盈是以吾殖賄也故靳焉不愛棄民昭吏棄也君之政聞之矣斂而思遠而執肅肅而惠法不勢貸其仆也勁者先苟民庇焉不惜冒法罰邑人宜之乃大吏亦靡不禮帝其曰令良吾氓殖焉令不有也禱輒雨豈惟殖民不吏棄焉昭其良也傳曰禮有祈焉有報焉夫傴僂而趨匪其衆也即湯焉以其軀犧巫也感而酬豊品是享而幸帝之私也謂帝需乎君也不然乃不雨曰予也帝何意焉其雨矣曰帝也予何力焉夫始不奸帝之命既也不有帝之功也是謂對帝之休帝其永庇之矣

說易録叙

邑人程轍

塾諸生刻說易録成有謂予曰易之有變象辭占也亘四聖而綫揮於傳義明矣子復何說予應之曰亦各言其意而已矣四聖之易四聖之心也傳義之明易伊川紫陽之志也顧予所言何是以仰俾是易也已第野鳥鳴春孤蟬唫秋不可謂非化育然也予蜜

歲亦嘗竊是易之義而貢於三楚之鄉每遇同志輒喜言之繼後奔走四方徉侍有道之門及退而體驗於無情之境愈覺是易之難乎言也去年春遂隊春宮數循奇請得署教事方來乎塾也多士見予而喜相率而請與之言予讓弗克亦強應之間執易而問者尤衆也故予於風月前談易時良多又復乎辭占之至精研窮乎象變之至變循循然不敢私出一字惟傳義以遡四聖之旨焉爾逾年而諸生各出所録彙帙將梓之予嘆曰諸賢知予乎哉予在茲烏用是録爲也雖然録以諗諸同志吾志也且諸賢讀易有

要乎竊惟六十有四之卦一言以蔽之曰維心亨維
心亨了則往有尚非但讀易之爲要也凡易之辭無非
傳心之典而獨於習坎明言之者坎憂患之地也聖
人憂患乎天下後世之情至矣智者觀其情則於是
易也思過半矣乎伊川云隨時變易以從道言易也
所以言心也是心之不適則其機窒而或息救道遠
矣此易之所以敝也吾鉞擢其樞由弘通簡要之法
以適夫仁義中正之歸宜上宜下不驕不憂凡天之
高地之厚鬼神之出沒可幽而致其於易也何有有
他則惑矣考彖辭者術數也談義理者空寂也紫陽
之厤籥也至於今之言易者信枝葉而疑本根其患
有出於二端之外而抑又甚焉使紫陽見之當復何
如區區之說惟同志者折衷焉毋誘曰世變爲之也

蘄水縣志卷之三終

蘄水縣志卷之四

教諭蕭璞生員余倖周紹堯周中何瑞纂脩

藝文下

賦

觀嶮賦　謝朝宣 本府同知

朝發浠川將之羅田道轉幽谷河渡白蓮厭徑路之
崎嶇喜舟楫之輕便問津兮何處鑿遠兮窮源東接
乎廬州之鄙西轄乎齊安之邊石攅截兮嶒嶝水穴
出兮潺湲舟返而物輸人濟而裳褰盖天之所以限
乎西東繫名顯而今傳於戲異哉易設守國傳城虎
牢吾嘗聞險之名矣晉有龍門蜀有三峽吾嘗見險
之形矣然形勝者名或不彰名聞者實或未著孰若
險之專名於斯而維據者也爰命舟子泝流指鑿溪
水故曲似山陰之有約崖石攅孽即赤壁之可樂艤
息咫尺水滑山脚萬籟生幽孤舟就泊曳杖逍遙可
喜可愕波岩兮石摧石礙兮波廻無蚌兮噴珠不雲
兮轟雷景色兮捲映心目兮開明避炎濯風凭高遠
望水水山山隨步異狀浪迸而急石缺而崩相峙兮
如較相軋兮如傾磊落兮如拳鱗次兮如鯨或相傾
而不墜或相較而勢爭斯物態之變化類人事之縱
橫於是烹茶當酒拜石爲朋有吟風之雅興無繫日
之長繩歸舟順下林鳥欲投去危即安他復何求心

悅兮有得履正兮無虞見險兮思欲知止過險兮豈宜重遊嗟乎蘄水之險一方勝跡隱而弗顯識者心惻寘之當道自貽伊戚嗟予視險幸當晴夕一遇陰晦變恠百出雖心雄萬夫不免危慄君憚險阻必欲治平不思託根深固徒殫力而難成或者動搖山脉寔足致陵谷之崩騰險在目前隱如勍敵王公恃之以守其國時有常變安如一日君子思之以崇厥德遇有順逆介焉如石於戲有險而懼無險而忽懼者常存忽者恒爭我在平地無忽險中人因處險每見成功周除鮫害班探虎穴英聲千古轟轟烈烈是故逢險莫避取義成仁未險莫蹈明哲保身險乎險乎豈無從來維時與義易稱大哉載稽郡誌名險何年且喜洗公之詩惜無蘇子之篇當時一經目而品題何於此而遺旃無乃身險阻而備嘗口囁嚅而慵言不自我後孰開其先但無赤壁之筆終有愧於坡仙

辯

龍湶泉辯　謝朝宣

有水出蘄邑鳳棲山下茶經爲天下第三泉信乎曰此張又新煎茶水記非茶經也按記載李季卿謂蘄州蘭溪石下水第三云得之陸羽口授又劉伯芻以蘇州虎丘寺水爲第三不取蘭溪石水歐陽永叔辯其皆與茶經不合茶經論水惡渟浸而喜泉源故曰山水上江水次井水下山水取乳泉石池漫流者上江水取去人遠者井取汲多者其論止於此未嘗品第天下之水味也噫蘭溪石水尚未可信況鳳山之泉乎一統志郡誌皆云泉在鳳棲山下蓋因吳彥脩有石髓流香出鳳山之句云爾王禹偁之詩未嘗指言何處惟李文秉詩云爲愛蘭溪始發源與記正合考之舊誌蘄水縣初名浠水後改蘭溪屬蘄州又考蘭溪泉在縣東三里疑指伍洲之廢縣非今蘄水縣也予謂記稱蘭溪石水爲第三不言鳳山之泉水爲

第三天下第三泉在蘭溪而不在鳳山明矣嘗取二水及清泉水浠川水江水洗筆池水效又新較之江水輕洗筆池水又輕四水雖相若惟蘭溪者厥色如醴味頗淳其又與之清不類曩嘗較惠山虎丘及鎮江之水亦然決以蘭溪石水爲貞況此水前以名邑猶號蘭溪在今蘭溪驛東數里南嶽廟後潭有乳泉津津漫出宜爲羽取張又新云云非歐陽子所知乃放謬著其說如此并詩二絕以寓鄙意宋人謂千里寄水恐涉好奇之弊予今辯泉非好奇也欲復羽泉之舊而已然則鳳泉亦無取乎曰次也清泉抑又次焉鳳

皁流清泉止惡停浸而喜泉源羽之説後之君子未泉如羽必将有取於斯焉

詩

蘭溪

唐 杜牧之 太和間為黄州刺史

蘭溪春盡碧泱泱映水蘭花雨後香楚國大夫憔悴日應尋此路逹瀟湘

陸羽茶泉

宋 王元之 咸平間守黄州

甃石封苔幾尺深試嘗茶味少知音惟餘夜半泉中月留照先生一片心

同前

國朝 荆南韓守益

不羡朝入省不羡暮入臺長揖别景陵遠為名源來古雅樂恬退山林避塵埃當午汲清泠輕煙起徘徊蒙頂産殊美浮梁味奇哉清神異麯蘖適意非尊罍著經本自得高蹈良可懷嘆彼消消流今古鳴崖隈還當化霖雨飛去隨風雷

同前

永嘉李文秉

為愛蘭溪始發源一泓瀉出碧雲根寒坡淺漾金沙爍清吹長聞雪浪翻翠鼎無灰秋淡薄録塵滿地月黄昏一經誰毀還誰譽慚愧先生細討論

同前

臨川周得舉

蘭溪天下第三泉手著茶經客已仙對月夜聽常聒耳穿雲曉汲不論錢竹爐沸處雲生屋寶篆飄時月下天肯典文園相近住渴心應是一時痊

同前

蘄州胡鉉

靈源脉脉出雲根洞徹清流玉一泓淺淺微波搖月影消消細韻漱琴聲龍團味熟雲腴美蟹眼湯浮雪蘂輕留得一經誰毀譽令人却愧陸先生

羲之墨沼

蓮溪葉輝

書罷黄庭白晝長曾将兔穎濯滄浪至今石上青青草猶帶當年淡墨香

同前

周中 生員

花飛輕霧兔毫香千古羲之洗墨塘我欲洗心君信否一川流水玉玲琅

同前

戴綸

當日臨池換白鵝筆花照座得春多四時清潤侵瑶軫半畝寒光映玉珂日永煙雲常靄靄夜深星斗自森羅高風自是流傳遠千古蘭亭竟未磨

同前

會稽吳彦脩

揮翰南遊寓此山池頭滌硯寫經闌波紋尚染龍煤黑石髮渾疑兔穎斑一代流風出江左千年墨蹟客

人間我家住近義之宅客裏題詩幾日還

同前　　周得奉

石甃周圍玉一泓換鵝曾此寫黃庭竹間泉湧千畦

雪屋上山涵一片青白鷺銜人春草濕錦鱗吞墨玉

雲醒流傳珍翰空懷古幾度啼鶯柳下聽

同前　　潘珏本縣知縣

書法絶今古何年亦此過污池遺墨猶淥竹洒烟多

俗知臨晉帖誰辨寫經鵝惓此徘徊久其如感嘆何

同前　　韓守坌

雨栗事已奇泣怪尤非常自從書契來字體多更張

內史晉家老秀發東南邦分隸適已變楷書端且莊

邇來千載餘遺沼名猶芳永書港雲影清霄映天章

玄玄黃庭經洒洒龍煤香訪古想揮翰尋幽借倘徉

顧余丘壑情便欲歌滄浪

蘭清時雨　　吳彥脩

高堂數仞倚青岑九畹傳芳歲月深好雨當春足生

意幽香滿室可人心清標會作靈均珮雅操時鳴子

賤琴式誼斷金成契合彬彬皆屬古猶今

同前　　潘珏

好雨時來不後先聖門造化此中全何來人力皆徒

爾此去靈苗盡勃然芹泮香浮新漲水杏壇花發午

晴天眼前物物皆成遂始信神功妙不傳

同前　　戴綸

一從九畹到儒林奕葉偏承德澤深四座光風飄玉

珮半簾曉色潤瑤琴靈均雅好存緗簡洪正彌情重

古今最是階除生意滿花前日日盍華簪

同前　　李文秉

屹立高堂澗水濱清蘭時接泮芹春囂塵淨洗香風

細景物相輝德澤新貽代萬方敦聖教斯文千古重

彝倫山川勝景傳流久重振餘馨在後人

時雨亭　　陳方

亭亭一上倚空濛萬物敷榮荷化工亞聖一從說時

雨光庭幾度坐春風人家鷄犬收來後學海魚龍變

化中桃李年年春意滿自家潔白自家紅

石壁廻瀾　　蒲圻李庸

吾伊聲罷倚闌干削壁飛湍六月寒欲學聖賢窮探

賾回闌正好盡心看

同前　　李文秉

幽亭結構倚崔嵬亭下狂波去復回拍岸但驚飛曉

雪倚闌猶訝吼春雷源泉入海會無竭砥柱中流自

不摧何日遡江尋舊約杖藜相訪白雲堆

同前　吴彥脩

杏壇門逕倚雲開下瞰溪流碧似苔峭壁疑從天削去盤渦却與岸同回桃華楊柳春相映鸂鶒鵁鶄日往來石上亭臺更蕭爽騷人登眺句頻裁

同前　山陰薛綱 提學副使

至理何須物外尋坡翁亭上一登臨源源活水來天地滚滚廻流自古今疏治非由神禹力空明長見孟軻心近來觀者都無術只向汙瀆較淺深

同前　戴綸

千尋砥柱屹江干記得坡仙寫激湍楊柳牽風飄棐几桃花吹雨灑雕闌驛程此去天同遠泮水相鄰臭亦寒機度臨流過夜半憑夷捧出水晶盤

龍潭秋月　周申 生員

銀河雲淨月華流影入寒潭水練秋風哨金波神女出驪龍驚起抱珠遊

同前

水晶宮裏漾驪珠光徹寒波寶鏡如萬境倶融銀闕迴一塵不染玉臺虛霓裳宛對仙娥舞雲篆遥通上帝居駕得小舟輕一葉坐瞻丹桂影扶踈

同前　李文秉

千丈靈湫夜氣涼月光耿耿映波光驪珠淨照山河影仙桂清分天地香萬杵玄霜憐玉兎九天清樂想霓裳如何得到瑶臺上金椀淋漓瀉蕨漿

同前　戴綸

雲物蜿蜒靜不波寒光萬頃浴嫦娥蟾宮丹桂飄香早鮫室明珠泣淚多翠管因飛鳴碧落星橋何夕駕銀河紅塵不動天如洗恩露淋漓濕玉珂

同前　韓守益

天用莫如龍性靈亦惟神嘘雲出山水布澤彌陶鈞

自從劉累後去去難擾馴睠茲一勺水蟠屈還當伸自惟麟鳳儕豈與蝦蟹鄰于時氣當肅桂魄光無垠五夜風洒洒一鏡波粼粼龍兮勿自珍爲我騰天津挽水下霄漢靜洗邊頭塵

龍潭

深潭見說有靈湫夜夜神光射斗牛玉兎影沉山水小錦鱗風起浪花浮乘舟鼓棹成嘉賞醉酒高歌足勝遊驚起老龍行雨去大施甘澤徧環州

舟自龍潭至蘭溪還興三十韻　邑人錢貢

蘇子神仙骨官況與轉加石崖留墨跡筆陣尚搓牙

魏闕心懸切元臺政愈差山林俱借重落魄不須嗟
擅美人難繼追踪我獨遐身輕儔鷺鷥性僻嗜魚蝦
早發蘭橈急回觀樹色遮潭心浮日月林影照雲霞
綠合磯頭蘚紅開石縫花鳥巢依蹟岸龍窟接江涯
燕雀芹泥潤牛羊草徑斜漁乂迎曉溜樵唱立晴沙
雲霭頻歌舜天空咲補媧晨星環北極漢水接西巴
寒食猶吹雪清明未試茶煙村三百井山市萬餘家
霄漢瞻歸雁池塘聽亂蛙儒林多橘柚農畝盡桑麻
泉有龍潭辯橋無雪竹槎亭臺多廢圮碑碣慢矜誇
盜熾官勞撲民稠俗易譁蚕絲先告賣菜色豈勝爬

苛政逃秦虎煩征捕永蛇士風歌壽考使節促皇華
麟趾春王盛鹿鳴秋宴嘉鶴樓千日酒赤壁五更笳
閣盡觀音邈山遊大別奢楚王臺有址崔灝句無瑕
世故如猜謎時光似轉車百年三萬日隨醉岸烏紗

鳳山夕照　李庸

迥照穿林絢羽儀雌雄鳳去幾多時於今
聖德通天地料想來棲不後期

同前　戴綸

極目青雲最上梯金烏刷羽又西飛隔林清響鳴天
籟絕壁明霞漆錦機牛背笛橫群牧散鶴邊鍾響老
僧歸醉人清興偏知許坐待氷輪照竹扉

同前　吳彥脩

千仞高岡落日低九苞靈鳳正歸棲重重紫氣藏丹
穴故故清流下碧溪秋老梧桐臨澗壑雲深鍾磬動
招提峡翁何事忘歸騎夜卧綠楊橋路西

鳳山　蕭璞教諭

鳳去名猶在名存山未頹朝陽有梧竹還擬鳳重來

同前　韓守益

虞時集阿閣周日鳴岐巒總謂文明祥慶彼寰區安
九苞自天來五色霭時觀不知何許代偶此去不還

醒泉想清冽竹實空瓓珊何當一來儀慰我方寸丹
晚景弄晴暉光華射林巒明明映飛瀑瀉下黃金湍
駕言往登眺直上崖巘端

同前　胡鉉

靈羽當年下碧岑至今山有鳳棲名千尋峭壁晴霞
絢一抹斜陽暮景明晚寺僧歸鍾韻遠西林牧散笛
聲清登樓遐覽黃昏後坐待溪東月又生

同前　周申

鳳鳥歸來帶夕暉明霞斜罩暮林西梧桐春長山靈
在還向天邊曉日棲

緑楊曉烟　李庸

烟籠高樹翠綃輕十二闌干滴露清扶醉有人吟未了流鶯枝上兩三聲

同前　關西郭文

石橋兩岸緑陰陰一度春風一度深題句何勞説司馬繡衣晝錦任登臨

同前　周申

橋頭春色向青青萬縷籠雲帶曉晴客睡酒醒芳草軟一聲杜宇旅䰟清

同前　潘珏

芳橋全盛日春滿緑楊枝煙煖鶯來早川平月去遲鮮鞍人病酒題柱客留詩杜宇千山曉坡仙萬古詞

同前　吴彦脩

山頭月落淡烟横橋外高林拂曉晴題柱客歸春正好鮮鞍人卧醉初醒落花飛絮聞啼鳥白石銀沙見遠汀爲愛當年詞調古幾回騎馬到林坰

同前　李文秉

青青楊柳石橋西杜宇一聲山月低流水落花紅雨亂淡烟芳草碧雲齊昔年醉卧人何在今日追遊酒重携争看繡衣歸故里香風紫陌快霜啼

同前　胡鉉

緑楊兩岸亂絲垂中有長橋卧碧溪杜宇一聲山月小玉驄數踏水雲低濛濛宿霧迷郊遠漠漠輕烟拂樹齊一調古詞青絶處坡仙千古醉中題

詞

緑楊橋

西江月　蘇子瞻

照野瀰瀰淺浪横空曖曖微霄障泥未解玉驄驕我醉欲眠芳草○可惜一溪明月莫教踏碎瓊瑤解鞍欹枕緑楊橋杜宇數聲春曉

同前

國朝　天台盧濬　本府知府

馬首間關鳥語樹頭吞吐煙光白雲深處老僧杖也是春風浩蕩○萬井桃花雨露一聯竹影琳琅緑楊橋上事迷茫我爲乾坤撫掌

玉臺丹井　李文秉

真人丹井玉臺前故老相傳五百年霞氣拂林存宿火蟾光墮地瀉真鉛久知身外原無物誰信壺中別有天安得相從成九轉誅茅卜築向林泉

同前　鄱湖雪檜

地僻林幽境界寬仙翁曾此獨盤桓玉臺半落山空

無丹井猶存水未乾鶴淚長空秋月冷猿啼老樹暮
雲寒自從飛珮沖霄去何處吹笙引鳳鸞

同前　　帥守益

龍從火裏出虎向水中生一轉至九轉丹砂方始成
昔人已蟬蛻此井尚澄清轆轤久無繩石甃抱虛明
渴心滿塵埃昔來俯寒泓豈無葛稚川亦有衛叔卿
神遊八極表不啻效錢彭亭亭玉臺高綿綿太古名
燒煉誠可笑　吾當造蓬瀛

同前　　周申

玉臺當日喜丹成玉笛聲殘鶴夜驚我亦有丹金鼎

在不從方外笑無生

浠川八景　　潭渭（府志作王元之）

蘭清時雨和世崇石壁洄瀾映塔光陸羽茶泉金鼎
冷右軍墨沼兎毫香龍潭徹底明秋月鳳頂當空背
夕陽秉得綠楊春睇興玉臺井畔泛霞觴

浠川景物　　王鼎

比來塵土厭白丁青袍謁立非程庭逢人暫解腰間
劍寒氣凜凜還衡星楚山蘄水萬萬古神物摧設當
儲靈雲林隱逸卷席出衫衣空何高崖銘平生於人
少許可老我忽然雙鬢青秋風昨夜捲江急撼山怒

浪如雷霆停舟散策訪幽僻紫蘭半雜黃花馨白石
湧頭玩古刻清泉寺裏開秋扉城山仙人亦長逝雲
冥醉眼何時醒晉唐至此事寥闊堯堦開落知幾蓂
樵歌牧唱存感慨落日到窗傾耳聽十年蹤跡半天
下崑崙碣石吾曾經馳心玄漢誰復解世間萬物皆
有形年華易邁如轉轂湖南草木還飄零男兒胸中
須萬卷須將學海窺滄溟譬如神鳥思逈風深居海
嶽養脩翎看君才思湧三峽手持禿筆飛不停方今
堯舜開化理沅湘不用悲山谷車書
大明一四海泰山萬里流濁涇大塊渾收八紘靜夕烽

息焰三邊停書生無事且酌飲連峯對峙雙磁瓶黃
閣經綸附公等百年人物上典刑無邊青草藹春意
芝有餘香椿有苓乾坤聚散詎能料東西南北如流
萍歸來別自有餘興落月寒照溪西行

過蘄水　　蔡潮（提學副使）

衣冠瀟眼禮文鄉笑語無生懸講堂排拂荒唐開世
惑禁民淫祀爲財傷野橋去馬銜殘雪老樹歸鴉悶
夕陽讀罷蘇碑臨墨沼（亭對岸有龍潭崖有東坡壯石刻山之東有羲之墨沼）
遊詩眼倍生光
宜人風景此江鄉忽憶家山醉白堂身後浮雲憐客

父鏡開華髮暗心傷茶煙松底驚棲鶴幡影簷端送
夕陽丹井汲回詩吻潤雲章霞彩動天光

留別蘄諸生　陳鳳梧 提學副使

一官無補又西移江漢悠悠去後思三載文風渾未
振百年道義尚相期希賢好誦濂源録報國無忘
勅諭碑全楚人材吾拭目棟梁榱桷及明時

巴河迎子由　蘇子瞻

去年御史府舉動觸四壁幽幽百尺井仰天無一席
隔墻聞歌呼自恨計之失留詩不忍寫苦淚漬紙筆
餘生復何幸樂事有今日江流鏡面靜煙雨輕冪孤

舟如鳧鷖點破千頃碧聞君在磁湖欲見隔咫尺朝
來好風色旗尾西北擲行當中流見笑眼清光溢此
邦疑可老修竹帶泉石欲買柯石林茲謀待君必

遊護山　胡仲謨 邑人

四序推遷何倏然柳絲揺綠春風還眷戀殘書懶出
户主人速客遂登山險巇迂徑行欲倦振衣直向青
雲間席地杯盤歌侍兒寒崖却恨花開遲且將心目
送塵外峴山高致真吾師魯遊東西更南北寧如故
國多相知好光陰堪適意長安望斷無消息

同前　胡仲詁 邑人

高眺入煙霞春風十萬家四山蹲虎豹一水走龍蛇
野酌無兼味逶村有杏花何人長太息爲爾悞桑麻

鳳山墨鷺　謝神童 邑人 舊失其名

玉作冰肌雪作衣捕魚灘上立多時夜來飛過棲山
頂誤落羲之洗筆池

太公石　譚渭 知縣

一片鑾烏石中流幾百年世人推不去留與太公眠

擊空明　盧濬

水碧龍吟慣石開日照平是誰膓腑勁千古擊空明

同前　羅輸 本府推官

謫居無復利名牽月夜逍遥興洒然筆醮龍潭掃鑾
石至今人説是坡仙

沂流光　盧濬

蒼崖蔵千古青天見幾人我來開眼看石在未焚珉

同前　羅輸

獨棹從流上乾坤一散人水光同月色故點入真珉

浮橋　潘珏

南門河上往來頻有渡無船惱殺人漂蟻何心求拯
濟浮梁自我起經綸舟橫活水應無數鎖繫長河似
有神月湯水光天上下閑來橋上數星辰

同前　朱仁

連舫成橋駕小川從今不喚渡頭舡水消水漲隨高下人去人來任往還長鎖有神魚樣貫短虹無砍礪行編應知繼述綿綿下惠愛遺垂億萬年

畫街橋　潘玨

新甃長橋似砥平盡街邊襲舊時名水流川字環中過人在三生石上行半夜星河虹影靜四時風雨馬蹄輕肩摩踵接應無數誰復逡巡滯去程

宋家橋　李儉 邑人

太平身老復何憂一日橋頭幾度遊兩岸綠陰情合

合三間華屋密幽幽山圍界郭長年好水遶闌干入夜流四望瀰瀰足煙火老懷樂此勝封侯

同前　李汰

突兀橫溪美奐輪一方徒涉總歸仁相如自可留題句季路何須更問津倚檻看山黃鶴遠凭闌觀水白鷗馴太平時節知無艾不向南鵠惜舊聲

登五經樓　汪深

五經樓上漫遨遊水色山光一目收多少賢良從此舉廟堂深處傚伊周

遊清泉寺　麥盈之 訓導

柳外陰中擁旆旌山僧拄杖出門迎自言老眼無曾見疑是坡翁又復生

亭亭新竹窺禪榻淡淡天風蕩客衣黃葉滿庭都不掃一僧閑逐水禽歸

同前　胡仲謨

郭外清泉寺遨遊策短筇殘紅千萬葉寒翠兩三松對酒新聲合觀山夕照重古來多勝跡莫遣紫苔封

九日清泉寺登高　張經 本府通判

登高策馬慢揚鞭逈照斜曛近暮天剝盡陽根回碩果無窮道體見清泉移光惟異誇高術落帽倡狂值

幾錢試問老僧涅槃事會中那箇曉參禪

同前

節亙重陽九月中對時翫賞出蘄東黃花粧徑秋光好霜葉燒林春色紅憂未先民深我愧樂雖與少亦人同廣文洗爵頻相勸彝德相孚兩意通

同前　蕭璞

棲鳳山頭漫着鞭登仙人上小壺天硯池筆染羲之墨茶竈烟烹陸羽泉綠酒含香浮野色黃花照眼疊

同前　謝爵

金錢馬蹄重帶雲根濕踏破僧家玉板禪

夜宿雲林景風清月白天夷齊心不易此地異貪泉

城山　前人

争碓城此地千古只残基樹影旌旗動風聲鼓角悲
野花啼衆鳥荒草聚群麋惟有青山色還應似昔時

同前　徐紹先 邑人

昔日吴王此駐兵只今岑翠認遺城奸雄已自先圖
漢帝胄何須且奪荆行殿有基春草合女墻無壘暮
鴉鳴登臨欲罷重回首惆悵東風不盡情

同前　胡行謙 生員

名山斜枕亂雲邊沽酒登臨竟日還千古悲營烟慘

淡三吴遺恨水潺湲将軍折戟僧挑菜戰士残枚牧
作鞭試問丹楓與黄菊爲誰粧點夕陽天

同前　周仕哲 邑人

姦雄曾此駐残兵滴露鳴蛩泣舊營
當代明王知保障四夷都是外重城

三角山　前人

一尖一尖復一尖白雲深處老龍眠一番雨過清如
許挿破東南半壁天

同前　魯永清 邑人

青山萬仞聳崔嵬梵刹臨空聳翠微嶝下草香春靡

過洞前雲濕而龍歸結棲僧在松頭住俯檻人看鳥
背飛今日登臨偏快我始知仙境到人稀

角山有懷　陳仁近

緣石登山極詩魄看我狂雲黏雙屐濕松觸兩眉黄
異藥憑苗認寒泉趁酒嘗美人何處是宛在水中央

又

緣石登山極詩魄看我狂手探三楚月目送九江航
撮土興時雨尺松吹古香舉頭瞻
象魏無奈重氛妨

又

緣石登山極詩魄看我狂崖泉晴亦雨崎路短如長

雲容龍腥重風高日焰凉憑誰酬好景秃筆草玄香

又

緣石登山極詩魄看我狂鴈歸風在賔鷄罷日明窓
真可語韓尉當無畏子長文章如有儆宣犯斗牛光

斗方山　程轍 邑人

策馬尋幽入斗方峰頭疊石重綱常山僧茶話邀宵
月鳥自嚶嚶草自香

同前

峯頂平窩斗様方梵王宫殿斗中藏洞前羅漢跏趺

跡崖上浮屠舍利光未到五更先見日夜來八月便
凝霜登臨恍在霄外萬里江山入望長

縣南城山　程轍

峰高何處着纖埃況有遊人帶雨來霑草沾裳珠亂
吐崖雲籠帽洞方開將臺劍淬泉流石禪榻纏寒濕
漫苔咫尺靈亂烟靄靄重遊不到令人懷

石嶮　王伯 本縣知縣

一梁橫截砥中流偶爾尋幽泛小舟萬派灑珠從地
出兩山排障倚雲浮石因水漱皆生齒梅為春欲破
頭民瘼牽心行去急奇觀安得更優游

同前　王晁 本省參議

殘山剩水知幾楚此嶮自然來天工怖石障江分變
態驚濤飛瀑故爭雄千般鳥道空撑漢八節龍門亦
下風咫尺黃州原不到浮雲飛鳥恨坡翁

同前

夢中昨夜有龍門此嶮真應出世氛東去亂波擔下
峽西來群嶂欲生雲地形自信超千古天巧誰能闢
一分有約春風携酒去座中難少沈休文

同前　沈鍾 提學副使

天然山水真奇僻圖畫總看夢寐頻草樹周遭卉雨
露乾坤閱歷飽春秋坡翁曾欠留題句仙蹟還應解
避人亟欲追遊捹命駕渴心安得免生塵

同前　錢頁 邑人

脚跟南北東西路半日工夫為嶮馳自是乾坤留勝
槩更無山水並惟奇派流河朔八千里脉走崑崙三
百丈到此我非行險者中心履坦有天知

昭化寺　張正 知縣

石橋苔砌薜蘿遮碧瓦稜層碍落霞今地年深生寶
樹瑤空風靜散天花蒼龍出鉢朝雲濕白鶴歸時夜
月斜誦罷真銓僧入定栢爐煙燼冷袈裟

同前

草樹閒依徑烟霞靜鎖門落花隨流水錯訝是桃源

又

勝日暫遊憩桃花幾樹紅纖塵飛不到知是梵王宮

神光觀　張正

路破山頭萬片雲屩尖不肯惹塵氛黃庭讀罷香初
燼白雪歌殘酒正醺幾樹碧桃猿去摘兩坡瑤草鹿
來耘斜陽倚遍闌干曲鐵笛一聲何處聞

同前　麥盈之

登高無力強躋攀直到蓬壺絕頂間笑撥白雲尋古

洞坐廷紅日上東山誰將丹竈爐中藥點作莓苔石
上班仙客不來春自老而蹄香襯落花還
躋來飛馬剪東風探到蓬萊小一峯花徑有苔遺客
跡藥爐無火鑄仙蹤竅通滿下涉星月鶴返窠分遠
近松揮筆題詩岩石上白雲千萬奚來封

同前　潘珏

神光千載觀人說是仙壇竹滿山增重丹空井自寒
齋居便靜坐茶話是清歡不爲丹真到乘閒借鶴看

同前　周仕哲

千載神光觀乾坤十二樓龍蟠丹井月鶴唳玉臺秋
松老團輕蓋香温散彩毬玄都千樹碧應似此間不

吊安慶余公祠　程轍

百煉金丹火乾坤此老孤一門人死節千載血流孺
廟占風常烈山空鳥自呼綱常垂一線此日屬元胡

吊巴陵韓烈婦

季女何時歸婦道從君東邈矣丞相裔閨儀恒肅整
擾擾胡騎塵不染衷心炯自幼懶下堂遺訓日相警
娥眉淡掃煙窈窕鳳雛頸奐玉櫝中姿時花厭色逞
始爲公子迎紫蘭對清類比翼偕來終皎月寒潭靜

中道逢犬戎東西各馳騁逢平感聖恩當日翻災眚
抱石向江濱不辱辜而幸弱臂柱頹波束髮還斂衽
所欲味在茲魚美出穴丙豈不鮮恤緯此念良耿耿
剱落雙股揮賁育失其猛二九正妙齡刀圭隔九境
完璧漾晴暉晨昏吊歌艋茶苦偶試嘗井若飲飴餅
至靈而至虛寶藏發神鑛舉案事已非直道寄柔梗
爲謝翁與姑尚書兒定省遊魂長牽連好欲成癖瘦
秋水碎芙蓉黄裳煥文炳呻吟挽帶詞千載栢舟侹
天只應相憐落日垂光景囓指寫閨忱王事仍維屏
匪琢亦匪彫正氣自湘郢是身扶三綱七澤倒萬頃

啼猿四時哀飛鴻送孤影白骨飽鯤腹續絕無終綆
蔡琰讀父書未諳爾心柄守道須愛身止渴宜丹井
無計可招君東芻易血皿庭院座靈芝循國有骨鯁
婉孌壽人心幽思鍾清冷而豈制訇知輕身投陷穽
彔孤媿門楣此道聊心領誓不與賊生尚得爲帝請
英爽今何在楚雲結南嶺

詠易

曾傍孤山小築臺烟雲堆裏徒閑開青天白日神明
過說到乾坤未畫來

寓三角寺　陳仁近 三角山人

鮮裝三角寺便覺絶囂紛月小山頭大雲香栢子熏泉從石裏迸日向嶺邊分讀罷誰爲伴橫牀卧竹根

又

鮮裝三角寺便覺絶囂紛破竹鳴燕笛懸蘿舞趙裙滔晴珠閃日塔雨筆生雲無限江南景斯山占幾分

又

鮮裝三角寺便覺絶囂紛愁垢𢪷風送蹤鍾夾鶴聞僧徒忘月日花草自乾坤如有東坡帶何慳易衲裙

又

鮮裝三角寺便覺絶囂紛梅吝傳香遠苔碑繡綠匀茶煙先弄月書枕欠晋雲不識此雲月能爲天下文

九日登燈籠山　傅於王

獨上燈籠百尺巔角巾時復頂青天打鬧道眼掄今古蓋見黃花四十年

春日同侍御曹沙溪遊白金山　李龔芳

春日溪山恣勝遊乾坤浪迹更何求松橋竹徑鳴騘馬水碧沙明漾小舟燕雀不驚相對語煙雲入望逈添愁鐏罍隨處尋芳草鼓吹聲中起白鷗

遊清泉寺　胡行謙　生員

散步尋山寺挑風杏雨天僧貧長愛客松老不知年池沸羲之墨茶分陸羽泉恍然清磬發聲在翠微邊

觀崄

刻日搜奇勝追隨曠達群泉飛千古雪石擁萬重雲醉後狂歌發吟邊脱葉聞天涯曾着步險路已平分

登斗方山

渺予蹤跡徧塵寰不意江南有此山古洞半埋青草裏懸崖直上白雲間寒松修竹經霜老流水高僧盡日閒自笑俗緣相眷戀匆匆驅馬夕陽還

神光觀次韻　錢重器

誰說仙家隱白雲一登層觀絶妖氛道童亦脚閒歌舞羽客未頹樂醉醺竹影遮窓難掃却苔痕封砌懶鋤耘一從脩過官家斧鐘鼓晨昏天上聞

洗墨池有感

乾坤着我訪前修坡老遺蹤一覽游豪氣尚隨雲物滾精華還逐日光浮却汚魚飽騷人詠淬鋭龍驚太史收不爲揮毫絶今古芳塘安得尚存留

送劉掌教赴辰溪

天爲吾師人莫留片帆帯去岳陽秋辰溪若寄三鱣信付與江魚順水流

蘄水縣志卷之四終

蘄水縣志後序

嵗丁未春王正月太史丁夫子檄璞以脩邑志璞愕而曰邑之志古列國史也必擅三長者而後可以與此贊如班馬議者甲乙顧予何人足以承之厥惟艱哉及捧檄尋繹見其義例有分合條目有煩簡

紀次有後先始釋然以悟曰茲余鉛槧所由適也迺謀諸訓導鄔玄繡陳吉暨二三子因其大凡釐爲四卷由圖考至惠政至學校至藝文罔不稽載籍以詳故實蒐野録以收遺逸酌公論以斷取舍事則參仍舊志而利弊勸懲之義則自忘忌諱而不惜者居多既竣璞敢僭言於末曰嗟我同役謂志之作也何爲也哉惟昔建國親侯省方觀民納賈陳詩之制無非天子欲周知天下諸侯欲周知一國而已故今之一統志寔沿襲焉而

明天子因以爲知者也然一統志取

諸藩藩取諸郡郡取諸邑邑之志豈徒以備一邑之知也哉而郡守而監司而

天子由此其選也使亥豕魯魚銀根玉碈浸至於承舛聽訛以失其真是壞法奸紀自邑始矣可不懼與抑又有說焉星野災祥天道垂象

矣奉天不敬非慝慝也山川物産
地道效法矣事也不祭非志意也
百度森羅人道立極矣人謀不臧
非志意也闡天地人物之理推參
兩左右之原以爲信古傳今之鑑
辛惟我太史氏之董作也昔者孔
子作春秋三才以定猶曰位不在

蘄水志後序　三

而道在焉矧如太史者道與位俱
乎若夫昬吻雎黄月旦朱紫直與
埤官埤雅相上下則傳物書耳豈
太史之心哉璞亦不敢以誣諸人
也蘄水縣儒學教諭蕭璞謹序

蘄水縣志後序終

荆楚文库

〔順治〕蘄水縣志

〔清〕劉佑 修

〔清〕楊繼經 纂

《荆楚文庫·方志編》編纂組

組　長：劉偉成　陽海清（執行）

副組長：劉傑民（執行）　王　濤　謝春枝　郝　敏　嚴繼東　范志毅（執行）

參編人員（以姓氏筆畫爲序）：

王　濤　李云超　宋澤宇　范志毅　郝　敏　柳　巍　馬盛南　陳建勛

夏漢群　梅　琳　陽海清　彭余焕　彭筱澂　楊愛華　雷　静　劉水清

劉偉成　劉傑民　謝春枝　戴　波　嚴繼東

編　審：周　榮

顧　問：沈乃文　李國慶　吴　格

前言

《〔順治〕蘄水縣志》二十六卷首一卷，清劉佑修，清楊繼經纂，清順治十四年（一六五七）刻本。

劉佑，字雲麓，清直隸曲周人，歲貢，時任蘄水知縣。楊繼經，字傳人，邑人，順治十二年（一六五五）進士，授大理寺評事，遷刑部員外郎，有《菊盧詩集》。

邑於明季有志，現今所存者僅嘉靖年間邑人蕭璞所纂一種。清順治十三年（一六五六），劉佑到任，是時距萬曆初閻士選續修志書，已有七十餘年。其間歷明、清兩朝變動，邑中文獻多因兵燹凋殘。劉佑欲求縣志，卻僅得邑庠生易有象所進一册殘篇，恐邑之事跡湮滅無存，遂集衆鄉紳謀以志事。因蘄故事難考，志局特購得一批史書與志書，又多加搜訪旁徵，凡有關蘄者悉爲收入，起以沿革，終於藝文，成書二十六卷，順治十四年付梓。

志分十四綱：沿革、形勝、天文、地理、建置、食貨、秩官、選舉、名宦、人物、風俗、禨志、典籍、藝文，其中沿革、秩官、選舉爲表。卷首列序、凡例、目録、紀年、姓氏，其中凡例落款『順治十四年丁酉仲春邑後學楊繼經謹識』。正文後另有楊繼經跋一篇。

楊繼經所訂『凡例』遍參諸書，頗有法度。其内容『始沿革，終藝文，綱舉目張』，與史體相合。田賦、徭役等諸多制度皆自萬曆初年定制，是志保存舊制，又以清朝新制續于其後，『庶稽古遵今，兩得其便』。『秩官』『科貢』相關人員，明前疑者不録，可考者備載，所入者仿司馬遷以年表列之。凡曾於蘄邑爲官者皆録志内，其中政績最高者列入『名宦』並作傳。『人物』惟載闡揚懿美者，所録者皆分類据實直書，其下『烈女列傳』一目，因最易湮沒，而倍極搜羅。『藝文』仿班固《漢書·藝文志》體例，首著述而次詩歌詞。

蘄邑施行五鄉派糧法，將縣境分爲五鄉，並根據土地質量與其產出情况將其分爲上、中、下三等。是志『地理』一門繪以《五鄉分區丈量總圖》和各鄉分區丈量圖，分别記載各地區地名與各級土地分佈狀况，觀之井然有序而一目了然，既是蘄邑特色，又爲志之特色。

據《中國地方志聯合目録》，是志有清順治十四年刻本，國家圖書館與中國科學院有藏。本次據國圖藏本影印。該底本存在較多缺字、字跡不清等現象。該底本原缺卷九第十四葉，卷十六第十一葉、第十三葉，卷二十二第十一葉、第十二葉。（彭筱澂）

目録

蘄水縣志序

丁酉春二月余以
上臺命稽黄屬積逋經蘄水
適值蘄令劉君脩邑志告成
問序於予蘄予治地廣輿沿

革予與有責不得辭爰以數
言弁之予竊惟世道之所以
有治而無亂者以其觀感懸
於上而人心動於下也故古
之治天下者國史而外一統

有志省會有志際而郡邑亦
有志無非徵古攷今善善惡
惡使上而千載下而當世美
惡得失之林燦然在目而有
以動夫司牧者之心與夫里

居者之志斯已矣晚近以来
時務紛龎兼以兵燹迭見典
籍廢失將舉曩今之疆域典
章訏謨豎立盡付之寒烟蔓
草之中無怪乎懲勸無繇風

凋俗敝豈古今人之不相及
哉恃世者未免無責也迺今
於蘄獨異也考蘄之舊封蓋
古揚州地漢晉置邑曰蘄春
延及唐宋元明稱名代殊其

間有清泉白石之異龍潭鳳
嶺之勝兼以王逸少陸鴻漸
蘇端明諸公遊歷所至皆有
奇踪至若二林著烈於高隱
雙李齊名於大節英賢義士

代不乏人孝子貞婦時標芳
異則蘄之為蘄所從來遠矣
獨是時代殷遥藐文瀾絕而
蘄志不傳非不傳也一弊於
神熹兩朝人文之過盛功名

勳業日就炳燿無人肯一念
及幽谷寒泉之事一弊於明
季兵火之屢經烽煙矢石頻
嘆流離何時得一編及貞婦
烈士之名相沿既久彷彿隔

世而向之所為金石可開鼎
神可泣者曾不得分榮一字
以先簡策其何以慰往者之
心而作來者之氣耶而今不
然問疆域則名山大川宛然

在目也問規制則田賦食貨
釐然畢具也問選舉則科貢
辟徵煌然臚列也問人物則
忠孝節義森然在望也原端
委貫綱舉目張恍若舉數千

百秊之浠水蘭江生於紙上
而繪於筆端直令觀者之心
有以動而氣有以振豈非磨
勵人心挽回名教之一大機
權哉吾於是而多劉君之能

治也能勸善也蘄人士之善
感也能慕義也以今
朝廷清晏
聖主右文方將備復典籍嘉與
海内更始使君邑若郡以及

省會天下悉有人焉居今稽
古徵顯闡幽以日趋於感激
勸懲之路而謂人之不三代
俗之不皇虞也吾未之前聞
時

順治十四年春仲郡司李中
州祝昌撰於浠川之公署

志序

古者國都有紀郡邑有載以
至禆官小史亦複有攷有述
罔非網羅舊聞徵信於當世
使治術人心囊括包舉以極
夫有道之隆也稽其源盖肇
於禹貢及周禮之職方其後
則班固之作漢地里志張華
之作博物志虞世基等之作
十郡志以及明初之命儒臣

作一統志委代愈遠攷稽愈叢甚矣志之所關靡輕也蘄在楚幅員中一隅耳然未可以一隅視也攷蘄在秦爲南郡地在漢爲蘄春邑梁隋以

後或稱浠水或名蘭溪稱名不一而要之歷千秋百禩以迄於今茲者蓋亦甚久遠也夫自有此天地便有此疆宇自有此疆寓便有此山川人

物政教風俗而握管者不能詢咨掌故裒輯典實以黄揮天地磅礴之所鍾靈異之所萃及創制之經營習俗之得失以弁一代之志相輔其何

以資明倫翊經濟耶余筮仕蘄半載輒欲得蘄志攷徵之而典籍煌煌盡付秦炬爲悒悒甚遲之有易生者以蘄志一冊進讀之乃始幸焉繼惜

爲而終迺大懼爲幸則幸夫兵燹之後遺帙猶存惜則惜夫紀載所傳斷自嘉隆迄今闕失葢八十年而懼則懼夫上而千古下而萬禩昔時之

志序　四

蹤跡古治之傳流與夫貞婦烈士不斷之芳魂高人韻友不朽之緒論無所憑藉而僅藉此一帙之斷簡殘篇萬一護持少踈致成淹滅不幾鴻

文典策不絶於水火甲兵者又絶於成平宴安也耶乃博諏紳衿補其遺畧其蒐輯務廣其去取務刻而諸紳衿亦復不憚購求付楊傳老彙成

志序　五

以畀余念相副嗟乎言脩輯於久安之日易言脩輯於兵火之後難計蘄自崇禎乙亥以迄今茲其間流離焚燬葢不知有幾而尚有表表芳蹤

赫赫衆著若前日事則其所
為文章丞眞文章所爲節義
丞眞節義所為紀綱法度丞
眞紀綱法度而不得與眞贗
混淆疑信叅半者等視也者

余乃作而喜喜而授之梓令
試披而覽之其圖經沿革即
禹貢之紀壇壝黎赤也其山
水建置即周禮之紀山藪川
浸男女畜擾也其秩官選舉

典籍異聞即班固之紀政淪
風俗藝文典禮也而物產食
貨僊釋方技罔不畢具又豈
不與博物十郡之遺意相彷
彿哉噫綦盛矣詳而約嚴而

有體以尋奇踪溯幽討漱腴
增韻吾願薊士民重之勉之
以審謠俗鏡得失競競唇淫
以毋厲我薊則余也又何敢
不自重之自勉之也治術人

心並登三古寔難哉

時

順治十四年四月吉旦知縣

事曲安劉　佑題於公

署之練光樓

志凡十則

一志漢人掌故之書寬羅故聞貴備而覈而晰以兵戈燹缺故事盡散去考古志亦莫尋其源今購得周書春秋漢書魏書梁書隋書唐書宋書五代史二十七史春秋元命包野史稗家迄一統志府志通志楚紀總志薛志何魏二氏志楚地記輿圖考爾雅翼杜氏通典文獻通考地名記山水考水經十道志指掌圖元和郡縣譜九州要記十三州志族氏大全諸書凡關於蘄者悉收入備所未備使按圖者知蘄所從來甚遠因事直書故其體質始沿革終藝文綱舉目張則史氏之槩

一田賦徭役諸制皆自萬曆初年定制漸及明末加派漸多剩弊源流將單無據今悉以舊制列前次以新制續後庶稽古覽今兩得其便

一秩官科貢明前疑者闕不書可考者備載而應詔入粟者法得書皆倣司馬遷為之年表

一蘄之為治舊矣凡蒞茲土者皆得書而政績最著列為名宦傾所謂名者非由登與仕為名高也謂好古敎化而百世後舉其名猶隱隱動焉故人各立傳傳獨舉其

意念措注處亡考者仍舊志

一人物惟取闡揚懿美顯晦亡論兹於人物傳中各為一類據實直書諸所臚列皆從其家乞墓銘觀之非有溢譽

一節婦烈女所關風化實甚而時危事渺最易湮沒其何以勸茲乃倍極搜羅以彰幽烈

一藝文志者何始班固固之藝文以目紀書而今之志以文捨目且所為文眩奇標異無裨世風非志體也今悉倣班固藝文志首著述次文次詩歌詞無非存地存人

存作史遺意耳

一是志修自萬曆初年蓋關公士選為主而邑人桂浚雲朱期昌两先生為諸生時編次也迄今七十餘載遺缺良多兼以事越两朝文獻凋殘雖極力旁徵未免疏畧遺闕之恨有同心焉

一時經兵火典籍焚燼僅存舊志一册得自庠生易有象易奇法家蘄上源流不絕如綫雖云鬼神呵護作襲之功何可輕沒

一是志因年代延遠恐成斷絕遂輯厥大槩繼往貽來其

有未倫。以俟君子。

順治十四年丁酉仲春邑後學楊繼經謹識

蘄水縣志目録

目畢

明朝曆數甲子

洪武元年戊申○十一年戊午○二十一年戊辰○三十
一年戊寅○三十五年壬午
永樂元年癸未○十一年癸巳○二十一年癸卯○二十
二年甲辰
洪熙元年乙巳
宣德元年丙午○十年乙卯
正統元年丙辰○十一年丙寅○十四年己巳
景泰元年庚午○七年丙子

天順元年丁丑○八年甲申
成化元年乙酉○十一年乙未○二十一年乙巳○二十
三年丁未
弘治元年戊申○十一年戊午○十八年乙丑
正德元年丙寅○十一年丙子○十六年辛巳
嘉靖元年壬午○十一年壬辰○二十一年壬寅○三十
一年壬子○四十一年壬戌○四十五年丙寅
隆慶元年丁卯○六年壬申
萬曆元年癸酉○十一年癸未○二十一年癸巳○三十

一年癸卯〇四十一年癸丑〇四十八年庚申
太昌元年
天啟元年辛酉〇七年丁卯
崇禎元年戊辰〇十一年戊寅〇十七年
大清曆數甲子
順治元年
二年乙酉〇十一年甲午

縣志脩梓姓氏
蘄水縣知縣事劉佑重脩
縣丞湯楫如
典史王如德
署儒學教諭李子翼
訓導王大章
潘如安

鄉紳畢九臣
朱朝熙
丘之宗
黄正色
李見壁
饒應元
畢期玗
畢十臣
周壽明
邢子愿
楊繼經

何之旭
夏奇男
姚師孟
諸生朱　綱
丘世華
姚師偉
徐昌胤
姚師周
張弇公
張邦楢
陳穆顏
楊繼緒
楊繼綏
陳再白等校訂
儒士畢　星書
邾城李　斌梓

縣志卷一

沿革志

蘄古禹貢揚州之域袤延盖百里而廣國舫轂都會哉而王者撫運立國分土而居則名號信代殊焉乃虞夏以前郎故若難言之尚書而來稍稍可譜而著也於是譜爲郡縣表意涖土者審勢宜民寧獨沿革哉

紀代	紀年	紀屬	紀郡	紀縣
虞夏		揚州		
商		沿		
周		楚		
春秋		蘄國		
戰國		沿		
秦		南郡		蘄春縣

西漢		江夏郡		沿
東漢			蘄春郡	
魏				浠口縣
晉		弋陽郡		蘄春縣今治始此
宋		西陽郡		浠水縣
齊		齊安郡		齊興縣
北齊		沿		齊水縣
梁				浠水縣
隋	開皇元年	蘄州		蘄春縣
唐	貞觀元年	沿		蘭溪縣

	天寶元年		蘭清郡	蘄水縣
宋	端平元年	沿		蘄春縣
元	至正十二年	蘄州路		蘄水縣
明	洪武九年	蘄州府		沿
	洪武三十五年	黃州府		沿
大清	順治二年乙酉	沿		沿

名蘄水說

舊志曰蘄者何蘄香草也葉如蘼蕪即今芹菜爾雅翼蘄蛇食此體作芹香地名記蘄以水隈多蘄菜因以為名古志一水自三角發源東北迤邐而來西南回曲注於大江故名蘄水

蘄水形勢風俗考

唐李勣制云蘄春之地濱帶江淮鎮捍之地允屬功烈宋興復舊治記云南距大江北接光蔡西連黃岡東峙灊皖又宋闕詠神光觀記云占淮壖之上腴屬帝轂

之衝會又云蘄西善封壯俗富庶又宋秦觀謝表云翊蘄春之便郡實淮右之名區風氣和平獄訟稀少蘄之形勢風俗可槩見焉

紀事

唐堯之興因顓帝所建為九州其南為揚（杜氏通典蘄揚州域）

虞舜肇十有二州其一揚州

夏商奄有九有制如唐虞

周自湖南十州皆屬楚

秦始皇庚寅分天下為三十六郡拔郢蘄并屬南郡南郡者郢今江陵

秦始皇十六年滅楚虜王負於蘄

漢陳涉號大楚起兵於蘄縣布王其間置西陵及邾縣蘄

春縣并屬江夏郡

東漢劉表令黃祖築城西陵倚為鎮魏黃初中蘄春置為郡

魏使廬江謝奇為蘄春郡典農呂蒙襲破之去

賀齊初晉宗為浠口（今縣）將以衆叛入魏還為蘄春守圖安取保直權以為恥因軍初罷六月盛夏出其不意下詔齊督麋芳鮮于丹等襲蘄春生虜宗復置蘄春

晉泰始元年以西陽境俱隸弋陽郡而蘄春省為縣

六年七月大雨溢流入畜甚衆秋稼盡殺

劉宋更爲西陽郡治建浠水縣及永安郡
北齊以南安蕪置巴州置黄陂及南司州俗隸齊安而蘄
別置齊昌郡及羅州尋更爲齊興縣復爲齊水
梁析置縣蘄水尋復浠水縣
隋開皇元年置蘄州以浠水屬之更爲蘄春縣
唐貞觀七年以蘄山谷中多蘭更爲蘭溪縣復爲蘭清郡
貞觀十四年甘露降
天寶元年復蘄水
德宗時李希烈自稱天下都元帥陷汝州上詔哥舒曜

討之敗希烈拔蘄黄
中和二年春三月天鳴若轉磨無雲而雨秋黄巢來寇
執蘄匕恐晝流亡
宋端平元年復蘄春縣
咸平二年秋八月群鷄夜不時鳴至冬不已
元至元十二年改蘄州爲路復蘄春爲蘄水屬蘄州路會
至正十一年辛卯九月羅田徐壽輝據邑稱天完建都
清泉稱王邑無城難守至正丁酉沔陳友諒領兵襲蘄
扶壽輝以行太平陷壽輝急謀僭竊乃於采石舟中備
使人詣壽輝前白事令壯士持鐵鎚自後擊之碎其首
壽輝死尋友諒殁於明高皇帝先是高皇帝以書貽友
諒曰公失計先與我爲仇是以破公江州遂蹂蘄黄漢
沔
明洪武九年改路爲府領縣伍蘄爲外領丙辰改府而州
領如故己未始改屬黄州府
嘉靖元年夏五月旱秋粮減免冬火
六年水秋粮減免
十四年秋七月旱秋粮減免都御史龔粟賑之（計賑二千四百九十八石）

十六年夏六月旱秋糧減免
二十三年大旱水竭木稿死升粟可值錢貳百逊若載
道冬十月僉事李龔粟賑之（計賑八千四百七十石六斗銀一千四百六十七兩六錢六分）
二十四年旱冬十一月布政司發銀賑之（計賑一千四百六十[illegible]）
三十九年水
四十五年九月陰雪竟月河流凍合民多僵斃
隆慶元年有衆賊聚黨四十餘寇蘄據羊角山夜則[illegible]

山驅人牛馬掠人財積蘄苦之賊月餘竟梟首數級事
聞賜金有差勞首功者
隆慶六年地震
萬曆三年都御史趙賢建蘄水城
十一年九月訛言有蝴蝶鐵頭來尾飛入人屋傷人蘄
恐沿户作佛事
十二年九月杏華
十三年二月地震
十七年齊荒知縣孫善繼設法救荒

四十六年彗星見
四十八年陰雪四十餘日竹木盡折
天啟五年荒
崇禎二年荒
六年癸酉二月念八巳時地震聲如雷自西北來
八年乙亥二月初五流寇破羅田始入蘄圍陂境焚殺
甚驟秋九月復至焚殺更慘自此每歲往來無虛日
民始避寨寨破繼渡江又繼入城城內僦居幾數十
萬庚辰若蝗辛巳若疫道殣相望大兵數壓境供億

萬焚復廹田地拋荒家室流亡塗炭之慘古未有也
癸未孟春流寇張獻忠由黃梅陷廣濟尋陷蘄州相
去百餘里為時一月有餘當事曾不一為偵探二月
初五夜半賊選丁壯無程渡河襲城城陷殺戮殆盡
婦女擄城平先是蘄州陷時有雀無算霧中俱投入
江死會城陷蘄水城內居民先是亦云夜聞九頭鳥
鳴空中滴血漬人墻屋彖有此變數百年生聚蓄積
一朝而盡繼而甲申三月帝京國變蘄猶奉弘光名
號至

大清順治貳年乙酉五月英王督師擒秦闖經鄂城逐寇
東下差騎不多置官而去冬始拔剿縣仍蘄水屬黃
州府如故
順治乙酉冬山寨亂經鎮黃州徐勇督師執其魁去
五年戊子江西金逆叛兵抵九江蘄黃英羅各山寨誤
聽之聯結雄長亘數百里蘄東北一帶亦為所愚攻
城掠野幾一年許民用逃竄己丑夏督撫遲及村率
師招安之尋又變大兵復進又招安然婦女廬室之
分離擾亂甚矣

壬辰夏秋日中見星經天

壬辰夏大旱奇荒秋收乃免逃亡

乙未流次山居人家有雌鷄化為雄

圖論上

舊志圖論曰縣出麗文門逆石斗歷分流李店到白杲壁圻湖蘭溪散花曰永福永福者蘄之西南也西南多田澤而民以耕織網罟為生業近邑里者田頗饒民篤農業蘭溪圻湖則網罟多焉而民亦頗殷實不甚言乏第蘭溪泊大江濱民田地每每崩潰莫可定賦時復有水盜之匿跡同巴河鎮並設弓兵而諳習不熟徒糜糜費有司者按牘而稽之始自半石弓載鼖棄靴而赴公役不者游手好閑而已安所稱穩材也當闌二鎮湖南一要害假令卒然有

警則計將奚出歲又設巡船意謂水盜奠支故設此而不知此輩陰與盜結分盜金不則十輩成群操刀而盜而江湯擾動矣夫遷民以強兵而兵弱設兵以禦盜而盜滋非策也可無訓練而偵緝之乎下鄉在縣治東北隅出河東石頭到東倉金谷從斗方石陰泊英山界約七十里焉石陰金谷道通羅田蘄州薪麻布谷麥菽皮毛齒革交易都會也其估客轉販則歲入不訾故民多積聚而俗近質野金谷三十里曰古河雞鳴河兩河英山寄戶也田雖腴美弗輸貢職悍弟黠子所在為梗化至其偷兒小輩出沒浮沉

莫可踪跡者則英山為逋逃藪也計當五里一寨寨各二十人人各習鳴鏑利逃陵逋相守而庶幾知世禁乎上鄉在縣治東南界永福下鄉閒土田沃瘠頗相類民俗淳漓亦兼之其古河斗方界英山者與下鄉不異東北十里許有護山山產白石瑩潔可用既為公家取採而聚右繼之殆無虛日不惟民苦夫征而桑麻杭稻蹂踐又甚嘗考大楚總志云蘄之秀氣鍾於此以形家論則山固當長而日縫伐不已恐以傷一邑元氣則又不可無嚴禁也南鄉在縣治北株林滑石到楊家山南畈團陂龙河塘羅田蓋八

十里田中下俗醇謹民力農穡無他外事第龙河等處界羅田者盜賊間竊發焉楊家山舊有屯田若干畝嘉靖中沒為民今治之乃得復縣治西曰北鄉達府治抵巴河七十里頗稱衝煩一都會也田中下近曾湖江口處尤瘠而民多寄庄之苦蓋泌洋漁泊桃花壤連黃岡以故黃之富民多寄買為業其逋逃租徭不類英山甚而遷延若倍是有司者不問編民而第責之里户里户計無所之則有蕩產破家以供邑入耳且也朱店竹瓦店間有頑民烏聚鼠竊居民苦焉能無一整飭而刷刈之乎一良法也按漢志

曰風因水土俗以上之情欲豈不諒哉言之乎蘄區區縣耳五鄉土田各殊民風亦處處異詢之故老士夫誠皆云然大都蘄土田磽危闤闠煩湊其中具五民而土居者猶先王遺風農善田女勤女紅富人畏威如疾愿朴之民以力自給士進退間可觀焉如秦觀所稱斯亦洋洋哉大國之風也（秦觀表云風氣和平獄訟稀少）久之一切化質為文而民稍稍好衣食有井市少年飾冠劍連帷袂博戲馳逐作色相矜富奸鬪由好兇重巫猶仍楚俗小家居喪不輟權呼音樂河渠之間多禁单菩焉剽其俗之獘也又其甚者用貧故徼

官靈以欺富人得一金則前貸也氣厲聲謁錢不均有殺人誣人不避法禁走死地如騖者因而吏胥為奸舞文弄法以私怨其一擊其富者日縣罄而貧者益支散莫敢指其狀焉此蘄俗之大較也倘有仁賢在事者乎漸摩淪洽盡敢云易易焉

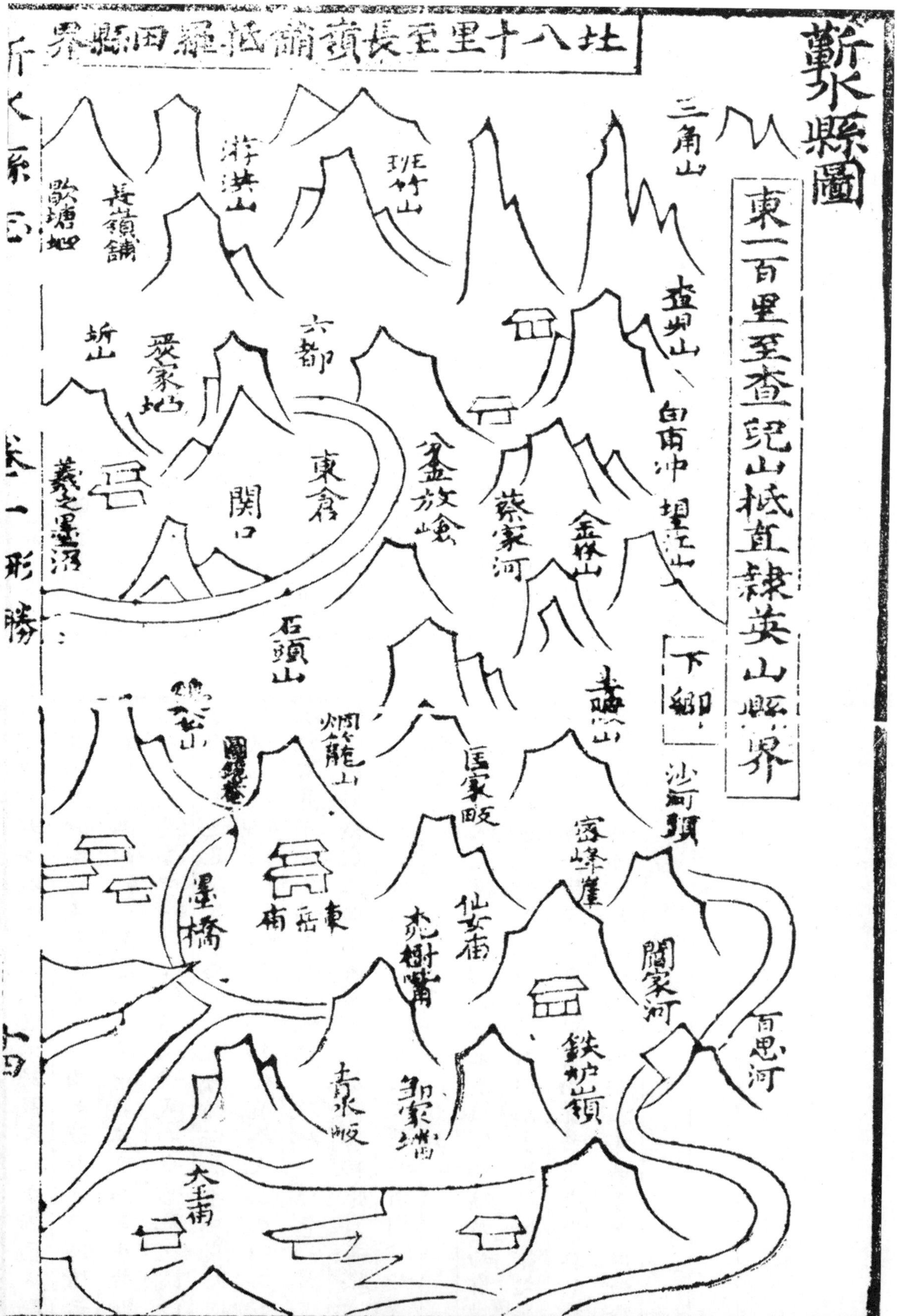
蘄水縣圖
北八十里至長嶺鋪抵羅田縣界
東一百里至查兒山抵直隸英山縣界
下鄉
三角山
斑竹山
洪山
長嶺鋪
六都
東倉
關口
羲之墨沼
石頭山
白面冲
望江山
蔡家河
沙河頭
墨橋
東嶽廟
仙女廟
鐵爐嶺
閻家河
大王廟

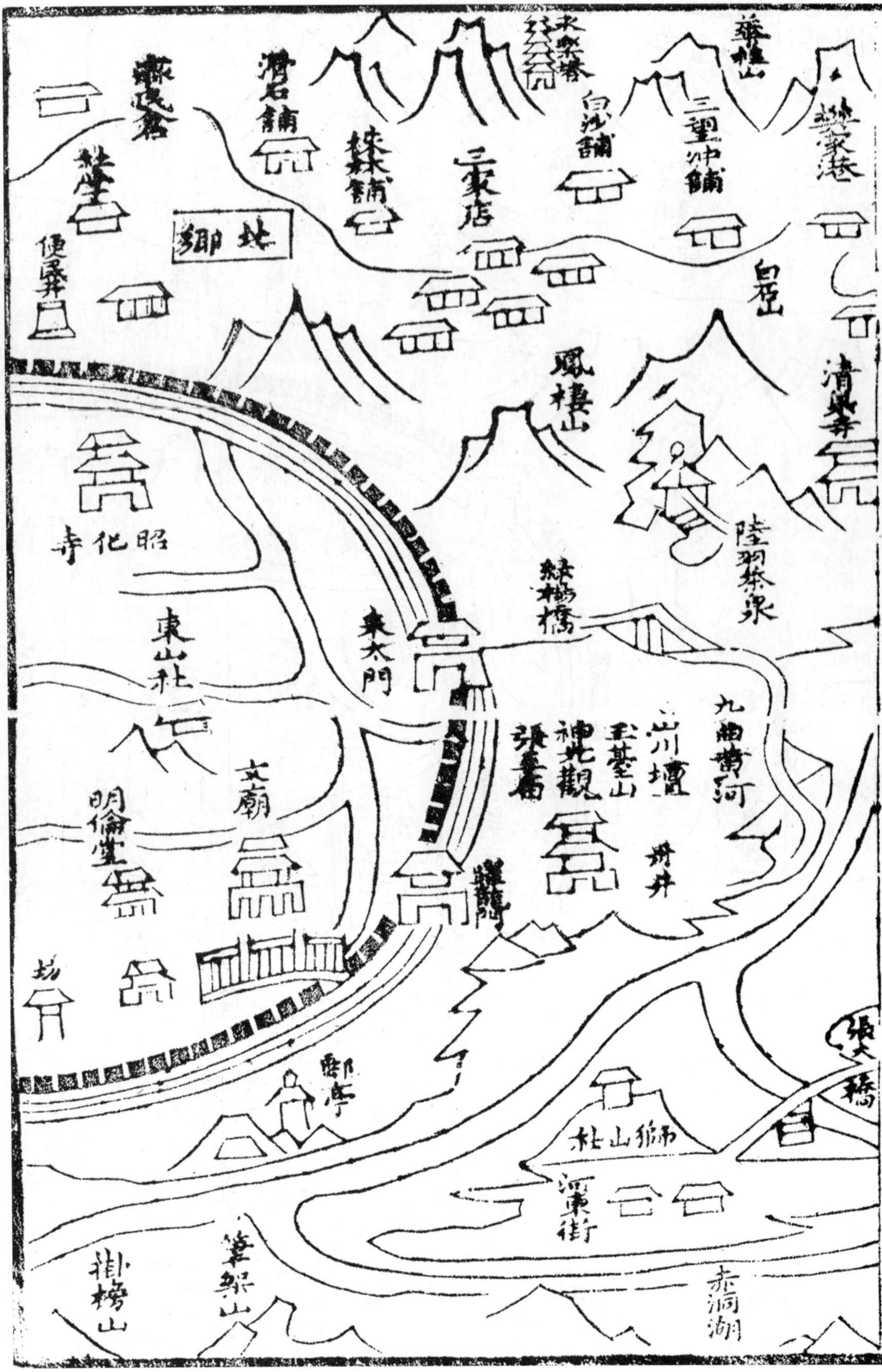
華桂山
樊家港
三望沖舖
白沙舖
三家店
滑石舖
株林舖
社學
北鄉
白石山
清泉寺
鳳棲山
陸羽茶泉
綠楊橋
昭化寺
東山社
東大門
九曲黃河
山川壇
神光觀
文廟
明倫堂
丹井
獅山社
河東街
坊
赤洞湖
掛榜山
筆架山

沂水縣志　卷一　形勝　十五

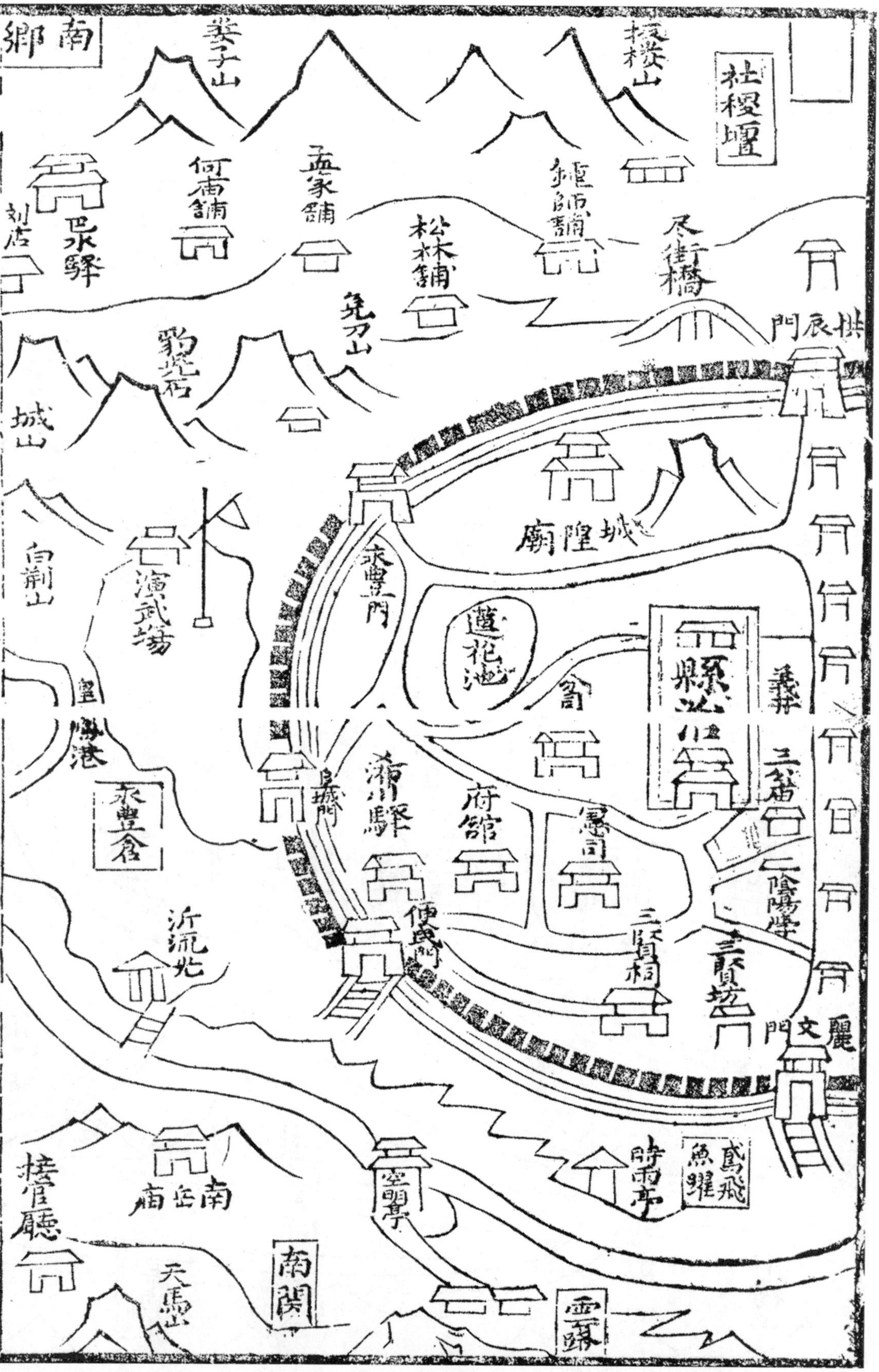
南鄉
社稷壇
婁子山
按樑山
何家舖
孟家舖
鍾師舖
松林舖
泉驛
刘店
冬衛橋
拱辰門
兔刀山
豹岩
城山
白崩山
城隍廟
演武塲
永豐門
蓮花池
縣治
義倉
永豐倉
瀉川驛
府舘
三賢祠
三賢坊
陰陽學
沂流光
便民門
麗文門
南岳廟
時雨亭
鳶飛魚躍
望明亭
接官廳
南関
天馬山

西七十里至巴河抵黄岡縣界
蘄水縣志 卷一 十三
大江
七里舖
巴河公館
水府廟
巡司
蘭溪驛
仙靈觀
蘭溪巡司
天下第三泉
溪潭廟
六神港
濫泥畈
河
楊歷湖
界嶺
永福鄉
燈籠山
陽和山
青獅山
石牛舖
上鄉
四十五里至界嶺抵蘄州界

縣志卷二

圖經

夫學者不越阼序而四遐犁然化馳若神豈其人聯繹語哉蓋亦有圖徵焉蘄固地錯如繡溪澗掩映斯古巖邑嶄嵂潦滴冊青赭堊之異何鄉晁有熙覽陵一顧則泉壹九咼大夫亭侯所過予視其斂痕凜有生氣何論仲謀哉覩土殫思是在人人爲

天文志

一分野

禹貢揚州之域軫翼分野推之入翼十二三度之交古志曰軫翼二星各有攸繫零陵長沙武陵桂陽則入軫蘄水嘗屬江夏郡屬南郡則入翼翼自張七十度至軫張南陽星野與鶉同去南陽直走南郡以暨於黄南陽以入翼六度南郡入翼十度江夏入翼十二度南郡距南陽者也江夏距南郡者也以此推之蘄水距江夏不遠當在十二三度之内

地理志

一蘄治

蘄水西達府治百一十里省治三百二十里東至江南英山庵寺前界九十里南至蘄州女兒街界五十里西至黄岡下巴河西界七十里北至羅田長嶺鋪界九十里廣百六十里袤百四十里編户五十八里鄉五曰南鄉曰北鄉曰上鄉曰下鄉曰永福鄉

一都啚

南鄉十四里

一都一啚一里〇一都二啚一里〇二都一啚一里二都二啚一里〇三都一啚一里〇三都二啚一里

十一都一啚一里〇十二都一啚一里〇十二都三啚一里〇十六都一啚一里〇十六都二啚一里〇十七都一啚一里〇十七都二啚一里〇十七都三啚一里

北鄉十三里

四都一啚十里〇六都一啚十里〇七都一啚十里八都一啚十里〇九都一啚十里〇十都一啚一里十都二啚十里〇十五都一啚一里〇十五都二啚一里〇十五都三啚一里〇十八都一啚一里〇十

八都二啚一里〇十八都三啚一里

上鄉十二里

三十都一啚一里〇三十一都一啚一里〇三十一都二啚一里〇三十二都一啚一里〇三十二都二啚一里〇三十四都三啚一里〇三十五都一啚一里〇三十六都一啚一里〇四十都一啚一里〇四十六都一啚一里〇四十六都二啚一里〇四十七都一啚一里

下鄉十里

三十七都一啚一里〇三十九都一啚一里〇四十一都一啚一里〇四十二都一啚一里〇四十二都二啚一里〇四十三都一啚一里〇四十四都一啚一里〇四十五都一啚一里〇四十八都一啚一里

二都二啚一里

永福鄉九里

十九都一啚一里〇二十都一啚一里〇二十一都一啚一里〇二十三都一啚一里〇二十五都一啚一里〇二十六都一啚一里〇二十七都一啚一里〇二十八都一啚一里〇二十九都一啚一里

山水考

山

治東一里曰玉臺山上有張道陵自蜀還煉丹仙井仙洞有神光觀張廻甯臨河眺遠一邑之勝〇二里曰鳳棲山世傳張道陵煉丹者三鷄食其一化為鳳棲此因名今石上有鳳棲二字崇禎間理院熊文燦捐千金構関帝祠於其上會邑數災形家言不便因毀焉今存址下有陸羽泉〇七里曰煙龍山常有龍盤踞其上煙雲不散洪武初有大蛇赤冠似鷄生兩翼作鷄鳴則雨鄉人以為神立祠祀之〇八里曰鷄公山〇九里曰茅廬山宋劉平隱處即劉仙姑父今有仙女廟〇二十里曰田家山〇曰容峯山

〇四十里曰金谷山〇五十里曰班竹山〇曰太平山〇曰斗方山峯方如斗唐無著禪師宋佛印古剎上有羅漢洞百合洞及飛來石梁石墳石在〇六十里曰三角山盤據羅田蘄州二界有宋人趙不迹書覌瞰視優四大字三峯標天峯有龍洞洞有三泉旱則取水禱焉其山烟雲出沒人以占晴決之唐伏虎禪師修煉於此〇七十里曰望江山〇曰分金山〇曰月山〇曰查兒山〇百里曰大羅浮山真人劉五劉六飛昇於此有仙人臺臺有石洞俯而入有石壁上如畫龍狀躍躍如生以手拂之則無痕水淙淙滴成潭長流焉

治南一里曰登瀛山〇十里曰天馬山〇曰葛公山晉葛洪隱處今有葛公祠〇十五里曰袁家山〇十八里曰石龍山〇

二十里曰分流山○曰獨桃山有大石若蓮花春秋大夫伍員釣跡○三
十里曰馬頭山○曰燈籠山○三十五里曰月子山○
治西二十里曰玉鏡山巔有石如月又名月峯山○二十一里曰南
荆山○二十五里曰寳陀山○三十里曰孟家山○三
十一里曰煙籠山○二十五里曰城山吳王孫權築土城遺址故名今有
吳王廟按赤壁之勝公瑾始受使至潯陽仲謀召還會議柴桑仲謀曰船糧戰具備卿當前驅孫當續發爲卿後援當時諭以舟楫以陸故經此
○山側南一里曰劉馬山○西二里
曰阜旗山○八里曰兔刀山○十里曰調軍山○曰太
子山一帶數十里皆孫周兵駐處土人每掘得昔年兵器廟祀皆吳君臣遺像焉

蘄水縣志　卷二　地理　五

治北一里曰西山○三里曰茶山出茶唐刘禹錫有詩○十里曰
棱爐山○曰馥山即白石山出白石瑩潔如玉大楚總志云蘄之秀盖鍾於此云此山當長
○曰叢山○曰策山○十五里曰石鼓山
有巨石如鼓叩之有聲見一統志○二十五里曰恩山○曰嬰紫山○
三十里曰滸洪山○四十里曰小營山古蘆塘地有土龜徑廣丈餘土焦黑傳爲昔人炊爨處○曰楊家山元楊興三與九居此○四十五里曰
野鶴山上有古洲○五十里曰小霊山○六十里曰大霊山舊有城塹桐繂爲陶琳相公立寨處崇禎丙子丁丑間流寇之亂土人楊楚材陳修築寨避爲保全甚衆
○曰邵藤山晉王烈栖此明王橐居此○六十五里曰鸚鵡山○七

十里曰四望山○曰周羅山○曰神保山皆明季築寨避寇處○
治東南十里曰花山○三十里曰峨嵋山○三十五里
曰張家山
治西南三里曰雨標山崇禎已巳間知縣李大受建塔屠於其上未成知縣李汝璨終事○二十里曰闍黎山李氏先祖居於此○二十五里曰師
公山○曰大旺山○三十里曰倒牛山○三十五里曰
蓮花山○曰龍泉山○四十五里曰板橋山○曰白羊
山有石如羊○曰陸奇山○曰呂家山○五十里曰仙台山
○治西北二十五里曰豐虎山○三十里曰猴王坪山

蘄水縣志　卷二　地理　六

○四十里曰張茅山○曰梅梓山有張公駐七二石有剪雲閣相傳昔有衣
黄者吹簫於其上又云有何仙姑者昇仙於此○曰石佛山有石如蓮一石如佛坐其上○
四十五里曰滸洪山○六十里曰石門山峭壁臨河山下有潭漁翁相傳潭中有石門尋之可入其地高厰可列函丈明崇禎間里人何彬然築寨禦寇防敵森嚴屢攻未破
○六十五里曰金鼓山山之西麓有陶穀學士墓○七
十里曰華埠山崒岔秀小然登其巔群景洞豁南有石丈塢西控長川亦所稱華埠潭
○九十里曰華桂山上有寺唐玄宗所賜名
治東北三十里曰麻姆山○曰金繡山○曰金寶山○
六十里曰羊角山山絕峻如羊角隆慶時有盜據此邑侯謝主斷我事同霍山王氏家兵剿

之

崖

治東二十里曰峉峯崖○三十里曰滴水崖有二一在北六十里○四十里曰清風崖○五十里曰觀音崖

治西三十里曰鴻石崖往來之鴻每棲此

治北十五里曰君子崖在石鼓山際有石梯石臼載一統志○六十里曰潘家崖

嶺

治東八里曰朴樹嶺○曰吾道人嶺○三十里曰麗躧嶺○曰攬兒嶺○西二十里曰艾子嶺○北五里曰長嶺○四十里曰白沙嶺○西北十五里曰角兒嶺○三十里曰烏沙嶺

岡

東北三里曰望城岡○二十里曰走馬岡

洞

城東一里曰神仙洞內有石床石凳即張道陵修煉處叩之有鼓聲○五十里曰羅漢洞○曰百合洞斗方山左極險峻崇禎間土人避流寇於其內

石

城南曰迴瀾石宋蘇軾鐫潋湍二字成化間知縣潘玨建迴瀾亭於其上不數步有李白所書鳶飛魚躍四字○其下一里曰打鼓石石高數十尺有鼓聲輒應宋蘇軾鐫擊空明三字於上明胡仲謨鐫縱蘇二字官應震構開雲樓於其傍往來名流爭題詠爲寇焚○浠流光石俗傳阜城門外浠河上鐫浠流光三字云亦爲蘇軾書○西二十里曰太公石太公釣魚於此近諠邑謝神童有詩云一片濯烏石中流在此間世人推不去留與太公眠明立義士李清七清八之祠于其上○曰晒谷石○曰豹兒石○曰玉鏡石在玉鏡山陰上有咸淳二字○三十里曰花膏石石鱗上如花膏○方斗山左曰鉢盂石○羅漢洞側曰分金石○北四十里曰馬蹄石上有馬蹄痕傳有天馬昇此今有東嶽祠玉帝閣○太平寺側曰響鼓石

嶮

東北六十里曰石嶮石梁橫截河中飛泉瀑布有聲

磯

治河而下西泊江潛五十里曰迴風磯

江

西四十里曰大江從黃岡赤壁磯經巴河蘭溪皆縣界迤東南三十里入蘄州界與大江合

河

南門河縣城南即浠水源出英山六安歷石險環遶治前西流合衆水入大江而滙於蘄州水浄沙明清流見底蘇軾浠上歌曰誰道人生難再少君看流水尚能西蓋謂此水西流也劉宋立浠水縣以此名

八里曰羅家河〇四十里曰分流河〇治東五里曰自港河〇八里曰胄家河〇十里曰樊家河〇二十里曰百師河〇三十二里曰閻家河〇四十里曰倒流河〇四十五里曰白蓮河〇五十里曰沙河〇曰蘄陽坪河六十里曰蔡家河〇治北四十里曰洣泗河〇曰史家河〇曰童家河〇六十里曰上巴河〇九十里曰尤河（正德七年壬申閏五月流賊劉六劉七齊彥名等為官軍所敗遁走經此至眞州一帶棕舟入洋子江至南京）〇治西七十里曰蘄潆河〇曰下巴河（會諸流之水入江河源從羅田出）

港

治東十里曰紫埠港〇二十里曰烏沙港〇曰馬潮港〇南十五里曰青石港〇二十里曰杜家港〇西四里曰黃鳳港〇十五里曰麻橋港〇三十里曰茅店港〇三十五里曰苦竹港〇四十里曰官橋港〇治北十五里曰萬花港〇曰金橋港〇三十里曰清水港〇曰肥舡港〇四十里曰官港〇七十里曰樊家港〇西南五里曰鹿吽港〇曰翟家港〇十五里曰彭家港〇二十里曰六神港〇三十八里曰青蒿港

湖

治南六里曰皂泥湖〇西十里曰荷蕩湖〇三十里曰黃泥湖〇四十里曰魯家湖〇曰望天湖〇四十五里曰官田湖〇西南十里曰蔡家湖〇二十五里曰薛家湖（明成祖知薛均貧甚命有司賜官湖頃餘為膽養資因名又名曰欽賜湖）〇曰毛家湖〇三十七里曰藩師湖〇三十八里曰左家湖〇四十里曰黃艸湖〇曰後湖〇曰楊歷湖〇五十里曰坼湖〇七十里曰攝湖（相傳雷擾永樂寺塔之頂三層于此因名）

溪

西四十里曰蘭溪（水源出苦竹山其側多蘭唐因以此名縣茶泌天下第三泉李季卿謂蘭溪石下水即此）

潭

城南一里曰龍潭（有石壁立下有深潭蘇軾嘗乘月泛舟於此書擊空明三字於石上）〇西三十五里月子山側亦有龍潭（上有龍女祠）〇三十五里龍泉山側曰溪潭亦曰槑潭〇西北七十里曰桃花潭（一泓澄賍相傳有龍居焉昔有捕魚者循而入與龍近亦不相害移十數日覓得出而腕間已隱隱生鱗甲矣土人言之不知為何時事）〇華埠潭（華埠山之側）

陵

縣東二里曰鴨子陂〇北三十五里曰飲馬陂〇七十里曰團陂

堤

巴河鎮曰王公堤（知縣王伯錄）〇西南五十里曰萬工堤（知縣胡奎築）

堰

西北六里曰胡可堰〇南鄉曰曹家堰〇曰官陂堰〇曰義門堰〇北鄉曰袁家堰〇下鄉曰胡師堰〇曰慈義堰〇薛家湖尾曰陡家堰〇黄草湖尾曰李家堰

塘

昭化寺前曰聯塘〇東十里曰月塘〇曰聖人塘〇西十五里曰藕塘

池

縣治後曰蓮花池（官地今為民壑）〇東一里曰洗筆池（世傳王右軍洗筆於此池畔小竹皆墨漬痕）

泉

鳳棲山側曰陸羽泉（一統志云鳳棲山下唐陸羽茶經以為天下第三泉宋王禹偁有詩）

龍泉山側曰龍泉〇天下第三泉（蘭溪石下唐陸羽烹茶處茶記天下第三泉李季卿謂蘭溪石下水為第三云得之陸羽口授考茶經論水惡渟浸而喜泉源故曰山水上江水次井水下山水取乳泉石池漫流者上江水取去人遠者井取汲多者其論止于此未嘗品第天下之水味也嘗取二水及清泉水浠川水江水洗筆池水試之四水雖相若惟蘭溪水厭色如醴味頗淳井又與之清不類曩嘗較惠山虎丘及鎮江之水亦然決以蘭溪石水為真今在蘭溪驛東數里南岳廟後渾有乳泉津津漫出宜為羽所取萬曆間知縣王廷刻天下第三泉於其上崇禎間知縣龔鼎孳及邑之名流皆有題詠）

井

縣治東曰義井（漢關羽淬劍于此）〇一里曰張道陵丹井（昔煉丹于此一統志云此水能解熱疾）〇伍員井（在治西一統志云伍子胥避吳過此卒劍）〇曰三眼井〇二里曰清泉井（在清泉寺前池中唐貞元間鑿井得泉清冽因以名寺源與河通寺僧每以水之清濁卜天之晴雨焉）

〇二十里曰大水井〇西曰向家井〇北曰便民井（泉清冽民便之崇禎癸未為賊填後鑿如故）〇五十里曰冷水井〇三角山曰老龍井（旱則取水禱輒應）

淵

蘭溪西曰伍淵（治西四十里一統志云昔伍員避吳過此後人因以名之）〇蘭溪江中曰新淵（大江之中與蘭溪對崇禎時避亂鄉人多避於此）〇東南六十里曰散花洲（周瑜孫權赤壁之勝釃酒散花犒士于此）

浠川八景（蓋始于王元之詠浠上八景云）

曰迴瀾（在城南蘇軾遊處有迴瀾亭又蘭溪江瀕亦有此亭）〇曰綠楊橋（在城東楊色蒼

翠蘇軾醉卧其上作綠楊橋詞舊名一溪橋以蘇軾詞更名綠楊○曰龍潭（在城南蘇軾乘月泛舟處）○曰丹井（在玉臺山漢張道陵烹玉芝處）○曰洗筆池（在鳳山下晉王羲之于此洗筆舊池崖小竹俱墨色今池水尚黑）○曰茶泉（在龍泉山下唐陸羽烹茶處）○曰蘭溪（即今蘭溪水源出若竹山唐以此名縣）○曰鳳山（張道陵丹成鷄食其一化鳳飛此因名）

巴河四景（蓋始於蘇軾所定）

曰爐山春日（即今火爐嶺）○曰棗林夏風（即今萬壽寺側多棗樹今尚存）○

曰石潭秋月（即今石潭）○曰孤嶺冬松（即今文昌閣下仰天窩地舊有古松今毀）

更定浠川八景（邑人黄正色改定因王元之所詠八景亂後亦有頹廢者今更此）

曰空明水石○曰川上流光○曰沉潭網集○曰清泉

梵響○曰三角雲開○曰浠源峻嶮○曰三泉異味○

白仙臺藥茂

浠川十二勝跡（今以一人得名因總著之以徵實）

曰羲之筆沼（東清泉寺側世傳晉王羲之洗筆於此）○曰陸羽茶泉（唐陸羽以為天下第三泉）○曰葛洪精舍（葛公山晉葛洪隱於此）○曰道陵仙洞（漢張道陵煉丹玉臺神光屬天觀洞俱存）○曰周瑜花洲（散花洲周瑜赤壁戰勝散花犒士于此）○曰孫權城址（城山孫权進兵赤壁屯駐于此）○曰壽亭義井（治東漢關羽淬劍于此）○曰玄宗寺額（華桂山舊名賓陽寺唐玄宗鑾輿行在賜名華桂寺）○曰蘇子綠橋（綠楊橋蘇軾詞云解鞍欹枕綠楊橋）○曰伍員劍石（搨址山春秋大夫伍員逢吳試劍處）○曰佛印斗方（斗方山宋佛印師嘗住此）○曰虎師三角（三角山唐伏虎禪師修煉于此）

陵墓

學士陳仙詰墓（舊志未詳）○漳國公王聰墓（在縣西南司家畈）

戶部尚書丞相楊思義墓（在黄草湖）○學士陶穀墓（在金鼓山）

武狀元文質墓（在縣址）○孝子范承吉墓（在縣西土門二十里）

高丞相墓（治址六十里）

塚

萬人塚（在縣南岸崇禎癸未城陷枯骨有僧拾之知縣孔㤈時令瘞于此）

物產

邑中五穀菓蔬草木昆蟲與諸邑同者不書書其異者

鐵（一統志云蘄水產鐵）○蘄艾（葉青香可以療病五月五日午時連莖刈取曝乾收葉以灸百病凡用艾陳久者良治令細軟謂之熟艾若生艾灸火傷人肌脉蘄俗五日採艾懸之户上可禳毒氣群芳譜云積三年后燒津液下流成鉛錫張氏先云曾試之有驗附聞雀欲奪燕巢銜艾其中燕輙去又荊楚歲時記云宗則文常以五月五日未鷄鳴時採艾見似人處攬而取灸輙驗）○斑竹（色轔轔有斑蘄人剖之為器具）○蘄竹（一統志云蘭溪蘄竹所出之地以色學者為簟故王介甫詩云蘄水織簟黄金紋蘇子瞻詩云蘭溪美簟不成笛離離玉筋排霜脊乃知蘄簟不當以蘄州出者得名也但蘄竹與匠不及蘄州之多用）○大柑（皮厚味甘色若黄金）○羅漢菜（三角山出舊有異僧種之而去襍以葷膩即無）

味○雲霧菇三角山出○石耳生石上○芹古作蕲止血養精益氣止煩去伏熱

殺藥毒令人肥徒但捐齒又有一種名牛蕲葉細銳可食○西番蓮一花下葉無實○百

合出山中一顆數瓣味甚美○山蘭山谷中多唐以此名縣東坡清泉寺歌云山下蘭芽短浸溪又

杜牧詩云蘭溪春盡碧泱泱映水蘭花雨發香又鴻埠詩云為愛靈均香未散荒郊隨處有芳蘭○

山家園茶方斗山及諸圃皆出唐劉禹錫詩云雍葉照人呈夏簟松花滿椀試新茶

穀麥係民命書土人名稻麥者

穀之屬三曰秈曰糯曰晚○

秈之屬曰黑穀○曰五十秈○曰六十秈○曰七十秈

○曰圓頭秈○曰齊頭秈○曰揚三秈○曰矮脚黄秈

○曰蓋草秈○曰銀條秈○曰無名秈○曰天降秈○

曰蝦鬚秈○曰金包銀秈○曰浮鳫紅秈○曰浙江秈

○糯之屬曰飛上倉糯○曰魚子糯○曰馬棕糯○曰

雪蕫糯○曰賽蜂糯○曰虎皮糯○曰破亮糯○曰除

蕫糯○曰黄金糯○曰徽州糯○曰烏節糯○曰童子

糯○曰淨田糯○曰芭茅糯○晚之屬曰八月晚○曰

烏節晚○曰光頭晚○曰徽州晚○曰童子晚

麥之屬曰大麥○曰小麥並有早晚二種○曰蕎麥

荳

荳之屬曰黄荳○曰蹺荳○曰蠶荳○曰菉荳○曰泥

荳○曰飯荳○曰紅荳○曰江荳○曰刀荳芝麻附焉

縣志卷三

地理志 下

五鄉派糧說

縣分五鄉南壮之野多沃而人力易施有不廣土而獲可多者上鄉接壤南壮肥磽相半下鄉土多砂礫丘阜山隈故有廣種薄收之謡永福濱江枕湖每多淤泎崩卸之患此五鄉之上中下也

明初起科定為一則而五鄉之寬窄不同南壮上土沃故報官之畝窄下永土瘠故報官之畝寬是一則之中已有

分則之意矣萬曆中丈量分四則而南壮上之上中獨多於下則下永之下則獨多於上中蓋丈量弓格既定不容有寬窄之異而土色肥瘠不同則上中下自殊是明初雖不分則默隱默分於畝之寬窄神廟定為四則實因地勢之肥瘠矣

明初立法之人老成長慮即以南北上下永福定為徵序先後必有深意今日派糧惟求不失明初之意爾

五鄉分區丈量總圖

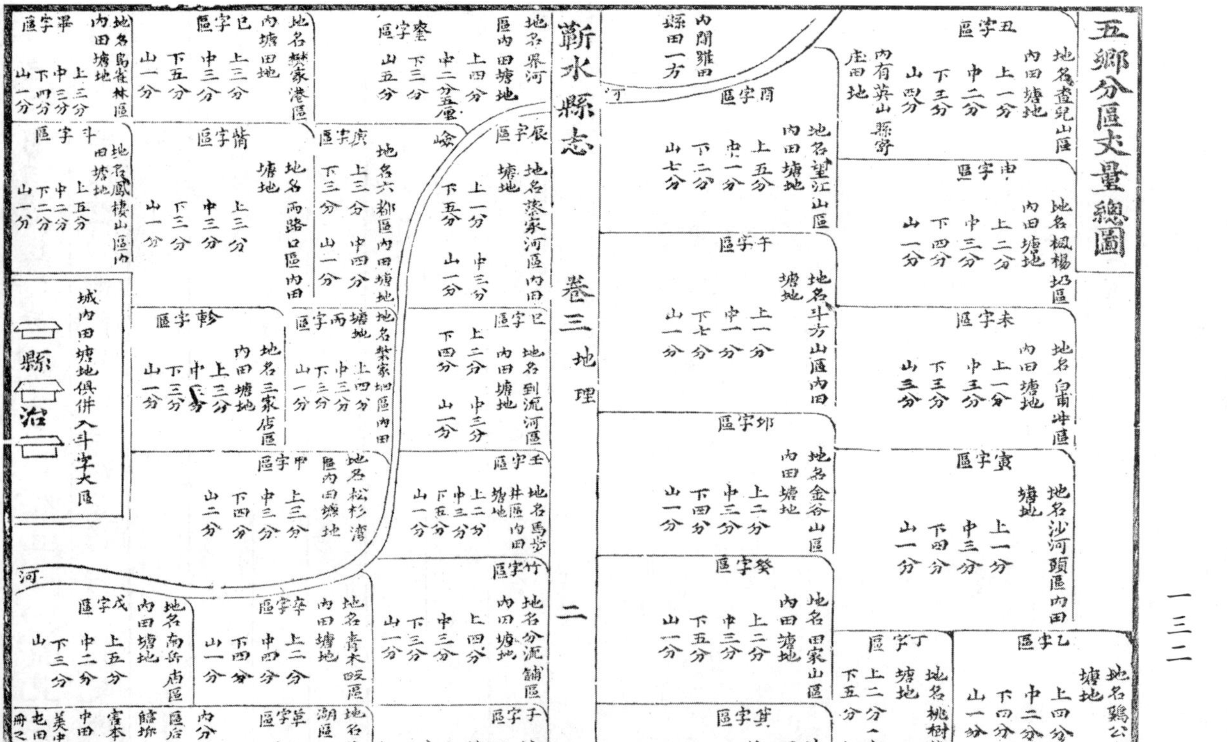

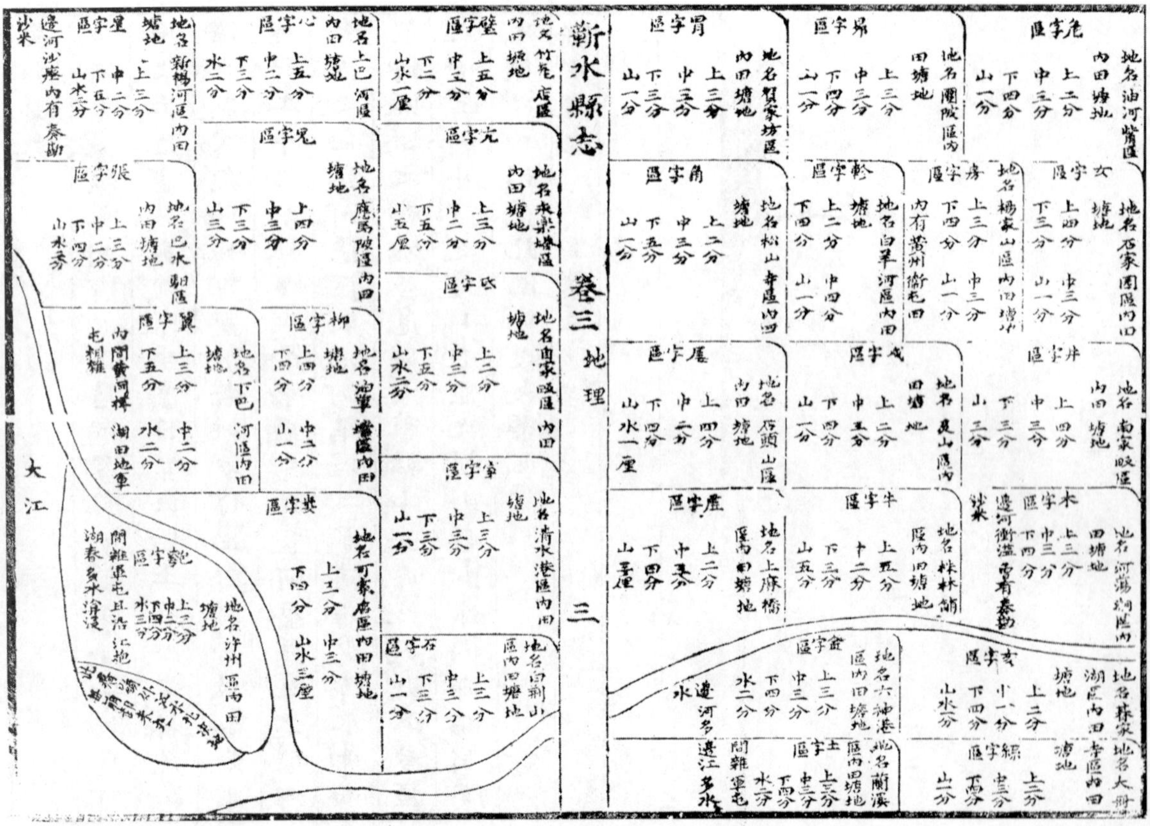
蘄水縣志 卷三 地理 三
大江

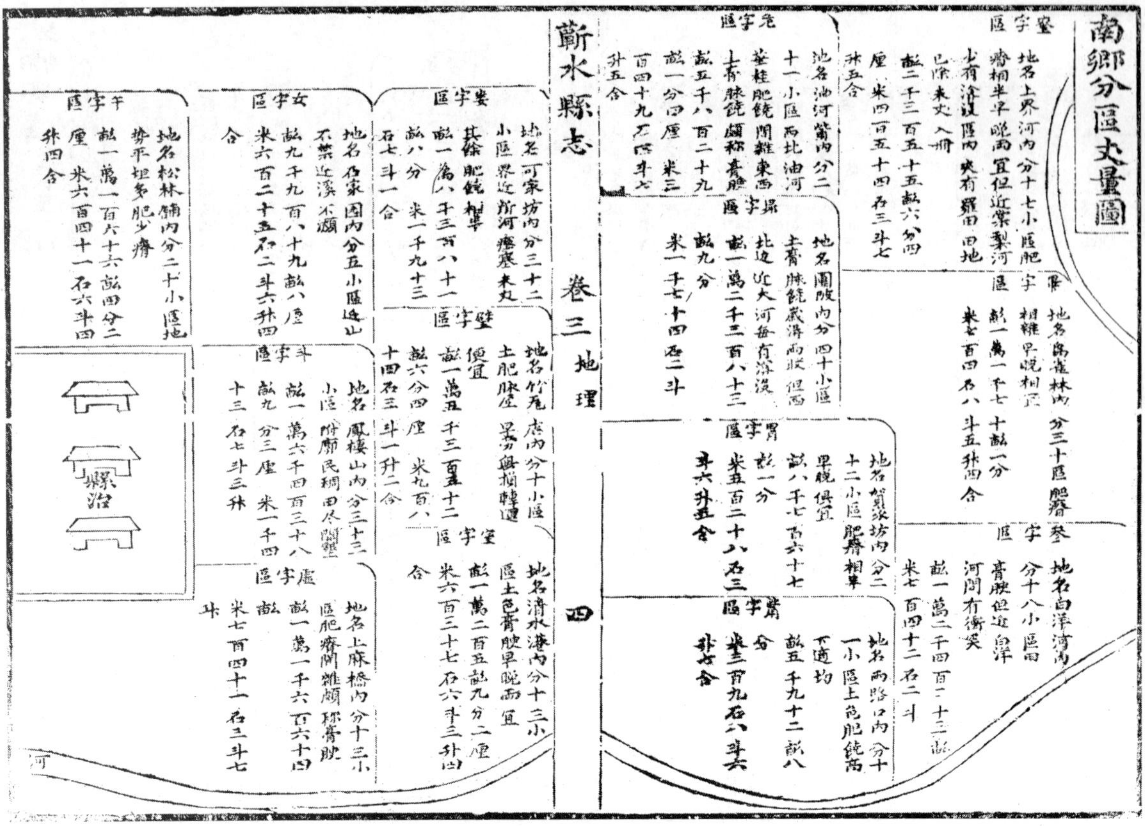
南鄉分區丈量圖
蘄水縣志 卷三 地理 四
區字壑
地名上界河內分十七小區肥瘠相半早晚兩宜但近棠梨河必有淤漲區內更有羅田田地已除未丈入冊
畝二千三百五十五畝六分四厘米四百五十四石三斗七升五合
區字罨
地名鳥雀林內分三十區肥瘠相雜早晚相宜
畝一萬一千七十畝一分
米七百四石八斗五升四合
區字叁
地名白洋灣內分十八小區田膏腴但近白洋河間有衝突
區字危
地名油河嘴內分二十一小區西北油河埜柱肥饒閒雜東西土膏腴饒頗稱膏腴
畝五千八百二十九畝一分四厘米三百四十九石四斗六升五合
區字昴
地名圍陂內分四十小區土膏腴饒歲濟兩收但西北近大河每有淤沒
畝一萬二千三百八十三畝九分
米一千七十四石二斗
區字胃
地名賀家坊內分二十二小區肥瘠相半早晚俱宜
畝八千七百六十七畝一分
米五百二十八石三斗六升五合

南鄉圖說

本鄉稍夷壤多附廓而民居稠密自明朝定賦之初凡可田之土已盡闢矣邇來生齒日繁民皆土著既無林麓藪澤之利又無隙地可墾惟若耕力作田野頗治故今分則起科上中之則恒多至於甲區之施家河奎區之棠梨河參區之白洋河危區之油河畢區之界河雖少作水鄉而崩卸漲淤之患尤多危區之華桂山女區之風火山參區之四望山斗區之獲山甲區之圻山雖少作山鄉而開闢充擴之功殆盡此南鄉之大槩也

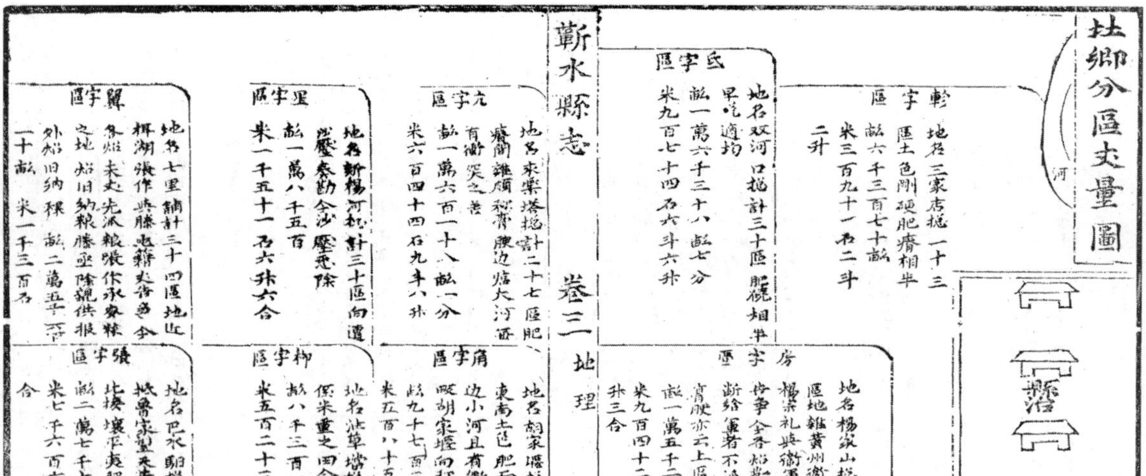

北鄉圖說

本鄉在縣治北故名曰北鄉居縣中者頗稱膏腴明初因其平原墾田殆盡正德嘉靖間河水衝壅𡍼經奏勘帶徵沙米百餘然濱水之民十未豁一往上棄農操舟遂有害產之證奉法丈量履畝登科庶幾無產去糧存者

上鄉分區丈量圖

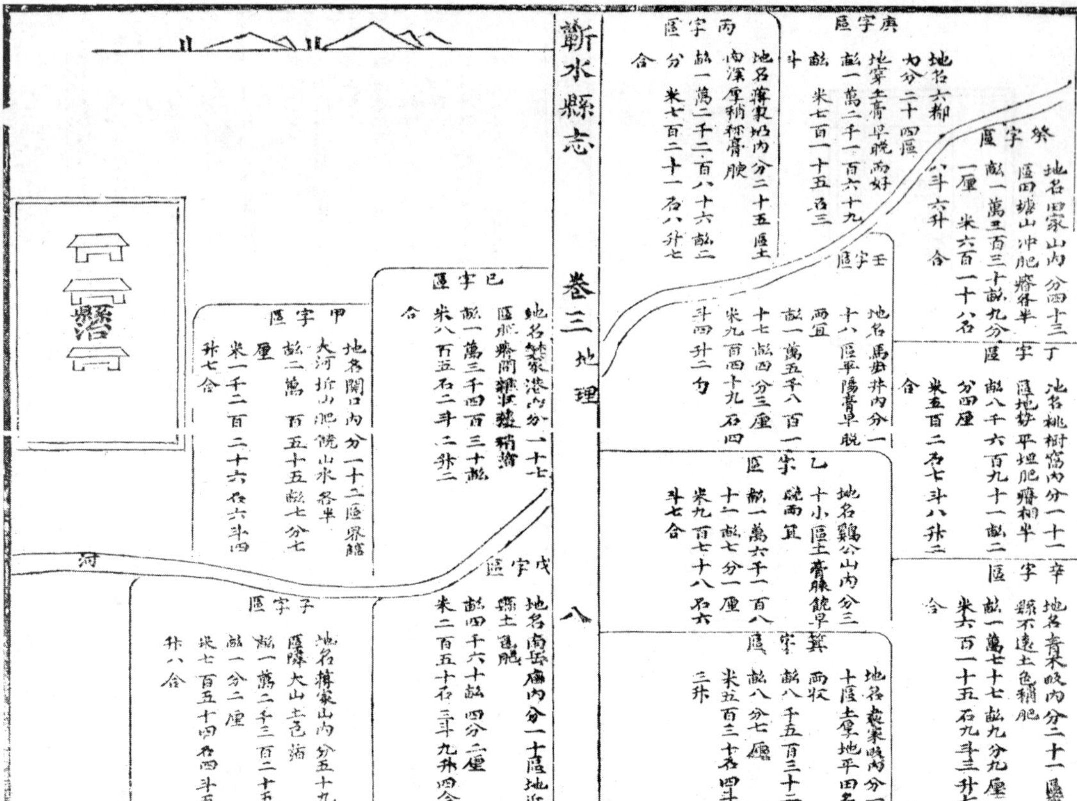

上鄉圖說

本鄉地勢稍平明初丈量自此發軔寸土隙地盡丈入冊肥瘠間雜民各守土但大河源出羅英貳縣間遶龍水由嶮下旋至大江約近百里兩傍民業淤沙冲壓與永福相連江洋受傷無異

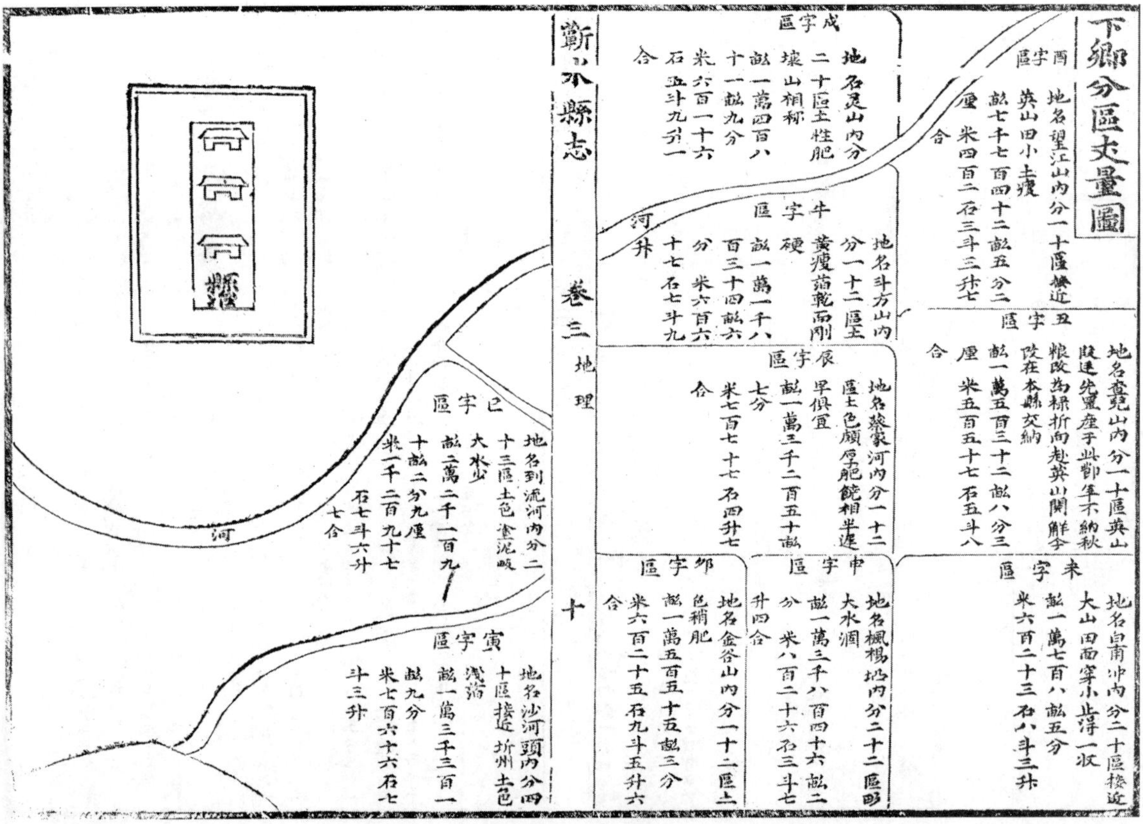

下鄉圖說

本鄉俯處山谷地多砂礫以田土而論實居四鄉之下酉字區丑字區地名斗方山望江山查兒山大小嶺三角山尉種百延耕作難於山舟楫不通轉運艱於水午字區黃家畈廣種薄收審家畈俗稱審庠此如金谷山蔡家河稍稱膏腴較之四鄉亦稍讓焉且接壤英山田有寄庄山惡民頑糧差負欠逓年賠賍民受累若改為隸圻向赴英山関觧今丈入本縣交納

永福鄉分區丈量圖

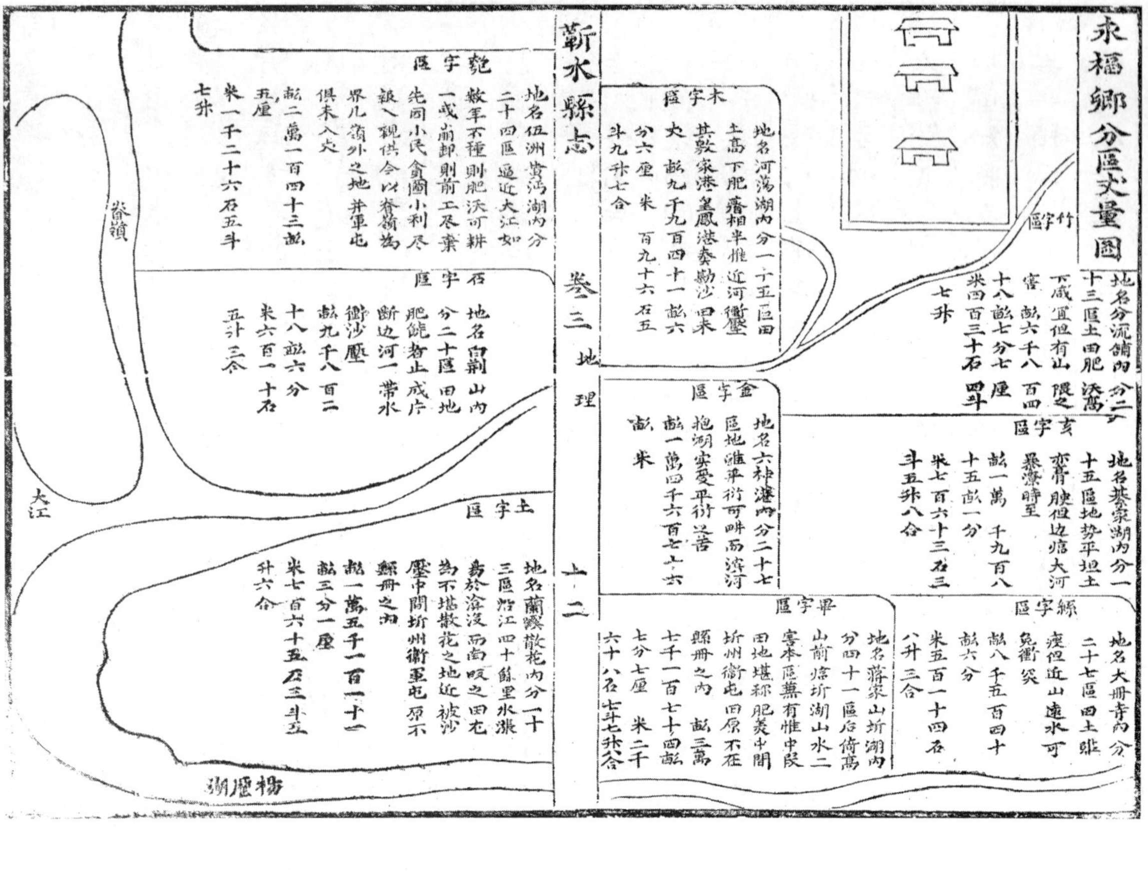

永福鄉圖說

本鄉處縣下流地多卑濕潦水暴至濱河之田偶值此秀則終歲勤動頃刻成空圻湖楊歷魚鱉之鄉秋冬水涸堪植黍麥而春水無涯桑田滄海矣歲稔則一家豐足水潦則百口嗷嗷此永福一鄉之大槩也惟亥區之濫泥畈金區之牛頭畈絲區之葉家畈革區之白羊坳木區之詹家畈土田膏腴而上中之則自多右革區之發山峻嶺崎嶇屏嶂蘄水而田皆僻隈又不可以平洋目之匏區之伍洲近年江水東掃崩卸殆甚沿江洲地雖間有收終難起科

其間奏勘沙米并蘄黃二衛軍屯奉例俱未丈入

縣志卷四

建置志

夫建置所從來遐邈哉王者體國匪獨教化廣袤莊都野殖離疆若斯之煩也而禪林祠宇亦足以康王化永民生故皆淂並志而載之匪靡費云詩有言君子攸芋于時處處民心亦若是邑屋隆夸揭爲中峙而蓬辟之閭桑戶不完聽民者獨奈何哉

一城濠

縣舊無城萬曆三年乙亥都御史趙賢檄建圍七百六

十丈樓高三丈五尺濶四丈門五東曰來泰南曰麗文曰便民西曰永豐北曰拱辰知縣劉鳳鸞選經之後益以二東南曰躍龍西南曰阜城至崇禎乙亥因流寇警知縣龔以孳增城濬濠城上爲堡二十八以二十八宿名之守以民壯爲敵樓六東北一東南二西北三各以火藥鎮之癸未三月獻逆襲蘄驅蘄之丁男婦女平城甲申知縣孔惟時用四十八寨民力脩復之然城外餘土丘積城上石砌未完且崇墉雉立遠不逮初未雨綢繆其庫召杜之慮乎

一公署

縣治（今之治自晉始洪武甲寅知縣趙事光建正統時知縣胡奎正德壬午知縣謝爵增修萬曆己卯知縣閻士選倫其堂曰誠求崇禎癸未燬於寇甲申知縣孤惟時暫修復即今治）堂下為儀門為譙樓（上有壯觀二字為李白書今燬）為榜房（譙樓順治甲午知縣李蓀修）○正堂下翼以兩廊東為吏户禮承發房西為兵刑工書房○左贊政亭儀仗庫縣丞衙（舊燬縣丞張楨復建湯楫知增脩）典史衙（舊燬典史楊文建復建王知德增脩）戒石亭儀門外左為倉禁為大禁為土地祠為迎賓館為聚穀倉（知縣孫善繼建）譙樓外左為申明亭○右架閣庫主簿衙儀門外右為吏舍譙樓外右為旌善亭為蘇民亭（知縣閻士選建）○大堂後為思政堂（知縣龔鼎孳改為山聲堂）堂後為知縣衙有樓（崇禎時知縣龔鼎孳題曰雪樓順治丙申知縣劉佑脩之題曰練光樓）

按縣治為一邑樞紐舊時規制宏偉崇禎癸未諸制盡廢今雖增脩十不逮一又聞之故老曰縣治前之左右舊有龍眼井火星池今為住民所塞治前直下舊有火巷與南河萬峯相望重門洞闢諸峦拱揖故前之蒞此土者無不坐膺內召近為居民搆一廛塞之風水阻隔致難當事奈何惜一廛而重貽長上累

也人亦有言蓮花山為縣治來脉不宜斷蓮花池塞縣治膏潤不宜淤塡之濬之其亦理有可信者乎

舊制設知縣一人○縣丞一人○主簿一人（順治初裁上簿）典史一人○司吏八人○典吏一十二人

儒學

（在縣東郎宋元舊基元季廟學並燬於兵洪武甲寅知縣趙季光建宣德癸丑被震正統己未知縣胡奎修嘉請二十三年署篆汀文煥脩天啟四年知縣孔崇宗修崇禎癸未燹於獻逆順治庚寅知縣倪鷟元修尋燹甲午知縣李蓀脩未竟丙申知縣劉佑畢正殿功）次育賢門次儀門左進德齋右脩業齋各號房五間（後為訓導衙）次明倫堂左教諭衙右土地祠衙轉櫺星門（知縣汪深建）次戟門（知縣謝爵建）次兩廡各五間（崇祀諸賢）次大成殿次五經樓次啟聖祠次射圃左名宦祠（祀知縣胡奎滿廷汪深江世東宋文昌滌王廷孔榮宗幾諭屠鐸）右鄉賢祠（祀王熹王聰呂鏞魯永清程輔李宗元李延芳○自呂鏞至李延芳所謂明二百年惟五先生者○後祀朱袗周琊周延甲蔡斗移周應期周延光王希元周光德閔廷甲金玉節朱廷錫李纖嗣朱朝昌楊楚龍姚光盟孫慈○孫民範）

明倫堂側置卧碑一通○科貢題名碑二通

按學校者政本之所自出講禮閱樂習射考藝養老齒胄獻囚告馘無不寓焉誣可一日廢也曩年賢哉

夫師或撤舊吏新或捐貲建產因而月課有其地圖
而激勵有其法士風端矣疇敢凌夷遇者學宮鞠為
園蔬租產化成浸沒在上不以勸課為官方在下亦
不以文行為首務倫果明歟德果進業果脩歟士貴
士賤上下交咎有世道人心之責者其何術以風始
為
抑邑人李見璧之言曰曩者學博黃陽語予曰景陵
某大老官品鄉評人望也先祀鄉賢矣後有人云某
母孀居適三十大老以年不合繩飾之制也竄入在

前一年則是先死其父一年也遂罷祀吾鄉之古道
如此璧獨怪吾家叔慶入祀有司製文云明二百年
惟五先生何其僅也璧猶及見五先生纓紅木主高
不盈尺乃縣取木工為之者其入祀牲醴鼓吹皆有
司事而其家為弗聞也者神廟之末則濫觴矣木主
焜煌金紫每高益上請託朋比餽贈鼓樂僭妄豪奢
招搖過市愚不忍為此態也至如相公市交于輿斯
典可勝嘆哉操人倫之鑒者何去何從必有能辨之
者不然吾恐大成之位孔方之徒後來居上也

舊制設教諭一人○訓導二人
司吏一人

按察分司
在治西知縣趙李光庭知縣胡奎程昌重脩順治乙未知縣李蓀又修　次儀門次廊房次鑑衡堂次左右耳房次正廳三左廚房右浴房二門外官房三設門子一人

布政分司
在治南知縣胡奎建知縣王伯重修今燬　次儀門次廊房次振肅堂次左右耳房次正廳三左廚房右浴房二門外官房三設門子

一人

府館
在治西知縣王伯建　次儀門次廊房次正堂次左右耳房次後堂三左廚房右浴房二門外列官房三設門子一人

一雜署

陰陽學
在治東知縣陳渭義建　次正廳三次後屋二設官典術一人

醫學
在治南知縣陳渭義建　次正廳三次後屋二設官典科一人

浠川驛

在治南知縣祖宗文建 正廳退省兩廊鼓樓私衙馬房共大小三十四間設驛丞一人 崇禎末知縣龔愚葦因亂改入府館側

巴水驛

在治西四十里知縣祖宗文建 正廳後堂穿廊沐浴房儀門左右廂房馬房鼓樓共大小三十九間設驛丞一人典吏一人

蘭溪驛

在治西南四十里知縣趙季光建 正廳鼓樓廊房椸房官廨吏舍庖房共一十三間設驛丞一人典吏一人

蘭溪巡司

在治西南四十里知縣趙季光建 廳屋住房廚房耳房監房鼓樓共大小十一間設巡檢一人司吏一人弓兵一百人 永充五十四人 徭編四十六人

巴河巡司

在治西七十里知縣趙季光建 中廳廂房椸房獄房巡檢廨教場共大小十二間設巡檢一人司吏一人弓兵一百人 永充五十四人 徭編四十六人

楊歷湖河泊所

在治西南四十里知縣陳得義建 正廳耳房司房公廨共大小十一間設湖官一人司吏一人 萬曆八年奉文裁革河泊所官湖課附蘭溪巡檢司帶辦

圻湖河泊所

在治西南六十里知縣郭德謙建 正廳耳房司房公廨共大小十一間設湖官一人司吏一人

社學

在治北郭外 設教讀一人

僧會司

在昭化寺 設僧官一人

倉

曰聚民倉 在治北知縣潘玨建共大小二十六間今燬惟存其址

曰預備倉 一在華家垇曰東倉○一在分流曰南倉○一在巴河驛曰西倉○一在團陂保曰北倉○俱知縣尹起莘建

按為政莫先於養民養民莫先於救荒潘尹兩矦不惟為救荒計而且均里適計村野以為收易施普之地偉哉仁慈共視古常平社倉之舉豈遠哉

曰巴河官倉 在巴河鎮○曰蘭溪官倉 在蘭溪鎮知縣陳輿建○曰永豐倉 在治西知縣張淮季建崇禎末因流寇燹焚城外知縣龔愚葦改入府館

養濟院 在縣民倉側額養孤老男婦六十四名口今燬

漏澤園 有二一在治西北舊建一在上馬石順治甲午知縣李蓀建

教場 在治西永豐倉側設民壯三百人順治初裁革存經制馬快八名步快五十名

一關梁

鎮

西七十里曰巴河鎮 人烟輻輳水陸衝會一邑之雄峙在是

西南四十里曰蘭溪鎮 濱江帶湖向出鉅都近因江中新洲阻隔舟行稍不稱便故次

舖

縣前曰急遞舖○由南抵蘄州廣濟舖有四曰石牛曰分流曰李店曰六廟○由西北抵黃岡舖有六曰鍾師樓曰松林曰孟家山曰何廟曰劉店曰七里○由東抵羅田舖有八曰滑石曰株林曰三家店曰白沙嶺曰三望冲曰樊家港曰嚴家坳曰長嶺○ 按鍾師樓相傳溪鍾離會經此故名

橋

治南河曰浮橋 知縣潘廷建 ○郎化寺前曰昭化橋○東一一里許曰綠楊橋 舊為一溪橋因東坡醉臥橋上作詞有解鞍欹枕綠楊橋之句遂更名焉 ○五里曰畢氏橋 程同志妻畢氏建 ○十里曰潘家橋 宣德初鄉女潘氏建 ○曰二十二里曰馬坡冲橋 鄉民朱王成建 ○三十里曰城角橋○曰三望橋○曰周家橋○四十里曰大馬橋○六十里曰蔣家橋 皆治東 ○西五里曰晝街橋 知縣潘廷建 ○曰皇鳳橋 邑人丘養中妻楊氏建知縣李汝燦記之 ○十五里曰麻橋 居民湯碧建宋龐安常居此 ○三十五里曰苦竹港橋 邑民湯仲華建 ○四十里曰巴水橋 皆治西 ○北十五里曰萬花橋○二十里曰新橋 成化乙巳邑承事郎蔡時建皆治北 ○南二十里曰六神港橋 節婦李黃妻程氏建順治李見璧脩 ○三十八里

青蒿港橋 居民程福建 ○四十里倒流河橋 居民郭楚修建

渡

城南曰南門河渡 僱編渡夫二人 ○邑民羅一龍子孕祖將自置廟士嶺田稞壹佰伍拾叁石陸斗正價壹佰陸拾柒兩又士民共出加補銀伍拾兩此田施與南門渡每年收租膳渡夫四名知縣劉佑李長胤給匾旌獎 ○西七十里曰巴河渡 渡夫四人本縣僱編二人黃岡免軍一人羅田僱編一人

一宮室

樓

治前曰譙樓 李白有壯觀二字前有蘄水縣三字為邑謝神童七歲書今俱燬 ○城東曰來泰樓○南曰麗文樓○城西曰永豐樓○北曰拱

辰樓○大成殿後曰書樓○曰觀瀾樓本縣署內曰雪樓知縣龔禹擧建○曰練光樓即雪樓舊改創順治丙申知縣劉偘建○浴蓮菴側曰秋影樓知縣龔禹擧建○南河岸曰閒雲樓太常卿官應震建

閣

南河崖曰文昌閣知縣王建弁建○明倫堂東曰興文閣○西曰採芹閣○巳河鎮曰太乙閣萬曆時大學士姚明恭建○梅梓山曰剪雲閣邑人楊伯胥○清泉寺曰函三閣邑人朱期昌修建○昭化寺內曰藏經閣萬曆中大梁卓世彥命僧貯經於此今燬

亭

儒學前曰迴瀾亭宋蘇軾遊此見水盤旋書二字於石壁後因為亭○曰疊嶂亭蘇軾所名○曰時雨亭閔西謝朝宣建○便民門側曰流光亭石上有蘇軾所書流光三字○曰擘空亭俱大梁卓世彥建○鳳棲山側曰萘泉亭大梁卓世彥建○南五里曰省耕亭○西五里曰省歛亭

坊以表市衢者二十

東曰遵道坊○通政坊○中和坊○義和坊○崇善坊

南曰善政坊○南風坊○清源坊○太平坊○澄清坊

蘭清坊○西曰善教坊○通化坊○賞節坊○社曰集善坊○興賢坊○慶善坊○井泉坊○拱辰坊

坊以表公署者四

按察分司前曰激濁坊○曰揚清坊○浠川驛前曰迎恩坊○曰駐驄坊

坊以表祠廟者七

曰至聖坊文廟西○曰三賢坊三賢祠東○曰城隍坊城隍廟東巷口

曰顯佑伯坊城隍廟前○曰習儀坊昭化寺巷口○曰東岱坊東嶽廟前○曰忠靖坊巴河張巡廟前

坊以表科第者三十五

曰進士坊一為許禎建一為魯永清建○一為呂鏞建○恩榮坊為徐紹先建○折桂坊一為呂渭建一為徐泰建○文魁坊為張許建○進賢坊為吳上[illegible]建○步武坊為薛濟建○敦錦坊為龔恭建○賓興坊為張璿建

一登雲坊為程岳建○傳桂坊為李沐程節啓易李尚仁建○桂林坊為徐貞吉程翶郭文輔陳策錢重器錢貢呂爵周卿李宗元操永魁建○攀龍坊為蔡曰巫建

會魁坊為周卿建○總憲坊為胡仲纘建○世科坊為錢邦偁建○豸繡坊為朱袗建○寵錫坊為周鳴塤建○天恩坊為李畿嗣建○文宗坊為李時成建○諫議坊為王希元建○進士坊為朱袗朱斯至朱期昌進七建

○三錫坊為胡濬建○兩階坊為胡仲詔建○文宗坊為周延光建

世業坊為蔡曰涇蔡斗穆蔡璿建○光前坊為周應期建○開濟坊為[illegible]士[illegible]建○關西坊為楊楚龍建○鄉月坊為官應震建○論思坊為大學士姚明恭建○甲第坊為邑進士建○人文坊為邑鄉舉建

坊以表節孝者四

曰孝子坊為劉淳建○曰純孝完節坊為徐尚國妻楊氏建○曰貞節坊為廖節婦裘氏建○曰天彰節孝坊為郭廷庠妻羅氏建

坊以表循良者三

曰盛世循良坊為知縣江世東建○曰南國崇陰坊為知縣孔榮宗建

曰渤海循良坊為知縣龔昂華建

曰社稷壇在治北二里嘉靖知縣陳蘭化建○曰山川壇在治東知縣謝于岡建

曰厲壇在治北二里知縣陳蘭化建

祠

曰三賢祠在治南城內黄州府知府郭鳳儀建祀晉王羲之唐陸羽宋蘇軾見一統志嘉靖三十九年知縣陳蘭化重修崇禎癸未燬近為住民占其遺址急宜清復○曰聖女祠在華桂山

祠以志去思者五

闔公祠治南城內為知縣闔士選建今存基址○孫公祠治西北二里為知縣孫善繼建今存址○宋公祠治西北為知縣宋文昌建○游公祠治南[illegible]路口[illegible]知縣游王廷建○李公祠治西興賢庄為知縣李汝璨建

祠以旌陣亡者一

五義士祠崇禎丁丑知縣龔昂華為邑人舒為常徐玉蘭蔡臣人胡方壺徐用樞殺賊陣亡建

廟

城隍廟在治西明勅封顯佑伯癸未燬於賊順治初市民等募閤邑脩復之

關帝廟治東城內○晏公廟有三一在麻橋一在蘭溪一在巴河鎮○伍員廟在伍洲伍員楚人楚殺其父伍奢伍員奔吳渡江於此解佩劍以贈漁翁其後伍員自剄吳取員尸盛以鴟夷革浮之江中吳人憐之為立祠于江上茲因昔為渡處故亦祀之○孫權廟在城山十三年曹操遣權書曰近若奉辭伐罪旌麾南指劉琮束手今治水軍八十萬眾願與將軍會獵于吳權以示臣下莫不失

色權用周瑜魯肅計與劉備并力破操於赤壁先是進兵時瑜以舟推以陸駐營此山後因立廟以祀焉

張巡廟一在玉臺山一在巴河鎮○葛洪廟在葛公山晉葛洪隱於此○東嶽廟有七一治東五里一巴河鎮一圻湖一朱店一城角橋一楠杆山一團陂鎮○南嶽廟有二一治南五里一在龍泉山○龍女廟在月子山上有龍潭見一統志○仙女廟在蓉峰山相傳仙女姓劉家于此後仙去鄉人祀之

寺

昭化寺在治東唐咸亨間五祖弘忍禪師建洪武中僧寶靈重脩僧明德等知縣謝爵增修僧本晉重修大梁卓世彥命僧紹祿等貯藏經六百三十八函天啟間復修崇禎癸未燬於獻逆順治中僧天起炯若修

○清泉寺在治東北二里唐貞元六年開建鑿井得泉清冽故名清泉元至正間羅田徐壽輝起[illegible]

建都清泉毁其寺宇古井猶存弘治庚申知府盧濬建崇禎末兵寇蹂躪無不焚者而此寺獨存劉禹錫蘇軾魏了翁皆遊此所詠詩尚存順治初匡山僧最鈞講經於此邑多信之 ○龍泉寺在治北石鼓山之陽 ○白剎寺在白剎山 ○月峯寺在玉鏡山之陽 ○福泉寺在治東二十里 ○岳林寺在治南三十里 ○大册寺在治南二十里 ○雲林寺在治南三十里 ○天然寺在青獅山三祖僧璨大師得法之後即住靜于此越六世為丹霞往來南岳江右常托宿於此後丹霞至馬祖禪堂騎聖僧頸而坐戢事者報方丈馬祖入堂昂首曰我子天然丹霞下拜云謝師賜號遂至青獅開創禪林即以名寺四十餘世智叙修復 ○鳳城寺治西四十里唐開元七年馬祖師建元兵燬洪武僧德聡重建 ○蓮臺寺治東十里 ○大峴寺治東四十里舊有千年娑咨入百大峴之讖 ○觀音寺在治東四十里廻龍山畔 ○斗方寺在治東五十里唐同

光元年無著禪師建元兵燬洪武僧心節重建相傳魯般會欲造石殿於此語衆僧曰今夕至待雞鳴則成搆天衆欲卧假作雞鳴石梁柱礎有飛至者落山前有未飛至者落半山中皆有雕龍繡鳳之狀非復人間所為今尚存 ○三角寺在治東五十里 ○積悲寺在治東五十里太平寨舊有鐵佛及鐵羅漢云 ○松山寺在治西北五十里為故主簿宅有古樟大數圍婆娑蒼翠 ○永樂寺在治西北七十里有古塔元兵不能毀傍石碑上鐫天禧三年造正德時賊劉六劉七出油河時毀之隨有僧圓珊修寺得不廢崇禎丁丑流寇張獻忠踞其下疑有寶氣逼數千人掘之下有鐵柱為幹復越境求煤熾爐鼓鑄以斷詐稱得寶銅神書而去上人避賊塔內者盡死今惟存浮屠之址 ○白獸寺治西北三十五里相傳未建寺時栗林葱蒻有禪僧所而入見有白獸卧此因建寺以名 ○龍泉寺治北五十里 ○天福寺治北六十里 ○華桂寺在華桂山之巔舊為寶陽寺唐玄宗壼輿行幸

賜名華桂元順帝時紅巾賊起焚燼洪武中里人李德寬邢道鑑偈海之弟宗初邑進士徐紹先義官王景徐翱仕王巾蕭存紀擴而大之 ○萬壽寺在巴河七十里 ○玉鏡寺治西十五里即石鏡 ○月頂寺治東十里 ○攖湖寺在治西七十里 ○槃樂寺治西六十里 ○裕福寺四十里 ○資福寺治北八十里有古銀杏三株一寺傍右二寺門左枝葉婆娑檻楹通体傳自唐來樹下為東京官道今為田隴畔者猶浮店舍碑存前寺荷葉殿傳為元末徐壽輝起馬所焚惟巨礎數十列其處 ○普度寺 ○國清寺順治十三年僧應靈開創

觀

神光觀治東漢張道陵自蜀青城山來建此煉丹神光燭天故名見一統志 ○仙靈觀在蘭溪鎮大江滸世傳張道靈玉臺煉丹已成者三雞食其一化為鳳去遂名山曰鳳棲已而揭其二丹徙居

蘭溪一日丹成市人見一道士與陵容語遂升化因名焉 ○龍居觀 ○鳳城觀在巴河 ○玉泉觀在玉泉山

菴

觀音菴治北六十里大靈山 ○星形菴治東北六十里 ○城山菴在城山 ○野湖菴治西五里 ○綠蘿菴禪僧三藏建 ○圓通菴萬曆中禪僧秀峰建前此菴無水僧拜求之甘泉湧出 ○如是菴太常卿官應震建與高僧無空住鳥 ○白雲菴三角山後禪師德心住 ○浴蓮菴知縣龔鼎孳為僧海潔建 ○止水菴庠生楊儁建 ○長庚菴 ○法華菴 ○景行菴 ○大士菴 圓鏡菴

浮屠

永樂塔 治北先係木塔藏佛骨後為火焚更為石塔乃永姑樂姑所造二姑蓋儀賓也舊有永樂儀賓府松山主簿家之語内有沉香佛一座佛頂大磚之上有箱藏法華楞嚴金剛三經金剛以烏金紙檽金寫之上書天福三年造萬曆初有何氏老婦欲修此佛前十日有道士誦經於其下忽有雷轟去樓桶見一彩似鷹者口吐火燒佛腹不辯何故越數日焚佛視之内死蜈蚣一已生翅矣乃知神靈之可畏也塔初有十二層相傳為雷攝去三層在攝湖中故名攝湖崇禎中為献逆所燬

文峯 在治西雨標山上崇禎丙寅知縣李大受創未竟去巳巳知縣李汝璨終其事

書院

孫公書院 知縣孫善繼建 〇宋公書院 知縣宋文昌建 〇雲路書院 知縣游王廷建 〇大成書院 知縣孔繁宗建 〇興賢莊 知縣李汝璨建有田租給卷價 〇如園 知縣龔鶚華建

縣志卷五

食貨志上

民之為言瞑也謂瞑瞑無所知識須主者牧養處置而民數周事役均固處置術云蘄稱樂土厥田宜稼萬竈懸心主者撝管方寸而毫忽失張所以使吾民傷心腐臟失生人之樂者悉係之頃方田之役分藝有準力業相稱稍稍平矣按籍而時其用纔是在人焉

按蘄之戶口田糧各項舊志俱以萬曆九年丈量所定為主迨及明季加派日煩烽火城陥冊籍盡燬無從攷證茲依舊志款段一一開列於前以見源流其有清朝新制即照新頒經制全書刊布於後稽古攷今興利除害蒞茲土者其審思焉

一戶口

洪武二十四年戶一萬四千三百五十七口男子四萬三千五百三十二婦女四萬一千八

永樂十年戶一萬三千九百五十五口男子四萬一千四百八婦女四萬七百五十七

正統六年戶一萬三千一百八十一口男子五萬九千四百五十九婦女五萬伍千一百八

嘉靖元年戶一萬二千九百一十八口一十一萬七千七

十一

嘉靖十一年戶一萬三千七十口一十一萬八千七百四

十一

嘉靖二十一年戶一萬三千一百五十九口一十一萬八

千七百四十一

隆慶六年戶一萬三千一百八十八口男子五萬五千五

百九十三婦女四萬六千四百三

萬曆十年戶一萬三千一百九十民二千八百八〇軍四千九百二〇駅軍四千一百九十六〇雜役四百一十〇校尉力士鼓手一十五〇水馬驛遞馬紅水夫四百三十六〇弓舖兵二百七十八〇厨役一十二〇舖二〇醫一十七〇樂五〇各色人匠一百七

口男子五萬五千四百九十五婦女四萬六千三百九

十四

一田糧

洪武二十四年官民田地塘五千四百四十一頃四畝一

釐官田二十九頃一十四畝四分〇官地三頃八十五畝三分二釐〇官塘四頃四十七畝〇民田四千三百八十八頃六十八畝七分〇民地五百九十四頃三十八畝五釐〇民塘四百二十頃五畝六分

夏稅小麥六十六石三斗六升麥絲二十五斤一十三

兩伍錢二分租絲一十斤一十四兩八錢七分農絲一

十三斤四兩八分秋糧官米柒百四十柒石八斗八升

五勺民米四萬三千九百四石一升一合五勺

永樂十年官民田地塘五千四百七十三頃九十八畝三

分一釐官田六十五頃八十五畝七分四釐〇官地八頃四十五畝七分二釐〇官塘七頃六十五畝一分〇民田四千二百六十七頃八分六釐〇民地六百六頃七十一畝八分八釐〇民塘四百一十八頃二十九畝一分夏稅小麥六十五石六斗七升九合五勺

麥絲二十五斤九兩七錢四分秋粮官米一千六百九

十六石五斗七升三合民米四萬三千七百四十石五

斗二升六合八勺

正統六年官民田地塘五千四百七十一頃八十七畝七

分七釐官田六十五頃八十五畝七分四釐〇官地八頃四十五畝七分〇官塘七頃六十五畝一分民田四千三百七十一頃一十八畝七分〇民地六百五頃一畝九分三釐〇民塘四百一十九頃八釐

夏稅小麥六十六石六斗五升三勺麥絲二十五斤一

十五兩二錢三分八釐租絲二十四斤一十一兩一錢

四分農絲一十三斤六兩二錢四分秋粮官米一千三

百七十八石八斗四升六合八勺二抄民米四萬三千

七百七十五石七斗三升七合九勺

隆慶六年官民田地塘五千四百七十七頃六十二畝四

分官田六十五頃八十五畝七分四釐〇官地八頃四十五畝七分二釐ゝ官塘七頃六十五畝一分〇民田四千三百七十一頃二十一畝六分〇民地六百五頃三十四畝八分九釐〇民塘四百一十九頃九畝三分五釐夏稅官麥九斗六升九合五勺民麥六十五石六斗八升三勺官絲六兩四分民絲二十五斤九兩一錢九分八釐官租絲二十四斤一十一兩四錢三分四釐共織壮京絹四十疋一丈五尺七寸二釐秋糧官米一千二百七十一石五合五勺二抄民米四萬三千八百八十四石六斗八升二合九勺內失額無徵米一百六十四石實在官民米四萬四千九百九十一石六

斗八升八合四勺二抄基地歲僨租錢實鈔八貫六百六十一文

萬曆九年奉　旨丈量十二年奉例摘查改正田五千九百五十二頃九十八畝五分九釐二毫一絲六忽塘六百三十六頃六十九畝四分五釐一絲一忽地一千四十七頃五十畝二分四釐四毫二絲夏稅小麥六十六石六斗五升三勺農桑絲二十三斤七兩四錢捌分官租絲二十四斤一十一兩四錢三分四釐麥絲貳拾伍斤一十五兩二錢三分八釐共織壮京絹四十疋一丈五尺七寸二釐秋糧官米一千二百七十一石五合五勺二抄民米四萬三千八百八十四石六斗八升二合九勺

一科則

萬曆八年以前官田每畝科官粮一斗九升二合九勺九抄三撮五圭南鄉二百八十六石一升四勺壮鄉四百七十石一斗六升二抄上鄉二百二十三石三斗二升下鄉六十五石四十二升五合永福鄉二百二十六石九升一勺祈半當差民田塘每畝科民粮八升二合九勺二抄七撮三圭五粒四粟上花地九升二合二抄中麻地八升三合四勺六抄下粟荳麥地三升二合一勺

萬曆九年丈量十二年奉例改正上田塘每畝科民粮七升二合二勺中田塘六升三合七勺下田塘五升五合五勺五抄四撮山水鄉田四升五合六抄九撮五圭上地六升三合七勺中地五升五合五勺五抄四撮下地二升六合田塘地每畝各帶派夏稅小麥八抄七撮二圭七粒三粟農桑租麥絲一釐三毫四系三忽六微六塵六渺四漠外民米一石帶派官米二升八合九勺六抄二撮三圭

一五鄉戶總俱萬曆九年丈量後數

南鄉

上田塘四萬九千六百四十六畝五分八釐一忽

中田塘四萬五千六百九十七畝五分九釐五毫一系四忽

下田塘五萬八千六百二十三畝二厘九毫二系五忽
山水田四千三百九十一畝二厘八毫八系七忽
上地一千二百八十五畝一分二厘六毫一系
中地四千五百五十八畝四分六厘七毫七系二忽
下地二萬四百九十五畝四分三系五忽
田總一十四萬一千八百八十一畝五分八厘七毫二絲一忽
塘總一萬六千四百七十六畝八分五厘四毫四忽
地總二萬六千三百三十八畝九分九厘四毫一絲七忽
小麥一十六石一斗一升九合五勺八杪一撮

絲一十五斤捌兩一錢六分三厘九毫
官米三百一十二石四斗五升九合四勺四杪
民米一萬八百二十三石一斗六合四勺二杪三撮

壯鄉

上田塘四萬四百八十一畝四分五厘一毫七系七忽
中田塘三萬七千一百五十三畝三分二厘四系
下田塘五萬四千六百四十四畝六分三厘八毫一系三忽
山水田三千九百七十五畝三分九厘七毫二系五忽
上地六百七十八畝七分六厘三毫四絲九忽

中地三千八百四十二畝七分七厘一毫二系
下地一萬八千六百三十一畝五分七厘四系七忽
田總一十二萬一千八百六畝四分四厘七毫二系
塘總一萬四千四百四十八畝一分六厘三系七忽
地總二萬三千一百五十三畝四厘二毫一系二忽
小麥一十三石九斗一升一合九勺
絲一十三斤六兩一錢七分九厘六絲
官米二百六十七石八斗八升六合五勺七抄
民米九千二百四十九石四斗九升一合一勺七杪五撮

上鄉

上田塘三萬三千一百九畝六分四厘六毫五絲五忽
中田塘三萬七千三百二十一畝三分一毫四絲
下田塘五萬八千一百二十六畝一分五厘四毫五忽
山水田四千三百五十二畝八分六厘四絲五忽
上地六百一十五畝六厘一毫六絲九忽
中地三千二百畝九分五毫九系五忽
下地一萬五千五百二十九畝六分九厘三絲一忽
田總一十二萬二百一十二畝三厘四絲五忽

塘總一萬二千六百九十七畝九分四厘一毫九絲
地總一萬九千三百四十七畝六分五厘八毫九絲五忽
小麥一十三石二斗八升五合八勺八抄
絲一十二斤十二两五錢七分三厘三毫
官米二百五十五石三斗七升二合三勺
民米八千八百一十七石四斗三合九勺五抄六撮

下鄉

上田塘一萬七千一百七十一畝九分二厘五毫九系七忽
中田塘三萬三千一百三十五畝三分五毫二絲一忽

下田塘六萬二千六百六十四畝六分四厘九毫七絲二忽
山水田一萬四千三畝七分六厘九毫四絲
上地二百七畝一分四毫五絲
中地一千七百三十二畝七分一厘一絲六忽
下地一萬二千七百七十四畝二分七厘四毫三絲六忽
田總一十一萬七千二百七十四畝三分三厘五毫三系九忽
塘總九千七百一畝三分一厘四毫九絲一忽
地總一萬四千七百一十四畝八厘九毫二忽
小麥一十二石三斗六升五合六勺九抄

絲一十一斤十四两三錢八分二厘六毫一絲
官米二百二十八石九斗八升七合三勺
民米七千九百六石二斗四升七合九勺三撮

来福鄉

上田塘二萬八千六百七十畝四分四厘五絲六忽
中田塘二萬七千一百三十三畝一分九厘二毫三系二忽
下田塘三萬九千八百五畝三分一厘二絲九忽
山水田八千八百六十畝六分二厘七毫五絲
上地八百四十七畝六分七厘八絲五忽

中地三千一百六十四畝七厘一毫九絲
下地一萬七千一百八十四畝七分一厘七毫一絲一忽
田總九萬四千一百二十四畝三分九厘一毫八絲五忽
塘總一萬三百四十五畝一分七厘八毫八絲二忽
地總一萬一千一百九十六畝四分五厘九毫九絲六忽
小麥一十石九斗六升七合二勺四抄
絲一十斤八两八錢五分三厘一三絲
官米二百五石二斗九升九合九勺二抄
民米七千八十八石五斗二升二合四勺四抄三撮

縣總

上田塘一十六萬九千八十畝五釐二毫八絲六忽
中田塘一十八萬四百四十畝五分二厘四毫五絲四忽
下田塘二十七萬三千八百六十三畝十分九釐一毫四系
山水田三萬五千五百八十三畝六分八釐三毫四系七忽
上地三千六百三十三畝七分二厘六毫五絲九忽
中地一萬六千五百畝九分二釐六毫九絲三忽
下地八萬四千六百一十五畝五分九釐七絲一忽
田總五十九萬五千二百九十八畝五分九釐二毫一系六忽

塘總六萬三千六百六十九畝四分五釐一絲一忽
地總一十萬四千七百五十畝二分四釐四毫二絲三忽
麥六十六石六斗五升三勺
絲六十四斤二兩一錢五分二釐
官米一千二百七十一石五合五勺二抄
民米四萬三千八百八十四石六斗八升二合九勺

秋糧

本色米貳萬陸百叁十石叁斗六升一合四勺二抄內兌軍正粮原額九千三百三十七石二斗每石加耗米肆斗盤脚米貳升運粮官軍行月二粮米貳萬二千四百六十五石五斗江西運粮官軍月粮米三千九百五十四石七斗六升一合四勺二抄○南京倉本色米四千八百七十二石九斗每石加耗米貳斗五升舡脚米壹斗自萬曆六年以前俱派徵本色至萬曆七年以後奉文改派本折各半

折色銀壹萬叁千壹百壹拾兩六分貳毫二絲三忽九微內楞木松板銀三十七兩三錢四分八釐八毫○三六耗蓆輕賫銀一千七百二十七兩三錢八分二釐○南京折色米四千八百七十二石九斗每石折銀五錢共二千四百三十六兩四錢伍分○驛脚蓆竹籬扒篩晒囤頭工食等銀一百一十二兩三錢三分三毫○京庫折銀正扛共銀一百二十八兩七錢一分五釐二毫三系六忽○派剩太倉折銀正扛共九百一十兩四錢三分五釐六毫○練兵粮餉折銀四百六十六兩二錢一分五釐五毫七系六忽○司庫藥解軍餉折銀三百四十五兩○楚府各將軍

祿銀八百九十伍兩二錢六分二釐○荆府親王祿米折銀伍百四十伍兩二錢二分六釐四毫四系七忽五微○派剩軍餉折銀二百二十四兩八錢八分○常德府倉折銀一千六百二十九兩三錢伍分二項俱自萬曆十年奉文改抵荆府覲王祿銀○荆府郡王祿銀一百四十二兩二錢四分六釐伍毫八系○荆府各將軍銀一千二十六兩七錢二分三釐○平溪折銀三百六十兩四錢七分八釐六毫○蘄州倉米四千三百八十三石七斗九升八合一勺自萬曆十一年奉文於內撥出米一千六百石每石折銀四錢共六百四十兩改作江西月粮倉口餘米二千七百八十三石七斗九升八合一勺每石折銀三錢三分共九百一十八兩六錢五分三釐三毫七系三忽○本府倉米五百五十二石七斗三合三勺八抄自萬曆十二年奉文於內撥出米八十石補給縣倉每石折銀三錢三分共二十六兩四錢餘米四百七十二石七斗三合三勺八抄每石折銀三錢三分共一百五十五兩九錢九分二釐一毫一系○直隸[illegible]

凡縣民段廷先等先年買本縣連界田糧二百二十石三斗四升不納糧差議詳撫院派納廬州府倉後改本省軍餉因解不便議令每石折銀伍錢抵楚祿銀一百一十兩一錢七分

一歲支

本縣存留倉米二百七十八石八斗九升七合○知縣歲支二十七石○縣丞主簿典史歲各支二十四石○巴河蘭溪巡檢歲各支二十四石○巴水浠川蘭溪驛丞圻湖河泊所官歲各支一十四石四斗○吏戶糧禮兵刑工舖長司每房各司吏歲各支三石六斗剩米則扣補官吏閏月及夏麥支放不敷數○

儒學倉米三百五十五石二斗○教諭訓導歲各支三十六石○廩生歲各支一十二石○吏歲支三石六斗○香燭歲支三石六斗○存留小麥六十六石六斗五升三合存恤孤惸照見在名口支給

一額派

壯直藥味一百三十八斤南直藥味三十三斤共折銀貳拾五兩六錢伍分扛解銀二兩柒錢六分○段疋織金一十四疋一丈二尺疋正銀三兩五錢扛解銀五錢光素五十七疋一丈八尺疋正銀三兩三錢扛解銀伍錢閏加織金段二疋正銀七兩扛櫃銀壹兩光素段八疋正銀二十六兩四錢扛櫃銀四兩○白硝麂皮三百四張張銀六錢○翎毛二萬三千四百根根折銀四毫八絲○胖襖褲鞋一十九副副折銀一兩伍錢○淺船銀壹百貳兩伍錢四分一釐○營繕銀五百五十九兩一釐○科考銀七十六兩六錢二分伍釐○活鹿三隻銀四錢伍分○派辦戶部黃白蠟等銀每年奉司單坐派不一

一課程

戶口食鹽實徵男婦八千六百八十八丁口自萬曆元年改徵實在成丁一萬三百九十口無閏每口實納起存正扛銀一分二釐七毫四絲三忽八微五渺共銀一百三十二兩四錢七釐五絲六忽一微八塵二纖八渺內分解起運南京庫鈔二萬六千六十四貫內本色鈔一萬三千三十二貫正扛共一十五兩四錢九分一釐三毫九系九忽四塵折色鈔一萬三千三十二貫折銅錢二萬六千六十四文正扛共銀三十八兩七錢二分三釐六毫五系七忽一微四塵一纖八渺存留布政司庫鈔二萬六千六十四貫折銀七十八兩一錢九分二釐閏每口實納起存正扛銀一分三釐八毫五忽六微八塵共銀一百四十三兩四錢四

一分九毫七絲七忽五微三塵一纖四渺內分解起運南京卓鈔三萬八千二百三十六貫內本色鈔一萬四千一百一十八貫正扛共銀一十六兩七錢八分二釐三毫四系八忽九微六塵折色鈔一萬四千一百一十八貫折銅錢二萬八千二百三十六文正扛共銀四十一兩九錢五分六毫二系八忽五微七塵一纖四渺存留布政司庫鈔二萬八千二百三十六貫折銀八十四兩七錢

一商稅

門攤鈔本縣折銀一十五兩九錢五分五釐七毫五絲九忽○巴河折銀一十九兩八錢八分○蘭溪折銀六兩七分

一魚課

楊歷湖萬曆八年奉文裁革河泊所官楊湖課附蘭溪巡檢司帶辦乾魚四百斤扯直隸三百一十一斤一十四兩正銀一十一兩二錢二分七釐五毫扛解銀四錢四分九釐一毫○南直隸八十八斤二兩正銀一兩七錢六分二釐五毫扛解銀一分七釐六毫二絲○嘉靖間據該湖辦解南扯正扛共銀一十四兩九錢七分六釐熟鐵一千七百三十斤斤該正銀一分伍釐共折銀二十五兩九錢五分閏加鐵一十五斤折銀二錢二分伍釐魚線膠二十斤共折銀一兩四錢閏加膠一十二兩折銀五分二釐五毫黃麻五十斤每斤正銀二分二釐共銀壹兩一錢嘉靖十二年奉缺魚線膠等事例熟鐵斤增銀伍釐線膠斤加銀一分隆慶元年奉開讀事例悉淤舊派徵課鈔七千二百九十五貫四百四十文折銀二十五兩五錢三分四釐四絲閏加鈔三十貫折銀一錢伍釐嘉靖年間據該湖辦解折銀二十五兩五錢四分九釐閏加銀一錢伍分鯡魚銀叁兩伍錢

折湖河泊所乾魚六百斤內扯直隸四百六十七斤一十二兩正銀壹拾陸兩八錢二分九釐扛解銀六錢七分三釐五毫六絲南直隸一百三十二斤四兩正銀二兩六錢四分五　扛解銀二分六釐四毫五絲

嘉靖間以來據該湖辦解南扯正扛共銀二十二兩二錢六分四釐熟鐵六千二百三十一斤一十三兩斤折銀一分五釐共折銀九十三兩四錢七分七釐七毫八絲七微閏加鐵一十四斤折銀二錢二分[illegible]膠一百三十六斤一十兩六錢斤正銀七分折[illegible]

兩伍錢六分六釐三毫七絲五微閏加膠一斤二兩
折銀七分八釐七毫五絲白麻一千二百五十斤斤
正銀三分共銀三十七兩伍錢嘉靖十二年奉鈌魚
膠等事例熟鐵斤加銀伍釐線膠斤加銀壹分隆慶
元年奉開讀事例悉遵舊額課鈔一萬一千一百九
十一貫一百五十文折銀三百九十兩一錢六分九
釐二絲五忽閏加鈔二十貫折銀七分嘉靖間據該
湖辦解折銀三十九兩三錢三分閏加銀七分鯡魚
銀三兩伍錢

一均徭
銀力二差共銀四千三百七十兩一錢
銀差銀三千三十一兩三錢楚府教授典寶正紀善正典樂正柴薪各二名共八名每
名銀一十二兩共九十六兩遇閏加派○武岡王典
膳東安江夏永安通山通城教授柴薪除奉文裁減
外實編各二名每名銀壹拾二兩共一百四十四兩
遇閏加派○荊府審理正柴薪二名每名銀壹十二
兩共二十四兩遇閏加派○齋郎一名銀六兩樂舞
生一名銀三兩鋪排夫屠户各一名每名銀三兩共
六兩斗級一名銀一十兩庫子一名銀六兩禁子一
名銀三兩○永新樊山教授柴薪各一名每名一十
二兩共二十四兩遇閏加派○各郡王民校冩價四
名都梁三名德安二名永新四名樊山二名共一十
五名每名銀一十二兩共一百八十兩○南京禮部
尚書太常寺少卿錦衣衛指揮柴薪各一名每名一

十二兩共銀三十六兩遇閏加派○布政司左右叅
政理問檢校馬夫各十名共四十名每名銀四兩共
一百六十兩皂隸九名每名七兩二錢共六十四兩
八錢遇閏加派庫子二名每名八兩共銀一十六兩
遇閏加派禁子一名銀八兩遇閏加派書手一名銀
九兩遇閏加派○京解盤纏銀三十兩○北京大興
縣富户一十二名每名銀二兩一錢共銀二十五兩
二錢○布政司應朝長夫銀四兩○按察司副使僉
事柴薪各二名共四名每名一十二兩共四十八兩
遇閏加派○皂隸一十二名奉文減定每名七兩二
錢共九十二兩六錢遇閏加派○屯田道皂隸三名
每名銀七兩二錢共二十一兩六錢遇閏扣加○禁
子三名每名八兩共銀二十四兩遇閏加派○庫子
二名每名工食油燭銀一十五兩共三十兩遇閏加
派○表夫銀一十二兩七錢○布按分司府舘門子
三名每名銀一兩八錢共銀伍兩四錢○孤老男婦
六十四名口每名口布花銀叁錢共一十九兩二錢
仍照見在名口編給如有死亾者各給棺木銀三錢

以三名為率每年加銀九錢○本府油燭銀二十兩
○庫子銀二十四兩○禁子三名每名工食銀七兩
二錢外刑具銀各二兩八錢共銀三十兩○知事柴
薪二名每名銀一十二兩共二十四兩遇閏加派○
江防道哨舡水手四名每名工食銀七兩外脩舡銀
伍錢共銀三十兩○本縣知縣柴薪四名縣丞主簿
各二名典史一名共九名每名一十二兩共一百八
兩遇閏加派○馬夫四十名知縣十名縣丞主簿典
史各十名每名銀四兩共一百六十兩○油燭銀一
十兩○本縣庫役荅應茶果封條造冊等銀二十四
兩遇閏加派○禁子六名每名工食銀柒兩二錢刑
具銀一兩八錢共五十四兩○六廟鋪公舘門子一
名銀一兩八錢○巴河公舘門子一名銀一兩八錢
○本縣儒學門子三名每名銀伍兩共一十五兩○
齋夫六名每名銀一十二兩共七十二兩遇閏加派
○文廟明倫啟聖鄉賢名宦祠門子一名艮貳兩四
錢○膳夫四名每名一十兩共銀四十兩○文廟二
祭共銀四十兩○啟聖祠二祭共銀八兩○名宦鄉

賢各二祭共銀七兩二錢○山川壇二祭共銀一十四兩○社稷壇二祭共銀一十兩○邑厲壇三祭共銀一十八兩○歲貢盤纏二年一貢每年帶徵銀一十五兩○鄉飲二次共銀一十兩○祭器庫子一名銀四兩○斗級一名銀一十兩○巴水驛夫應奉文裁定每月銀叁拾兩共銀三百六十兩遇閏加派○浠川驛夫應奉文裁定每月銀三十一兩六錢六分六釐六毫六絲六忽共銀三百八十兩遇閏加派○蘭溪驛夫應奉文裁定每月銀三十三兩三錢三分三釐三毫三絲三忽共銀四百兩遇閏加派○巴水驛舘夫銀一十四兩四錢○浠川驛舘夫銀一十兩○蘭溪驛舘夫銀一十兩○奉文加編三江口守備廩糧銀四兩三錢遇閏加派

力差銀一千三百三十九兩八錢 本府皂隸七名內曾糧廳六名每名六兩共銀三十六兩遇閏加派內照磨皂隸一名折銀伍兩遇閏加派○軍儲倉斗級一名折銀六兩○本縣

門子五名內知縣二名縣丞主簿典史各一名每名五兩共二十五兩○本縣七堂皂隸一十四名每名折銀伍兩共十十兩縣丞主簿各四名每名三兩六錢典史二名每名三兩六錢共銀三十六兩○預備倉斗級二名每名銀二十兩共銀四十兩○水吹便民倉斗級一名銀五兩○各舖司兵縣前四名石牛四名分流五名李店四名六廟六名鍾師樓四名松林三名孟家山五名何店五名刘店五名七里五名以上四十九名係上衝每名銀七兩二錢滌石四名洙林四名三家店四名白沙嶺三名三望冲三名樊家港二名歇嘴五名共二十五名中衝每名艮六兩共銀五百零二兩八錢○蘄州舩工夫二名每名銀六兩共一十二兩遇閏加派○巴蘭二巡司弓兵八十四名內巴河應役三十二名每名七兩二錢扣柚八名每名銀六兩蘭溪應役二十六名每名七兩二錢扣柚八名每名銀六兩通共銀伍百八十五兩六錢○二司應役弓兵內奉文各省存二名專備打造哨舡脩理該司衙門之用○縣河渡夫二名巴河渡夫二名每名銀三兩六錢外每處加修舡銀一兩共一十六兩四錢

里甲銀四千七百八十六兩四錢 轎扛夫貳百名每名工食銀七兩二錢共一千四百四十兩○腳馬四十匹每匹工食草料銀二十兩共八百兩○本縣知縣轎傘夫六名每名銀六兩共三十六兩燈籠夫四名每名銀三兩六錢共一十四兩四錢共五十兩四錢○迎送皂隸二十名每名銀六兩共一百二十兩○民壯三百三十名每名銀柒兩二錢共二千三百七十六兩遇閏加編內裁三十五名蘄州黃顙口巡哨扣二十五名改解武昌練兵魚塩扣柚六十六名徵銀解邊扣六名解本府理刑廳發三名蘄州兵舡巡緝本縣實應役民壯一百九十五名

公費銀四百一十兩七錢九分九釐三毫 內朝賀習儀拜牌香燭庭燎銀一兩二錢○兩院交代協濟黃岡縣銀二十五府○本府應朝盤纏每年帶徵銀伍錢○本府暫補

通判新任陞任公宴每年帶徵銀三兩三錢三分三釐三毫○提學道歲考兼科舉生儒並童生合用試卷供給等項每年帶徵銀伍十兩○本府供應銀三十六兩二錢四分○新舊舉人會試長夫每年帶徵銀伍十九兩○科舉生員並遺材盤纏每年帶徵二十五兩三錢三分三釐三毫○歲貢生員赴考盤纏花紅酒席每年帶徵艮伍兩二錢二釐八毫○本縣應朝官吏盤纏并造册紙張每年帶徵銀二十四兩○本縣季考生員給賞銀三十兩○本縣朔望行香香燭紙銀三兩六錢○門神桃符元宵花燈迎春酒席每年帶徵銀二兩○刷卷工食府書手一名銀二兩○新中舉人旗牌酒礼并司府取送賀儀每年帶徵銀八兩七錢八分○科場對讀生員謄錄書手刋字匠盤費每年帶徵銀七兩一錢六釐六毫○本縣新官到任公宴等銀五兩三錢三分三釐○協濟蘄州掛口兌軍監兌官駐劄搭蓬廠酒席下程銀八兩○各項解司盤纏銀一十一兩二錢九分○江防道駐劄蘄州修衙什物每年帶徵銀五兩○本府暫編

通判修衙什物等項每年帶徵銀一十一兩六錢弍分七厘○燈籠夫四名每名銀三兩六錢共艮十四兩四錢○本縣修理院道各衙門公舘中火舖舍什物等項銀一十六兩○修理縣堂衙舍執事轎傘座褥什物知縣四十兩縣丞主簿典史教官共六員每員銀一十兩共一百兩每年帶徵銀三十三兩三錢三分三厘三毫○皁人牌坊每年帶徵銀三兩四錢八分○本縣正堂燈籠夫四名每名銀三兩六錢共一十四兩四錢

備用銀一百兩上哨廵江千户廩給銀九兩于內支給

供應銀二百六十兩關印封印脩理中火舖舍操練民兵造審録冊書手工食迎送官吏門厨魚米霜降祭旗犒羊等銀于內支給

按察司供應銀九兩伍錢

蘄水縣志　卷五　食貨　二十

江防道供應銀三十兩

驛傳銀二千三百八十七兩四錢八分五厘江濟水夫舡料銀八百六十四兩四分五厘○巴水驛馬七匹每匹銀三十兩外朋編銀九兩共二百一十九兩○浠川驛馬一十三匹每匹銀三十兩共三百九十兩○蘭溪驛夫一十三名每名銀六兩共七十八兩遇閏加派○陽邏驛馬三匹每匹銀三十兩并朋編銀二兩七錢續加銀一十七兩三錢共銀一百一十兩○蘄州遞運所恭字號本府知府座用馬舡一隻水夫一十六名每名銀六兩共九十六兩遇閏加派○本所洪字四七號紅舡二隻水夫各一十名每名銀六兩共一百二十兩遇閏加派○武昌遞運所湘字號分守道座用馬舡一隻水夫一十六名每名銀七兩二錢共一百一十五兩二錢遇閏加派○漳字號主事座用馬舡一隻水手一十六名每名銀七兩二錢共一百一十五兩二錢遇閏加派○本所滋字號紅舡一隻水手一十名每名七兩二錢共七十二兩遇閏加派○本所听差沙河淮淤潢泗紅舡六隻每隻水手各十名共六十名每名銀六兩共三百六十兩遇閏加派○石頭口驛水夫九名每名銀六兩共五十四兩遇閏加派○陽邏驛水夫一十五名每名銀七兩二錢共一百八兩遇閏加派○續奉議加蘄州武昌二所恭湘漳馬舡三隻省存各三名遙泗河沙淤潢洪字四七二號紅舡九隻省存各二名共二十七名每名銀六兩共一百六十二兩○蘄州遞運所馬舡一隻抽夫二名紅舡二隻抽夫二名武昌遞運所馬舡二隻抽夫六名紅舡七隻抽夫七名陽邏驛站舡抽夫三名石頭口驛站舡抽夫三名蘭溪驛站舡抽夫一名共二十五名每名銀七兩二錢共一百八十兩遇閏加派○議加武昌遞運所過關銀一百兩五錢○協濟襄陽府僞漢江驛馬價銀二百二十九兩二錢四分○撫院效勞吏口粮銀一十四兩

一班匠

蘄水縣志　卷五　食貨　二一

南京營繕虞衡屯田都水四司各色人匠原額二百八十四實在一百三十九名照例四年輪班一次名納班銀一兩八錢閏加銀六錢赴京人匠二名

一屯田

黄州衛原額田一十六頃六十畝地八十五頃六十畝糧一千二百二十六石四斗坐落地名摄湖等處萬曆十年奉撫院行府通融補足奉 旨縣衛會丈田一十頃八十五畝四分二厘八毫三絲地一百一十二頃四十畝七分四厘一毫塘一畝一分○

蘄州衛原額地二百二十二頃四畝五釐糧二千六百六十四石四斗八升六合坐落地名散花洲等處節年水攤沙壓失額六十二頃八十七畝八分五釐五毫七絲會丈出田八頃三十二畝二分二釐一絲地一百五十頃七十六畝四分三釐四毫二絲塘七畝五分四毫糧一千九百九石九斗四升三合三勺一抄六撮

按會計蘄户萬三千口十萬地頃五千八百歲出夏麥石百秋糧石四萬五千絹疋四十銀兩四萬八千馬

匹三百蕞爾彈丸小人所依依尺地之利朝登而莫且收於公至一夫作力自為苟活而出且十其所入亦何取之堇堇而收之殷勤也書曰民為邦本本固邦寧為人牧者寧無惻於任土之貢乎

一優免

秋糧本折銀米秋糧內派例不優免

戶口人丁內派例不優免

額辦派辦丁糧萬曆九年以前每年丁糧兼派萬曆十年改入條編例有優免

里甲供應公費萬曆九年以前每年丁糧兼派萬曆十年改入條編例有優免

均徭萬曆九年以前每年輪甲丁糧兼派分上中下人户別銀力二差萬曆十年改入條編徵銀雇募例有優免

驛傳萬曆九年以前每十年一編于糧內派分有夫馬户頭萬曆十年改入條編徵銀解給雇募例有優免

優免定額

京官一品免糧三十石人丁三十丁二品免糧二十四石人丁二十四丁三品免糧二十石人丁二十丁四品免糧一十六石人丁一十六丁五品免糧一十四石人丁一十四丁六品免糧一十二石人丁一十二

丁七品免糧十石人丁一十丁八品免糧八石人丁八丁九品免糧六石人丁六丁外官視京官品差之半見任丁憂聽用聽調聽降聽勘者照數優免致仕者免其十分之七閑居免半其革職為民除名者不准免教官生員舉監免糧二石人二丁雜職省祭吏承免糧一石人一丁如本身本家丁糧不足或無丁糧不許免及別户其退學衣巾生員及納銀儒官義官遥授散官王府典膳及吏承加納冠帶不願出仕者止免本身如為事除名將印劄追塗附卷仍令當

差其假充禮部儒士候門教讀奉祠生儒等俱不准
免
按此舊志係萬曆九年丈量後所定称明備焉其
未年所加時未修志故弗載也列此於前庶幾其
有源之可溯乎

縣志卷六

食貨志下

奉順治十四年布政使司新頒經制全書
蘄水縣五拾捌里
原額田伍千玖百伍拾貳頃玖拾捌畝伍分玖釐貳毫
壹絲六忽　按此數俱照萬曆玖年丈量後數
內上田壹千伍百壹拾叁頃柒拾陸畝陸分肆厘玖毫
一絲六忽每畝科秋粮民米柒升貳合三勺該米壹
萬九百肆拾肆石伍斗叁升壹合柒勺每米壹石派
銀陸錢肆分玖釐六忽六塵玖纖陸渺貳漠
共銀柒千伍兩伍錢伍分壹釐叁毫玖絲壹微壹
塵陸纖
中田壹千伍百捌十頃叁拾貳畝陸分捌釐肆忽每
畝科秋粮民米陸升叁合柒勺該米壹萬陸拾陸
石壹斗柒升陸合陸勺七抄每石派銀照前則例
派徵共銀陸千肆百肆拾叁兩陸錢肆分壹毫柒
絲壹忽壹微伍纖柒渺
下田貳千伍百叁頃伍畝陸分伍釐捌毫陸絲玖忽

每畝科秋粮民米伍升伍合伍勺伍抄肆撮該米
壹萬叁千玖百伍石肆斗捌升五勺陸抄叁撮每
石派銀照前則例派徵共銀捌千玖百兩捌錢肆
分叁釐四毫伍絲伍忽貳微肆塵捌纖捌渺
山水鄉田叁百伍拾伍頃捌拾叁畝陸分捌釐叁毫
肆絲七忽每畝科秋粮民米肆升伍合陸抄玖撮
伍圭該米壹千陸百叁石柒斗叁升捌合捌勺二
抄貳撮壹圭每石照前則例派徵共銀壹千貳拾
陸兩伍錢肆分陸釐玖毫壹絲陸忽捌微叁纖肆渺

肆則田照粮每石帶派官米貳升捌合玖勺陸抄貳
撮叁圭該米壹千伍拾柒石柒斗壹升伍合叁勺
柒抄貳撮內除直隸英山縣民段廷先買過下鄉
民喻正文等建界田糧貳百貳拾石叁斗肆升貳
合捌勺奉文題准每石折銀伍錢另解司不派條
編外實徵米捌百叁拾柒石叁斗柒升貳合伍勺
柒抄貳撮每石派銀照前則例派徵共銀伍百叁
拾伍兩玖錢玖分伍釐伍絲陸塵捌纖捌渺
田每畝科夏稅小麥捌抄柒撮貳圭柒粒叁粟該麥[illegible]

拾壹石玖斗伍升肆合伍勺捌撮 秋粮內帶派
每畝帶派秋粮絲壹釐叁毫肆絲叁忽陸微陸塵陸
渺該稅絲叁拾九斤柒兩柒錢肆分玖毫柒絲玖
忽陸微該桑絲壹拾斤柒兩玖錢肆分捌釐伍毫
九絲叁忽捌微 秋粮內派
地壹千肆十柒頃伍拾畝貳分肆釐肆毫貳絲叁忽
上地叁拾陸頃三十三畝七分貳釐六毫伍糸九忽每
畝科秋粮米陸升三合七勺該米貳百三十一石
肆斗陸升八合三勺捌抄三撮捌圭每石照前則

例派徵該銀壹百肆拾捌兩壹錢陸分貳釐貳忽
柒微貳塵三纖貳渺
中地壹百陸拾伍頃玖分貳釐陸毫玖絲三忽每畝科
秋粮民米伍升五合五勺五抄四撮該米玖百壹
拾陸石伍斗九升貳合四勺九抄伍撮每石照前
則例派徵共銀伍百捌拾陸兩柒錢柒分壹釐貳
毫陸絲叁忽壹微肆塵伍纖
下地捌百肆拾六頃壹拾伍畝伍分九釐七絲壹忽每
畝科秋粮米貳升陸合該米貳千貳百石伍合[illegible]

勺伍抄捌撮五圭每石照前則例派徵共該銀壹
千肆百捌兩貳錢壹分四厘七毫捌絲三忽貳微
貳塵八纖八渺
三則地照粮每石帶科官米貳升八合九勺六抄貳撮
三圭該米九十六石九斗七升五勺八抄八撮每
石照前則例派徵共該銀陸拾貳兩柒分四毫貳
忽貳微五塵二纖四渺
地每畝科夏税小麥八杪七撮貳圭七粒三粟該麥九
石壹斗四升壹合八勺六杪八撮 秋粮内派

每畝帶派税桑絲壹厘叁毫四系三忽六微六塵六
渺該税絲六斤壹拾伍兩壹錢六分壹厘該桑絲
壹斤壹拾三兩伍錢陸分貳厘陸毫 壹系四忽 秋粮内派
塘陸百叁十陸頃陸拾玖畝四分伍厘壹絲壹忽内
上塘壹百柒拾七頃三畝四分三毫七絲每畝科秋粮
民米柒升二合三勺該米壹千貳百七十九石九
斗伍升六合一勺每石照前則例派徵共該銀捌
百壹拾九兩貳錢玖分四厘八毫六 絲八忽玖 微六塵
中塘貳百貳十四頃七畝九分壹厘三毫七絲每畝科

秋粮民米陸升叁合七勺該米壹千肆百貳拾柒石
叁斗捌升叁合壹勺貳撮七圭每石照前則例派徵
共該銀玖百壹拾叁兩陸錢陸分貳厘叁毫壹絲叁
忽九微
下塘貳百叁拾伍頃伍拾捌畝壹分叁厘貳毫柒絲壹
忽每畝科秋粮民米伍升伍合伍勺伍抄肆撮該米
壹千叁百捌石七斗五升陸合伍勺每石照前則例
派徵共該銀捌百叁拾柒兩柒錢貳分玖厘捌毫玖
絲壹忽捌微

三則塘照粮每石帶科官米貳升捌合玖勺陸抄貳撮
叁圭該米壹百壹拾陸石叁斗壹升玖合五勺伍抄
玖撮每石照前則例派徵共該銀柒拾肆兩肆錢伍
分伍厘陸毫玖絲貳忽伍微肆塵
塘每畝科夏税小麥捌抄柒撮貳圭柒粒叁粟該麥伍
石伍斗伍升陸合陸勺貳抄肆撮 秋粮内帶派
塘每畝帶派税桑絲壹厘叁毫肆絲叁忽陸微陸塵陸
渺該税絲肆斤叁兩伍錢陸分陸厘貳絲該桑絲壹
斤壹兩玖錢陸分捌厘捌毫 秋粮内帶派

以上田地塘共柒千陸百叁拾柒項壹拾捌畝貳分捌
釐陸毫伍絲
共科秋糧米肆萬伍千壹百伍拾伍石陸斗捌升捌合
肆勺貳抄內真隸英山縣段廷先等寄過本縣下鄉
民喻正文等連界田糧貳百貳拾石叁斗肆升貳合
捌勺奉文題　准每石折銀伍錢另解司作楚府將
軍祿米不派條編外實徵米肆萬肆千玖百叁拾伍
石叁斗肆升伍合陸勺貳抄內除壹斗以上起科沒
官等田米壹千貳百柒拾壹石伍合伍勺貳抄壹斗

以下起科民米肆萬叁千陸百陸拾肆石叁斗肆升
壹勺奉例清丈不分官民一體編差
夏稅小麥陸拾陸石陸斗伍升叁合
夏稅絲伍拾斤壹拾兩肆錢陸分捌釐
桑絲壹拾叁斤柒兩肆錢捌分
以上叁項入秋糧內派
秋糧米麥共徵銀貳萬捌千柒百陸拾貳兩玖錢叁分
捌釐壹毫貳絲捌微玖塵貳纖壹渺
原額人丁壹萬叁百玖拾丁每丁派銀貳錢柒分捌釐

伍毫玖絲壹忽捌微貳纖捌漠
共該徵銀貳千捌百玖拾肆兩伍錢陸分捌釐捌毫貳
絲叁忽陸微肆塵肆纖伍渺
以上地畝人丁共該銀叁萬壹千陸百伍拾柒兩伍錢
陸釐玖毫肆絲肆忽伍微叁塵陸纖陸渺外鄉紳舉
貢監生員優免原免存留差徭不在額解正項之內
每年多寡增減不一照人數另派
本色漕糧正耗共米壹萬叁千柒拾貳石捌升另正米壹

石里納盤腳米貳升該米壹百捌拾陸石柒斗肆升
肆合
本色南米正耗共米壹萬貳千壹百捌拾貳石貳斗伍升
另正米壹石里納舡驢腳米壹斗伍升該米壹千肆
百陸拾壹石捌斗柒升奉　文每石折銀壹兩除貳
錢給解餘捌錢充餉實該銀壹千壹百陸拾玖兩肆
錢玖分陸釐
萬曆四十陸柒捌叁年每畝加增玖釐餉銀共銀陸千捌
百叁拾玖兩玖錢貳分叁釐叁毫玖絲肆忽伍微

户部項下

夏稅折色起運

解南農桑絹壹拾疋貳丈叁尺貳寸貳分每疋正銀伍錢伍分攢銀壹錢伍分共銀柒兩伍錢肆分壹釐玖毫陸絲新加京攢銀每兩伍分該銀叁錢柒分柒釐玖絲捌忽 〔户解布政司〕

秋糧折色起運

京庫米肆百玖拾伍石伍升捌合六勺每石折銀貳錢伍分該銀壹百貳拾叁兩柒錢陸分肆釐陸毫伍

絲每兩京攢銀叁分滴珠銀壹分該銀肆兩玖錢伍分伍毫捌絲陸忽解官盤費每兩玖釐該銀壹兩壹錢伍分捌釐肆毫 〔糧解布政司〕

派剩太倉米壹千肆百玖拾玖石肆斗每石折銀陸錢該銀捌百玖拾玖兩陸錢肆分每百兩京攢銀壹兩貳錢該銀壹拾兩柒錢玖分伍釐陸毫捌絲解官盤費銀每兩玖釐該銀捌兩壹錢玖分叁釐玖毫 〔糧解布政司〕

扯京富户壹拾貳名每名銀貳兩每兩原議京攢銀貳分共銀貳拾肆兩肆錢捌分 〔缺閏〕 〔户解布政司〕

鹽鈔折色起運

解南户口鈔正攢共銀伍拾肆兩貳錢壹分伍釐伍絲陸忽壹微捌塵貳纖捌渺帶閏銀壹兩捌錢柒釐壹毫陸絲捌忽伍微叁塵玖纖肆渺解官盤費每兩玖釐該銀肆錢捌分柒釐玖毫 〔户解布政司〕

平溪倉米改抵解南户口鈔銀壹拾玖兩陸錢玖分陸釐陸毫陸絲○又改抵辰溪縣解南户口鈔銀肆錢貳分肆釐陸毫貳項共解費銀壹錢捌分壹釐玖絲壹忽 〔糧解布政司〕

夏稅本色起運

扯京絹肆拾疋壹丈伍尺柒寸貳釐每疋正銀柒錢織費銀貳錢攢銀貳錢共銀肆拾肆兩伍錢柒分伍釐柒毫肆絲 〔當官買絲成造責經手人役解司委官搭解遇覲年分州縣帶解不許僉累糧里○糧解京折色解布政司〕

秋糧本色起運

兑軍本色正米玖千叁百叁拾柒石貳斗每石耗米肆斗共米壹萬叁千柒拾貳石捌升 〔另正米壹石里納盤腳米貳升該米壹百捌拾陸石柒斗肆升肆合又糧道條陳於肆年外加耗米貳斗奉 部文免加○糧房經承〕

解南倉本色米玖千柒百肆拾伍石捌斗每石耗米
貳斗伍升共米壹萬貳千壹百捌拾貳石貳斗伍升
另正米壹石里納舡驢脚米壹斗伍升該米壹千肆百陸拾壹石捌斗柒升奉文每石折銀壹兩除貳錢給解餘捌錢充餉實銀壹千壹百陸拾玖兩肆錢玖分陸釐粮房經承
外正米壹石本折蘆蓆猫竹囤頭篩晒等銀貳分壹
釐陸毫該銀貳百壹拾兩伍錢玖釐貳毫捌絲南米奉留本省餉兵此銀應暫入兵餉　粮解布政司
部運粮官盤費銀貳拾壹兩伍錢南粮奉留本省餉兵此銀應暫入兵餉　粮解布政司

隨漕款項
楞木松板銀叁拾柒兩叁錢肆分捌釐捌毫　粮解粮道
運粮官軍行月二粮米貳千肆百陸拾伍石伍斗每
石折銀肆錢該銀玖百捌拾陸兩貳錢　粮解粮道
江西運粮官軍月粮米叁千玖百伍拾肆石柒斗陸
升壹合肆勺貳抄又原奉文於蘄州倉米内改撥壹
千陸百石貳項實徵米伍千伍百伍拾肆石柒斗陸
升壹合四勺貳抄每石折銀肆錢該銀貳千貳百貳
拾壹兩玖錢四釐伍毫陸絲捌忽　粮解粮道

係解司庫聽解軍餉奉　文改抵漢川縣額派江西
運糧官軍行月米陸百石陸斗捌升每石折銀伍錢
該銀叁百兩叁錢肆分　粮解粮道
叁陸耗蓆輕齎銀壹千柒百貳拾柒兩叁錢捌分貳
釐淮插銀壹拾柒兩貳錢柒分叁釐捌毫貳絲　粮解粮道
淺舡併麻陽改抵共銀壹百壹拾兩陸錢壹釐解官盤費
銀玖錢玖分伍釐肆毫玖絲　工解粮道
原代黄陂縣協編蘄州倉米抵改江西月糧米銀叁
百壹拾柒兩玖錢壹分肆釐叁毫　粮解粮道

部運漕粮官盤費銀伍兩因粮不運坐存此項暫入餉　粮解布政司
宗校月粮等項
楚府將軍祿米除英山縣民另徵外正費共銀柒百
柒拾壹兩陸錢肆分肆釐捌毫　粮解布政司
荆府親王祿米折銀伍百肆拾伍兩貳錢貳分陸釐
肆毫肆絲柒忽伍微　粮解布政司
抵編長沙府屬親王祿銀壹千捌百伍拾肆兩貳錢
叁分　粮解布政司
郡王祿米銀壹百柒拾陸兩叁錢捌分肆釐伍毫三

將軍祿米併加編共銀壹千肆百捌拾玖兩柒錢叁
絲　粮解布政司
分玖釐捌毫　粮解布政司
播府租稞正銀盤費共叁拾肆兩陸錢肆分叁釐貳
毫壹絲捌忽　户解布政司
潞福二府茶價盤費共銀陸拾玖兩肆錢肆分捌釐
肆毫　户解布政司
楚府柴薪正閏共銀貳百柒拾貳兩捌錢　解布政司
通山王民校銀叁拾陸兩　户解布政司

蘄水縣志　卷六 食貨　十二

荆府齋郎銀陸兩　禮解布政司
舖排夫銀叁兩　禮解布政司
樂舞生銀叁兩　禮解布政司
廩子銀陸兩　户解布政司
斗級銀肆兩　户解布政司
屠户銀叁兩　禮解布政司
禁子銀叁兩　兵解布政司
薪銀肆拾玖兩陸錢　兵解布政司
民校銀壹百捌拾兩　户解布政司

廚役銀肆拾兩　户解布政司
每歲加增玖釐餉銀陸千捌百叁拾玖兩玖錢貳分叁
釐叁毫玖絲肆忽伍微　户解布政司

禮部項下

秋糧折色起運
北京藥味正價銀貳拾兩柒錢每兩原議京揁銀肆
分該銀捌錢貳分捌釐　解官盤費每兩玖釐該銀壹錢玖分叁釐捌毫　禮解布政司
原額解南藥味價銀肆兩玖錢伍分　禮解布政司

兵部項下

蘄水縣志　卷六食貨　十三

秋粮折色起運
解南江濟水夫貳百壹拾壹名每名銀肆兩玖分伍
釐共銀捌佰陸拾肆兩肆分伍釐每百兩京揁銀玖
錢該銀柒兩柒錢柒分陸釐肆毫伍忽　兵解布政司
解南柴薪叁名每名銀壹拾貳兩共銀叁拾陸兩　閏帶
銀壹兩貳錢　禮部尚書太常少卿錦衣衛指揮各壹名　兵解布政司

工部項下

秋糧折色起運
緞疋正銀貳百肆拾兩肆錢捌分　揁解銀叁拾陸

每百兩原議京揁銀玖錢該銀貳兩肆錢捌分捌[illegible]
叁毫貳絲帶閏正揁共銀壹拾伍兩叁錢陸分原議解官
盤費每兩玖釐該銀貳兩伍錢壹分柒毫　工解布政司
翎毛正銀壹拾壹兩壹錢叁分壹釐捌毫壹絲肆忽
每兩原議脚價銀玖釐該銀壹錢壹毫捌絲陸忽原議
解官盤費每兩玖釐該銀壹錢壹釐壹毫　工解布政司
營繕司料銀伍百伍拾玖兩壹釐每兩原議京揁銀
玖釐該銀伍兩叁分壹釐玖忽原議解官盤費每兩玖釐議銀伍兩柒分
陸釐叁毫　工解布政司

平溪倉米內改抵漵浦縣班鳩鈔銀叁錢陸分柒釐
伍毫京揁銀叁釐叁毫柒忽伍微　解費銀叁釐叁毫叁絲　粮解司

本色起運

白硝麂皮叁百肆張每張正銀肆錢京揁銀貳錢共
銀壹百捌拾貳兩肆錢　解官盤費每兩玖釐該銀壹兩陸錢肆分壹釐陸毫〇工解司
胖襖褲鞋壹拾玖副每副銀壹兩貳錢水脚銀叁錢
共銀貳拾捌兩伍錢　原議官解領銀製造解司另給夫馬不必加派揁銀　工解司
綾紗紙價銀叁百壹拾陸兩肆錢捌分伍絲捌忽[illegible]
微陸塵候　部文到之年方派不必每年帶徵

光祿寺項下

光祿寺坐派甲丁庫供應等銀柒百肆拾陸兩每兩揁
銀貳分該銀壹拾肆兩玖錢貳分　解官盤費每兩玖釐該銀陸兩捌錢
肆分捌釐叁毫　戶解布政司
平溪倉米改抵麻陽縣坐派光祿寺供應等銀叁拾
叁兩貳錢京揁銀陸錢陸分肆釐　粮解布政司
改抵靖州坐派光祿寺供應等銀肆拾兩貳錢肆分
陸釐貳毫貳絲京揁銀捌錢肆釐玖毫貳絲肆忽　解官
盤費銀陸錢柒分肆釐貳毫叁絲陸忽　粮解布政司

存留款項

各院司道府經制照經費錄編派款項

總撟

吏書庫四名每名工食銀叁拾陸兩共銀壹百肆拾
肆兩　吏解布政司轉解

布政司左堂

轎傘夫柒名工食銀伍拾兩肆錢　兵解布政司
聽事吏肆名工食銀貳拾捌兩捌錢　兵解布政司
舖兵貳名工食銀壹拾肆兩肆錢　舖長司解布政司

庫子拾名工食銀柒拾貳兩 戶解布政司

布政司右堂

門子貳名工食銀壹拾肆兩肆錢 禮解

快手陸名工食銀肆拾叁兩貳錢 兵解右司

皂隸拾貳名工食銀捌拾陸兩肆錢 兵解右司

聽事吏貳名工食銀壹拾肆兩肆錢 吏解

轎傘扇夫找銀陸兩肆錢捌分 兵解右司

鋪兵找銀壹拾叁兩肆錢伍厘肆毫 鋪長司解

分守道

蔬菜銀伍拾兩 戶解

心紅紙張銀伍拾兩 戶解布政司

修宅家伙銀伍拾兩 工解

棹圍傘扇銀伍拾兩 工解

吏書拾六名工食銀壹百玖拾貳兩 吏解布政司

門子肆名工食銀貳拾捌兩捌錢 禮解

快手拾貳名工食銀捌拾陸兩肆錢 兵解

皂隸拾貳名工食銀捌拾陸兩肆錢 兵解

轎傘扇夫七名工食銀伍拾兩肆錢 兵解

鋪兵找銀玖兩玖錢柒分貳厘陸毫 鋪長司解

聽事吏找銀壹拾叁兩捌錢貳分柒厘 吏

驛鹽道

蔬菜銀伍拾兩 戶解

心紅紙張銀伍拾兩 戶解

修宅家伙銀伍拾兩 工解

棹圍傘扇銀伍拾兩 工解

本司經歷司

門子銀柒兩貳錢 禮解

本府廳經制照經費銀編派

本府修宅家火銀伍拾兩 工解內裁二十五兩解司充餉

倉書壹名工食銀壹拾貳兩 順治九年肆月內會議每名月給銀伍錢裁銀陸兩解部 吏

轎傘扇夫七名工食銀伍拾兩肆錢 順治九年四月內會議每名月給銀伍錢裁銀捌兩肆錢解部 兵

禁子壹拾貳名工食銀捌拾陸兩肆錢 順治九年四月內會議每名月給銀伍錢裁銀壹拾肆兩肆錢解部 兵

倉副使皂隸工食找銀柒兩貳錢肆分貳厘 順治玖年肆月

會議每名月給銀伍錢裁銀壹兩貳錢解部　兵

修倉刑具銀貳拾兩　戶

清軍廳燈籠夫貳名工食銀壹拾肆兩肆錢　順治玖年肆月內會議每名月給銀伍錢裁銀貳兩肆錢解部　工

轎傘扇夫七名工食銀伍拾兩肆錢　順治玖年肆月內會議每名月給銀伍錢裁銀捌兩肆錢解部　兵

理刑廳書辦找銀柒兩陸錢貳分捌釐　吏經承

燈籠夫貳名工食銀壹拾肆兩肆錢　順治玖年四月內會議每名月給銀伍錢裁銀貳兩肆錢解部

轎傘扇夫柒名工食共銀伍拾兩肆錢　順治玖年肆月內會議每名月給銀伍錢裁銀捌兩肆錢解部　兵

經歷司書辦壹名工食銀柒兩貳錢　順治九年肆月內會議每名月給銀伍錢裁銀壹兩貳錢解部　吏

門子壹名工食銀柒兩貳錢　順治九年四月內會議每名月給銀伍錢裁銀壹兩貳錢解部　禮

知事俸銀貳拾壹兩壹錢壹分肆釐　糧

新銀壹拾貳兩　兵

照磨俸銀壹拾玖兩伍錢貳分　糧

薪銀壹拾貳兩　兵

本縣經制

知縣　俸糧銀貳拾柒兩肆錢玖分　糧

心紅紙張油燭銀叁拾兩　戶

柴薪銀叁拾陸兩　兵

修宅家伙銀貳拾兩　順治玖年肆月會議全裁解部　工解司轉解

迎送上司傘扇夫銀壹拾兩　兵部扛解司

吏書壹拾貳名工食共銀壹百貳拾玖兩陸錢　順治玖年四月內會議每名月給銀伍錢裁銀伍拾柒兩陸錢解部　吏

門子貳名工食銀壹拾肆兩肆錢　順治玖年肆月內會議每名月給銀伍錢裁銀貳兩肆錢解部　禮

皂隸壹拾陸名工食共銀壹百壹拾伍兩貳錢　順治玖年四月內會議每名月給銀伍錢裁銀拾玖兩貳錢解部　兵

馬快捌名工食共銀壹百肆拾肆兩　順治玖年肆月內會議除草料不裁每名月給銀伍錢裁銀玖兩陸錢解部　兵

步快伍拾名工食共銀叁百陸拾兩　順治玖年肆月內會議每名月給銀伍錢裁銀陸拾兩解部　兵

燈籠夫肆名工食共銀貳拾捌兩捌錢　順治玖年四月內會議每

名月給銀伍錢裁銀肆兩捌錢解部　工

禁卒捌名工食共銀伍拾柒兩陸錢 順治玖年四月内會議每名月給銀伍錢裁銀玖兩陸錢解部　戶

修理銀貳拾兩　戶

轎傘扇夫柒名工食共銀伍拾兩肆錢 順治玖年四月内會議每名月給銀伍錢裁銀捌兩肆錢解部　兵

庫書壹名工食銀壹拾貳兩 順治玖年四月内會議每名月給銀伍錢裁銀陸兩解部　吏

倉書壹名工食銀壹拾貳兩 順治玖年四月内會議每名月給銀伍錢裁銀陸兩解部　吏

庫子肆名工食共銀貳拾捌兩捌錢 順治玖年四月内會議每名月給銀伍錢裁銀肆兩捌錢解部　戶

斗級肆名工食共銀貳拾捌兩捌錢 順治玖年四月内會議每名月給銀伍錢裁銀肆兩捌錢解部　戶

縣丞俸米銀貳拾肆兩貳錢貳厘　糧

柴薪銀貳拾肆兩　兵

書辦壹名工食銀柒兩貳錢 順治玖年四月内會議每名月給銀伍錢裁銀壹兩貳錢解部　吏

門子壹名工食銀柒兩貳錢 順治玖年肆月内會議每名月給銀伍錢裁銀壹兩貳錢解部　禮

皁隸肆名工食銀貳拾捌兩捌錢 順治玖年肆月内會議每名月給銀伍錢裁銀肆兩捌錢解部　兵

馬夫壹名工食柒兩貳錢 順治玖年四月内會議每名月給銀伍錢裁銀壹兩貳錢解部　兵

典史俸米銀壹拾玖兩伍錢貳分　糧

柴薪銀壹拾貳兩　兵

書辦壹名工食銀柒兩貳錢 順治玖年肆月内會議每名月給銀伍錢裁銀壹兩貳錢解部　吏

門子壹名工食銀柒兩貳錢 順治玖年肆月内會議每名月給銀伍錢裁銀壹兩貳錢解部　禮

皁隸肆名工食銀貳拾捌兩捌錢 順治九年四月内會議每名月給銀伍錢裁銀肆兩捌錢解部　兵

馬夫壹名工食銀柒兩貳錢 順治玖年四月内會議每名月給銀伍錢裁銀壹兩貳錢解部　兵

巡檢貳員俸米共銀叁拾玖兩肆分　糧

柴薪共銀貳拾肆兩　兵

書辦各壹名工食共銀壹拾肆兩肆錢順治玖年四月內會議每名月給銀伍錢裁銀貳兩肆錢解部 吏

皁隸各貳名工食共銀貳拾捌兩捌錢順治玖年肆月內會議每名月給銀伍錢裁銀肆兩捌錢解部 兵

驛丞叁員俸米共銀伍拾捌兩伍錢陸分 糧

柴薪共銀叁拾陸兩 兵

書辦叁名工食共銀貳拾壹兩陸錢順治玖年四月內會議每名月給銀伍錢裁銀叁兩陸錢解部 吏

皁隸陸名工食共銀肆拾叁兩貳錢順治玖年四月內會議每名月

給銀伍錢裁銀柒兩貳錢解部 兵

教諭訓導各壹員俸米共銀叁拾玖兩肆分 糧

柴薪銀共貳拾肆兩 兵

齋夫銀柒拾貳兩 禮

本縣膳夫銀肆拾兩廩生支給

門斗伍名工食共銀叁拾陸兩順治玖年肆月內會議每名月給銀伍錢裁銀陸兩解部 吏

學書壹名工食銀柒兩貳錢順治玖年四月內會議每名月給銀伍錢裁銀壹兩貳錢解部 兵

喂馬草料銀貳拾肆兩 兵

曆日銀壹拾柒兩壹錢捌分肆厘肆毫貳絲解官盤費銀壹錢伍分肆厘陸毫伍系九忽 禮

存留款項

科舉銀柒拾陸兩陸錢貳分伍厘原派平溪倉米改

抵麻陽縣科舉銀陸兩貳分解官盤費銀柒錢四分叁厘捌毫伍忽 禮

布政司衣夫銀肆兩壹錢 兵

按察司衣夫銀壹拾貳兩柒錢 兵

驛站

蘄州遞運所馬船壹隻水夫壹拾肆名又新加貳名

每名帶閏銀柒兩叁錢貳分脩船銀壹拾捌兩共

銀壹百叁拾伍兩壹錢貳分本府正堂座用 兵

蘄州遞運所紅船貳隻每隻水夫壹拾名工食脩船

帶閏共銀壹百柒拾兩 兵

協編武昌遞運所座船壹隻水夫壹拾陸名每名帶

閏共銀柒兩叁錢貳分脩船銀壹拾捌兩共銀壹

百叁拾伍兩壹錢貳分分守道座用 兵

武昌巡船水手肆名工食帶閏脩船共銀叁拾兩肆

錢陸分陸亙四毫

協編武昌遞運所紅舡捌隻每隻水手壹拾名脩舡工食帶閏共銀陸百捌拾兩貳錢按察司應用壹隻裁差柒隻 兵

陽邏驛馬壹拾匹新加貳匹帶閏零銀共叁百捌拾兩柒錢陸分貳亙 兵

站舡水手柒名新加貳名帶閏共銀伍拾肆兩玖錢 兵

蘭溪驛站舡水夫拾肆名除摘貳名改編渡夫外帶閏實徵銀捌拾伍兩肆錢 兵

巴水驛馬壹拾伍匹新加肆匹帶閏銀叁拾兩伍錢

零銀貳拾捌兩貳分帶閏銀肆錢陸分柒亙共銀陸百柒兩玖錢捌分柒亙 兵

浠川驛馬壹拾伍匹新加肆匹帶閏共銀陸百柒兩玖錢捌分柒亙 兵

石頭口驛站舡水夫玖名帶閏共銀伍拾肆兩玖錢 兵

協編襄陽府屬鄖城驛馬壹疋帶閏銀叁拾兩伍錢又零銀壹兩伍錢帶閏銀貳分伍亙共銀叁拾貳兩貳分伍亙 兵

呂堰驛馬銀帶閏共銀玖兩貳錢伍分壹亙陸毫

溪江驛馬陸匹每匹帶閏銀叁拾兩伍錢又零銀貳兩叁分叁亙共銀壹百捌拾伍兩叁分叁亙以上叁項共該解費銀每兩伍亙共銀壹兩壹錢叁分壹亙伍毫 兵

蘭溪驛支應銀叁百肆拾兩無閏

舘夫貳名帶閏共銀壹拾貳兩貳錢 兵

巴水驛支應銀貳百柒拾伍兩無閏 兵

舘夫貳名工食帶閏共銀壹拾貳兩貳錢

浠川驛支應銀叁百壹拾伍兩無閏

舘夫貳名工食帶閏共銀壹拾貳兩貳錢 兵

均徭

各舖司兵徭編柒拾肆名正閏銀肆百陸拾貳兩玖錢捌分叁亙永充玖拾肆名給衣鞋銀壹百肆拾壹兩陸錢陸分

各巡司弓兵徭編叁拾名每名工食銀帶閏銀陸兩壹錢共銀壹百捌拾叁兩永充捌拾捌名給衣鞋銀肆拾捌兩叁錢壹分貳亙 奉裁入餉 兵

各河渡夫陸名正閏共銀貳拾伍兩捌錢肆分 兵

各渡脩船銀叁兩 工

本縣迎送皂隸工食銀壹百貳拾柒兩捌分叁厘叁毫 兵

走遞夫馬

排夫貳百柒拾肆名外除陸名應役轎傘外每名工食銀柒兩貳錢帶閏銀壹錢貳分共銀貳千伍兩陸錢捌分 本縣走差置立循環記差聽按季查覈 兵

脚馬伍拾匹每匹銀貳拾肆兩帶閏銀肆錢共銀壹千貳百貳拾兩 俱給走差貳項徵銀給領 兵

祭祀

文廟貳祭共銀肆拾兩

香燭米銀壹兩貳錢陸分

啟聖祠貳祭共銀柒兩

山川壇貳祭共銀壹拾貳兩

社稷壇貳祭共銀壹拾兩

邑厲壇叁祭共銀壹拾貳兩

鄉飲貳次共銀壹拾兩

門神桃符春牛芒神花鞭酒席等項共銀肆兩 八項禮房

歲科考試卷供應給賞每年派銀伍拾伍兩 協濟黄岡搭蓬

廠外餘羨明用數申詳學道印發存照

會試舉人以拾壹名為率每名長夫銀貳拾肆兩共銀貳百陸拾肆兩叁年壹次每年該銀捌拾捌兩 如新中多本年暫于備用銀內扣支次年派編如有甲第出仕即照數減編

歲貢盤纏銀壹拾伍兩

歲貢生員正貢盤纏除徭編外花紅旗匾酒席銀拾兩正陪貳名赴考脚力銀各壹兩共銀壹拾貳兩貳年壹貢每年該銀陸兩

科考生員府學五名縣學肆拾名每名盤纏銀貳兩花紅銀玖錢酒席銀壹錢共銀壹百叁拾伍兩叁年壹次每年該銀肆拾伍兩

科場對讀生伍名每名銀壹兩書手叁拾伍名刻録匠伍名每名銀伍錢共銀貳拾伍兩叁年壹次每年該銀捌兩叁錢叁分叁厘叁毫

本府應朝盤費銀壹拾壹兩陸錢叁分肆厘 以上七項禮房

本縣倉米支給孤貧陸拾貳名口每名口歲支口粮銀壹兩捌錢共銀壹百壹拾壹兩陸錢

本縣儒學倉米除官俸載入經制實支廩糧銀壹百
肆拾肆兩廩生貳拾名每名歲支俸米壹拾貳石每石折銀陸錢二項糧房
孤貧見在陸拾貳名口每名口歲支布花銀叁錢共
銀壹拾捌兩陸錢遇有開除扣銀貯庫俟新收支
給以免加編 禮
布政司應朝長夫銀肆兩
本縣吹手捌名工食銀伍拾柒兩陸錢原在民壯工食內支給
本縣應朝盤纏銀正佐肆拾兩肯領官貳拾伍兩該
吏壹拾兩造册紙劄工食銀陸兩共銀捌拾壹兩

叁年壹次每年該銀貳拾柒兩 禮
修理龍亭儀仗銀貳兩 禮
分司府館鋪陳合用什物等銀共貳拾貳兩玖錢玖
分供叁年壹換每年該銀柒兩陸錢陸分肆厘 工
供應銀貳百叁拾兩叁應欽差部差過往差使油燭柴炭心紅紙劄等項於此內
支用 禮 [illegible]
備用銀壹百陸拾兩內扣裁正官門皂馬快等銀壹拾貳兩陸錢入裁款外實存銀壹百肆拾柒兩肆錢內繳府單科作興並歲科考府學生員花紅盤纏歸開來給修理文廟銀伍兩本縣舉考試賞約銀貳拾兩一切雜用俱于此項支給如有存剩報院司道府存案作正支銷

一條編外另徵
英山縣民段廷先等買過田粮抵楚禄銀壹百壹拾
兩壹錢柒分壹厘肆毫解入正項 糧解布政司
戶部項下
湖洲雜課
起運
北京乾魚正銀貳拾捌兩陸分陸厘伍毫每兩原議
京損銀玖厘該銀貳錢伍分貳厘伍毫玖絲捌忽
伍微 戶解布政司

京議解南乾魚正銀肆兩肆錢柒厘伍毫每兩京損
銀玖厘該銀叁分玖厘陸毫陸絲柒忽伍微 戶解司
湖稞鈔銀陸拾肆兩柒錢叁厘陸絲伍忽遇閏加銀
壹錢柒分伍厘 戶解布政司
扣解濟邊門攤鈔銀壹拾伍兩每兩京損銀玖厘該
銀壹錢叁分伍厘 無閏解司撥解
撥運
巴蘭二鎮新淤洲場稞銀壹拾伍兩伍分 京解司合裁入兵餉
禮部項下

起運
鰣魚銀柒兩 奉文豁免

工部項下
起運
熟鐵正銀壹百伍十玖兩貳錢叁分陸釐貳毫伍絲
每兩京擡銀玖釐該銀壹兩肆錢叁分叁釐壹毫
貳絲陸忽貳微伍塵遇閏加銀伍錢捌分 工解司
線膠正銀壹拾貳兩伍錢叁分叁釐每兩京擡銀玖
釐該銀壹錢壹分貳釐柒毫玖絲柒忽遇閏加銀

壹錢伍分 工解司
黄蔴正銀壹兩壹錢每兩京擡銀玖釐該銀玖釐玖
毫 工解司
白蔴正銀叁拾柒兩伍錢每兩京擡銀玖釐該銀叁
錢叁分柒釐伍毫 工解司
活鳫銀肆錢伍分 獵户出辦
本縣門攤鈔銀貳拾陸兩玖錢伍釐柒毫伍絲玖忽
無閏原額本縣官吏俸銀支用今查官吏各有經制此銀應抵起解庫
應裁款項

兵餉米折銀肆百陸拾陸兩貳錢壹分伍釐伍毫
絲 解咱官盤費銀肆兩壹錢玖分伍釐玖毫
軍器銀捌拾玖兩叁錢柒分玖釐玖毫伍絲原派平
溪倉米改抵蔴陽縣額派軍器銀柒兩肆錢玖分
捌釐貳毫陸絲叁忽 貳項外解官盤費銀捌錢柒分壹釐玖毫四忽
蘄州倉米折銀除抵經制不足外實裁銀玖百陸拾
玖兩伍錢壹分玖釐叁絲壹忽捌微壹塵四纖肆
渺
防守三江口軍兵魚塩銀壹百捌拾兩 無閏

蘄州練兵衣鞋帶閏共銀貳百叁拾伍兩柒錢陸分
原派李坪驛馬價改抵黄岡縣額派馬夫銀陸拾叁
兩伍分肆釐
三江口守備廪粮銀肆兩肆錢肆分叁釐叁毫叁絲
上哨巡官廪粮帶閏共銀玖兩叁錢
本縣舊額民壯銀叁百陸拾兩陸錢貳分壹釐壹毫
伍絲
本縣主簿一員俸薪皂門子絹傘等銀共壹百壹
拾捌兩壹錢伍分陸釐陸毫

平溪倉米除改抵外餘銀叁拾柒兩玖錢捌分伍釐
叁毫伍絲柒忽解費銀壹錢捌分玖釐玖毫
廻風磯練兵帶閱共銀貳百肆拾肆兩壹錢捌分
朝賀行香紙燭銀陸錢
盤塘哨舡水手衣鞋正閏工食共銀壹拾柒兩貳錢
看守公館門子銀壹拾貳兩捌錢壹分
本縣刷卷銀壹兩
布政司造冊工食銀玖兩
備用內正官明暖轎等銀壹拾貳兩陸錢

本所過關銀伍拾陸兩
協編掛口遂廠銀捌兩
名宦鄉賢二祭銀柒兩
計原額田地山塘共柒千陸百叁拾柒頃壹拾捌畝貳
分捌釐陸毫伍絲
實載秋糧民米肆萬肆千玖百叁拾伍石叁斗肆升
伍合陸勺貳抄
夏稅小麥陸拾陸石陸斗伍升叁合
夏稅絲伍拾觔壹拾兩肆錢陸分捌釐

桑絲壹拾叁斤柒兩肆錢捌分以上叁項俱收入秋糧內派
應徵秋糧米麥共銀貳萬捌千柒百陸拾貳兩玖錢叁
分捌釐壹毫貳絲捌微玖塵貳纖壹渺
原額人丁壹萬叁百玖拾丁
應徵銀貳千捌百玖拾肆兩伍錢陸分捌釐捌毫貳
絲叁忽陸微肆塵肆纖伍渺
萬曆肆拾陸柒捌叁年每畝加增玖釐餉銀陸千捌百
叁拾玖兩玖錢貳分叁釐叁毫玖絲肆忽伍微
○以上田地山塘人丁并玖釐餉銀共徵銀叁萬捌千

肆百玖拾柒兩肆錢叁分叁毫叁絲玖忽叁塵陸
纖陸渺
○起運户禮兵工光祿併隨漕玖釐餉銀共該貳萬貳
千肆百壹拾陸兩壹錢肆分柒釐叁毫捌絲玖忽
貳微貳塵貳纖貳渺
○存留各官役俸薪工食驛站祭祀等項共額銀壹萬
叁千壹百柒拾貳兩柒錢壹釐玖毫捌絲肆忽內
除會議裁扣各役工食外實存銀壹萬貳千捌百
陸拾叁兩伍錢壹釐玖毫捌絲肆忽

順治玖年四月內會議裁各役工食共銀叁百玖兩貳
錢
湖洲雜稞等項共銀叁百柒拾叁兩捌錢貳分壹毫
柒絲柒忽　户共解司
裁解户部共銀貳千玖百捌兩伍錢捌分玖毫陸絲
伍忽捌微壹塵肆纖肆渺
外英山縣民段廷先等買過田粮抵楚禄銀壹百壹
拾兩壹錢柒分壹厘肆毫　今裁解部
按國之大事在田與賦田賦不清胥滋其竇民弗

堪矣維兹經制解與裁昭然井井庶幾無中飽之
虞乎

順治十四年奉文奉
旨將俸薪椋燭等項并吏書廩給照数扣解藩司
知縣每年俸銀二十七兩四錢九分薪銀三十六兩心
紅紙張銀二十兩油燭銀十兩傘扇銀二兩內除心
紅紙張外共銀七十五兩四錢九分將薪傘扇銀十
七兩伍錢壹分添入俸銀內照滿洲筆帖式哈方例
筭給銀四十五兩餘三十兩四錢九分全裁
縣丞每年俸銀二十四兩三錢二厘薪銀二十四兩照
滿洲八品官例筭給銀四十兩餘八兩三錢二厘全
裁

驛丞巡檢典史縣教諭訓導等官每年給銀三十一兩
伍錢二分為俸不必分柴薪字樣
以上係奉文行縣裁扣昔其餘存留款內如撫按道
巡歷操賞花紅考校科舉修造棚廠工食花紅朝覲
造冊送冊路費預備過往各官生員每年廩膳修造
渡舡進表路費渡舡水手挑符門神孤貧口粮巡檢
弓兵各項新裁規式俟奉
文抄詳刊刻

順治五年三月二十七日具題酌定優免則例奉
旨依議行
計開京官
一品免粮叁十石人丁叁拾丁〇二品免粮貳拾四石人丁貳十四丁〇三品免粮貳十石人丁貳拾丁〇四品免粮十六石人丁拾陸丁〇五品免粮拾肆石人丁拾四丁〇六品免粮十二石人丁拾貳丁〇七品免粮十石人丁十丁〇八品免粮捌石人丁捌丁〇九品免粮陸石人丁陸丁

以上在京官員照例優免在外官員各減一半其餘教官舉貢監生生員各免粮貳石人丁貳丁雜職省祭官承差知印吏典各免粮一石人丁一丁以禮致仕者免拾分之七閑住者免一半犯贓革職者不在優免之例如戶內丁粮不及數者止免實在之數丁多粮少者不許以丁准粮丁少粮多者不許以粮准丁俱以本官自己粮丁照数優免但有分門各戶疎遠房族不得一槩混免

縣志卷七
古今秩官表上
夫士也起蓬蒿而寄元元非徒備六秩塗民耳目其所為撫循較著也蘄僻江淮之隅凡仗節而來靡不經累蘄矣此蘄父老子弟額縷洒吏被德惠非周澤漸漬悪能勝其任而愉快也溺其職矣諺曰百里禄不灑心牛乃肥其秩官謂乎

	洪武				
知縣	朱文漢	趙季先	鄭德謙舉人	祖宗文舉人	陳德義舉人
縣丞	張衡諸暨人	方慶漸江西人	簡明昌四川人	陳文	
主簿	馬懋山西人	梅欽河南人			
典史	石均佐順天人	宋桿河南人			

張　政　蘄州人　舉人
尹起莘　廣東人　舉人
曹　興　盧州人　舉人
譚　渭　廣德人　歲貢
鄭伯圭　江西人　舉人

宣德

王　振　福建人　舉人
陳　李　福建人　舉人
黃舍觀　樂平人
夏　時　建平人
王　簡　四川人
朱友文　蘇州人

正統

胡　鑾　鄱陽人　舉人
李　蔚　四川人　監生
王　甫　綿州人
呂繼本　金華人
李文輔　舉人
鄭　隆　成都人
王　鑁
金　鼎　嘉興人

薛　茂　舉人
楊　貢
翟　城
陳有志　廣東人
李　序　真定人　舉人
楊　濟　貴州人
丁　顒　豐城人
孔　宣　東平人
楊　端　廣東人
錢　福　處州人
胡　澄　永新人
張　真
劉得貴　麗水人
吳友志　四川人
黃　祥　金華人
沈　清
吳　忠　眉州人
李　經　綿州人

張　佐　浙江人
平　和　桃源人
杜　禮　鄭州人
仇　松　河南人
陳　兇　永州人
偰　信　進賢人

天順

何　實　東莞人　舉人
楊　真
王　泉　吳橋人

蘄水縣志　卷七　秋官　四

成化

陳洪 新淦人 舉人
陳興 許州人 舉人
楊經 新昌人 舉人
潘玨 婺源人 進士
張玘 蕭山人
陳暹 浙江人
鄭文 漳州人
鄒新 嘉定人
侯爵 永城人 歲貢
林宗誠 仙居人
李澂 泗州人
熊寀 豐城人

弘治

余澥 綿州人 舉人
王相 嘉興人 監生
謝思昇 綿州人
張傑 鳳陽人
閔士昌 四川人
張洪 遂寧人
汪賓 錦州人 監生
陳沔
王焻 漳人 監生

蘄水縣志　卷七　秋官　五

黃鳳 吉水人 舉人
張正 烏程人 監生
汪深 進賢人 舉人
程昌 祁門人 進士
何澄 候官人 舉人
何倫 秀水人 監生
趙林 丹徒人 吏員
余涵 古田人 監生
張明
徐懋
張本根 富順人 吏員
聞端 汝州人
文學 洛州人 監生
楊中 四川人
周崇禮 巴陵人
王勳忠 章丘人
崔嵩 河南人
王裕 江都人
顏敬之 廬州人 監生
戴允洪 常山人 監生
傅瑶 丹徒人 監生
徐志仁 安宿人 吏員
張錦 陝西人 吏員

正德

嚴賓 銅梁人 監生

王伯 濰縣人 舉人
鄭淮 福建人 吏員
郎彰 建德人 吏員
楊自明 茂州人

謝爵 寧州人 舉人
劉鉞 平州人 監生
楊鎏 鬱林人 監生

傅士彥 貴溪人 吏員

嘉靖

徐甲 崑山人 舉人
陳昇 巫山人 監生
陳鳳 慈溪人
凌棟梁 巴陵人

楊世相 太和人 進士
袁㴱 餘川人 監生
黃鵠 眉州人 監生
汪仲和 清陽人

洪廷臣 桂林人 進士
毋克嗣 劍州人 監生
郭冕 孟津人 恩例
張堯 遂寧人

王幹 眉州人 舉人
程文
黃用 莆田人
黃瑤 巴陵人

譙陽 南充人 舉人
呂澤 麗水人 監生
羅吉 巴縣人 監生
黃大綱 餘姚人

李佳 金堂人 舉人
周瑤 舒城人
沈科 會昌人 監生
孫雲舉 河州人

周慎 高淳人 監生
周汝平 金華人 吏員
劉棟 會川人 歲貢
張邦儒 廣寧人

盛鳳 合肥人 舉人
徐來 郾城人 監生
黃用政 桂平人 歲貢
楊郁 泗州人

方玉崗 崑山人 歲貢
周國濟 壽昌人 吏員
余材 南昌人
任臣 興化人

蕭廷鷹 太和人 舉人
蔡仲貞 錢塘人 吏員
凌友序 仙江人 選貢

陳蘭洲 新建人 舉人
楊應春 清江人 吏員
張世文 蘆山人 選貢

倪民悅 上元人 官生
郁鏜 餘干人 吏員
舒成

曹恩 天長人 歲貢
張鍊
楊世相 歲貢

譚汝讓 興建人
高儒
張杓 藍田人 監生

謝于冏 安福人 舉人
徐納 西平人 監生

潘朝清 儀真人 歲貢

隆慶

張惟孚 成都人舉人
蹇任 光爭人歲貢
張垠 福建人

萬曆

劉憲 崇仁人舉人
李繼先
劉天定
林仁聲 福建人
董選 萬縣人進士
朱廷棟 餘姚人
孫一鵬
梁汝瑾 瀘州人
聞士選 江都人甲戌進士
陳棕 山東人歲貢
江揮 新野人監生
史犧 金壇人
孫善繼 萊陽人己丑進士
周繼春 諸暨人監生
黃朝郅 順昌人監生
沙浚明 長洲人

王建屏 陝西人進士
王以常
孟文
林璨 福建人監生
崔濤 山東人進士
江世東 歙縣人甲辰進士
羅學禮
杜應春 四川人庚戌進士
左君脩
張九皋
王應試

天啓

宋文昌 商城人丁未進士
陳一薦
魯舜純
范瑞辰
游王廷 臨川人丙辰進士
鄭德潤 北直人歲貢
張九洪 河南人
林廷翰 福建人
孔榮宗 商城人己未進士
傅汝琊 浙江人
蘇澤 霍山人
林彥鍾 福建人
金章燦 浙江人
李大受 閬中人壬戌進士
馬錦 鳳陽人
汪泗浚 安慶人
黃應蛟 休寧人

高尚賢 霸州人

崇禎

李汝璨 南昌人戊辰進士
趙肯南 真定人
呂承信
陳汝璜 莆田人
張文德
龔鼎孳 合肥人甲戌進士
榮端士 寧州人恩貢
汪明炳 山東人貢生
謝猷維 浙江人
孔惟時 四川人選貢
毛士倫 浙江人
胡大憲 山陰人

大清順治

胡根芳浙江人舉人
孔惟時四川人監貢
田玠昌樂人監貢
高岫寧晉人貢生
倪喬元平湖人己丑進士
劉澤濂太原人貢生
李蓀伏道人乙酉舉人
劉佑曲周人拔貢

吳文奕福建人
張禎莆田人吳王壹用
沈啟隆浙江人
湯掛如丹陽人恩選

徐綸衮四川人貢生
成之儒浙江人
主簿裁革

葉春芳浙江人
楊明時浙江人
楊文達
王如德陝西人

縣志卷八

古今秩官表下

	教諭	訓導	訓導	雜職
洪武	李恕潯州人舉人	張友諒		許宗巴河巡檢
	鄭昌廣東人	勞謙浙江人		高瑀巴河巡檢
		盧與齡豊城人		丁顯巴河巡檢
宣德		張坤江西人		王進巴河巡檢
		左惟賢武進人		柴亮巴河巡檢
		簡縉紳臨江人		張浩巴河巡檢
		王顒江西人		劉恕浠川驛丞
				聶明之浠川驛丞

正統

申屠鐸 懷安人 己未

薛謙 武進人

閻學 銅梁人

宋朱昭 莆田人

孟弘 浠川驛丞

韓季安 浠川驛丞

王鑾 浠川驛丞

陳思傑 浠川驛丞

王澄 浠川驛丞

鄭京畿 太和人

趙友 安岳人

鄧林 長寧人

段續 浠川驛丞

陳篚 浠川驛丞

劉汝敬 浠川驛丞

王勝 浠川驛丞

王夢永 浠川驛丞

天順

人

梁漢 浠川驛丞

靳中 巴水驛丞

樊仕華 巴水驛丞

范銘 巴水驛丞

謝聰 巴水驛丞

成化

李廣居 四川人

盛德 上元人

楊復初 太和人

胡廣 瑞州人

周寬 雲南人

徐文質 四川人

谷暉 巴水驛丞

鄒吟 巴水驛丞

鄭相 巴水驛丞

陳廷相 巴水驛丞

袁濟 巴水驛丞

劉　復 來安人
陳　詡 江陰人
宋　玉 楚雄人
張　澡 德興人

甫　鎡 涪州人
汪　溥 南城人
胡　深 西安人
夏時亨 濰縣人
宋　鈁 安東人

李　班 巢山人
李元泰 雲南人
劉　壁 定遠人
麥盈之 高要人

樊　笄 巴水驛丞
吳思學 蘭溪人 驛丞
周　霈 蘭溪驛丞
喬　玉 蘭溪驛丞
周　錢 蘭溪驛丞
王　璉 蘭溪驛丞
李　璁 蘭溪驛丞
吳　論 蘭溪驛丞
賈　森 蘭溪驛丞
陳　選 蘭溪驛丞

正德

馬才倫 全州人
林　增 古田人

牟正表 巴縣人
余　璲 滁州人

裴惟仁
侯來壽 蘭溪驛丞
談　鳳 蘭溪驛丞
許　洪 蘭溪驛丞
王國卿 蘭溪驛丞

嘉靖

丙申 李　仁 儀衛司人 舉人
鍾　萬 順德人
蕭　璞 大足人
高攸東 南昌人 歲貢
施顯卿 無錫人 舉人

梅　乾 山陰人
官　佳 威遠人
楊　元 太和人
吳　臣 華亭人

李　森 蘭溪驛丞
張　政 蘭溪驛丞
熊　貴 楊歷湖官
楊　鉉 楊歷湖官

黃　鍾 南昌人歲貢
黃　鰲 四川人歲貢
郭　聘 內江人歲貢

胡用中 光州人
鄔玄繡 寧海人
陳　吉 新繁人
陳　滌 奉節人
段盡中 歲貢

李　昺 楊歷湖官
魏　廣 楊歷湖官
袁　啟 圻湖〻官
閻　華 圻湖〻官
張廷瑞 巴河巡司

隆慶

董　爵 浙江人歲貢
陳　策 福寧州人
李　陛 寧國人歲貢

吳慶儀 巴河巡司
吳永福 巴河巡司
楊秀貴 浠川驛丞
朱尚德 浠川驛丞
施　崑 浠川驛丞
趙　仁 巴河巡司
宋　偉 巴河巡司
張　岳 巴河巡司
謝恩勤 浠川驛丞
鄔　林 蘭溪巡司

萬曆

劉光裕 寶寧人
申騰漢 涓浪衛人
尹　罕 大谷人歲貢
己卯
蕭文明 江陵人歲貢
杜方儒 同安人舉人

朱萬鈴 四川人歲貢
黃日旭 華亭人歲貢
李　藩 上元人歲貢
俞之屏 烏平人歲貢
徐　緘 清陽人歲貢
汪楚賓 長沙人歲貢
傅之道 萬縣人歲貢

張　忠 蘭溪巡司
鄭夢章 楊歷湖官
朱　衣 圻湖〻官
楊一林 巴河巡司
朱民質 巴河巡司
姚時中 巴河巡司
高士萬 巴河巡司
劉宗昺 巴河巡司
王　穩 蘭溪巡司
陳士慶 蘭溪巡司
沈　曜 浠川驛丞
蔣　祥 浠川驛丞
鄭　桑 浠川驛丞
胡　宣 巴水驛丞
許宗仁 巴水驛丞
徐　立 巴水驛丞
張　蕙 蘭溪驛丞
邵　恩 蘭溪驛丞
賴汝先 蘭溪驛丞
孫　濟 圻湖〻官

黄榜 举人
秦光祚
周日庠 江西人由教谕成进士
己酉 游一清
汪學海
陳正言
喻嘉垣
盧宗顺
文在人
曾上哲
胡寓 墨官 圻湖人
杜訓 浠川驿丞

蕲水縣志　卷八 秩官　八

甲寅 青崇益 常德人举人
張邦譽 岁贡
武典 岁贡
易惟時 荆州人举人
謝天植 耒阳人岁贡
黄裳吉
王璧 岳州人岁贡

天啟
黄閉 景陵人举人
陳之恪 武陵人举人
詹在前 景陵人举人
唐之學 貴州人岁贡
王體中 雲南人岁贡
劉澌
陳佐聖 武陵人
鄧巨 武昌人岁贡
毛應龍 岁贡
孫儒 承天人岁贡
房連雲
童明衡 鍾祥人岁贡
李庚 潛江人岁贡
童天申 施州衛人岁貢

崇禎

蕲水縣志　卷八 秩官　九

大清順治
鄒胤孝 臨川人举人
周瓔 大冶人中己丑進士
吴高 黄陂人秀署
段衫 大冶人岁贡
李子昱 孝感人選人
王大章 鄖陽人岁贡
潘如安 臨湘人岁贡
金音 荆州人
沈應相 巴河巡司
陳王猷 巴河巡司
金英 蘭溪巡司
胡璧 浠川驿丞
王臨 浠川驿丞
陶志 巴水驿丞
柳象崇 巴水驿丞
王家相 蘭溪驿丞

縣志卷九

選舉年表上

辟舉科貢登士之選也蘄文禮之邑士所由取榮名顯國都者衆矣迺余間窺其風詢之故老其先世盡井瞋於涸閑多貧而暗於文云夫蓄極而洩天之行也一蔟而雲蒸龍變處如處女出如脫兔所由來遠矣

紀代	進士	鄉舉	辟薦
宋		姚彥良 治易解元	
端平丙申科		劉復心 治書	
元 仁宗壬子開科		李芳孫 號梅軒解元	
延祐丁巳科 四年	薛漢卿 授館博士		
庚申科		周燁 治書	
至順壬申科 文宗三年		左容賢 治書	
		楊煥 治書	
至正甲申科 順帝四年		劉真 治易	
丁亥科		李希白 治春秋	
		畢蘭亭 解元	
戊子科	李希白 號		
庚寅科		棄真 治易	
辛卯科	何誠	何誠 治詩	
丙申科		楊燁 治詩	

明

進士 舉人 歲薦 辟薦

洪武 太祖

十七年甲子科

舉人：徐福一 治易解元

二十三年庚午科

舉人：戴綸 治詩任山東道御史

歲薦：黃紹祖 任刑部侍郎

葉輝 任鹽運同知

辟薦：楊思義 以人文舉任戶部尚書

二十六年癸酉科

舉人：許禎 治易

章琦 治易任南昌訓導

歲薦：鄒以脩 任刑主事

李思贇 任溫州知府

王瓚 任四川清神知縣

程紀 任四川新津知縣

劉榮 任四川楚雄府同知

辟薦：蘇哲 以儒士舉任棗州學正

楊泰 以天文舉任真定同知

薛均 以人才舉任應天府尹

楊子旻 以人才舉太原府同知

永樂 成祖

二年甲申科

進士：許禎 任山東霑化知縣

歲薦：朱伯琦 任教諭

張珩 任山東嘉祥主簿

陳賓 任金華府同知

劉淳 任四川瀘州吏目

徐添理 任浙江監察御史

辟薦：沈傑 以儒士舉任汀州同知

蔡鑑 以儒士舉任晉府長史

乙酉科

舉人：陳文顯 治易

戊子科

舉人：何進 治易

張喜 治書任河間府通判

馬汝賢 治易

歲薦：劉俸 任建平縣丞

張瑛

辟薦：王庸 以儒士舉任晉府紀善

易愷 以人才舉任太醫院

席隶 以人才舉任北京倉副使

甲午科

舉人：可鉞 治書任郢縣訓導

歲薦：戴鵬 任鎮遠府同知

辟薦：張民瞻 以天文舉按察司副使

十八年庚子科

舉人：丘思恭 治詩任敘州府知府

歲薦：徐淳 任肇慶衛經歷

辟薦：梅思溫 以人才舉撫州同知

癸卯科

焦昌 治詩任四川安縣訓導

彭鉉 治易

何文憲 治詩

柴孟溙 任河南倉大使

柴孟清 未仕

周澍 以人才舉任從遠驛丞

王道 以天文舉任廣東知府

張存禮 以天文舉任德慶知州

王如源 以天文舉任寧波通判

徐麟 以儒士舉

宣德 宣宗

元年丙午科

呂鏞 治詩任清流知縣

方文質 任四川江津縣知縣

黃思剛 任典州左衛經歷

徐振 任廣東保昌縣丞

王鏞高 任雲南廣通知縣

王彬 以良醫舉任太醫院判

正統 英宗

三年戊午科

六年辛酉科

張詳 治書

吳沭哲 治書任河南道御史

王德余

張富 任廣西賀縣知縣

徐信 任贛州府知事

魯忠 任肇慶府經歷

景泰 景皇帝

元年庚午科

四年癸酉科

徐溙 治易任夔州府教授

薛濟 治易任臨川知縣

張瓚 治易任開縣教諭

陳仕霖 任山西太平府知府

王直 任楚雄府經歷

程思銑 任四川保寧知事

方清 任四川崇慶吏目

七年丙子科

華　綦治易任南充縣教諭

樂　武

李　端任鴻臚序班

龔　淵任懷慶府吏目

劉汝賢

華　鏞任泰新縣丞

天順六年壬午科

呂　渭治詩

余　璣任易州吏目

戴自省任四川銅梁縣丞

殷　倫任盧龍隆慶衛經歷

邢道鑑

成化憲宗元年乙酉科

魯永清治詩

彭　珀任貴州新添衛教諭

易　澤以人才任[illegible]縣事八月

二年丙戌科

呂　渭任行人

四年戊子科

程　岳治易任潁州同知

張文禮任四川營縣知縣

十六年庚子科

徐紹先治易二十八名

郭　奎任留守衛經歷

辛丑科

魯永清任江西左參政

丘　高任蓬州訓導

二十二年丙午科

李　汰治易任義烏教諭

周仕淵任廣西平樂府推官

丁未科

徐紹先任貴州銅仁府知府

周　宣任瑞州府經歷

周仲安

吳　志任金壇訓導

樂　和任四川眉州訓導

弘治孝宗二年己酉科

程　節治易

徐公正

五年壬子科	八年乙卯科	戊午科	辛酉科	十七年甲子科
孫昜 治詩，任饒州訓導	李尚仁 治禮記	徐吉貞 治易，任南戶部郎中	程翔 治易	郭文翰 治易，任廣東鹽提舉 陳椿 治易，任陝西巴鄉知縣 田重器 治春秋，任四川永川知縣，本姓錢 田貢 治春秋，任杭州府同知，奏復錢姓
南朝陽 王泰	南時陽	胡宗周 任豐城縣訓導	萬禧 任順慶府經歷	潘庠 任光祿寺署丞 詹子雲 任廣東德慶縣主簿 汪倫 王紳 任浙江淳安縣丞 周紹武

正德（武宗）二年丁卯科	庚午科	丙子科	己卯科
呂爵 治春秋 周卿 治春秋，六十九名	李宗元 治易，任河南沈丘知縣 操永魁 治春秋，任長史	程轍 治易，任南國子監助教 蔡日涇 治易 程象 治易	胡仲謨 治易 陳欽 治易，四十八名，任平鄉
張綀 任瑞州府照磨 畢鴻	王中正 任江西都昌知縣	陳大鵬 任泗州判官 樂恢 李性文 任雲南嶍峨知縣	程文遠 李延芳 任四川大足縣訓導

		張　璿治易任漵州府知府	袁紹芳
十六年辛巳科	周　瑯四名任廣東提學副使 庚辰入關次年殿試　胡仲謨任雲南按察僉使		閔子厚 丘　璽任長壽縣訓導
嘉靖世宗			周　臣任清平縣知縣
四年乙酉科		李龍芳治易任知州	龔　鍪
		胡仲誥治易	闕仕哲
丙戌科	胡仲誥任陝西參議		丘　璋
戊子科		殷　相治易	畢良凱
辛卯科		李承陽治易	張　珏
甲午科		易文訓治春秋未仕	周　制任雲南布政司經歷

蘄水縣志　卷九選舉　十一

庚子科		徐步雲治易任雲南祿豐知縣	朱文明任教諭
		錢邦偁治春秋	魯　思任井研訓導
己酉科		周鳴塤治春秋五十一名	何　爵任斷事
		李　獻治易任寧國府同知	夏尚表任德州訓導
壬子科		朱　袗治易	周玉球
癸丑科	朱　袗任浙江右布政使司		汪　輔任大興知縣
	錢邦偁任太僕寺少卿		朱蘊祥任兼縣縣丞
乙卯科		欒　洨治易任河南知縣	魯　辯任彭水縣訓導
戊午科		李纖嗣治易六名	潘　瑤任河南考城知縣
己未科	周鳴塤三十四名任廣東左參議		熊正山任四川安樂知縣

蘄水縣志　卷九選舉　十二

壬戌科 李鑑嗣 任廣東副使
甲子科
朱期至 治易
胡邦謙 治易
程輅 任河南南水知縣
周望 任豐城訓導
徐文匠
陳鵬 任河南南水知縣
陳鉞 別駕

穆宗隆慶
二年 丁卯科
李時成 治易
潘瑯
游乩
李之實
徐堯私 任陝西鳳縣知縣
萬良儒 任祁門訓導

元年 癸酉科
李第 治易十六名
畢良謨 訓導
石三復 治易十二名 任同知本姓桂
錢邦似
何鳳起 治易六十一名
周中元 元年貢
周延甲 治易六十六名 任虹縣知縣
陳鈕 任知縣
甲戌科 朱期至 任懷慶知府
王三輔

何鳳起 任廣德知州
丙子科
張文光 治詩二名
王希舉
蔡斗移 治春秋四名
周迪 治易 南關任 松江府通判
周道大 治易八十八名 任知縣
周延大 未仕

丁丑科

蔡斗移　任臨江知府陞運使

潘學聖　治易四十九名

己卯科

何其弘　治易八十五名

胡允寀　治易九

壬午科

朱朝華　治易二十三名

馮國祥　治易二十八名

徐存德　治易五十二名

閔廷甲　治易五十八名

周光德　治易六十二名任湖縣知縣

何其謙　治易六十四名任伏羌知縣

乙酉科

陳所志　治易

丘文山　任大庾知縣

周應期　治易十七名

桂凌雲　治易五十二名任通判

丙戌科

徐存德　任仁和知縣南京戶部主事

戊子科

張原碩　治易四十名任知州

己丑科

閔廷甲　任右通政使

何其弘

辛卯科

金玉節　治易十二名

甲午科

陳秉厚　治易十七名任通判晉知府

楊繼哲　治易二十名大同府推官

丁酉科

周延光 治易二十三名

孫慈 治易五十九名 任知縣

附 朱一統 朱衫從 任中羅田學

張應奎 治易七十二名

周道仁 [illegible]

戊戌科

金玉節 二百五十二名 任員外

張文光 任翰林院司業

楊遴春 已亥歲薦任通山教諭

庚子科

楊惟一 治易五十八名 雲衡司郎中

王之民 治易六十五名 任知州

辛丑科

周應期 二百三十三名 廣東巡按御史

周延光 二十四名 光祿寺正卿

癸卯科

郭士望 治易解元

易之會 任隨州學正

畢大猷 治易二十五名 穀城教諭

許元卿 治易三十五名

孫逢時 治易三十九名 任知縣

姚明恭 治詩

甲辰科

郭士望 任福建按察司

周之祐 未仕

張應奎 任漳州府推官

丙午科

游之英 治易六名 任知縣

己酉科

朱期昌 治易中北闈十三名

饒正宇

庚戌科

朱期昌 五十八名 任常州知府

周延中 任耒陽知縣

壬子科
南有基 治易十名
楊楚龍 治易十八名
汪凝 任撫州府通判

乙卯科
朱朝熙 治易任泉州府知府
楊伯璟 任星子縣知縣

戊午科
蔡璩 治書十二名
楊伯廷 任四川都司經歷署雙流縣
王覺民

桂啟芳 治易五十九名
謝天申 治易七十二名西寧知縣

己未科
姚明恭 十名任文淵閣大學士
蔡璩 任成都府知府
畢昌

天啟 熹宗

元年辛酉科
魯若參 治易任教諭
錢鑽 任寧州訓導

甲子科
畢九臣 治易二十一名嘉興府同知
汪効忠

丁卯科
周之士 治易五十五名任婺源知縣
楊日隆 任經歷

崇禎 乾宗
萬事忠

元年戊辰科
楊楚龍 治易七十二名任知縣監紀
周之傅 未仕

庚午科
楊繼錦 治禮記二十八名
高弘基 治易三十七名
胡三宗 治易四十二名任知縣
饒應元 治書七十名
丘之宗 治易七十四名
蔡民範 中乙卯乙榜以父盛華曾于萬曆十七年捐金千四百兩糴谷救飢至是邑人姚明恭具題保奏欽賜未就呈奉知縣龔參祀鄉賢

辛未科　桂啟芳　任廣東海陽知縣

癸酉科

甲戌科　南有臺　任東昌府推官先任主事

畢期玗　治易七十六名

南居翼　治易七名

胡三順　治易

汪來泰

華子晃

丙子科

丁丑科　黃耳鼎　三名中書陝西巡按

周壽明　治書解元

黃正色　治禮記二名任蕪湖知縣

畢十匡　治易十一名

黃耳鼎　治易中姓關

周徒行

己卯科

周壽明　六十四名由臨瀛曲周知縣行取擬授吏科給事中以國變未任

畢十匡　二百八十七名由旅谿吳橋知縣行取擬授福建道御史以國變未任

李見璧　治易十三名

楊廷簡　未仕

庚辰科　高弘基　六十四名任大名府推官

壬午科

尤宗先　治易二十四名本姓鄒

楊簡　治書十八名

金甌　治易

謝天知　治易

劉炎

南山石

大清順治

三年丙戌科　湖廣開科始於是年九月

張繼善　治書　徐二南

南之俊　治易九十五名　本姓王

李生昊　治易　徐一偉

程維伊　治易　徐二瑞

汪文光　治易　官撫邦　任大冶教諭

李粟　治易與生昊同胞　岑桂瀾　任訓導

丁亥科　李生美　任浙西遂安縣知縣

周之棨

戊子科

張五衡　治書十五名

楊繼經　治易三十七名

己丑科　胡三顺　任山東萊陽縣知縣

徐學昌　任武陵教諭

辛卯科

李之驥　治易十　武昌坐　本姓鄧　李生溪　任訓導

李華　治書　周從文　任教諭

陳璨　治易

駱驕　治易

桂沖雲　治易本姓柴

高耀基　治易　虔浚明　任訓導

甲午科

王保釐　治易　黃士英　任教諭

邢子愿　治易　姚師孟

洪一翥　治易　黃宗鶚

乙未科

楊繼經 候補京職

丁酉科

本志御降

畢瀛洲

楊成琰

縣志卷十

選舉年表中

紀年	恩封	武職	錄蔭
元		薛天定 仕元為兩淮都招討使上軍 薛楚卿 以父天定襲總管	
		薛徵 楚卿子仕元為兩淮都統制從明太祖渡江恭知萬府督僉華軍事	
明洪武	王貴卿 以子聰貴封武城侯	王聰 先任總鎮以靖難功封武城侯北征戰死贈漳國公謚威毅	王瓛 以父聰襲武城侯

成化

張吉華　以子銑貴贈徵仕郎金吾左衛經歷

魯綱　以子永清貴贈大理左評事

徐溱　以子紹先貴贈主事

王誠　仕元為宣尉司明太祖吳元年九江歸順授給原職戰有功世襲指揮永樂間同沐英走找道取雲南加錦衣衛世襲

王玭　承襲指揮僉事

弘治

游復初　以子庠貴贈光祿寺丞

徐桂　以子貞吉貴贈員外郎

正德

周紹吉　以子卿貴贈給事中

胡溥　以子仲謨仲誥貴封主事加贈副使

劉威　以父調襲黃州指揮

嘉靖

陳厚元　以子欽貴贈文林郎

張大昕　以子璠貴贈員外郎

汪復榮　以子輔貴封大興縣丞

朱文奎　以子棆貴封御史贈副使

文質　由武狀元任都督

周楫　以子鳴堝貴封主事

隆慶

田貢　以子邦倚貴贈知府

李美　以子鐖嗣貴贈郎中累贈

王承芳　以子希元貴贈按察副使

文應詔　由武進士錦衣衛都指揮僉

徐文言　以子一唯貴封知府

胡振揚

李廷誌　以子時成貴封御史

文應科

萬曆

徐步雲 以子任德貴贈文林郎

何大昭 以子鳳起貴封知縣

何鳳池 以子其弘貴贈文林郎

洪鍾響 武解元

宋 袗 以子期至期富從階通奉大夫

蔡 濂 以子斗移贈大中大夫

歐 梅 甲子科武鄉試三名

閔 翔 以子廷甲貴封通政使

易 任 以子之貞貴贈刑部司務

楊伯資 以子繼哲貴封文林郎

周 栻 以孫延光貴晉贈通奉大夫

周鳴叩 以子延光貴封贈通奉大夫

天啟

宫如阜 以子應震貴累贈中議大夫

鄧祖禹 由己未特制將材武進士任參將

楊申春 以子伯延貴贈徵仕郎

崇禎

楊 蒞 以子惟一貴封奉直大夫

陳經邦 戊辰武進士任守備

姚子鶴 以孫明恭貴贈大學士

姚光盟 以子明恭貴累贈東閣大學士户部尚書兼太子太保

雷應貴 辛未武進士任游擊

楊繼周 以子楚龍貴贈文林郎

畢大猷 以子九臣貴贈奉直大夫

謝魁芳 以子天申貴贈文林郎

大清順治

黃一選 以子正昭貴贈徵仕郎

周延甲 以子之士貴贈奉政大夫

朱廷錫 以子朝燦貴贈奉直大夫

郭正中 辛卯武科

官純心 以父撫漁爲會稽令死難賜整祭錄其孤純心賜名存

捐入監讀書

縣志卷十一

選舉年表下

恩貢　應例　雜職　尚義附

明洪武

楊 銘 任四川清水縣丞

王志剛 任浙江吳山縣丞

魯必成 任江西安樂縣丞

王如川 輸谷五百石

徐士潮 輸谷千二百石金千餘金

程 琥 輸谷四百石

宣德

陳 瓚 任紹興府同知

李 儉 任河間衛知事

陳遵德 輸谷六百石

正統

張 儁 任漳安縣丞

王 鍾 輸谷三百石

賀宗茂 輸谷五百石

周永全 輸谷四百石

成化

徐紹禮任典史

王永任溫江典史

席永剛任霑化縣丞

徐友恭輸谷四百石

夏子美輸谷四百石

徐行中輸谷三百石

李福兀輸谷三百石

沈文真輸谷三百石

張銓任聊城縣丞

閔栩任霸州判

吳讓任太倉知事

徐誌任順天照磨

龔源任倉大使

劉子才輸谷二百石

蔡晧輸谷五百石

弘治

畢鵬知事

陳謨

陳景文任縣

胡濂

畢良貴

胡文任工部大使，部授登仕部

郭珉任山西按察司獄

徐昭任雅州吏目

陳仁本任婺源主簿

李林任福山主簿

聶俊任石洋驛丞

黃瑄任揚莊巡檢

周星任青塘巡檢

袁鈺任酆都典史

李陽春任淮安大使

盧伯林任銀山巡檢

胡昇任武寧巡檢

孫替任新都主簿

吳忠任忠州鹽井提舉

凃由任巡檢

正德

詹瀾

程兜遠

龔德遠

周樑任縣丞周府審理

龔志剛任恩州巡檢

蔡仲傑任驛丞

蔡時達任衛經歷

王承寵任兵馬

胡仲芳任兵馬

羅衣任縣丞

徐文貴

周珪

嘉靖

周廷士戊辰恩選黃州府已卯任溫縣知縣

周策任經歷

程漸

王廷文

易文吉任縣丞

周璞任經歷

馬訓文任滑石巡檢

李宗彬任沾陽驛丞

周　情　任縣丞
程　輗　任經歷
程　輦　任主簿
詹元相　任吏目
詹　化

陳友義　任水西驛丞
甯尚玉　任四川大使
劉文虎　任寧遠倉大使
馮　懋　任巡檢
蔡斗章　任驛丞

柯楚山　恩貢任羅水縣主簿

姜朝制　任州判
畢　旻　任主簿
周鳴鶴　任都事
畢　星
丘如山

朱思浩　任倉大使
王　珊　任鹽井大使
蔡際期　稅課大使
葉仲義　任大使
陶　賓　任巡檢

畢　輧
周鳴東
丘　塾
蔡斗嶹　任成都主簿
陳　錄

劉　富　任大使
陳　賢　任博白縣典史
詹　鑾　任大使
程碧霄　任大使
劉　相　任知事

陳　言　任吏目
李　薦
徐　璋
李　譪　任縣丞
劉元吉

夏　渭　任南浦驛丞

劉元勳 任縣丞

劉元士 任懷寧縣丞

桂　森 任吏目

李宗孔

周　怡 任吏目

李崇芳

李早芳

周　文

李　莊 任州判

羅良詔 任縣丞

龔起鳴

郭　洽 任主簿

周鳴鎬 任經歷

桂　木 任縣丞

周鳴篪

王廷靜 任主簿

南子申 任吏目

桂　林 任經歷

南廷佐 任縣丞

楊鳴春 任主簿

陳　勲任縣丞

王希覺任主簿

蔡　仁

胡述謙

張鳳益

周鳴奭任縣丞

程若璧

周鳴泮主簿

楊任春

周鳴陽任訓導

朱　祚

周　廸見舉人

詹元弼

程若紀任縣丞

王國仁

程　評

胡在謙

郭良彦

胡耀謙

楊慎春任主簿

蔡斗焜
姜允恭
曾一梟 任主簿
柴大梧
周鳴珩 任主簿
姜允亮
柴大吉 任縣丞
王希周
蔡斗煬
蔡　鶴

胡行謙 任廣西思恩縣知縣
陳良任 任主簿
劉元臣 任典史
曾一傳
徐雲翔 任縣丞
桂三華
馮良知 任太醫院吏目
王希譽
施　恩 任典史
楊灝春
楊伯愈 任吏目
李上華
楊　暄 任驛丞
戴秉彝
吞　義 任縣丞
楊伯梓
馮仲杰 任典史
潘時敏
周延禎 任典史
程君俊
周鳴琹 任大使

周鳴咸 任休寧縣丞周應期之父

柴大桐

楊浩春

周鳴悅

紀若典 任序班

徐一麟

楊昇 任大使

張恭 任典史

馮良能 任典史

馬自新 任大使

王紹中 任典史

楊化春 任主簿

滕沛貽

王三徵

楊碩春

蔡著

郭廷錦 任大使

曾一理 任吏目

戴應唯 任經歷

戴喬 任驛丞

蔡思良 任經歷

萬曆

錢邦伊 任浙江衢州府通判

周廷士 任温縣知縣

郭之大

黄宗亨

曾三樂 任宜興縣丞

劉可久

陳良傅 任通判

熊孚吉 任主簿

熊廷相 任巡檢

姜朝徵 任巡檢

許激 任巡檢

畢竟和 任大使

湯執中

蔡國琦 任壽光主簿

錢承斗 習春秋

王三見 任耀州州判

張泉

李暢貽 任大使

畢竟孝 任經歷

胡端 任巡檢

魯宗學 任巡檢

徐瓚 任奉祠

丘似山
丘鎬任大使
詹大從
華禎任典史
龔章
柴大楠任司獄
汪文炳
周田任知事
楊之翔任鴻臚寺序班
楊承訓任大使

徐喬齡
高如岳任新津縣簿陞靈川衛經歷
湯仲堯任鹽大使
楊伯溥任貴池主簿陞衛經歷
涂瓊任驛丞
柴棨任縣丞
廖必忠任驛丞
楊伯鵬縣丞
潘時宜任經歷
徐學禮任縣丞
蔡斗熹任稅課大使

楊伯鵾
王紹周任大使
楊伯鵠
楊蓗任縣丞
周道恭任長史
高時進蘄州吏目
王三捷任縣丞
張開德費縣丞[illegible]
楊繼祚順治三年發審安仕
羅之祥任典史

泰昌
官撫辰桃源知縣陞徐州守
陳于前懷慶通判
天啟
程九萬知州
姚允慕保寧通判
羅國學任典史
張所逸姓本姜任浙江金華府義烏縣主簿有功陞本省衢州通判
張開仁[illegible]縣丞
高節[illegible]

蘄水縣志　卷十一　選舉　十八

崇禎

楊伯賓

吕應宸 任廬州判

官撫極 以丁卯北闈副榜貢任保定貴陽通判

郁文初 任知縣

柴登芳 省祭

王悅民 任嘉定州判

徐嘉爵 任奉節典史陞巡檢

聶惟賢 任九江府經歷

陳任爵 任增城教諭以順治初

閔以棟 初任膠州同知署州事署即墨県事陞温州府通判署瑞安県事署永嘉県事署處州府事再陞亳州知州 清朝調廣德州知州陞肇昌府同知

黎弘祚 戊辰恩貢順治甲午廷試

王士俊 以乙亥特例試二場五篇謄録彌封貢每縣取一人

夏之謨

陳一忠 任開封大使

葉振高 京口巡檢

文光印

吳尚義 崇禎癸未與邑庠皆與經營流寇之亂率衆巡守襲今旗之蘄鄉欽

蘄水縣志　卷十一　選舉　十九

大清

順治

姚居恭 以己卯廷試特賜御進士劍州知州陞重慶同知

畢祖洲

周爲爵 由黄岡廪貢陞通判

官撫瀕 會稽知縣

官濟民 任桐城典史

楊繼暢 由戊子副榜拔貢推官

南　仲 由戊子恩拔任滄海知縣

何之翹 由戊子恩拔授知縣

夏奇男 由戊子拔貢

胡　旦

周　文 任恩縣主簿

張開行 任密雲縣丞

文之貞 任海寧主簿

官應朝 任福建巡檢

楊鎰用　由辛卯圻州學恩貢授通判

王臨民　以通判改授興清縣丞

李見瑤　以辛卯恩拔

畢紹昌　以甲午歷拔

鄭嗣產　由乙未廷試

歐陽階　由乙未廷試

南之[illegible]　由乙未廷試

縣志卷十二

名宦志

傳曰奉法循理亦可以為治諒哉言之夫緣迹而議其閒陽浮慕以奇眩者豈少槩見而悶悶醇醇率以聲旋後世焉則漸肇深淺之勢異也何論庬庬奉官矣後有作者若鄱陽諸君子殆前茅乎哉

循良列傳

明

趙季充以洪武甲寅知縣事蘄會勝國之餘兵戈始寧先

是元執蘄闕剪邑屋惟是諸務趣公至鎮以撫柔增捋重勢俗大創焉舊志稱倜儻有為云

胡奎以正統己未知縣事歷福建懷安邑教著文學聲用廷臣薦來凡九年政尚和平而猶加意擴學基創會所以文課諸生而命曰蘄陽會用是士多興起若蘄有四風磯最險稍逆而上一港水至則居人魚鱉盡港通圻湖達大江故易為患害胡君曰磯即險乃在江中舟楫或無恙若斯港如吾民何乃謀以竹籠實石塞其上俾湖水不江運土實港俾江水不湖二水分爰命人壘石

亢之工計以萬遂名曰萬工堤仍立廟祀土爰江神以
堤頹者居者如垣途爲食寇屈番陽記曰公爲政凡繼
民者務饒害民者務袪此足以觀公政矣其先世曾祖
振鄉與妻趙氏嘗以忠節顯於前明祖叔儀又以才行
為處元令已而自縣有詩若干卷傳於世人謂公不愧
虛聲云
陳興以成化間知縣事公性端方下車數月剔蠹釐奸無
不犂然就理四境為之改觀至其理獄柳鎮扶羸鋤悍
其情去之日蘄思為立碑〻最而遊歲弛著舉復張拉

鄉飲纍積乃倉民思盛德何能忘
滿珪字玉汝以成化甲辰進士丙午知縣事公性澹泊故
不攜家累單騎來蘄其廨宇蕭然聊蔽風雨人有勸公
新之者公曰吾與一事即民多一事且休惟是割己俸
陳設俯拓學屋齋廡已而於北郭門外置倉二十四
會歲秋歉備粟石千偏曰濟民又增次倉以備不
秋其城南有渡當四分五合之衝冬秋木架橋漲則舟
舟不勝則載者溺乃公捐金用巨木鐵維〻之益夫四
人至今稱便李東魚記倉稱公養民也能取民也不能

此足以觀公云自著有井棠集三觀稿
黃鳳由舉人以弘治間知縣事性仁愛愷悌間收邑入字
徐〻不惜冒法罰初來蘄豪稱羨之饋粥為具嘗語
人我奈何頭搶地乞靈貴人間為好言不信也惟一意
拊循竟以調去
汪深由舉人以弘治甲子知縣事性慈惠視民如子先是
公至倉無完堵粟無備石公乃日夜運心或因隣倉富
民兔其勸借省令助脩或因盜折官倉責其本罪責償
所貲不旬月而六倉興厥由是因罪贖刑文貲之囊中

俸不兩歲而粟備有二萬許旱則出粟民鮮溝壑死者
實多公之功
曹達太倉人進士以隨州判來署蘄篆甚蕞邑豪傑皆人
人惴恐然亡文深也夫蓄私刻貪酷於兩極會上南巡
命下道蘄公治乙甲甚具毫亡苛蘄〻德之去之日蘄
人俱往送壺漿犒從而還
蕭祥庚由舉人以嘉靖間知縣事鎮靜儉約里甲節省催
科有法至今為畫一規識援邑士造就若衆三年奏績
考異等大計後即致政歸當道移檄趣其赴任終不起

黃合觀以宣德中為丞時學宮兩圮丞捐金興舉甚盛士人多焉先是嘗大書箴於座前且以誓言自儆云

李蔚字仲文以正統年為丞任行端檢邑凜凜也邑令胡奎善之嘗曰仲文當不愧吾治其經畫創建多謀於丞

張玘成化間由辟薦為丞有殊才聽民一言半辭惟允坐不設絪帷吟咏自喜勸士敎民多稱什焉

王相以弘治間為丞清慎耿介難以私見長吏有遺政必為白之不少假令憚推轂之然亡樂也意以恬退行志其

侯爵由恩貢成化間為簿多惠政尋擢鄖西令邑人遮留不得如鄖邑人嘗見思

王賓字用南以弘治間為簿善催科亡用刑率好言結民民喜期以日月靡不供也人謂惠政

冉鎡字實夫弘治間任蘄傳遂名理諸生中家壁立者不責之金然猶捐金有親老為加存問月蓋幾試諸生云

梅乾嘉靖間任蘄傳性謹厚敎士率先躬行逸敎者必面數之故士多餙躬尋丁內艱去公論惜焉

鍾萬嘉靖間任蘄傳其來敎也融融下蓋齊肅率以純質樸茂先士使疏其穢而鎮其浮士習因囊舉止士人多效之謂為鍾邑傳家法

閻士選江都人萬曆甲戌進士以己卯知縣事時萬曆九年下方田令公與邑士夫里老等制弓格計便宜度肥瘠秋秒促民收斂始興厥事即以制定弓格令民戶自為丈諸外境持弓伺民募若悉寬出境積算吏卒閒弗使出聽民自丈民間父子兄弟夫婦隣佑互相與丈畢則又對相語曰某寬某縮某可無疑於官府之柚大而某尚致恐於左右之連坐閘吏於九月朔而報成於十年正月望無隱無欺民甚便之公為建蘇民亭自為

記以紀其事更加意風化於蘄之先賢申舉孝弟忠信禮義廉恥行各以一人當之如以薛京兆均為廉以王諾封承芳為信之類申舉刋刻家喻戶曉至如蘄之舊志為公所修補蘄之茶泉墨沼蓮花池為公挑濬去之日邑人建祠於治南城內以祀之

孫公諱善繼號却凡山東萊陽人萬曆己丑進士即以是年冬知縣事甫下車即值十七年之荒公與庠生楊汞貫計出積谷六千石以救民饑四門各令省祭官一員責粥以施城內窮民令約地書名以進貧者人給穀二

斗不足邑有素封黎朝臣者公登堂四拜為民請輸黎
為捐金千四百兩復走洞庭湖南買穀城内鄉村賴其
存活甚衆至庚寅而邑遂大收斗米三十錢矣微公救
助焉有此日公性善創制如積穀倉即置於迎賓館之
後迎賓館即置於頭門之内倉榜濟民致賢四字館榜
幸遇高賢多子羽澹然文治學言游一聯諸如儀門衙
署概從更新開廓規模至今賴之任蘄七載歲丙申以
丁艱去邑為立祠立碑以誌不朽後行取兵科給事中
村長春號貞陽四川綦江縣人萬曆庚戌進士以辛亥春

知縣事政尚操切戢奸癉惡起敝維風不畏强禦清覈
錢糧徵輸無隱弊其堂曰致良知自期亦大矣月課生
童刻意賞拔奇俊如楊楚龍以諸生受知即決以壬子
售朱朝燃以童生受知即決以乙卯售卒如其言以丁
艱去父老至今想風采焉

游公諱王廷號來泰江西撫州府臨川縣人萬曆丙辰進
士即以是冬知縣事端方正直才守兩全崇尚古處高
風則申詳周光德朱廷錫為鄉賢培養駿發後學則特
拔謝天申黄耳鼎為案首建有雲路書院於南河岸側
以供諸生讀書後擢兵部主事榮行之日邑人為祠尸
祝之迄今尚誦説不衰云

李公諱汝璨號衡嶠江西南昌縣人崇禎戊辰進士以己
巳知縣事清操勁節持重老成民情吏弊未有能欺其
絲毫者庚午癸酉兩次分考楚闈所得皆名下士如王
一翥畢期玗皆一時人傑值大造黄册編審里甲稱平
楚時無事公懷先憂行保甲嚴更漏浠民恬然雅意作
人創興賢莊置學田以贍貧士又蘄邑科名原稱淵藪
比數科内登者寥寥前李公大受於雨標山創浮圖為

文峯未終擢吏部去公下車即竣厥事手纂碑文以記
之時庚午秋邑諸生鄉薦者即六人如胡三宗饒應元
畢期玗丘之宗高弘基楊繼錦稱最盛焉蒞蘄六載行
取刑科給事中去之日蘄為立碑立祠以志去思

龔鼎孳字孝升號芝麓廬州合肥人崇禎甲戌歲以弱冠
成進士乙亥春令蘄狀貌魁吾人不覺其年少也爾時
流寇蹂躪蘄黄先生甫下車籌畫守禦調停兵食高城
浚池無不悉當賊每歲往來無虚日不則兵來先生家
於城上無少休息於是有堞唱之詩賊勢小緩即進諸

生禽奇析義文風丕變得士如林彬彬稱盛於是有風始之集問奇之篇歷五六年間大冦大兵大偷大修築近無寧晷先生且八面應之或端牘抽札或據鞍飛書蔚詞麗句積案盈几於是有山聲堂之集鶴廬之帙蘭皐之吟臺司交推遂為全楚治行第一以辛巳冬欽取考授兵科給事清朝定鼎授以原職歷太常大理遷刑部侍郎至都察院副都御史

吳文奕福建人以崇禎辛巳為丞公彬彬儒雅有良吏風到官即值流冦亂公分信地城守南樓卧寢防護者蓋

數年無何癸未三月初五冦自廣濟兼程潛渡從西門緣人處攀援而上殺城上諸守城者守者潛竄賊至南樓公猶守信地不肯去賊乃殺公於南門城下邑之人咸哀之

青宗益字仲衡常德府龍陽縣人中萬曆癸卯鄉試十七名癸丑年署蘄水學政先生學有本源表裏洞徹教人隨材不為一法議論風生聽之如入山採玉入海探珠人人滿志去博求經藝微言以明道術為己任周給貧士捐俸三十餘金入書院并捐俸七十餘金修明倫堂及敬一亭文廟等處丁巳以外艱歸邑諸生依依不忍舍為立青先生碑更為贊以思之

黃問字伯索景陵人以詩經中萬曆壬子科第三天啟壬戌來任蘄庠教諭甲子奉檄分校滇場中道以病旋旋卒公好古耽僻初以雄奇得雋殆游道漸廣寓雄奇於雅澹而知日以希居官一秉先聖力驅浇俗感慨係之洵可於古人中求者

清

李蓀號德馨陝西狄道縣人中順治乙酉鄉試以甲午知

縣事公賦性方嚴任事勤敏一切簿書裁決皆出一手一日每四鼓即秉燭起視事日未中兩堂已畢隨取本日應行事務一一批閱無少停閣至漏下一鼓方就寢不移時而又起聽政矣無寒暑初終二轍為治敦大體崇節義懲叛逆禁捏誣以故邑之巨奸輩凜凜畏懼粗知世界尚有尊卑貴賤綱常名分又極力興創諸如起譙樓復堂製建分司皆其經營至於善催徵而民不擾講聖諭而婦子勸躬步禱而時雨沾沾不倦士服民安惟以性少傲致忤當事甫十四月而去官民甚思之

張禎黃岡人順治二年夏五月英王率師擣秦關出南陽襄鄧經江漢驅李自成而殲之所過處便宜置官君自往見王特授蘄丞來時人不知其爲官也公到不避勞苦收集殘眠料理糧艸接濟是時山寨乘閒竊發民甚病官兵進剿所過騷動民又病君皆委曲周旋滿人始定又闖逆餘黨襲羅田斷民手足會回點梁帥統卒數千遶經蘄水君乾請協剿賊始遠遁丙戌五月征南大將軍貝勒師駐武昌以朝命班師經浠上浠人相顧震慄蓋初與清師百萬相見也時君以謝事持觴酒入營

犒之告以子遺之遊死而新集俾勿擾帥如所諭蘄以無恐至於修殘城創衙署設浮渡公輿有力艸昧莫與[illegible]首事一人功不可沒故並紀之

縣志卷十三

人物志一

舊志稱蘄多異人云斯無來必賤夫人國之維也中非其賢而名爲高徒自點矣蘄爲一邦會以論薦紳先生鄉邑井里率賢有其文矯矯國香焉余覩其他無誇獨李清七以布衣潦倒而以名夫人亦砥行礪名耳崇卑顧問哉

德行列傳

五代

陳起蘄春人南唐衆進士爲黃梅令時有妖人諸祐聚白

衣能使貧者富富者貧惟民效之積衆數百夜行晝息取資於盜起到官數日籍祐爲里長不服且擾言曰吾取令頭殺豎子耳起聞執祐斬之由是知名遷監察御史

元

薛天定生宋末會盜起里人推爲郡長募義保障寇不敢深入至元世祖下江南手詔召拜爲防守撫郡按伏官兵擢先鋒使從平閩定廣下越取淮功勳甚著還濱萬户府總管轄漢番兵馬使經畧邊夷再還兩淮防禦都

招討總鎮江南上護軍公嘗病語曰吾當臨陣死公奮
安能委牖下死兒女手耶至治癸亥寇至淮力戰卒於
軍事聞天子遣中使護喪贈總帥謚威武賜其家楮帛
子楚卿襲總管溪卿領延祐進士高第授館博士孫薛
徵明初督金華軍事徵子薛均仕明官至應天府尹
時徵大逆之孫蔭父楚卿爵當紅巾叛元因授兩淮水陸
都統制提督江南兵馬總理軍國事徵髮纓上指搤腕
勤王募兵太淮間為王師內應邀明高皇帝渡江天大
雷雨弓膠盡解人馬蹴踏寄授知者移檄諷公不就尋

蘄水縣志　卷十三　人物　二

遣左司郎中吳明速賫手詔召徵徵望江邊王氣奮臂
曰得明真主出乎遂跳驅渡江從明太祖帳中屏語大
悅令參知幕府畫奇策屢中命下吳破金華意得重臣
鎮之非徵亡與者遂督金華軍事其治金華狀大都鄉
士卒除兵戎薄徭役所至問民疾苦語在制誥中
李清七清八兄弟也生值元末性剛毅謹禮好義俱以標
梧英邁聞至正辛卯徐壽輝陷蘄水相與附會者衆案
徐及門辟之將授之官而兄弟匿于鄉人吳伯通宅徐
必索致之堅抗不屈鄉薛湖東畔之樹殺之鄉人皆曰

義士也有司謂其有功名教立廟於其河中之太公石
時致祭焉志稱布衣潦倒矯矯國香蓋即公兄弟云

明

薛均　薛徵子巴河人均生時徵夢人授萬鈞懷中遂名萬
鈞以高皇帝命更名均少有奇節好讀書見群兒遂戲
輒嗤去不顧里中人奇之已而補博士弟子治五經名
籍其性峻潔清苦而敢孝謹郡二千石李以懷才舉召
赴南畿上十策高皇帝見而驚咤久之將大用而均陳
臣母疾危放歸明年上大辟天下文武應能之士郡人

蘄水縣志　卷十三　人物　二

江勝等復以均聞因授揚州府泰州州同已而除合州
知州治行為天下第一文皇帝召入為陝西行太僕寺
卿以內艱歸哀慟三年如一日既闋堅不出賜環者二
而均始出補應天府尹益崇尚清約獨買舍餘一片地
種菜甚具旦暮荷鋤往甚之神王也日飽饘粥菜茹文
皇帝客使人廉之得其狀笑曰人皆樂惟觚與均獨吾
耳應天先是以租不時收當事者皆以罪去均到官篤
事展月擬完報頃之即乞歸時年已七十五特進均禮
部侍郎固留均均拂衣去不顧均性峭直不容人小過

嘗南中倸方輩多慎怯均以歸科駁不職於他仕宦使
文疑均位高金多彼夫乎日皆譽為清白護人者也隨
之中途葬均儀惟紙馬板一具識儀者愧汗請之故均
曰遺兒孫無他長物含藏此當有以濟矣其清苦如此
歸剪茅構廬薪□□疏足蔽風日諸當事貴人進均七
匯不一見也晚號隱林野老唫咏自怡居恒念母甚搆
望雲圖為詩若干讀之輒泣數行下先是文皇帝知均
貧甚命有司賜官湖頃餘為贍養資後人因名曰欽賜
湖又曰薛家湖至今子孫世守湖而蠲紙馬糊其口

遂有薛紙馬之號焉萬曆中邑令闕士選曾冠帶其子
孫而扁其廬曰清白世家户科給事中官應震為之
請謚云

楊思義魁梧奇偉美丰姿有幹材通天文地理及握奇兵
機之學洪武中以薦擧累遷户部尚書舊有木坊並遺
像俱毀墓塋黃草湖側有石碑題曰楊丞相之墓明季
崇禎間有黃岡鄉紳易某者謀塋之乘隙冬審富向庄
居酷飲而公塚已為群僕佃所掘發視之棺椁未爛盧
甚大還枯骸於穴下構生墉二於其上付以石甃細也
至春雷乃擊生塋面再葬再擊易某親自叩奠乃止今
欲移窀柩於此非大風雨則暴兵寇阻之黃岡庠生方
某者云此地不可失力勸塋易宦之次子夫婦及上塚
於土而方立病次日病篤揖至中途而斃其後所謀塋
不過掩無嗣之末子毋子而已夫公之行事不少槩見
而即以一抔土未敢輕犯於數百年之後豈非生而正
直沒而神靈者哉

王聰城山閣鄉人性謹愿有膂力時孟家山産野馬一性
猛獷惟公能扠拴之公善飲善飯以兼人之力擔貨貿

易止得一飽後荷大鐵具乘馬入行伍間洪武末從軍
至北平靖難兵起以刎校累功授都指揮歲壬午九月
四日成祖大封靖難功臣封隱武城侯食禄一千五百
石子孫世襲後與成國公朱能北征至沙漠絶遠地召
五總戎深入五總戎以地窮僻無鄉導不肯行經略丘
福催督深入五將陷殁子瑢爲北都襲蔭一女爲親王
妃敕振公魂塋於祖塋白荊山下贈漳國公其後子孫
失封至萬曆間追叙前勳授指揮

呂鏞宣德丙午擧於鄉授爲安學教諭陞河南宣陽知縣

有政績調福建清流縣時賊鄧茂七陷清流邑無城難
鏞拒之力不能支具服端坐庭中抗罵賊賊怒殺之解
其體清流人士哀其忠節於本城廟奉祀勿絕
曾永清字本端五月而母喪成化辛丑舉進士為大理評
事援據典刑不少爽情理時有傳士第子被法當辟秋
曹皆貸之流為百姓公曰不可竟如法治之先是評事
多剩員公曰得人足矣何冗為減三之一西崖李東白
張篁墩程諸君子爭敬重之已而知成都府遇旱公設
糴賑之為石四萬餘府故無預備公乃置倉為糴本明

年又饑出如入數而活賑者不與焉時老幼相帶曰吾
等不即填溝壑守之力也安縣賊烏集計黨為公往慕
諭之賊聞而服皆散去成州縱戎死無遺子有族子二
爭襲公問以長法不少假云先是設盆八於公門外令
諸訟者各以錢就投盆輒斷輒得歸有齊不能搭之羅
李嘉魚銘其墓
李汰字立菴生秉志希賢聖不屑科名與人言必涉古今
關世教閭閻細務一語莫之及也修身正家獨行古道
鄉人化之友人勸習舉業由儒士以易經中成化丙午
科鄉試丁未乙榜授江西永新縣訓導立教以操存踐
履為先刻小學家禮等書俾學者講習而躬行以率之
弘治丁巳陞浙江義烏教諭修家譜圖系宗歐陽氏蘇
氏而恭以諸名家式有凡例有譜訓後稟以為法為甲
子福建聘公典試有干以私者叱遣之刻南闈紀行詩
有句云豈知著力年來事正在區區善利間修義烏縣
志府公有念其清苦者餽之三百金公以修學宮後于
府公曰一絲之惠上及聖賢下及士類矣於吾一身何
有哉考績過家遂不出始作木主祀考妣約鄉人來之

知也正德庚午子宗元舉于鄉公書畧云天地間掀揭
事皆吾分內事此出門一步耳何足動心與清明省墓
禮正德庚辰二月初七日卒距生正統戊辰九月十九
日年七十有三既歿曰吾學孔子朱子之學得與之同
壽足矣公性資仁厚器宇端莊於道有得其教江浙也
卓有蘇湖風著立菴集祀義烏名宦
徐吉貞以弘治戊午孝廉守忠州時麻鵝兒文于戶以暴
聞民懼吉貞悉擒之歷南京戶部郎迄歸閑居部使者
累至廬匿不見其後孫步雲舉嘉靖庚子科鄉試官雲

南令曾孫存德中萬曆壬午鄉試丙戌進士由仁和令
陞户部主事
郭文輔字良弼少家貧父使牧牛山中文輔挾筆研負鋤
廼耕以行就巖間註周易弘治甲子就鄉試自負曰文
如流水魁選穩似山矣主司疑其誕取其文閲之曰不
殆宜元似不止魁也果第二官塩提舉甚清儉不耐煩
劇輒解官携石数片以歸一日家忽火公顧天曰有不
義物頓焚火遂滅家居一足不及城市嘗曝日中葺敝
屨有縣役餽適稅於其鄉誤執之不舍及得其實甚愧

與文輔曰汝非知我實非汝咎也嗟而遣之
田重器字菊山弘治甲子舉於鄉性雅有醞籍早孤事母
兄孝謹兄卒多男割己産之半以益之除永州令會流
賊殘破重器興廢政用撫柔民以事公數奇遇晚與子
貢同鄉薦邑春秋自公始
王紳字建章弘治間歲貢生　少英爽有大節居恒喜讀易
書深於名理初授淳安丞　清若聲聞籍甚中丞薦剡多
以丞首意擢用之而公死
田貢號少江生而穎異讀書　過目成誦十歲善屬文與同
[illegible]周卿并受業於乃翁菊山先生先生　甚愛重之常語
人曰他日顯大名成大業者惟吾兒與卿耳年十七與
菊山同領弘治甲子鄉薦屢屈禮闈遂拜嘉興府通判
公蒞政寛嚴並濟至誠不欺會海塩有王姓者法當死
當道擻公捕之犯度不免陰以千金進公卻之諭之曰
若畏死耶即出當保不死王素聞公不欺果自繫庭下
公白諸當道曰其許若以不死幸勿使其食言因踏減
蓋重公之誠也嘉靖九年陞絳州守絳宗室悍甚民苦
之公毫不假借宗室帖然一日主事某　者来州放粮不

知為某宗室混領銀一封去雖心疑其人而不可得以
語公公曰若果此人明日當自送来主事曰公何為此
大言着哉公夜命令一人呼之令呼者無他言但手挾
其門云州中有事相喚彼宗室聞呼即應聲曰来者為
银事耶我已遣送来矣還如故主事益大嘆服又宗室
中有文哥武哥者貧不能婚公婚之又貴粥以救民飢
時絳人有謡曰當年只說山東李誰想今日蘄水錢蓋
李亦不比宗室而懲良民者也十三年陞廉州同知廉
地遠男女無別生儒少明經術公親諧解崇禮教以訓

之十四年調杭州同知未幾以中傷歸惟圖書數卌而
已公事繼毋極孝居鄉廉時因道遠不便迎養而奏請
倐事之又每於朔望必冠帶焚香以祝天曰願天年覺
顧君有道願毋壽長即此可見其純孝矣又性澹泊惟
好讀書工於詩文與王廷陳廖道南周卿齋名謙者謂
公德行文章政事三者蓋咸備云以子邦僑中嘉靖癸
丑進士官少卿贈中憲大夫公本姓錢洪武初由荊州
避難來蘄冒田姓五世嘉靖辛卯請於朝復錢姓壽八
十二所著有燠毋集今尚存

蘄水縣志　卷十三　人物　十

李宗元字東皐名寀號公立菴子生成化戊子十月二十
五日治易廩於庠文章英發號守山立議論慨然人率
敬憚之仰承家學慨然有弘濟蒼生之志而屢試不第
謝去家事藏修於白鹿洞正德庚武科中鄉試十九名
學益廣而六上春官不第乃除知河南沈丘縣七亡黃
河淤地也弘治戊午臺臣以陳潁相去三百餘里奏割
陳潁項城遐陽建置以均道里且集僑寓齊民云曰沈
丘者楚葉縣尹沈諸梁丘墓在也風土弗良百事待創
公以廉勤律己以嚴明御左右時修葺以新學宮繼遷
稅以復流移平物價以聚商賈布威信以驅除盜賊書
酌變通極盡纖悉上檄下有不便於民者輒封還之詳
見理沈累仕六年沈為中州壯邑編刻沈丘志考治行
居河南第一嘉靖壬辰奉命行取旋丁內艱未起而卒
癸巳三月初七日也沈民奔赴哭奠奉公祀名宦三十
餘年後復具呈移文蘄水祀鄉賢

王中正性方毅有雅操以嘉靖時歲貢生令鄰邑用止蘄
水邑有白水東蘄之謡三年堅志告歸居鄉尤好持公
論閭閻有利病必為長吏白之事不必已其亢直如此

蘄水縣志　卷十三　人物　十一

子承芳以孝友著有父風

程鑛字子建性沉毅有大節從湛甘泉先生游雅志不仕
父強命之起由正德丙子舉人授墊江縣教諭墊故不
好學鑛從容化誨每春秋社飲以族說經籍為娛蜀人
化之稱有文翁之風尋遷國子助教著有說易錄通政
使司玉崖余公銘其墓曰道待人行性學以明慶廷與
音血古至今杳壇既遠異術爭鳴關閩濂洛爰續其真
江門流派乃自流清甘泉同脉淵淪允塵滿南程氏伊
川後身泉翁一見遂定道盟四也默識奉也重誠吾道

楚矣摯江淑人云胡不偶綴本條傾大志未就易録書
存聞道以死萬禩斯馨

蔡月巠號沙江早孤貧夭性純孝年十三四屢割股活母事聞兩院旌之隨舉正德丙子鄉試好古博學頗多著述有行秘書决科録易膚說折衷等書行於世始擔囊受業於王陽明先生之門入南雍與湛甘泉先生游每見器重公車十一上不第遂終身不仕教授生徒歲至者以數百計嘗作愛菜歎曰我愛菜我愛菜傲珍羞棄雞鴨多吃也不妨少吃也不害首陽薇也在商山芝也

在四皓與夷齊有莫不肯當侯門安敢咲寒酸終有經天緯地大氣槩又作浩然歌有浩然之氣誰不有我於乾坤獨異受之語生平負無愧過之行曰無譏浪之言真行不愧影之君子也且性甘淡泊有司不得一覩其面危坐正席而卒評月旦者稱爲大隱先生

陳欽號石峯正德己卯以易經舉鄉試丙戌會試已中式被裁遂以副榜授河南新野令居官有蕭聲錫俸積粟活饑民者萬餘百姓祠誦上聞擢大理評事年餘致仕開局講學著述古言數授生徒邑名流多出其門

李延芳字叔慶生成化乙未治易廩於庠以正德間歲貢授四川大足縣訓導襟懷純正言咲不苟勤課校即寒暑不少輟士類多稱薰沐諸生貧者捐俸助給饔囊勿計也會歲祲道殍相望公捲埋之陞汝州教諭致仕公師事叔祖立菴講學於甘泉湛公亡親書隨處體認天理六字與之嘉靖丁巳十二月二十六日卒是日公父忌日也卧病强起衣冠力不支伏枕痛哭隨卒壬戌大足孝廉六人辰州府推官雷孔文皆公所造士也先是公已崇祀大足名宦矣至是屢請之鄉當事者祀入鄉

賢令君倪公奉祠文有云明二百年惟五先生公之叔父爲冼丘君公今作配兒矣光榮蓋博史也豈若後來之濫觴哉冷丙寒灰使人瞻慕如此年來公裔陵遲衰微矣豈公之大美先盡歟抑後人之太賢檏也然則世澤未足恃也

周卿字光載號西山母李氏夢神龍入懷而誕公未成童有相者奇之乳母紿曰吾兒也相者曰此差宏而有超衆者耶稍長益好古工著作於羣書無不闚而獨癖左氏故著作尤類左正德丁卯舉於鄉庚辰與茶陵張

治蒲圻廖道南同舉南宫張公舉第一人廖公暨公俱
頡頏魁名而公道貌翩翩都人士尤奇之相與謡曰一
名湖廣二名湖廣若問狀元還是周瑯其才名傾動一
時如此是歲爲南狩事明年辛巳廷試司衡者公環深
以快頑屬公乃公卷進以嘔壞僅列二甲又不遇館選
例識者惜之釋褐補省垣歷左陟都凡八年所論列居
多竟以抗直故出守廣州益務爲惠愛有廣名已樓緝
鄉人孝肅公奏議十五卷叙而梓之未幾遷兵憲山東
再督學嶺南課諸生蚤夜自勞若率先行誼專經術而

一洗鉛塹浮靡之蠹士以故彬彬多出其門既規嚴甚
不敢一私請乃以積勞遂卒於官初公之嶺南離爲
毋别時出嬰兒聲故其詩有依依慈母念千里憶相同
之句公著有類傾集春秋補傳蘄兵火後鮮存者
李猷字顯之治易年二十中嘉靖己酉科鄉試授射洪令
比至禦強寇不入境創城築堤屹然保障焉陞寗州
守禦寇馘寇咏誠勸物歔戴寗國與太守鄭公鳴峴協
恭佐治如左右手也五十致政寔囊蕭然高尚古處三
十四年晏如也以恩晋中憲大夫有隨見僅後二歲而

執弟禮甚恭不以老倦卒年八十四鄭公入爲太宰門
無私謁顧於公生而存問歿爲作傳誠重之也邑人士
數請得祀以鄉賢而竟不及然其人未可泯也
周鳴塤字思友以春秋領嘉靖己酉鄉薦中己未科進士
初授餘姚令姚以倭後最苦大户徭役公下令方丈越
歲而田賦籍定按籍行雇募而公私稱便縣東有湖久
爲貴豪占公悉闢還官啟閉以時歲溉數千頃姚由是
無凶年又分校浙闈主考索所私卷弗予嘖之薦剡弗
列也然賢聲籍甚陞兵部武選主事黄耆遮留弗得則

肖像龍山與故侯胡少保梅林公並祠焉再陞四川按
察僉憲特勅督理茶鹽水利再陞廣東布政右參議時
廣山海皆寇公集兵掃蕩而改調報至公遂掛冠歸矣
屏居三十年琴書詩酒自娱足不入城市偶爲邑子
脫大辟其人來謝絕弗與通捐己基爲宗人建始祖祠
又倣大宗小宗義祠三代其律己行義動輿禮準若此
壽七十八卒祀于鄉兼祀姚名宦所著有春秋旨及詩
文若干卷
李繼嗣字民欽任俠有膽畧至性孝友奉父遺命篤事

及廣毋無所委也自諸生名籍甚嘉靖戊午舉鄉試第六人壬戌成進士除廣信司理會分宜歸累平民千百灶公廷言曰奈何以稱上意令若坐枉即斬殺其家使者大恚會奏最入阻之得主事營繕暫乾清宮工程畢親賜玉食使者仍中公大計謫衢州司理遷漳州貳守數平海上寇上賜金犒師勞公後漳人德公條陳崇祀名宦歷南刑兵部郎同寅管公東溟胥不輕許可人而謂公廉明精悍人也應機捷如風霆出守惠州惠故蘇軾寓所先是沙田陸梁人民大散去公勤招徠繼又閒

禽渠魁蟄蜩孫嶺東悉平流移盡復督府上首功時嶺南方有事羅旁羅旁壯壤肇慶延袤可幾千里自御史國公鎮討平後異日益傑黠剽掠不勝數當事者欲大創爲而難守肇慶者號公調守公覘乘補卒設奇制勝髮指奮黃以故黠帚之附注君子靡不遲頤致死者俘馘且數十萬渠率殄殲盡平羅旁東西山召民墾田召商代木陞爵縣瀧水爲直隸羅定州設東安西寧二縣隸爲棲閒上賜賚殊渥隨擢驗軍副使團練全省水陸軍重與兩臺峙自是公之功雖堪而勞益難堪矣以癖

疾請告未及獲命而卒比卒猶勤簡命爲公所爲治大都輕徭育士傾悍扶羸而軍務頻勞嶺東及西尊俎制筭談笑而立不世之代其智勇弘於百萬之衆幾於資有文武者乎生嘉靖辛卯八月十日卒萬曆戊寅三月廿七不登死其功名可勝道哉崇禎壬午漳渡移文於蘄請祀鄉賢先是當營繕時邑有譸以日者術動京師偶忤政府意被逮下獄致之死公輒歷諸家累長安邸舍而日遣人飲食饍匕得不死漳州入覲天官察吏監司星說本府屬吏不免失真公據實據正之人爲公危

而公又以是見重於天官爲仲子庠生李生来字白受孝友廉讓一如乃父憲副發第早宦於世廟末歷神廟初江浙閩廣閩軍務勞瘁公奉大母及母色養承歡至是也憲副官位風憲而廉不庇其家公亦一錢不名何相肖也父歿而抱憾終天下地三十餘年籍瑩於山中者二年考妣襄事耗竭心血而兩足痿痹竟以是終生平言笑不苟祭必敬喪必哀克仁克讓其天性也兄及弟閱於墻公居間瀝血誠以平徙之雖飢飯餬粟而口不言貧督學金公省吾以孝友旌義公若[illegible]不[illegible]是父

是子矣
何鳳起號近鄉將誕時父大昭夢大星降於祖塋之南因
名星南生而穎異好攻古圖書家貧兄弟分耕皆責其
不事產業答曰我即不遇卜筭鍼灸皆可活何求田問
舍爲時當秦寧即作擔擭想云藥能療疾而需資本思
黃帝製醫運氣後即講鍼灸三百六十穴法及諸經絡
熟讀而無師傳會邑宦周某者病頭疼夏月必裘以行
往巴鎮值巴驛宦某詰其故對以狀驛宦云還時當過
此爲公鍼宦如言後即全愈公聞而奇之往來教渴授

蘄水縣志　卷十三　人物　十八

穴法手法了了心手間漸長未娶往英霍遊學爲水阻
界河上有老夫婦者衣而食之尋訓蒙英山三載還携
牛數頭及蔡髻諸資道綦逢虎當之公從容語曰吾生
平正直終當大用汝則逝否則當死汝口虎皆俛首而
去歸遂應萬曆癸酉鄉試舉秋闈明年甲戌成進士與
孫月峰同榜遂買田稞五十石予界河夫婦報前德也
初授貴縣令清苦好修聽訟不歸公座每散步庭間使
民得從容自說公步而聽之有氣病者訟於公先聽其
訟而後炙之其人[illegible]愈公退之暇嘗自引水灌瓜公不

好脩飾對客常爲俚語迎送皆約薄故當道皆惡之會
江陵相之長君懋修北上所過餽遺不經公獨贈以蔬
布張公鷩曰此必清操令也詢之果然及入朝聞公已
點單張公鷩曰此人特清苦好官何人當中傷之耶銓
部聞之即日遷廣德州守三年以母艱歸云雙親已殁
無所事祿養遂學道石門山中坐一小室十年不仕與
麻城周道一相往還意欲置義產千石以給族人之
者而力不足暫買租五百石又欲置義館未成會沈致
門爲相故公座師也復徵公出又補廣德州守州人以

蘄水縣志　卷十三　人物　十九

公無再來理已而見公喜出望外公而治州政益善如
立義館置義產皆儒績也歷刑部員外郎累陞雲南按
察副使未行而卒於京邸公性篤直不恥言微時事其
讀書尚穎悟嘗貼蘇子瞻文於榻間卧而觀之公博學
知天文地理針筭諸藝著有諸書行於世
周光德字翼明別號省貞以萬曆之壬午舉於鄉授章江
廣文諧所識拔俱捷南宮嗣令蜀之渠縣茹蘗飲冰邁
夏雹損禾虔香拜禱而雹止雷請春旱焦壤鞴食草衣
痛哭於神壇鬼祠之側而麥秀穗岐直指以瑞聞會當

報政闡親病遂堅意投劾掛冠終養溫清之餘杜門著
述傳綜天文地誌兵也法律之書恒歎微言將絕以嗣
響周程為已任著周易心言行於世又有太極圖說師
卦衍義道德經疏薛文清要語藏之家未及鐫石其嚴
晨肅夜必焚香告天祝曰普天之下咸頤皇恩默啟
宸衷親賢遠奸天下有道國泰民安迄今思之字中有
血語底有魂法然未敢卒讀其家食不忘國也如此七
舉鄉賓以崇禎庚辰歲入祀鄉賢
閻廷甲號翼墟中萬曆壬午鄉試巳丑進士授常州府司

理廉直有聲擢吏部文選郎中時上注意鄭妃欲立福
王為儲群臣固請立嫡上弗忭旨者甚衆謫久不決公
同孟養浩等數輔朝堂伏闕數日特疏固請上意乃解
公降五級還南工部皇儲雖定而上意未解也歷二十
年轉杜通政使疏載明紀中居官二十年布衣蔬食自
若也產業蕭然僅以清白遺卒祀名宦鄉賢著有詩文
行世
為良儒號楚東萬曆時歲貢任祁門縣訓導初受事即與
諸生約曰國朝制度因事設官因官命名因名立義闕
非欲人顧名思義無徒尸素為也訓導之名其義何居
以言教士曰訓以行先士曰導愧予庸猥何言可則何
行可法一惟信以基辭凡所以日相告語以至刻述孝
順詩歌杜撰親長對聯偏給多士莫非由衷之言求以
盡訓字毫末之義而非以釣沽名譽為也貞以律身凡
所以辨義利審交際以至學租賃銀祭祀常例不應得
者一介不取莫非正已之念求以少盡導字毫末之義
而非以矯激世俗為也都有兄弟以繼立爭者公延至
學宮於兄則述古今愛弟而不較其犯已者委曲以勸

之於弟則述古今敬兄而不忍傷天和者委曲以戒之
而其人猶不釋復集兩家師諷其匡正務求誠動否則
請謝事辭其子弟而去兩人慙遜棄萬金而式好如初
為即此數事而公之人品心術槩可見已
孫慈號生白萬曆甲午舉於鄉性孝友初任分倅先為其
兄醇白置産居喪骨立守禮甚嚴初守灤州多惠政繼
補無為州應能無雙兩地有異壘之祝離般々澤民寄
興常在物表敦儒行而鮑二氏卒後宦産蕭然也
陳秉厚字載甫萬曆甲午舉人授常山令捏數月而[illegible]

載道旱魃為雹禱於祠而雨疾驟為災祝於祠而瘳相驚以為活佛云賢聲上聞詔繁永康以績奏留授寧國府別駕殊出輿情外公視之泊如也視篆數邑所至畏壘祠爲隨晋本府丞而尊鱸之思勃然竟掛冠還里蕭蕭兩袖清風再嗣以覃恩進階知府平生博學喜屬詞多有所著述兵燹後罔有存者

官應震號賜谷其先為黃岡人徙蘄爲籍萬曆甲午第三戊戌進士性淳至篤厚初授南陽令丁艱補濰縣令多異政有以因忿毆殺人應辟者公曰此非盜比而先杞

絕殊不忍為別室獄中許其本婦輪入宿而遣至見緊者輒識之他日值怨女無夫者即召婚之三年舉循良第一內召去濰人男女多抱哺其子走而號者問之皆公堂配耦所生入獄婦人之產子也入為戶科給事中上厭諸言臣獨直公留揖六垣事者九年上嘗以公問左右曰見此人疏敢盡言任怨頗其人身長幾許左右以公貌對御書姓名於屏間以小官呼之公留心國計獨任不慢所上疏於人才消長東宮國本禮儀奢儉宦豎朋黨無不陳說請罷諸額外貢稅積穀勸農開視邊

安虛籍兼禁那移無不詳直邊永寧兵饑幾致變詔議軍餉久遠公稱國初金花銀百萬儲太倉急則足邊需正統中改儲內用非祖宗法請還太倉濟軍食上未俞後饑匱大司農急遼外發金花銀十餘萬至公白大司農徑給遼左軍貽後請上罪司農不問公東事急一日喪三城公贊起杜松劉綎李如栢諸宿將又建海運說請自青登萊三郡用海道運糧抵旅順接遼時國用詘合省直增賦二百萬而七十餘萬註楚賦中公以不均爭得減註三十三萬楊鎬經略遼東敗績逮繫公贊廷

議以舊臣熊廷弼代兵部尚書黃嘉善與廷弼左兵易不應公上疏切責嘉善是時朝臣多黨公獨蹇蹇言天下事前後二百餘疏皆碩畫為神宗崩光宗即位始稍遷公太常少卿光宗崩熹宗即位覃恩進秩即乞骸骨歸託山水自娛構閒雲樓於南河擊空明石上往來名流多相題詠晚年禪定如是菴與高僧無空為侶天啟中屢招公以魏璫用事計日敗拒不出卒免害崇禎中上數問皇祖朝諫官官其何不見忌者不對所著三式書雖奉旨取閱司部若格之尋欲起用而公已卒箄

六十八所著號革二十餘卷究灘政紀十卷旁通太乙
六壬奇門遁甲諸術數並著三式全書百餘卷藏金陵
中崇禎末為兵散逸
周延光號斗垣萬曆甲午舉於鄉辛丑成進士初為金華
守興利除害百姓戴之如二天歲大旱步禱郊外雨即
應三年兩擢車駕督學浙江觀面魁星者二拔曹勳第
一許以元是科果中會元拔袁儼第二許以魁果中第
伍先後兩榜出上第者皆其科歲兩試鑑軍者也還本
省藩司收藏一介不取會銀庫火公奔入火中拜禱風

反火熄至誠之格如此居鄉數載一足不入城市尚不
以一字干有司邑人立賢大夫祠於雲路祀之更祀名
宦賢鄉
王之民號存初中萬曆庚子鄉試由河源令歷蔚林令州
守公至誠和吉坦懷無我聞人善則樂道不休聞人過
則嗟嘆而掩之生平無欺人之言無不可對人之行所
過治處有廉吏聲雖梗化愚頑亦無不以為真父母也
又善知人士之經品題者輒捷去掛冠歸里僅行李數
肩耳俸捐餘俸六十金置祭田數畝以祀先貽後公處

[illegible]長物其數十金即與他人之數千百金等也宦成居
里家四壁立竟不能供與馬年七旬外往來避亂悉皆
徒步晚年舉幼子自課之尚能手錄先正文字百餘首
以授順治戊子閩東山亂作公居團陂為衆近地衆以
公長者不相過但不得脫身遠舉耳會兵入執衆惟以
公盛德不加罪行於鋒鏑危陷之中而卒保無恙良不
偶也壽八十卒亡之夕有異徵正人君子如公者真所
謂祥麟威鳳邦國之光者也後有祀鄉賢者公其稱首
矣其侄王之俊號岳南姓中崇禎壬午鄉試坦白正直

似公而時露風棱順治乙未以公車卒於燕邸人多惜
之
梁大猷號在湖至性孝慕嗜學攻苦嘗執書步讀簷下歲
暮堦數寸陷以是悚覺群籍才思瀉發常遊三角寺老
筆題其門曰清風隨我來三角玉露催人到五更中萬
曆癸卯鄉試中式闈本房首薦堅持必置第一主考欲
少次之袖其卷不出坐遺授穀城教諭時鄖陽治院黄
公紀賢雅意作人羅三省髦士於龍門書院屬於校藝
縱命多士師事之凡所品題率登巍第年五十一以

疾卒於官子二同乳長九臣次十臣甫總角即咲諸人
曰此兩兒俱不凡其大吾後乎後九臣中天啟甲子鄉
試官儀鼈令歷嘉興府貳崇禎巳卯贈公奉直大夫十
臣中崇禎丙子丁丑聯捷由慈谿令擢授福建道御史
以鼎革之際未竟用
魯藩參字淂之性敏給於書無所不讀於境無所不窺於
古今文詞下筆千萬言立就腕與人處恬如也靄如也
文多奇創沉至早飆於庠列高等者屢屢矣而亾嘗一
蹶天啟辛酉舉楚中第十四人姓文膾炙人口署應城

縣學博人服其教士論惜之
黃耳嵎號滄巖幼而好學家貧夜誦毋不與以燈則誦於
月下天啟癸亥膺恩選貢生部考淂縣令不就浪遊荆
匕有貧民困於公屬耳嵎干請議酬謝資初若極難及
議定後出之甚易怪而問之知其鬻子與媳以錢前約
大慊之還金使贖子媳歸而特請當事以勵其俗崇禎
丙子科入都應順天鄉試道逢老人泣困闕哉曰有冤
鬻女爲人妾而今將以爲媵婢心傷之紓途三四傾囊
贖其女以歸老人遂後棘闈期值闖中火變燒士子卷
陟期再試耳嵎始淂入遂以是科登順天賢書丁丑上
會試第三授中書舍人奉命賫諭書諭江楚粵西諸藩
王壬午分考順天薦士十二人秩滿當考選召對稱旨
授廣西道御史彈文不避權貴甲申流寇破關中欽點
巡按陝西未及任道逢寇大舉入燕奔江南復授安撫
察院所至理冤獄全活者無算未幾差巡江　大清定
江南擢誠授原職乙酉秋卒於官年五十三生平坦易
和柔力學不倦與從兄正色丙子同登燕楚賢書時稱
浠川兩黃子云所著詩文皆散逸

甌字卜公萬曆戊戌進士雅初公王節之子也少孤事
駢孺人以孝聞好讀書邑先達則執鞭事之遠方名流
則欣慕而交之與羅田童乎寓麻城劉侗人及邑黃昊
中爲兄弟之盟皆以文章道義相許爲合肥龔令來宰
浠深器重之門弟子日益進性亢直不能容人過當面
許人故恒人畏避而高明之士則樂與之遊同葉者皆
先鞭甌獨困諸生中志彌勵崇禎壬午科賈勇入闈始
見知於蔡沙門先生登賢書是歲道阻公車不前至江
州復歸癸未寇陷蘄城踉蹌以出二豎隨之幾筆五十

有一沙門蔡公諱道憲泉州人向以衡冠不屈死泉人義之為祠於其鄉人曰非蔡公不足以知甌也

文學列傳

朱朔至字子德嘉靖甲子舉於鄉萬曆甲戌成進士與江夏蕭濂沖良有李本寧維禎俱以佳公子登上第張楚官懷慶太守子德意翩翩凌雲不有其太守也癸卒向與蘇州山人胡之驥厚善相倡和驥為銓次其遺稿問序於吾明卿國倫今所傳王屋山人稿者是稱子德者可謂風流文雅者矣

徐一唯號心溪八歲能屬文弱冠登隆慶丁卯賢書成辛未進士初為萬載令捐俸置學租千肆百斛會隣寇跳梁直指以討賊檄萬載公出火攻奇策搗巢穴幕府論功例錫百戶以延世賞公夷然不掛齒頰已而擢南比部尋改姑計部遷正郎旋守福建延平以內艱歸起補潮州太守擢本省嶺東兵備副憲保障五嶺屹然金湯千里矣解綬歸十餘年喜愠不形邑有利病輒為關說曾不以私謁為無情說者桑梓服之久之左遷而淮運同知八越月擢本司運長蘆清吾以入覲無暮夜資遂於道致仕公益飄然物外尋樂於詩盟酒社之間崇禎戊辰公卒公父諱文言博洽經史以公貴累贈至中憲大夫

陳所志號見衡風流倜儻逸才天授凡為文無論古今辭體皆倚馬立就中萬曆乙酉鄉試第十會試已入彀者二次而皆以數奇復失遂放浪詩酒間著有易經心解傳會諸先儒而自成其說生平詩文皆可誦兵火淺鮮存者

郝士望字應璜號天谷中萬曆癸卯鄉試第一名甲辰科

進士授行人轉祠祭司主事己酉分考順天庚戌轉考功司主事陞員外壬子典試山西未幾假歸里黨人嫉之久不補原秩左遷浙江按察使浙復有嫉之者乞差歸熹宗即位補汝南道叅藩政推楊惠踞鹽法進嘉議大夫遷福建按察司廉使值內艱不赴構園於城西名其菴曰卷懷流連攻城不出臨卒墻下年八十有一生平坦易無機械狀貌偉然望之如神才長學富為文動筆輒現瑞奇麗後學多宗之所著有應璜卷懷二集

朔昌號辰翁由監貢中萬曆己酉順天鄉試庚戌成進

士授户部主事轉貴州司員外郎總理山西寧武等處
粮儲未赴旋轉浙江司郎中銓擬公開封守辭不拜戊
午題公視通州窑運庚申例陞常州太守先是公父杉
典郡遣生公至是毘陵幾匕望之謂再見張奐子猛之
為武威也而潞河難甚代遂没於官公子愍席父兄緒
於中藥屏去一切貪書好古蚤年即以才名楚十二子
之一博聞強記為文務原本其所自多識古事居家居
恒斤匕手名誼是好天啟元年祀鄉賢
獻芳字叙開號闔庵映盧公凌雲之子也少穎異慷慨

有為弱冠登萬曆戊午科賢書屢困公車益下帷勵志
聯邑中知名士數十人為文社共相砥礪每會集昭化
寺種智庵及英湖之濱必宿治酒脯傒篇終日暮與諸
友縱譚而罷於是今古文無所不淹通而學日富崇禎
辛未科成進士甲戌授海陽令時海寇劉鄉老猖獗故
有豪首林龍角周端儒者相為黨公以計擒之立斃杖
下歡呼遍城野更出奇助督府熊公文燦平荷酋老劉
鄉老等已卯分考粵闈庚辰入覲奏最應在考選中忌
者沮之復任海陽未幾遂落職癸未公避地白門益讀

生平所未竟書至披衣挑燈焚匕達曙光不休甲申秋
八月太白經天有黑氣貫太陰旋丈許公曰天命之不
可為矣乙酉果南都變作歸楚詩多流涕語順治丙戌
七月而公卒矣公生平果敢任事友誼真篤人有急周
之惟恐不逮有不平力排之人固敬之畏之然亦以此
取尤間為彈碁陸博諸戲無不精妙所編緝有天文星
曆卜筮諸種所著有類海策畧天故諸種多散失無全
帙焉
高弘基字元開性豪爽不羈而甚孝友讀書多穎異李邑

楊洞元先生器之以女娶焉崇禎庚午舉於鄉庚辰成
進士官大名司理值歲饑公捐俸為市牛種時山東羣
賊名米王者逼近公治公諭以禍福招撫之又民間苦
大馬差買傒放牧解部各費又復浩煩民至重足公曰
流離初復何堪此乃白直指疏暫改折色民咸德焉壬
午應山東分房聘所拔者皆名士如匡蘭馨朱廷佐李
適僁成進士歸治復入武闈所得周之冕等十二人皆
斌匕杰立方擬大用而公已卒所著有眉亭燕心二艸
今尚存

相業列傳

姚明恭號崑斗中萬曆癸卯鄉試己未成進士第十八本
年改庶吉士天啟丁卯授檢討轉右贊善崇禎戊辰轉
右諭德庚午順天主考丁丑轉左諭德經筵講官轉左
庶子纂修再轉詹事掌翰林院印戊寅轉禮部右侍郎
教習館員經筵講官東宮侍班己卯轉左侍郎本年進
東閣大學士禮部尚書隨進文淵閣大學士加太子少
保户部尚書資政大夫其制誥之詞有曰風規濬遠宇
量端弘格德明而成士遜王旦謨猶之心繪民隱而省

覲條李沆公忠之德祖子鶴父光盟俱贈如子官祖母
戴氏母江氏妻戴氏羅氏俱夫人先是崇禎末年靳之
漕米必從靳州兑軍州去會城遼無彈壓者軍旗乃肆
為科派里甲苦之公為言於上臺改兑會城民甚賴焉
會時蠲革公亦旋卒黄之九属數百年來稱宰相者惟
公一人而已

武科列傳

文質嘉靖間人善騎射有異材由武狀元任錦衣衛都督
子應詔由武進士任錦衣衛都指揮僉事父子二人一
謚昭毅一謚昭勇歷數百年以武狀元顯而父子功國
謚者蓋亦僅焉

鄧祖禹字文玄家貧而質氣慨慷不耐與里中細人伍毋
傲視之以是毋來細人之咻勿顧也以武科中楚試連
不得志於燕臺萬曆己未東事殊急武場會榜竣矣議
者特疏精選將材科武進士一榜數十人禹遇爲授遼
陽守備尋以遊擊將軍守三岔河有功而不協於主者
假歸遼辰沅土司不靖上臺檄禹往備之計擒渠魁綏
五保靳之漆其頭以示人乙亥丙子間流寇初躪靳禹

以家丁合民兵夜至土壁山圍而勦之可百人獲馬九
十七匹輜重咸有之忌者孟浪將上愬禹不能平追而
斃之督府令待罪勦寇自贖遂攜其子庠生天源天河
禦寇於應城血戰殺傷過多力憊被獲寇愛其梟勇以
富貴好語誘之禹唾罵愈激遂遇害心膽剜去惟鬚長
可識得歸骨先壠應城人高其義祠之禹讀書頗淺白
面入官援筆成遼籌萬言井井可觀至於孝其孀母則
肫至甚也天河倔強有父風女人李子嵩誣償其金數
而笑而還之

旌義士程為常徐玉蘭蔡巨人胡方壹徐所極由武舉科
俱邑人知兵有氣節崇禎丁丑春因流寇不時困城下
邑令龔諠里兵每里出資募壯丁一人共得五百八十
人守城而以五人主五營三月十七寇至新橋為常將
兵襲賊為賊所殺越二十七日徐玉蘭等四人復與賊
戰於叢山寇多兵少殺傷甚衆四人死難為立五義士
祠手書額以祀之更申詳兩院具題兼請學憲高各給
祠生一人以供俎豆祠在城隍廟側爲獻逆燬

贈蔭列傳

大清

官撫渙字華之以太學生丞會稽得邑人心遷參軍寧海
未任順治初清兵入抗謏仕者徵於與人群頌之又得
為會稽令未幾剃髮令急君白郡守少需之弗聽民始
揭竿殺郡及隣邑官不忍及君君抗節數月始遇害聞
於　朝賜祭葬贈按察司僉事録其子純心　賜爲存
協入監讀書

補遺列傳

樂汝字栢齋以易中嘉靖乙卯鄉試初授河南閿鄉學進

應廣東分考將得門生六人聯捷者伍陛河南兩舉人
公性純孝乃翁延訓公以八旬年高不便之任每值詔
良公輒具冠帶拜泣曰早知父子睽隔若此不若守散
廬之為愈也華人知其孝髯迎封翁至華凡鄉紳燕會
先迎封翁則樂否則相顧而泣曰寧井藜藿食親側不
樂珍饈作土宵治華期年多善政尤加意義田義塚孝
子節婦隨致政歸其辭曰母逝七載已抱終天之恨父
年八耋孔懷風燭之驚遂得謝事歸僅薄俸百金又分
半以予兄恭親一十三載朝省夕定必躬親之父殁塋

于宅後廬墓三年剗不離塚年家門生知其貧遺以金
弗受也孝終有門生黃應坤任楚臬司謝三知任楚巡
憲為具奏疏云遴選雖非殿撰懺孝可致風雷部擢用
之而公不就惟集年拜貧勉子讀書而已猶記其勉子
之聯曰白髮無情吾老矣青春不再女知乎公之胸次
可槩見矣

易之貞、字忠南、中隆慶庚午科鄉試第八人視學清浦
遷磨赤水遊補長沙學學而生爭貢梁富而魯貧賑魯
直而梁曲公意予直者太史蔡天合時為諸生親見並

贈有句云月冷宮墻夜卻金存補海豐學楊二善家宰理學先生也雅重公其子須卿書吳選之愛學陞國學匕正陞刑部司務又陞户部員外郎轉郎中奉旨督餉易州時積逋未粟三百六十餘萬身家盡矣公為之奏免二十州邑其蘇行部至良鄉廠從旅觀不一遭糧官屬也公惻然請減十之九且捐俸多方償之內璫王虎開鑛擾民奏罷之自是豪貴人憚〻而思以中之出知禹湖府萬里孤臣三月典郡而返其初服矣宦二千石有子八人而數畝薄田不能贍其溫飽萬曆已未間有

銅梁李公長德來理黃郡李公父竹野故與公同寅户曹與以布素清真相高李公襲父清風每加餽問以八十二終雅善詩〻宗工部署易州集三舍黼僉議祀以鄉賢而家貧不能與大力者爭先是清浦以名宦祀矣

徐鄧婦程安國妻徐景位女孫也生八歲許適程氏兒安國十六歲歸焉閑禮義事姑至謹爲居宅狹隘甚出不踰閾萬曆戊戌聞夫暴病於知戚里張君偕與之求醫藥不愈越三日卒凶聞至氏慟絕復甦不飲食者數日父營塟求為同壙虛其一以自待且悉一切斂具俱備為姑嘱姑曰汝年少須當留為改適賢婦曰余為程氏婦又焉他適所不即死為夫疾時有張君甚勤誓不及謝也頃之張君來吊婦為備酒饌出拜謝畢忽不見姑驚尋之溺死夫墓側池水中年十七死之日無不感激祭吊至千人哀聲滿廬

縣志卷十四

人物志

逸行列傳

宋

林敏功字子仁號松坡宋人十六歲以春秋舉進士下第杜門不出者二十年博通五經循長於詩元符末徵詔不赴賜號高隱處士范純仁作四見亭記有高隱集蒙山集弟敏修字子蒙居與敏功齊終老以文字相友善亦不舉進士有無思集世號二林

明

李子賢明人以尊聞持身甚醇謹黃儼斥斥以山水自娛鄉人重之

潘彥成圓通有數無大纖鄉人輒以孝弟娓娓不置俗圖化焉

程在霄明分巡山人發屈首受尚書駿駿厭藩好古古籍間有闕世歡者多能誦一切謝絕賓客朏明輒呼童子挾卷隨步吟咏而已晚號孤山樵隱

王儒字若樸明團陂人居恒憧憬無聞亦而好讀書善吟咏訓子弟多以詩

彭垍字子厚成化時歲貢生授衛學教授醇厚自持善吟咏乞歸二十年許視鄉人婉如一家亦無姓字落公庭云

程文遠字尚質正德時歲貢端莊樂易善吟咏雅意林泉不嗜仕進築臺以自娛詩云泥塗風雨怯沾衣臺築荒園秪自宜竹放靈根封砌穩樹庇清影下階遲井泉湛公題其臺曰樂壽臺贈訥菴別號以詩送之云天下方多巧訥菴原不知菴中人默坐兀兀到皇羲

畢鴻字翔霄正德時歲貢寬仁好學少即能以行實辟易邑人長益習渾噩市井有長者之號未仕卒

陳厚德字汝善明人篤實好禮有詩名終身未嘗折腰貴人

錢仲仁習春秋有沉思雖家世通顯自視篾如也後竟不仕以終其志

周仕哲字尚明嘉靖時歲貢性敦篤學先忠質有司雅慕其風竟不出稱真隱云

蔡廷訓性冲淡多擅越自喜至軒軒霞舉人多謂在邵憂

伯侖閣

柴大愚正德時人性亢直不事生業事繼父至孝繼有失德事郎面諍之閨門肅睦頗似陳元方父子嘗值橫逆至不屑與辯具凡庸登章龍山絕頂焚香脩書其事曰吾身直可與列宿為伍何能向世俗論是非耶隨書隨削其稿晚年家益落賓友日盛布冠縕袍遨遊諸名山蕭散自適

畢良凱性嗜古多著作以春秋名世黃之士夫皆宗之立義館以贍貧士從游講學者九十二人兩中副榜不第

嘉靖間舉明經不仕生平不以私謁公門縣令慕其賢每就訪之

黃而文字柳溪幼自蘄徙鄂入武昌府庠苦心力學壯年遂恬退無名利意與妻吳氏偕隱臙脂山下仙鄉醫卜無不傍通手編丹經內典推挈承兒卜[illegible]讀書至老不輟倦則瞑目默坐自號出塵道人作行住坐臥四詩曰行行行踢翻宇宙清風生毫毛拄杖挑明月到處雲山老弟兄住住住有家却在雲深處洞門深鎖幾株桃花桃花開不知數坐坐坐石石蒲團鋪一箇一卷楞嚴一八番住他車馬門前過臥臥臥珊瑚枕子驚夢破晝長日午打三更海底泥牛啣月過匡廬溢浦霽雪破顏木蘭之嶺皆常寄蹤跡焉性畏暑每夏夜獨臥黃鶴樓偶夜臥初醒江月照樓中見兩道人奕一道人傍觀碁子大如彈棋空子落其聲砰砰然震人私念夜來登樓時門者已反鎖去道人何自入且狀貌殊異其仙人歟急起披衣就之將近道人遽不見嘗夜渡陽邏江風起舟覆同舟者皆溺死可久深沉至底見江水通紅一黑人長與天齊以一手托之置覆舟底上汀下漁父爭一人

冠袍從鏡匣中起覺以告其妻妻曰今夜風甚惡恐有行者不利何不向江下一行漁父至見可久坐風浪中挐舟救之臙脂山火家人盡奔逃可久坐樓上翻道書不驚火既近前隣人望樓上窓猶有人疾呼之乃舍卷出居遂火以子正色與侄耳鼎同業於浠後遂迎歸浠居浙流光之瀨天啟二年年九十無疾而卒子正色中崇禎丙子鄉試第[illegible]蕪湖令

周延奇字海尉神宗時朝議公周伯谷先生第七子也少而英穎隨父官越還粵時六歲諸同賓試以對聯繁

不移步多奇之後見知於邑中尊徐涇源先生傳學名
才詩文凡十二卷循長於詞賦上中有春雨賦定恨賦
比常膾炙人口兼通太乙諸數其弟延廣字吉聆亦頗
異絕孝每見重於許孚遠先生晚年邂逅異僧靳酒茹
素而皆以未遇終

王民極號廷卿俞督學取合省首卷食廩餼者近二十年
中萬曆癸卯副榜生平義行如霜信行如弦一時與朱
朱陵徐賓所余三槐諸名宿相頡頏每困諸生朱陵慰
公曰君之生平才敵命而見屈志歎時而受挫當為扼
腕分痛春秋四十有二性好風雅有詩稿没兵火中

胡伯浩號弘宇嘉萬間人性端方精理學九困棘闈居鄉
化俗屢辟鄉舉不就後絕跡塵市為令君杜游二公敬
禮焉事傳别見子簡舉崇禎己卯鄉試

封贈列傳

明

胡濤字景周少篤行好學能吟以嚴謹為閭閈師子仲謨
中正德庚辰科進士仲誥中嘉靖丙戌科進士誥封濤
主事加贈按察司副使

王承芳字竹軒嘉靖時人尊師重友然諾不欺延江西鄒
生為師教子鄒積数年館穀托寄經營約近百餘金鄒
偶歸值竹軒疾且不起乃以匣置床頭手封鎖留以待
之次年春鄒至而竹軒已逝鄒惟哭弔不問所遺少頃
家人出所封之匣予鄒啟視之歷年子毋纖悉登記無
絲毫差鄒遂慟哭幾絕作詩以弔之曰哭拜竹軒懷往
事暫停厥哭聽鄉評床頭不置游人寄猶見當年下士
心後萬曆初邑令閻刻孝弟忠信禮義廉恥八行各以
蘄鄉賢一人當之竹軒以信著焉子希元中隆慶辛未

進士官給事提學參政為蘄請一條編法至今德之竹
軒以子貴贈副使

何鳳池字國賓號滄泉富而好施以盛德聞於蘄黃間其
子其弘號任宇鄉會兩試房官皆以祖宗盛德故録之
萬曆己丑春闈任宇夢滄泉語曰吾今特中子矣及揭
曉果第其座師則郭公諱鳳池蓋滄泉亦諱鳳池也時
人以為力善之報云以子貴贈文林郎

南邦取號賓吾生平慎言笑嚴取予居常與人無競至義
氣所激則凜乎如烈日嚴霜非禮之遺橫逆之來不為

屏馬讀書萬卷以帛布終其身已不求聞達而教其子有臺成進士服官宥卓異嬖袍之錫豈非古逸民隱居子之流耶

朱廷錫號蕃吾天懷樂易至性篤友十二歲通周易聲名籍甚問業者多歸焉歳入庠稍長公善養母志乃合二弟已析之爨而同處一室之中融融洩洩氣當應遺才試立就隣號生宿而已卓得第一公絕口不以語人七試棘闈不一第萬曆癸酉已卯咸爭幾入彀又以房考力爭前後卒置副榜年五十己丑始生孝廉公朝熙歳己

卯郎領鄉薦長厚之聲聞於閭里邑令游公以鄉客請屢不至後躬自敲趨務許秉微替[illegible]有待著少焉有詭金一紙賄[illegible]手[illegible]之因[illegible]二以子貴封奉直大夫著有五楷集及闈中擬墨若干卷

高鄉舉字鎮南博聞強記學劉學書無事之鶴不譽郎[illegible]入太學大司成郭明龍先生器重之故優奇[illegible]龍田川新淦縣儒學司官雖平昔不苛不讀身雖老亦不肯不數同理楊公一鵬嫉其溝異召詰之公抑理對竟[illegible]

令[illegible]繼與劉[illegible]
公以學創[illegible]少戴[illegible]心[illegible]
商人金請[illegible]川[illegible]公[illegible]
[illegible]
以[illegible]四[illegible]子[illegible]氏劉[illegible]
[illegible]
[illegible]
六十四年[illegible]
[illegible]中順治[illegible]卯鄉試

縣志卷十五

人物志

孝友列傳

宋

周古象值宋末會元兵南下古象被虜至幽薊遂質蒙古氏生子竊日夜泣下然竟不告也氏詢以故曰母在鄉欲得歸省氏許之且囑曰母在當奉養亡以妻故復來及歸母尚在遂古象奉養盡孝母沒廬墓妻亦終身不嫁會古象時年四十許亦不更娶淮西憲僉幹克莊上[illegible]見古象古象避之留詩於壁為立孝里門

明

王然蘄水人住卻藤七世同居少長三百餘人庭無間言或以其人衆一心恐生他變聞之巡訪巡訪微服私造其門見二叟對奕偶有婦人抱一嬰孩至二叟肅然起立巡訪問其故曰此兒雖小諸父行也巡訪喜曰不謂此間尚有古風請於朝旌其門曰孝義

劉淳東樂時嵗貢父早卒事母呂氏謹聞念及老母亡前每欲食輒泣數行下母死廬墓三年臺司上聞以偏孝[illegible]其廬曰孝子

吳秉喆字克明正統辛酉舉人博通群籍事母以孝聞授南川學諭誘誨人士若不及貧者賙給之學士江朝宗方伯蔣雲漢御史蔣泰俱出其門尋拜河南道御史蜀士至今道吳先生

周鶴字孟聞弘治時人素孝友母病侍湯藥惟謹母終痛甚大哭一聲遂絕倒地卒

戴仲英明經勵行為時聞人蚤失親觸時悲哀感慕及老不替宗伯陶凱遺以詩憶昨干戈起白日風塵昏子家

浠水上少小失雙親生死不相知念之徒酸辛艱難適異鄉乃謂他人昆聖人握乾符伏劍靖妖氛思親不可見忽見故鄉人聞言隔九泉涕淚濕衣襟茲行還故鄉累土成丘墳墳前植松栢慘淡結秋雲當存純孝名錫爾垂子孫

梁詔性孝少稚喪父母程氏卒哀毀不可踰廬於塚三年許十年父卒亦如之

可清早失父事母李氏如禮母卒哀毀骨立結廬墓所三年如一日

詹子陵字希嚴弘治間人倜儻相然諾以死少事父母敬
父卒事母備爲出獲味輙懷歸母遘疾以身禱藥餌服
食必躬之
宋文明嘉靖時歲貢少善心文行自勵求為君子嘗與同
儕矢志淹希文為人父母且旦莫人公極力崇養每膳
全必先儘父母仍給族若里亡慘色仲萬壁立與季弟
文蚤曲為周劑田十畝許比落間滞惡侮之意淢〻也
俗用頎化甫貢將北會不敢色大夫所給金六十盡散
去中外屬曰吾即懋㽔何忍視里中人凍餒為乃稱貸
蘄水縣志　卷十五　人物　三
行募卒於北子以塵償其負家亡立維鄉人憐之先是
嘗迪人一時彬〻多出其門
蔡升㷧嘉靖時國學生以割股事孝聞任成都主簿頃即
自罷
萬明善性柔和以割股凡再廬墓六年旌
姚來濬明人讀書惟能記姓名父早卒事母張氏夕膳
侵晨靡所不至母樂甚母憂即驚懼母終哀毀瀕死
若憂之三年仍温凊卧榻一如所生自葉卧於側不入
私室寒暑能露足艸履一日耕妻蔡氏供母饘粥以業
綿擷其祖遺記肅禮濤適歸遇大號泣謂蔡以死視母
蔡錢被逐
柞友金不事詩書天性友愛兄早卒事寡嫂如母撫侄如
子嘗築生壙與兄同穴不問妻孥又築室城内其侄
名斧者嘆曰三弟必有一居此矣公翼然曰何無志乎
即以畀汝為卒其工乃去其篤厚如此前此遠祖以避
禍冒姓石至公始復桂姓
蔡株號岐岡邑庠生嘉靖時割股救母〻愈及兄松岡病
篤以身請代後有遺腹子扶其孤負予以田産真生死
蘄水縣志　卷十五　人物　四
兩無愧也為人忠厚好施誠樸無偽偶暮夜遇盜〻見
而避云公善人又公之幼子彩淑氏艱嗣存時取一傍
子為後没後族人覬其貲欲逐之經於公數載不決以
公為質府太守詰公真贋公曰閨房事誰得知之但仁
若不絶人之後耳守即從公言斷付其子至今子孫綿
綿皆公賜也壽至八旬初無子晚生三子其次室徐氏
亦割股瘵嫡蔡氏家譜以孝婦稱子應詔亦稱盛德
畢良謨萬曆癸酉歲貢嗜義賑急不責償死而露者瘞焉
二姊寡無歸為迎養遂志父早喪每誦風木怨涕數行

下聞者為慶風木慟
許恩治前南市人明時事母極孝忽夜半隣家火火逼恩
宅恩覺出尋母不獲復冥入與母俱焚火止人視之骸
蓋灸裂猶見兩肱隱隱抱母身云
柴杰嘉靖時人惇學有隱德每挾蒲團坐竹林中讀書竟
日自經史外凡諸子百家及醫藥卜筮之書無不通曉
而猶精於禪易與兄未交愛最篤兄舉三子而杰止一
子其田廬析為四分己取其一而以其三者讓兄曰杰
止一子何能遍有與同牡門斷事數年不一出戶每戒

蘄水縣志　卷十五　人物　五

其子曰知事宜少識人無多因暗喻供饘粥外餘則斥
去曰風趣日異甚不可以西產累子孫也
蔡國珍號達玉性喜愛端方萬曆中由太學生任壽光主
簿攝縣事二載餘值歲歉賑濟饑民吏為勸賑歉以示
大家存活甚衆至今稱之
程若召字明南母陳氏早寡事母孝母病斷髮齧指血書
籲天請以身代露號至夜半見月華燁燁者三欵日母
瘳頓性端方辭利非所好而孝友耿介之風隱然推重
里巷輕財結客築別業於龍石山下延訪才俊不辭同

宗異族子弟皆授師肄業四方賢士大夫爭相造請儀
館圖史並甲一時士論義之事母六諸徐鄧孝居里方
諸王彥方好士方諸李括州云
南山石號柱中性端方好讀書年十二補邑弟子員二十
餼於庠廿五父邦奇病已不起山石焚香祝天封股以
進父食之而疾尋愈更以壽終孝德之格天如此學使
若嘉其行而匾其門曰求忠蓋猶有屬望之意焉惜屢
試未遇而以崇禎壬午歲厲歿
孝子牛二不識字負薪傭工養母母病剮饌其雙股肉母

蘄水縣志　卷十五　人物　六

以起邑大夫棹褉旌之睭貽走避萬曆乙卯秋邑人官
撫邦為詩贈之云有命自天天命我股股生母腹兒以
腹母母喫則肉應刀維土土崩母與兒股起彝母曰無
彝肯茲市脯
郭尚堯治西北鄉民崇禎初割股救父父甦時門前芝艸
大如斗縣令李公汝璨聞之旌曰孝子
孝子王敎民大恭王公希元孫也敎民父三捷嘗為樂林
丞崇禎乙亥二月初四流寇突至執三捷將殺之敎民
聞之從林中奔出求以身代賊謂敎民曰爾果真心替

[illegible]嘗進諸教民毫無懼色頭死之聲震天地賊遂殘殺

民而舍其父通邑為之流涕邑令龔嘗表之詞載山聲

堂集順治中教民子王名紘者以父故襲祠生

張開德任山東費縣繼事父至孝携兩幼弟以義友稱邑

人周際明郭天谷諸先生重其端方歸里閉戶不出居

城西者二十年而人罕識其面舉鄉飲酒盛德云

庠生易有象年十六天啟七年母王氏患病危篤衆焚香

籲天割股飼母延壽三載兩事後母產業蕩盡猶供

子職人以為篤孝

邑庠李珩玉字石公節婦潘氏之曾孫行庠碧山之孫英

白之少子也幼多聰慧友讓人咸奇之年十歲孀母南氏

甲戌進士南有臺之姊病篤將危同兄爾玉之妻楊氏

年十六而嫠各割股救親而愈南氏辭終鄉閭俱以孝

稱珩玉原名之長先世江左隨舅任江南岳任浙為寄

入金華府學同岳姜所逸入觧京餉三年出幾三院題

請已叨功貢國變旋里復入縣庠家傳青白世稱忠孝潘

氏孀圖貞紫南氏矢志栢舟楊氏節孝完美珩王德行

嘖嘖此一門節孝之堪表者也

縣志卷十六

人物志

節孝列傳

邑人李見豐曰[illegible]開山[illegible]文[illegible]潤[illegible]

每見[illegible]婦人[illegible]之非[illegible]人[illegible]則[illegible]

况[illegible]太[illegible]如[illegible]之而[illegible]

[illegible]且[illegible]風[illegible]文

[illegible]子[illegible]風[illegible]可[illegible]有司[illegible]

[illegible]之[illegible]不[illegible]倍[illegible]縣志

見[illegible]

且[illegible]以[illegible]不[illegible]

[illegible]

經[illegible]而[illegible]付

[illegible]

明

[illegible]二[illegible]二十二夫卒[illegible]居二十年終不移

[illegible]

[illegible]年二十二適[illegible]禮[illegible]二年[illegible]守

節五十三年事聞旌表
李渭妻潘氏永樂時人年二十一適渭甫二年渭卒踰七
月生子寡居五十九年八十餘卒
劉永釗妻呂氏年二十適永釗八年釗卒父母欲奪其志
引刀破面乃止寡居五十八年清烈如一日子劉溥事
毋盡禮毋年七旬非大故未嘗離側及毋年七旬有九
卧病割股幾絕復蘇三載八十二而終痛號嘔血跫塋
廬墓三載哭不停聲歲餘而塚上有芝草之瑞縣令王
諱伯者聞而往觀之以為純孝所感事聞建坊旌表立

祠祀之更賜祠生一人
汪弼妻胡氏年二十三夫故妾楊氏有遺腹子與楊氏共
撫其子人稱雙節家故貧織紝自給晏如也事姑孝敬
甚初貫人多求之至死不變
王仲譲妻　氏方九歲通烈女傳十五適仲譲二年譲卒
丈强之再醮斷髮自誓撫遺孤事二姑至老完節
程祉妻袁氏有懿行奉舅姑適其意相夫無違人號女君
子
周道妻胡氏弘治時人年十七適道三年道卒子鳴球在
襁褓姑舅憐其少令再適以死辭六十年如一日
周鳴復妻楊氏弘治時楊[illegible]女年十九適周止一年無
出夫故撫前妻子延姊如已出誓不再醮父母不能奪
事舅姑以孝至老嘉靖間[illegible]入府志列女志中
李黄妻程氏鄉賢李公家元之[illegible]人[illegible]公撫之長
女也正德時人[illegible]一女甫七月而[illegible]廿[illegible]耳[illegible]
夫時即成二[illegible]右以自[illegible]十八[illegible]女亡倘女其[illegible]
焉[illegible]屹立如男子無言動一[illegible]人皆敬憚之[illegible]當
見其[illegible]如也[illegible]舅姑改更承繼竭[illegible]

盡力[illegible]鎮孔道衢州關化方晏着匠石之良也特
[illegible]素帥蓄積[illegible]以遣嫁女[illegible]以惠
人也[illegible]淮有[illegible]其門則怒且[illegible]止[illegible]一死[illegible]不
[illegible]以八十九[illegible]終
[illegible]氏[illegible]節孀居其舅[illegible]時年九十病篤[illegible]神
[illegible]曰汝何不[illegible]汝舅[illegible]思家貧何能供藥[illegible]割股
可立[illegible]沐[illegible]夫割股以進時室有異光一服而
[illegible]越者五年[illegible]亦[illegible]二而卒人稱完孝
庠生[illegible]寵妻何氏十六適寵十[illegible]生男際盛僅百日而寵

故時年十八耳節厲氷霜晝荻和丸歷五十九年如一
日壽八十終闔族旌之
庠生徐尚國妻楊氏 三徵仕郎楊公中春女貢生楊公伯
廷之姊也性嚴毅凜凜有丈夫槩年十七適尚國十八
而尚國亡遺腹生一子名鉉氏泣血撫孤後補邑博士
員五十年間有如一日姑病氏割股以飼者邑君鄒麥
登堂拜之具聞萬曆乙卯奉旨建坊題曰純孝完節崇
禎癸未獻逆屠城邑之諸坊俱燬而此坊獨存人以爲
天念貞烈云

周鳴洛妻劉氏 正德時人夫卒年二十餘子二長延甲方
三歲次延第尚襁褓劉撫二孤苦節四十餘年延甲領
萬曆癸酉鄉薦孫之士亦中天啟丁卯鄉試事載周氏
家譜
周延祚妻楊氏 梅子山楊氏女也適周一年夫卒年十九
矢志守節父母欲奪之以死爭楊無出撫前孤如己子
人無間言嘉靖間撫入邑志府志並楚志列女中
李彰芳妻胡氏 知事胡仲哲女嘉靖壬戌彰故胡年甫三
十次子二齡耳胡伏節撫孤乃其家李不淑未以爲是

也迫而遣之且明所歸寧之家亦謂女何自苦乃爾愁
鑒不償仍其艱楚萬狀而撊激之操厲節益如飴洵哉
之死矢靡他矣勸農課子勤女工達旦以自苦歸游九
十學師青邑宰游咸以節壽上聞云
孝廉易文訓妻鄭氏文訓以嘉靖甲午舉人辛丑會試卒
於京師氏葬喪祭祀按家禮舉行[illegible]嘔血濵死者二
十餘年其寡媳李氏孝春女爲易文誥妻誥亦早卒子
偲生八月而寡甚貧兩人共誓死無二時人稱爲雙節
邑人鍾仲能爲之傳

袁正魁妻廖氏十八歲夫故撫孤袁貞襁褓誓死泣血至
七十六歲無間言邑具詳中院通云白屋井貧九泉不
從二醮青年砥節一生維重三綱完貞鐵固兩鬢矢志
何防四壁引繩卻膊猶存項上之痕拾穗存孤常灑指
中之血受盡五十八年之苦方成七十六歲之人輿論
同歸幽貞難泯既經核實允宜旌表事聞奉旨建坊上
題人欽完節天褒孤芳云時萬曆末年也
李學妻潘氏適學二十有二歲而寡且家貧撫遺叔子終
身紡織令若子卒業儒有成學使者陳以匾表其門

今其曾孫李世太列邑庠生

郭述庠妻羅氏年二十八夫故家貧撫二子親操井臼織紝以養舅姑守節四十年〻六十八而卒天谷先生其孫也先生官祠部時以祖母羅氏節三上疏乞旌表情詞哀摯奉旨允建坊曰天彰節孝

南邦彥妻李氏貢生李仕女年十七歸南〻氏素封氏脫簪珥謝服飾苦身力作爲諸獲先又伺晨昏具饘粥焚膏繼晷以佐夫讀夫病蔘藥煎㦄祈以身代而夫竟不起時氏方二十有六懷中既無弱息膝下又無嬌兒矣

志栢舟誓不二天惟修齋持素顧影偶形以度餘生而已矣學使者蒞下檄旌之將請之朝以表其門而竟死於逆寇之難焉氏年已登六旬人謂庶幾完節云

庠生熊伯亮妻湯氏湯仲華之妹也嘉靖時人十七適亮十八生子繼震十九亮卒苦節守震長號索一爲時名儒補邑廩入國學湯壽七十五卒苦節五十四年未蒙特旌人甚惜之

庠生李淡嗣妻畢氏貢生畢良謨女年二十七夫死畢矢節撫孤承先業而大拓之延師課子歸則令之背誦不能則夏楚之若嚴師然以六十五壽終邑侯游學博青及房俱表其門

庠生楊學溥妻蔡氏十八孀居苦節五十年崇禎初邑令龔治蘄紳衿士民交呈舉節尋以寇亂未果不能無遺憾焉

汪望民妻畢氏年二十三夫故有遺腹生子宗岵辛勤撫育萬狀艱難歷五十餘年不變卒起家孫士薦亦遊泮壽七十卒以時值明季兵寇交亂未及舉節人多恨之

李新期妻申氏夫死不嫁土人李豺恃爲奩戚且積役也

食色賄娶串申父兩子及堡黨謀爲斷髮不從劈門縛擡至家强婚比自縊死明季危亂無敢白其寃者

詹妻尚氏貧家女也而卓有丈夫之概夫家主伯亞旅泥事取平於尚〻誠足以服人也崇禎末寇獻哨騎突至尚度不可逃則踞坐周行高呼曰死即死耳向汝俛首求生死不爲也遂遇害

洗馬畈娘人不知其姓名崇禎間爲兵所執氏死不受污兵乃以刀剖其腹娘人一手抱嬰兒一手捧腹使勿氣盡立以待夫〻至付兒放手而斃行道之人無不哀之

塟大靈山後
程若召繼室袁氏夫喪早寡堂遺孀姑仕一五男時稚幼伶
仃上奉寡姑下携諸子氷雪自持四十餘年前室周氏
生一男袁撫愛過於已子夫遺緒業半予周子僅剖半
以食五男没齒藜藿晏如也性好施予明季閒道有暴
屍袁出橐金殮而瘞之生平相夫無違事姑必適其意
鄉隣族戚排難解紛女子具丈夫之槩教孫子以義後
五男皆庠孫多文章之上而維伊辟丙戌賢書
蔡應兆妻吳氏其夫處繼毌下逼之自縊氏年二十二痛

心守節姑之逼氏者復萬狀啜粥茹蔬雖兩飧亦不飽
也氏心歷三十一年終不變癸未城屠為賊所殺至今
言之無不淚下者
張邦恒妻孫氏性峻潔二十五歲失耦遺子五衡甫四歲
孫茹蘗自誓為未亡人躬自紝織給五衡讀書卒成
名士中順治戊子第十五人每言及母氏撫育苦節狀
輙流涕惜孫以年五十即卒未及表著鄉隣宗黨至今
哀之
庠生南時之妻陳氏萬曆戊午夫死遺子牽仲甫八月耳
氏苦節以撫成教之歷二十六年如一日崇禎癸未年於
賊子以膺順治戊子援貢為澄海令
王靈妻孟氏性貞烈崇禎八年二月初四流寇突至圍陂
執孟氏提刀迫之上馬孟氏罵賊不休寧死不辱賊忿
甚遂殺之且憐與王敎民以子代父死同日知縣事龔
作王氏褒異傳云王敎民孟氏俱高門名裔佳士賢媛
一則代父命以犯凶鋒一則全女貞而蹈白刃賊前請
死占節愧於常山松下含生頭並芳於皇甫秋霜偕礪
琨璧同晶至於僕人王九兒王子兒若棄七尺以報恩

節方國士帶數創而負主義比次孫文所謂錚々皎々
者矣至今嘖々人口
庠生何之旦妻李氏李大魁之女也事舅姑以孝聞崇禎
乙亥二月流寇至蘄李氏被執逼之去不從賊衆共扶
之李氏罵聲厲猶勇罵賊求死賊怒刺之創遍肌體未
嘗有懼色賊舉刀斷其頸乃死時從婢來女抱李幼女
守側罵不去賊奪其女將殺之婢不與因伏地以身
翼庇幼女賊不能奪刺婢胸腹闒中者兩創婢並女俱
死婢素痴姤見者皆惡之及既死無貴賤皆哭之

邑儒生徐一三妻畢氏邑封君畢顯女孝廉畢期玕妹也崇禎丁丑正月十八日流冦突至氏被執白鋒交頸威以屈辱氏抗聲罵賊曰我父若夫若兄皆何如人而爲爾汚耶自巳達午罵不絶口卒不能屈賊乃殺之已郊知縣事龔詳申學憲王題貞烈二字暫旌候請旨建坊以表後因時事紛龐而罷至今草間避賊士人猶能道其館刑罵賊語大義凛凛焉其夫一三亦高才積學崇禎間獎目爲土冦所刺猶吟咏不輟每有作旁令一人書之以自怡適亦近人中之古人也

邑庠生郭肇妻柴氏柴美女孫性樸鈍不事修飾流冦起氏被執將欲汚之氏曰余家累世清德安能從爾賊求生耶可速殺我即仆地求死賊就背間砍之見肝死

生員南有杞妻李氏性純謹事舅姑以孝聞崇禎間避冦寨上寨破爲賊所執促之上馬去氏厲聲罵賊不止乃舉刀亂刺之而死邑侯龔公具文申巡按林其由詞有曰欲斷李媛之臂毋慚南八之心林下其事於巡道袁稽實獎之巡按汪繼至下其事於督學高覆案具實疏題未下而國變事遂寢

分玉石徑開寨殺瑞麐擄吳氏令上馬去吳氏曰吾夫死矣吾爲爾辱耶願與夫死一處所兵殺之瑞麐嵩爲曆甲辰進士郭士望之孫而樊南乃其同管籥而曾爲與史若邑人憐之

華　甲妻朱氏年二十二歲守節至五十四而卒瘞之日掘地得一碑上鐫云上有金下有銀家有三百親生子裡匕外匕一千人詢之氏乳名壬旦壬午生蓋一千人三字之讖也時以爲苦節之報

烈女列傳

明

烈女王夢貞河東王論女性純知禮反字適諭毋告逝女翁並婿行冥女幽居不出雖眷屬畢聚亦莫獲見詎意讀祝者佻子也歸而嘲女屬目於彼女聞之怒曰造言嫁汚天自鑒察貽我以不受此玷也遂憤詈不食若三日乃自縊死嗟哉夫以一言之汚而不受其心就死非義烈者不能也其父王論表之於碑因附瘞其夫錢氏墓側兼以詩刻石上云自古皆有死吾兒死可傷已知謠口誣誰識鐵心腸氣薄雲霄暗名垂艸木香祇憐

宣德正統六年因陝西饑荒捐穀六百石以驢載往彼處賑濟中途為難民所奪歸復載六百石往有司上之奉旨旌為義士以羊酒勞之仍免本户雜徭差役三年迄今尚存勅語並金字牌樓於白洋河云

徐漢舉皇明以文學德行舉歷任兗州府知府其子朝仕時南畿初建捐千餘金為助又本府聿新文廟輸百金製禮樂器羅邑作觀亦施田三十頃後陝西大荒出千金穀千二百石鄉助賑濟有司以聞欽差行人張薦忠賫勅命并御製詩章勞以羊酒旌為義官賜金字牌樓一座迄今傳為徐家壇金字牌樓云

蔡時來樂時人為人好善樂施多所周濟成化丁亥大祲出粟五百石賑濟全活甚衆成化乙巳又捨衝要路側命工鑿石砌成二橋兩壘以義聞奉旨授以承事郎正品散官

蘄志卷十七

人物志

流寓列傳

宋

程居字隱谷咸淳三年授漢陽簿有惠政遷迪功郎由漢陽徙蘄占籍查山之東迨今子孫號稱蕃盛

明

范承吉其先姑熟人學士常之後洪武初徙居蘄北之土門少孤廬母墓三年一日之野獲遺金數百守之以還遺者有司以孝義匾其門其子後遷黄之魚惇村

熊文燦字心開四川瀘州人萬曆丙午鄉試二名丁未成進士戊辰授黄州司理癸丑陞禮部主事轉郎中奉命封琉球國王庚申轉山東左叅政天啟壬戌轉山西臬司癸亥轉山東右布政甲子丁艱公其先為蘄水周延先與試所得士至是因徙蘄水居焉崇禎戊辰起福建右布政隨陞本省巡撫右僉都己巳海寇亂公捐俸置海舡數百號及紅夷火銃數百福字號班鳩銃數萬統總兵官謝一弘等征之復協同黄汝良招安鄭芝龍芝

虎等並剿鎮海王李魁奇有功長子曰檜廕襲錦衣衛百户復捐俸置租三千石給州學貧士壬申陞兵部左侍郎兼右僉都御史總督兩廣海寇劉鄉老等倡獗又統總兵官陳謙及鄭芝龍芝虎等蕩平之功聞長子曰檜復加陞錦衣衛正千户次子曰栢襲南雄知府三子曰椿入國子監讀書守廣四年俸置大鉋數萬散寄各省郡鎮守城池丁丑陞總督九省兵部尚書兼右副都御史賜上方劍督隨征總兵官陳洪範左良玉祖寬等征剿流寇先是公主招撫闖有就撫者至是為死賊張

獻忠所愚亦招安於穀城已外尋叛破穀城己卯以此革職逮繫庚寅十月臨刑猶自言曰義士成名日忠臣報國時又上遺疏曰臣奉命無狀致蒙逮繫罪不容逃但臣繫獄中見獄中人怨氣冲天伏願陛下以寬大為心以忠厚為政大赦獄中人必能享有道之長臣死亦瞑目等語先是蘄水苦寇公家蘄水所運火藥軍器寄蘄城者其多蘄以家丁人衆俱有勇畧故由乙亥以迄壬午賴其保障居多癸未三月初五獻賊襲城家丁熊[illegible]熊振熊裕猶率衆敵賊卒為射死城陷之後賊大索熊宅之人而盡誅之惟長子檜夫婦在外得免可謂不負殉義者矣公性直而躁雖以[illegible]於蘄而居鄉之日少始則生獻賊而自殺其身繼則[illegible]賊生而盡殲其家生平之失惟此一舉要之公固盛德君子也

流寓山人列傳

明

胡之驥字伯良蘇州人高祖宇西株曾祖[illegible]祖[illegible]先叔祖武先父大彤皆[illegible]能詩名萬曆[illegible]年[illegible]蘄之故懷鹿太守朱期至子潯善同[illegible]蘄倡和[illegible]若[illegible]嘗客[illegible]趙南

浮江淮一瑞河朔北出雲中上谷與諸[illegible]嵩而瀟湘漢沔猶同堂也子潯率驥為序遺稿行世生死交誼每抱濟冲河山之感凡註江文通集暇著詩說紀事數種海内交游王山甌瀕[illegible]眉如畫而要歸實於子潯之風流文雅焉

方伎列傳

宋

龐安時元祐閒人字安常以[illegible]於蘄故號蘄水道人家世醫不出閭至安常始名閭洪[illegible]時兒時能讀書過[illegible]

記父授以脈訣安時曰是不足爲也獨取黃帝扁鵲脈書治之非久已能通其說時出新見辨詰不可屈父大驚會黃州團練副使蘇軾好異人從溪谷遊聞安時異瞶挐一艤舟訪安時與安時語亡甚得後益善蘇公云其術能走躄伸僂扶羸起尫蹶剔魄相傳安時能生死安嘗聞而笑曰我非能生死能生生也扶病往聞其家安時不藥不治不遺不懷所全活者比一鄉之君歙張手見從遊一日丐者叩門言小人有風寒苦亡者已十年許時丐者手瘸扇安時見之曰毒哉而盡以而

蘄水縣志　卷十七人物　四

所執之蒲扇而自湯乎丐者如治而瘵乃痊子克莫解也徐曰豈非欄敗蒲能止汗者即予克驚服者父之適桐城桐城婦患產者七日因其且死安時弟子李百全爲其家言而婦族非安時不能家聞安時到來百全爲請安時笑不顧也然與偕往見產婦即呼而婦不死令其家以湯溫其腰腹自爲上下拊摩孕者覺胃微痛有頃子隨手墮其家喜且問結之故曰子已離母胞而一執母腸故至此我相腹而捫其手中以鍼子虎口而纖還以下取兒視之果然其神如此其學自神農黃帝經脈

鵲八十一難經靈樞乙甲葛洪輯百家言爲之解也嘗曰世所謂醫書予皆見之惟扁鵲之言深矣蓋所謂難經者扁鵲寓術於書而言之不詳使人自求耳所著有傷寒本論脈法龐氏家藏秘寶方數萬餘言蘇軾嘗渫聖散子方於異人軾與異人指江爲盟已而見安時亦異人也因以方秘授安時軾書畧曰軾再拜安時先生聖散子方寄使上嘗不令泄傳衙聞然猶有所活即死魚腹中欣異也安時深其旁亦輟餘然安時非藉此名爲安時少而聵人以指畫字擊會人意軾嘗戲之曰余

蘄水縣志　卷十七人物　五

以手爲口君以眼爲耳

明

萬福敦羅田人幼穎異攻舉子業已輒厭棄薙髮投塔山寺爲僧法名通璣即實解禪宗邑令徐召與語大器之命蓄髮飭道四方遊號玉山尋居蘄水期數年後返東締結方外交玉山自茲遍遊終南峨眉武當天臺懷玉匡廬五嶽之勝所至留憩遇緇流羽客一語會心輒師事之迨歸已竟然有得矣玉山身短精悍善踵息鍛練不啖秫麪鹽酪深味丹經旁通風角堪輿奇門符水而

猶聖於豎繪竹蘭清逸有韻其它[illegible]
雜伎種種八能品諸人禍福多奇中人問以鍊丹太清
無纖雲誠則明矣方外從遊者數先容縻之以嘗其心
而後受之術書一鏤家不瞭磨佳買青雁山數十弓嘗
遊廬為年六十始娶妻生一子正德乙亥將遊霍山約
其徒方大旺偕行會以危關鄰里山間汝好留矣今年
某月可結胎明年某月日時當舉男良父曰男當長成
惜非貴命耳玉山獨偕一僕往明年方生子果悉如其
言玉山居霍山睨忽心悸偏左側嚮西曰葬地當君窠

者吾弟葬其地矣敢奔還其妻果以疑曰葬山之
左七何玉山以青龍河有佳氣復往霍山去之明年庚
辰四月十日偶其主人江曰雲鶴夜且至備具假寐華
亟呼出戶也是夜風聲如駭飛鶖盡鳴主人舉炬視之
則群鶴集竹梢仆歷墻屋學玉山不應入戶窺之方正
襟數坐呼之復不應乃知即化矣年九十二初玉山寓
蘄水時黃岡陶仲文從之授符水能白晝役鶴謂之曰
子第行之可致富貴後陶仲文入京師以其術獻之
世宗皇帝官歷三孤封真人上詢其師仲文以玉山對

壬寅夏六月詔贈清微神霄演法真人遣官焚黃墓隧
玉山子朴方以掾史授牒吏部上命仲文引入將授以
大官懇以疾辭省祭歸終其身不仕云

易坤字本厚號載菴以醫名家藝業儒善吟咏成化乙巳
應取至京補太醫院醫士不競時好人多重之

楊先春嘉靖時人膂力絕倫曾有大盜數十人劫其家先
春石為主人他出也者而以隻手舉數百斤磨盛茶以
飲賊賊驚散去又嘗有盜來公曰我與若較騎射勝我
則當以金相遺賊曰汝先之公乃揚鞭走馬衝突於槐

柳之下若三已而伸手抱槐樹上以雙足夾馬懸半空
中馬不能逞惟四蹄踴躍而已盜笑而去之又嘗過佃
者家以隻手舉礙石約七八百斤置樹極上戲佃者曰
若能為我具鷄黍乎當為汝下否則任汝自取佃者如
約以進舉手即置其側無難色會蘄州大同鄉紅旗賊
起衆數千人駐羊角尖為暴當事聞公勇檄公督師剿
之公手拔樹起以為器械賊聞膽喪擒其渠魁賊乃平
後隨王師復征麻陽洞猺有軍功予以官公力辭不受
兩臺以偏旌之至今里人尚呼為楊公健八云

仙釋列傳

漢

張道陵蜀人家貧好道少而遊於四方遇異人山中異人令道陵不食道陵即不食者五日又令道陵不寢道陵即不寢者五日異人曰子可學矣因授以異書而去嘗居蜀青城山於道家言無所不窺已寓蘄之玉臺山鑿井煉丹神光燭天丹已成者三有鷄子食其一遂化為鳳飛去城東山巔居人異之號山為鳳棲已而挈其二丹居蘭溪南大江滸頃之丹成一日市人見一龐眉道

士狀若仙與道陵密語道士去道陵歸謂弟子曰吾去子毋呼我有頃升化弟子隱隱見白雲輜軿道陵肱竟不敢呼疑道士即鄉著異人市人因指其地作仙靈觀

劉真人在縣東九十里大羅浮山飛昇今石上有履跡在遂號仙人臺

唐

伏虎珪禪師姓韓氏名令珪琢州人母夢一星墜遂生出家遊三角山居之乾化間始建寺父之龍王送供計日聽法寺傍石筍雙出宋仁宗賜額龍門諡慈應禪師焉宗加賜龍門資教慈應妙濟禪師又云三角山蛟龍宅焉歲旱則民聞取水而雨若山頂多虎六人不可行五代時慈應祖師住此虎悉遁去因號伏虎禪師

謝仙女家月子山嘗謂人曰我將鳥獸屏跡又能辟易風雨其言歷驗不食五穀鄉人祠之

宋

劉仙女家峩峯山父公平孤貧每出耕即天晴女曰今日雨宜持簑笠或天陰女曰不雨皆如言後女入山語其人曰子當索我白雲之鄉父母惟而隨之漸不得其形

聲竟不知所在鄉人立祠祀之

明

釋德心住三角山后之白雲菴萬曆初拜勉菴為師生平不識字惟司炊爨止拜觀音頋文而已一日忽於傾浮水處生蓮花一枝語師師以杖撥去之曰以此語人恐近於妖耳後閉關三年遂得頓悟悉解諸經並博通文字勉菴没瘞三年凡鄉人欲求雨輙往叩之如云焉即雨不爽邑令江公世東性謅之拒不出之蜀蜀所居寺后有大石數十丈壁立一日忽欲崩勢屹屹壓庵上

衆悉師徐向衣上坐頌心經一卷令合寺大衆禮佛數
三聲石即合不復墜矣蜀人異之為開德公道場卒之
日蜀王為費數千金立塔蓋相傳終身童身云師勉菴
明亦僧中之有行誼者

僧雲空河南人顛毛垂數寸來蘭溪夜宿古廟中守者夢
神告曰此僧非凡人乙固敬之常遊城市坐士大夫門
强索食譃浪嬉笑駘宕豪貴人又衫垢襤破衲蟣蝨窟
中取棗栗果餅啖貴人貴人者笑受之而不食也間從
嬉笑時指人意中事輒相符天谷郭公為作寡油小引

曰神仙家變現不常有時為羽人劍客美少年有時蓬
頭垢面作疲癃殘疾曾撮指天狀總之遊戲滲瀆以觀
人俯仰下接人也此赤脚僧者衣百結不蔽體飯一盂
不求剩衣餘以施人飲餘以飯鼠常於每年浴佛日廣
購油作佛事戲弄大官貴乙希儕輩無憚色終日不洗
沐就之不聞其身腥羶僧臭吾恩其為顛仙也以數語
弁之市中一亡賴少年欺而很毆之折數齒亦不怒流
寇過蘄城衆登陴固守望城外白沙中有一人荷擔奔
四寇環而殺之衆憐其人無辜慘死傍一人識之曰此
即昔年痛毆僧雲空折其齒者也言者回顧而雲空即
在城頭後亦不知所之

僧雲峯俗姓張明正德丙子年生少出家遊方六十年歸
里故人及張氏知名人無一存者惟一老婦朱氏識之
邑人沛桂朱公遂留住関帝廟人來相訪者衆住僧恒
皆之賜谷官公延入竹影園啖以酒肉皆不辭其時已
一百一十五歲矣健似强壯黄子正色以正德嘉靖間
事叩之皆不曉復問鄉里間事亦不能道但曰當時三
公廟前止數家不如今之多闤闠也正色笑曰公之所

以壽者正在此矣崇禎壬申年卒壽一百一十七歲奉
常官公為作壽僧傳令亡

梅道人農家者流居竹苑店忽得異人傳仙術遂棄家以
蒲田授子孫自掘山為土室大可容膝與塘郭等為木
榻木門寢處坐卧其中五十餘年其子日以糜粥數甌
餉之子死其孫餉之卧處置黄庭經一卷時乙展視人
叩其道默而不言朱顏皇澤肌膚膩如脂土室外雪深
二三尺壯者不能勝凛冽道人不冠而出徘徊冰凌中
不寒也年八十餘有宦家修佛事強道人入城坐法壇

中以為靈歸值雨漲跣足行水中覺不豫遂坐逝即土
室而封之人以為尸解云
柴大楠隆慶時人磊落英奇弱冠即棄家遠遊曰男兒須
志四方安肯為一老傳士顛倒膠庠間乃遊京師踰遼
海遍涉混同鴨綠諸番境數上書譚邊事多奇中初隱
於小吏忽因事忤意曰天下事都類此倘靈非邊司馬
予徽諸人可為也做古處士幽居傍巖臨溪築一小洞
廣不盈丈隱居四十餘年習陰符老易諸書一足不及
戶外子孫十餘輩嘗夜靜異兇出洞上疑公嘗仙去遂

巡洞外經年不敢入侍壽八十四時以為異人
班通人着蕪都人臘潤而髮香萬曆戊午奉常官公解組
時攜來浠與之要烟霞泉石之盟曰無相棄也居官公
竹影園小樓十有五年晨昏禮佛外坐臥一齋團竟日
達旦如一泓定水時預言人間三四日後事悉奇中園
中有祟當纂春月夜祟出為婦人裝寸許歲已受其魅
道人獨無恙一日偶欲去官公曰息壤在遂止崇禎已
巳怨與方士游黠其術思欲變瓦礫為黃金而志不遂
倒化去官公獨之黃子正邑過其墓為詩弔之曰無甑

十八
志
下者以為風俗在上者即以為政教讀漢廣知俗變德
集知家齊讀采蘋采蘩知尊祖敬祀其崇之化如在目
也蘄地不滿百里而氓庶殷繁風教代殊要其得失可覽
觀其習尚而競靜可知也觀其奢儉而貧富可知也
語言性情而禮教信義可知也因勢利導是在移風
易俗者為
蘄水之先雜於蠻荊自唐李勣制云蘄春之地濱帶江淮

鎮捍之重允屬功烈至宋閔詠神光觀記云蘄西善地
壯俗富庶又宋秦觀謝表云烈蘄春之便郡實淮右之
名區風氣和平獄訟稀少而文教漸開矣自元迄明習
尚淳朴如李清七清八之不受偽官薛均之彙僅真具
豈非貴誠賤偽棄奢崇儉之一證耶相沿既久漸增繁
華已蘭有水陸之饒吏胥鮮蕩閑之懼精饌鮮衣服
婚喪嫁娶下至燕集務以靡縟相高信鬼神好淫祀婚
喪從訟為他邑甲又其甚者厭故常而喜新說好品慕
而喜譏評賤負家而好戰鬭棄淳厚而逞機謀淳龐之

氣餘有存者記曰國奢示之以儉國儉示之以禮是在
長民者加之意云

古者童子十二而始養髮七長為總角十六以上始冠順
治乙酉披剃令行而冠禮不擇時矣女子將嫁而後笄
冠笄之日親隣賀之名曰上頭今仍之

男女議婚大率以門楣為重亦有指腹為婚者聘定裝送
稱家有無間或論財達者弗為也聘定之後無復再議
偶有寒盟此細人事亦有困而謀歸者或借杯酒為名
或借強定為論雀鼠之訟今猶昔焉誰為再見周召者

乎

有喪之家始死訃於親友其家人製布戴之至親往哭亦
裂帛以遺其或吊或奠喪家皆設酒食以款葬引之日
親友集送抵墓拜別而散其報訃裂帛款饋之儀一有
疎漏則互相責望故近年或將香楮奠賻皆却不受然
後彼此帖然今多從之

擇地營葬多傳堪輿而流蕩疑闇致有數十年不葬者無
力之家則不擇時每值七期或小祥大祥皆作佛事無
所吝又凡喪悉用音樂習以為常不之陋

歲時祭先春用清明秋用重九雖走卒販夫亦不肯廢祭
品豐儉各隨其人貧家則拜掃墓前掛紙而去富室則
拜墓兼拜祠焉

邑人重去其鄉離家百里則有難色非公差仕宦不遠遊
惟巴蘭近水少有商賈餘悉業農農雖最勤然習而安
焉不之怨也其無田而佃人之田者曰佃户亦有饒者
最貧則為人傭工或計歲或計日而受值焉又少隙則
或捕魚鰕來薪貿易而不肯少休以故大富者雖不多
而流亡者亦少

邑中多瘠田故當春初農人皆取塘泥以壅之力多則獲
否則收必薄也清明後即布穀或早或遲或中遲異候
栽禾之日東西隣舍交易助工伐鼓作歌以相催督至
秋乃獲既獲隨播秋襍紅荳菜荳飯荳泥荳蕎麥蘿蔔
異種收畢復播菜麥大麥為酒為飯小麥為麵菜莖可
摘為蔬菜子可舂為油土著之利畧見於是矣

邑西南當江湖之濱頗為窪下每遇水溢之歲則田渰隨
之東北一帶環近山麓其田易乾倘值歲旱則户集桔
槔車塘堰之水以救之雖婦女亦與焉不止餉饁而已

壹于旱甚水盡雖低下亦不可救嗚呼一邑而水旱且
不免將何哉
每歲暮春鄉人　闔治蚕治蚕亦有節目其初收種鋪生則
以鵝羽拂之既食則剉桑葉以謹食之歷初眠再眠而
至於大起分箔登簇采繭繅絲蓋辛苦者三十餘晝夜
矣取絲無幾　持而向市易之得一金則欣欣然喜偶有
小故為搖役所執不能易一飡也新絲新谷之謠可弗
聽歟
邑人入夏以來　於地之充爽者多植綿花七月十五以後

迭而紡之紡　而織之以為布勤苦之家機杼之聲相聞
為抑且鬻之　以輸正供此蘄水貧婦之常業也
邑人西南一帶居近江湖得水族之性故多善漁而取魚
之具最多為綱為罾為釣為罩為箔無不畢具其用為
鮮為鮓為釀　為塩魚為乾魚濱江之人取爲邑及鄉人
販而貿爲資魚之利以給衣食者蓋十之一二矣
正月元旦官府望　闕遥賀禮畢即盛服謁先師及城隍
神縣學鄉達　往来交慶民間則晨起爆竹設奠於堂次
拜家長親戚　隣里更相賀歲為椒栢酒蒸米食以待之

其村家士女往　神宇燒香少年翩翩徽逐隨意所之至
三日始各務本計焉
立春日前期縣官　督令坊甲行户整辦什物選集優人裝
扮故事謂之演春先一日縣令率僚屬往迎於東郊前
列臺閣殿以春牛士女縱觀闐塞市街至日鞭牛碎之
隨以綵鞭土牛　倩以皷吹分送鄉達而民閧爭取春牛
土云
十五日為上元節　先數日賣燈燈或繪綫人物故事或為
花果禽魚之像　其懸紙剪人馬於傍而以火運之曰走

馬燈好事者或　為藏頭詩句任人商摘曰燈謎或為高
起烟爆及大梨　木樺之屬曰藥火彼此相賽竟夕不止
而巴河尤甚自十三日試燈至十六日燈罷士女遊行
與相終始其前　輩老人每以燈火行遊之多少感歲之
盛衰焉
清明日揷柳男女　咸戴之是日祭墓
立春後五戊日為　春社各村父老以一人為社首釀酒祀
神飲之醉而散　真有桑柘影斜春社散家家扶得醉人
歸之遺意

月念八俗傳爲東嶽天齊聖帝生辰邑人於行宫所在爭爲拈香慶會關塞廟中前後益數日

四月八日俗傳爲释迦佛生辰僧尼作浴佛之事煮烏飯以供佛是日童子家罷讀一日名曰放假取紙鳶放之以爲樂

端午爲天中節饟角黍相餽遺家家植葵榴蒲艾於門更掛天師像於堂以爲辟惡男女並悉簪艾葉飲蒲酒及雄黄硃砂酒焉邑與巴蘭皆有競渡之戲競渡本楚俗蓋憫忠魂慰民愿也而今不然分地造舟互相爭勝少

不如意毆搏頓起至覆舟濱死而不顧誠惡俗也

五月十三爲關帝生辰邑人作會慶之

五月念八俗傳爲城隍誕日邑諸坊演故事蓋閣以祝之如演春臺觀者如堵爲其鄉村居人亦合同里父老作會稱壽飲而散

六月六日俗以爲半年福俗頗重之

七夕家設瓜果酒餚於庭爲乞巧會談牛女渡河事

七月十五日爲中元節俗傳地官赦罪之辰民家各焚紙錢以薦祖考而新亡之家焚餽尤多僧舍建盂蘭盆會邀好佛事者共爲之

八月十五爲中秋節人家多具菱藕果餅爲賞月之燕

立秋後五戊爲秋社祀神飲酒與春社同

重九日爲重陽節是日祀祖墓同春祭焉

是月民間多釀酒具鷄黍邀隣里族黨爲歡云新米酒

冬至日官府鄉達各相馳賀

十二月八日爲臘八寺僧禮佛

是月念四俗呼爲小年夜是日埽屋塵名曰除殘是夕祭竈

三十日爲除夕家家各换桃符門神宜春和合以改觀更爲酒醴牲品以薦先人名曰羹飯晚則長幼畢聚團飲盡歡名曰譚年後燃爐鼓吹而坐謂爲守歲此一歲風俗之大畧也

閨閣謹嚴蘄水稱最婦人非至親不輕見客婚姻喪葬亦不苟出

習俗奢靡故多僭越庶人之妻多用命服豪民之體皆擬士夫是則可商也

明初風俗淳厚畏避訟事不喜偵吏長短即市廛之人不

能遭官府姓字近則詒師無賴所在而是或挑剔鄉黨之争端或弭藥長上之得失弄文巧比株連茹引一事得計往而效尤其何底爲究其源創其師刑一警百民心其後於吉乎

蘄俗不喜入公庭自郡省藩臬及兩臺制使吏掾胥徒盡武漢承從之人吾邑百無一二即有之亦不能因緣爲奸近則承役者多然國法森嚴畏謹者亦未盡爲失計也

明初尊卑貴賤名分凛然故家子弟雖不能繩祖武而胥

隸之流猶知讓之不敢抗禮不敢並行或猝遇於途則拱立而俟其過隆萬以來此風猶存近者一二豪輩縱肆無忌至有忍辱吞聲而不敢言者正名定分豈細故哉

生儒應試則正印官與僚佐至學宫簪花掛紅脩馬而送之蘸以綵旗音樂至北郊外飲餞仍贈贐儀名曰送科舉有中式者歸則迎而賀之花幣旗鼓綵帳酒席皆極其盛至北上則復餞之如初取額設會試長夫分給然往者所定之數遵值蘄水公車之上止十一人耳繼且漸減至七八人故原額之數尚彀今則漸增至二十人矣而仍以十一人之數額之毋乃拘乎惟如額且不及額矣其何以爲公車計乎倘得一破十一名之定例碩隨新舊人數增減是又破格作人之鴻慈矣

蘄之歲供舊目多端夏稅秋粮綵絹額辦派辦擡鈔魚課商稅雜課故裒而取之之法總總叅一爲遞至統歸一條編民頗稱善然水旱虫荒歲每相仍蠲免數行而民不拜惠其故安在使非法令畫一而民曉然知上供之若干蠲免若干安能察其朘剥吾民者而懲之乎

明初照人承丁猶有漢之繇唐之庸宋之差雇二役遺意今丁隨粮轉矣

明初照田承米未有有田而無米者亦未有有米而無田者至今日而二弊爲甚其有田而無米者或其父祖曾爲里書將米飛派而已得無米或乘人危急賣田勒其減米而已得無米又或狡於鬻產虛報田稞米盡載去而餘田得無米又或明之末年其先將米寄頓城内大家項下及其家受戮無復對證而已得無米此有田無米之大較也其有米而無田者或其父祖懦弱田賣米

存而貽累子孫者或值荒年官粮急需不得已而田賣米城者又或田賣米去冊書無良推收不明而混留者此有米無田之大較也而又有一說往見明季荒年有富者執無田之人而詰之曰爾能為我承米乎石十金無田者以為目前得計而寧許甚淺之難當耶此又有田無米有米無田之大較也約而言之有田無米者必其役猾者也有米無田者必其懦弱者也狡者騙國而獲利愚者啞苦而難言為民上者可不一念之乎

均役之利莫善於平畾平畾之期莫善於以十年為率誠

以不平畾之害言之蘄水正米四萬有零散里五百八十往者豪勢之家有以正米一二百石而止當一里者其貧無力者雖正米二三十石而亦當一里米有多寡而差則一體此所以不平也若夫平圖則無此患計蘄之米而總算之每一里總里甲七十七石以為率強者不得多而弱者不致少寧復有差役不均之嘆乎又以平圖不及十年之害言之今之所謂五十八里若盡統五百八十里而為言者也十里朋為十欠而以一甲二甲三甲四甲五甲六甲七甲八甲九甲十甲名之蓋每歲輪一甲當差辦粮而九家朋之也有無良者今年一甲當差則將已米寄頓二甲迨至明年二甲當差則又將已米寄頓一甲終其身而飛詭躲差蓋由平畾數舉而推收滯以任意也此一弊也又十欠朋充之說民甚稱便其法蓋即打會之說如今年輪一甲大粮充米而自二至十之甲皆閒人也各湊若干金幇之迨至明年輪二甲大粮充米而自三至一之甲皆閒人也各湊若干金幇之是猶各里零星積之而及其當差則還而收之也如不及十年輒復平畾今為此之十欠者且改而

他矣既改而他其前所幇之費不幾有借而無還耶則朋充之說廢而十家之所助責之一家而出之一時不其難耶此又一弊也若夫平圖以十年為期則無此患七十七石之額既定必歷一二三四五六七八九十甲之差盡而始平畾間有新買田地亦就彼家納粮當差待十年期滿始准推收則無躲差重差之正米而零[illegible]相幇之充費亦樂得而相為濟助矣

縣志卷十九

襍志

異聞

漢

列女王桃與娣王悅漢末時人年踰笄皆未字有膂力精
諸家武藝值兵亂聚盧塘保鄉里每相謂曰天下有英
雄男子而材技勝我者則相託維時敵匹若絶少適有
河東関公之長子索英儔徒撻桃娣娣俱與較俱不勝
遂俱歸之先是邑中有鮑氏女材行與桃似而悍鷙差

勝亦歸索三人皆棄家去関索即今土人之所謂花関
索鮑氏即今土人之所謂鮑氏三娘者也盧塘即今之
紫家圳地

明

巴河故有張王廟然莫知其為誰也黄州太守盧濬將毀
之神乃降筆作歌曰皇天生我兮爲男兒君王用我兮熊
羆力拔山兮雄勢氣貫日兮虹霓月正明兮抜鎗將劍
星未落兮擊鼓揻旗搗賊壘兮焚寨窩賊肉兮充饑食
馬艸兮既盡殺妻妾兮心悲爲厲鬼兮披鐵甲爲明神
兮執金鎚亦莫指我爲張巡亦莫指我爲張飛予張巡
兮在世與許遠兮同時在東嶽兮押案都統事兮冥司
侍蓬萊兮殿直任酆都兮獄推景佑眞君兮陽皇封爵
忠烈大夫兮天上官貲護濡毫而揮翰俾人世兮皆知
始知其爲張巡祠也因不廢萬曆十三年知縣閻士選
命刻之石今存焉

柯楚山邑廩膳生貌短陋年三十三忽暴死逾日而甦語
人曰山見冥司冥司檢籍責鬼卒曰應拘陳太和何執
此人也鬼卒曰此由社司之誤隨喚社司問之對曰其

家世讀書不信幽冥特令至此一見陰司耳冥主怒曰
是何衙門而爲戲耶責而褫之徐檢籍曰此人十四入
學二十三補廩三十六恩貢官至處州府麗水縣主簿
子五女二壽九十三比甦猶記冥司榜一聯云天道地
道人道道道無窮胎生卵生濕生生生不已後三十六
果膺嘉靖恩貢授江西饒州府通判山喜出望外與同
輩竟夜歡飲偷乘其醉盜其衣服及冠而去次早謁部
不得衣假衣以往寬長過半兼以性急立病火眼主選
大堂陸公嫌其陋曰若堪任别駕乎因改授主簿果濕

麗水子女享俱一一不爽識村氏族譜及異紀耳樵中
又傳公春夏秋冬四首云春有云掬浪肯如麥浪梨花
白似楊花不煖不寒天氣半晴半陰人家夏云夾岸雨
行楊柳平湖十里荷花香滿長亭驛路綠陰深處人家
秋云山後山前紅葉溪南溪北黃華滿目蕭條景色楓
林脩竹人家冬云雲凍欲雪未雪梅庭將花未花流水
斷橋山寺竹籬茅舍人家讀公此詞公固胸中活〻潑
〻者而不能逃前定之數不亦異哉
程節婦新水山後人年十九而寡壽八十餘會正月元旦

族子侄輩從拜遥見其門左右懸金書大字二行曰節
氣横山嶽精光湛玉壺衆駭異之及到門忽不見上人
至今能言其事
嘉靖二十四年乙巳秋邑謝氏祖子孫三命同為雷擊死
又轟李氏樓邑人四貢有記變詩曰嘉靖乙巳秋皇怒
何其極謝氏斃三命祖子孫同仆李氏轟其樓百貨成
灰黑真宰不濫刑斯必有隱慝一擊一焚之大可懲穢
德
程炎金邑人性慷慨曾於饑歲見一偉丈夫顛蹶而来面

有饑色延至家具酒食贈以路費答叙姓名而去後其
以商販渡湖湘中夜盜劫其舟丈夫中見為首者指揮
[illegible]如左右手急於衆罔中望見公呼曰汝非石三乎
對曰然因改請呼恩人並釋同舟者運其原物給行贈
二楄為榜歸敢視皆白金為首即饑歲偉丈夫也
趙報手邁厥關人桐傳邑北郭門外舊有小丘為髑骨墩
一日劉[illegible]時已暮卧土丘上恍惚有人揖至一舍
頗[illegible]而[illegible]武蔵蕭材體與劉叙賓主禮各通姓字
已而[illegible]酣[illegible]和達旦而醒彷彿猶記

姓名詩句檢籍按之[illegible]故徐[illegible]官將也豈[illegible]骨墩即
[illegible]遺塚乎
[illegible]大常暘谷於南河[illegible]構閣雲樓客有高思齋者
黃岡人[illegible]亂仙之一[illegible]以傲權貴一日座中令其賦閣雲
樓[illegible]亂如飛遂成詩曰還憶當年景界村左野石幽地
[illegible]春風幾[illegible]有誰開恰遇着風流大夫運[illegible]來展
開[illegible]流[illegible]手段[illegible]破蒼苔粧点出峻閣樓臺水明沙
秀隊[illegible]排漫道此形容出自天裁有數株松數竿竹
數株梅野花襯地還也奇哉更有那獅子吼聲霧吐訴

風光景瀟洒樓閣中老僧般若嚓嘵城闕內少婦歌唱
鏺腮真堪愛真堪愛又何須尋菁赤壁討勝西江問趣
蓬萊幾時月細風歪夜闌雲在檣暗唱的漁舟撥金釣
釣得六鰲尾擺開東君是獨繼還鄉人借肯許我唐朝
道士着芊鞋端一端

縣志卷二十

典籍志

嘗觀孟堅作藝文其言自聖經及百家者流靡不章乚道矣蘄文獻之邑學士鼓唇而弄文墨者不可勝數蓋中興於二林而廣衍於光載然林以隱故著書自見而周之秩不滿㥯集胡論廣卿也倘有合神育靈者乎誦詩讀書而無以令千百世見為則非所望也

宋

林敏功無思集四集　高隱集七卷

林敏脩蒙山集百卷

龐安時脉法一卷　家藏秘寶方二傳

傷寒論五卷

明

胡壑蘄水志二卷

李冰立藩稿二卷

程昌蘄水志六卷

田萬鼎莉山遺稿若干卷

田貢嬪毋集若干卷

程輸說易録四卷
周瑯春秋補傳若干卷　顧侗集三卷
李宗元理泌録二卷　泌丘志若干卷
周中若雅集四卷
周中浮壺硯稿十三卷　暗語一卷
周迴文眀圃稿二卷
周光德周易似言若干卷
太極圖說　繇卦衍義
道德經疏　薛文清要語若干卷

易之貞易州集六卷
錢邦儁山亭集一卷
李鐵嗣九巖遺集　詮訂蘇文忠公寓惠録
陳所志易經心解若干卷
何鳳起近邾稿壹卷　天文書
地理書　鍼書
灸書　筭書共若干卷
楊惟一栗林園稿一卷　不經録簡淫録二卷
朱翊歷匱懷録一卷　王屋山人稿若干卷

官應震三式全書六十三卷
黃門疏草二十三卷
宛維政紀四卷　荒政二卷
官子三言　官子三詩若干卷
搜言二卷　忠孝經解
四禮考　遠匕園文稿
古文襟著　金剛經解
官氏家乘四冊
楊伯廷翼朱録二卷　易說三卷

南役紀一卷　實政録一卷
郭士望應璜集四卷　卷懷録
朱廷錫玉楮集一卷　閒中漫草一卷
周徙行析疑論說詩文集一卷
楊楚龍稿一卷
楊繼哲晉蹇録二卷
桂啟芳類海書若干卷　易春秋大指若干卷
聖學傳文若干卷
天啟若干卷　天啟補若干卷

雜著詩文集若干卷
黄耳鼎易經解三卷　學庸秘解一卷
奏疏若干卷　獅山閣文稿一卷
涵濬居詩一卷　漪玗洞詩一卷
寒河纂言一卷
楊繼錦梅山文稿一卷
高弘基眉亭草十卷　燕心草一卷
黄正色黄氏文鈔百二十卷
畏合堂稿一卷

畏合堂詩若干卷
官撫辰雲濕洞詩四十卷
兵法十三解一卷
鍾金子一卷　六壬兵占二卷
畢十臣浪園試草一卷　又燕累草一卷
周壽明敦和堂稿一卷　敦和堂詩文集若干卷
官撫極廬山詩草四卷　怯餘齋文稿一卷
李見璧四書述信　三仁錄
詮註劉念衡先生易象義遺

家學舊德錄　弘園文集
弘園詩　十三篇
月令文言　山鷄一羽
楊簡梅亭稿一卷
謝天知巢壺詩一卷
清
官撫邦滌放居詩若干卷
秋遊詩一卷　溪潭詩六卷
高耀基文稿一卷

夏詩男文稿一卷　雪香亭詩一卷
泳遊詩一卷
陳瑮澈菴詩文若干卷
邢子愿蘭亭稿一卷
楚華文稿一卷
楊繼經菊廬稿一卷　大易稿一卷
菊廬快書若干卷
菊廬詩文集若干卷
桂冲雲文稿一卷

縣藝文志二終

附高臨何從先所著書

本枝書　英雄理學錄

游藝集　放言錄

黨錮集　先輩遺風

雎麟小意　啟釋錄

易經圖書　一二堂集

縣志卷二十一

藝文志一　文記上

覽昔人行事莫不重金石充棟縑久往矣厥辭娓娓如相告語雖殘可蒸厥可燼而江河日星之意藹如是蘊如是也因嘆昔人留立言不朽誠有以為綴微鱗縣遺編閱茲土者悉為登入俾後之視今亦猶今之視昔燈燈相續良有望焉

蘄獻　宋文元豐五年壬戌三月先生以事至蘄水與龐安常遊

寄龐安時聖散子

昔嘗覽千金方三建散云風冷痰飲癥癖瘧癘無所不治而孫思邈特為著論謂此方用藥節度不近人情至於救急其驗特異乃知神物效靈不拘常制至理開惑智不能知今僕所蓄聖散子殆此類耶自古論病惟傷寒最為危急其表裏虛實日數證候應汗下之類差之毫釐輒至不救而用聖散子者一切不問凡陰陽二毒男女相易狀至危急者連飲數劑即汗出氣通飲食稍進神宇完復更不用諸藥其餘輕者心額微汗正爾無恙藥性微熱而陽毒發狂之類服之即覺清涼此殆不可以常理詰也若時疫

我平旦於大釜中煮之不問老少良賤各服一大盞
時氣不入其門平居無疾能空腹一服則飲食快美百病
不生真濟世而衛家之寶也其方不知所從出得之於眉
山人巢君谷谷多學好秘方嘗此方不傳其子余苦求得
之謫居黃州比年時疫合此藥散之所愈活不可勝數巢
初授余約不傳人指江水為盟余竊隘之乃以傳蘄水龐
君安時以善醫聞於世又善著書欲以傳後故以授之亦
使巢君之名與此君同不朽也

黃庭堅 宋南昌人學士

贈龐安常序

時先生寓清泉佐安常一見傾倒再為序以贈

龐安常自少時善醫方為人治病其生死多驗名傾江淮
諸醫為氣任俠鬪雞走狗蹴踘擊毬少年豪縱事無所不
為博弈音技一工所難而兼能之以醫聘之也皆多陳其
所好以順適其意其來也病家如市其疾已也君脫然不
受謝而去中年屏絕戲弄閉門讀書自神農黃帝經方扁
鵲八十一難靈樞甲乙葛洪所綜緝百家之言無不貫穿
其簡策用以視病幾乎十全矣貽人以病造者擇貴賤貧
富便齋廁房調護以寒暑之宜珍養美饘時節其饑飽之

愛若慈幼如痛在己未嘗輕用人之病嘗試其所不知
之方蓋其輕財如糞土而樂義耐事如慈母而有常似秦
漢閒游俠而不害人似戰國四公子而不爭利所以能動
而得意起人之疾不可縷數它日過之未嘗有德色也其
所著傷寒論多得古人不言之意其所用意於病家之陰
陽虛實今世所謂良醫十不得其五也余始欲掇其大要
論其精微使士大夫知適有疾未能然未嘗游其庭者雖
得吾說而不解誠加意讀書則過半矣故特著行事序之

明御製城隍廟誥命

帝王受天明命行政教於天下必有生聖之瑞受命之符
此天示不言之妙而人見聞所及者也神司淑慝為天降
祥亦必受天之命所謂明有禮樂幽有鬼神天理人心其
致一也朕君四方雖明智弗類代天理物之道實罄於衷
思應天命此神所鑒而簡在帝心者君道之大惟典神天
有其舉之承事惟謹蘄水縣城隍聰明正直聖不可知固
有超於高城深池之表者世之崇於神者則然神受於天
者蓋不可知也茲以臨御之初與天更始凡城隍之神皆
新其命睠此縣邑靈祇所司宜封曰靈察司民城隍顯祐

賜則威靈丕著佑則福澤溥施此國神之德而亦天之
命也司於我民鑒於邑政享兹典祀悠久無疆施行

陳循 永樂乙未會試二名官侍講學士

脩學記 時正統己未年

學校自京師以至天下府州縣莫不有夫子廟其從來遠矣蓋夫子之道如天地之化覆幬持載及於萬民則萬民之生成長養皆有所賴而不失是孰使之然哉夫子之道行也蒙天地之化者皆知感荷於俯仰之際學夫子之道者孰有不欽崇瞻仰之聞也哉天地俯仰有象夫子瞻仰

然方此廟所由建也黄之蘄水縣學在治東之高阜前臨大江元季廟學毁於兵國朝洪武甲寅知縣趙季先始復建於此歲久日就朽壞宣德癸丑縣丞黄含觀主簿夏時其患之始勉新礼殿未幾被震正統己未番陽胡奎以戎臣荐來理縣事下車之初即謁廟學而周覽之大懼無以稱瞻仰之盛心謀於僚佐師儒曰為政含此曷所當先於是縣丞李蔚主簿王輔典史金鼎教諭申屠鐸訓導簡縉紳左惟賢僉曰不可後相與市材鳩工撤其舊而大之為礼殿凡三楹東西兩廡戟門外櫺各視殿之數有差脩神廚藏器有庫櫺皆如之蓋經始於明年之春落成於是年之秋既成胡奎以職事至京求記於興畢之歲月於戲為政以興學為先惟令克知教化之本紀事以溢美為戒故不敢沒人之善况求之篤如此遂為記

劉定之 成化侍講學士

贈胡奎序 正統時令蘄

聖天子紀元正統之十年天下藩省郡縣臣咸以職來述既預期集闕下每旦隨文武常參庶僚入覲仰瞻清光侍[illegible]繞左右凡都俞吁咈之音禮樂文物之盛獲聽見之元

會之朝後入奉天殿廷鳴玉秉笏用侯臣徼大駕出奉郊祀禮成旋蹕則迎鑾稱慶均沾疊澤其際盛矣已而公卿傳從風紀天子眷曰其勿深督俾歸供乃事以觀後效賚之勅戒屬使不忘為厚其仁又何至哉於斯之時蘄水縣令胡君奎景繫實與左兹胡君始由科目任教事於閩凡兩易任已而知若鵠得遷今職至則能淑其民化其士頃詞訟清簡之餘用其心於學校繇其縕業子弟員蒙誘掖者成材膺貢異於昔時蓋匪徒政足觀抑不聽其宿學非泛乎為今比也於其陛辭以行邑人士爰羽來徵言夫胡

君既自詩書出宰民社則於為理之術既監於古矣況與當盛世涤聖主深仁其自今感發又何如也士學古而不逢時或時逢矣而學於己者不足故獻為有不及未必君子責焉胡君其思自重以求見於明世尚無安近小以為止則豈惟嗣膺寵渥抑聲光之垂未有涯哉

李承芳 嘉魚人

聚民倉記 時成化甲辰

孟子曰五畝之宅樹之以桑五十者可以衣帛矣雞豚狗彘之畜無失其時數口之家可以無饑矣管仲曰守國若

守穀而已其縣之壤廣幾許縣之壤狀幾許則必積委繫重之相因收時之化舉無不為國幾後世之爲治者心於為人用其法而良焉心於為已倚其法而病焉民之生死國之興喪實係之水旱不聞豈必並誅用其力不遺其時盡其求不遺其法吾楚茲數年來民之困苦可勝道哉九州可知矣雖然九州亦大矣為國家培植根本而清明王者之所天者果無人哉仰伯者之佐也收其利權於己離民喪邦而所以救之者何居衣帛食肉不饑不寒而使之者何居新安潘君珏以甲辰進士宰蘄水至今乙卯九年

[illegible]

[illegible]

歲滋久莫或究心徽之婺源潘公珏以成化甲辰進士擢知蘄水縣事嘗祈謁宣聖廟進其師生與語而前教諭周同絵訓導楊後初周寬暨諸生王泰輩首以是為言蓋渡當儒學前故悉其事而君亦首肯心計曰是必為浮橋使守者歛放有時庶可久也歲連歉不克如志會巡撫都憲馬公來有令諏縣興葺事君躍然以狀上報可即往行水令耆民游泰度河面之廣狹以丈計者六十許歲造之當費不足以給募之義民捐金以佐官而君又愳吏之有所朘削也親往視役命僧會悟智市材鐵集工力肇功於

弘治戊申七月訖事於十月每艘縱若干尺衡若干尺砌以巨板繫以鐵維長與河等歲盖夫四人水平則放以渡漲則歛以候東西往來若履坦途行者歌呼㒒者慶嘆以為永利實始自今非賢令君之究心民事鄧其勞而紓其[illegible]冀與致此於是寬與今教諭傳楫訓導徐文賢暨諸生汪淪等具其事以請記於戲此非事之出於不可已者哉惟事之出於不可已者則所為者皆義而非利言於上聽之而不撓偶於下應之而不譁謀之同行之畢而成之亟[illegible]之大有如此者彼無所酌於事之中制則或坐而仍其事之弊或起而為其民之厲又何釋乎義利之說而遑惜夫君子之識哉矧學校公論所自出乃亟稱潘公之賢雖橋梁一事亦有得於拯溺濟涉之遺規則其他政之善從可知矣異時陟位臺畧則任益隆天下所謂可已而不已與不可已而已者固當大明乎義利丕見乎勳猷而蘄水固其發軔也然則是橋也將有甘棠之思繫焉豈可無述哉君字玉汝生於朱子之鄉而誦其遺書甚力且於予有講習之雅故嘉其筮仕有惠及民而又知所先務如此俾後來者有所考且有所勸以嗣經久之圖焉

沈鍾

潘珏去思碑 時弘治丁巳

國家肴令建官率以九載秩滿〻則去〻則不可復留黃之蘄水據湖滸之隅地廣而民繁號稱劇邑徽之婺源潘公珏字玉汝者以成化甲辰進士丙午來為邑侯距今弘治丁巳秩滿〻而去〻而不可復留矣九載間遺愛被民淪肌浹髓不翅若雨露霑渥以故民無長少智愚賢不肖無遠邇環百里而寄命者於其去將無不致其思而用其精相與圖筆諸記鋟諸石竪諸邑之周道命曰去思碑貽

與襄峴墮淚者同科於庠斯豈民有所諛於侯々有所迫
於民籍以勢民諛於侯賀以利侯去矣勢後奚藉利孰與
賀一日邑之父老畢銓羅滿金以予衰與侯相輪走武昌
禮館下通吳侯遺愛事蹟於予以記請書不云乎民罔常
懷々於有仁夫仁者愛也愛也者仁之推也而懷即思之
謂耳竊惟侯不携家室澹泊不以爲厭癖宇僅蔽風雨不
以爲嫌蓋侯將遺其愛於民或恐有所勞而妨其愛故耳
首闢拓學基改築殿堂齋廡修鄉賢祠立科第及廣寒傳
桂坊使章縫之徒有所觀感而興起非其愛之遺於俊秀

蘄水縣志　卷二十一藝文　十

者與創聚民倉增水次倉峙餘糧陳々厫舍使凶年有所
倚以賑貸非其愛之遺於貧餒者與二端教養居然具舉
愛民之大者莫先焉餘若鋤豪猾奸盜而於民之良善者
遺其愛又若北門盡街有橋以便往來阜民有坊以聳瞻
觀獲陰陽醫學以示趨避時日吉凶以濟疾病焉往而不
遺於民歟若此者雖不能不有所勞於民愛之能勿勞々
之斯愛矣歟而侯有事則愛事見於愛之表愛寓於事之
中而其愛實其仁之所流通也如之何而弗思抑孔子曰
子產古之遺愛子則曰潛侯今之遺愛古今人未必不相
及奚容以羞殊觀

程昌　弘治[illegible]　門人由進士

蘄水縣志序

志叙曰志類爲五第卷爲六析以提其要志沿革以昭興
廢志疆域以辨廣狹志秩官以[illegible]民[illegible]志名宦以著循良
志學校以崇教化志孝行以重大倫志御製以彰恩典以
及户口田賦科目鄉賢例凡當詳者[illegible][illegible]纖[illegible]斷繁無
遺姜迪惟是風世者志之出[illegible][illegible]者志之[illegible]行[illegible][illegible]間文
粗迹無得而録焉

蘄水縣志　卷二十一藝文　十一

陳敏政

王公堤記

[illegible]在巴河[illegible]上[illegible]中 成[illegible]中[illegible]

與大功[illegible]爲民利惟賢者能之則夫昭令名以垂不朽亦
有乎[illegible]德句不害已耳[illegible]軾守杭作堤於湖人謂之曰蘇
公堤陳堯佐守滑作堤障河人謂之曰陳公堤二千崇固
欲[illegible]取此名識蓋其愛心有乎口碑籍々自是不朽也蘄
水七十里曰[illegible]巴河爲江淮鄂徽光蔡之衝要持節遊宦
覽勝觀光[illegible]夫商賈工藝往來轄連踵接殆無虚日其地
北阻高山[illegible]大江經其南湖水遶其東西潭遶其西蓋水鄉

也方夏淫雨江漲潢潦縈紆罔施舟楫各則兩壁冰凍泥
淖坎壈莫能負乘人咸病焉正德甲戌成都王侯來尹是
邑道出巴河目擊民病嘆曰古之為政固有以橋壞為己
過而賞民覆租請以身填金堤之決而自瀘堤上者今此
地雖覆租之瀘而水勢亦無金堤此舉事宜無所難吾安
逭吾責哉視篆之餘首捐金二十為吏民倡命道士胡覺
照董其役既而二尹傅君判簿郎君慕賓王君於是經行
於是者咸分餘貨以相厥功今年四月堤成凡長三十丈
廣五尋高一丈甃以石樹以柳一方大利民咸歡誦蕩口

歡呼皆曰此王公惠政也因名王公堤休寧商人金顯寧
王佐者覩其盛捐金為導請予文以記予惟十一月徒杠
成十二月輿梁成輿也尹之事堤亦橋梁耳使其久而弊
々而壞後人狃於憖不已出誰當嗣而繼之哉二公無以
應予謂之自鎮有此途而無此堤者等受病非一日矣王
侯乃能興大功圖大利功烈實章々矣堤名王公固有所
也然必君子而後能求人之美繼今宦是邑者以王侯之
心為心以王侯之惠為惠恒用培植圖遠民利是所謂求
人之美君子之道溯稽陳舊堤迄今猶存寧非皆人以來

之美哉請者咸稱謝曰是所願聞也請并書之侯名伯寬
字召號棠軒成都灌縣人癸戊年賢科登仕於此政績騰
於人口此其一事云

王廷陳 黃州人翰林編修由正德丁丑會試第五人

贈謝爵來雨叙 爵字州縣人正德五年知蘄水

謝君令蘄水壬午春三月不雨民蹙曰何以播君步自邑
壇禱焉雨越四月不雨民蹙曰何以植君步自邑壇禱焉
雨越五月不雨民蹙曰何以獲君步自邑壇禱雨邑人
歡之[illegible]衆雨之章其[illegible]聞之曰歉也是為長民者風美帝

也豐民豪史[illegible]有[illegible]不民焉供是務殖也或雨斷焉
食且寒飢以饑餓殖之而後以養也其否也美是孰用棄
々急也急也斯殖民而能之始為帝殖若乎不德而騎帝
其曰吾且殘殖本肯林民之室而史藁用履是以吾殖睛
也故斯為率[illegible]其昭史棄也吾之政聞之矣故而思達
而飢渴々[illegible]法不靜貸其仆也動若先苟民病焉不惜
胥法罰也人望之乃不吏亦靡不禮而其曰今良吾祇殖
焉今不有也[illegible]而豐維殖民不吏[illegible]焉昭其良也傳曰
禮有斯焉有服焉夫德[illegible]而趨服其衰也即湯焉以其匯

松巫也感而酬豐品是事而卑帝之私也謂帝需乎君也不然乃不雨曰予也帝何意焉其雨矣曰帝也予何力焉夫始不好帝之命既也不有帝之功是謂對帝之休帝共永庇之矣

錢貢 邑人弘治甲子舉人

菊山遺稿敘

記稱父書不忍讀手澤存焉母棬不能飲口澤存焉噫此猶感於外物爾若詩文之遺則精神思慮之所萃心澤存焉苟散逸而弗収將安忍乎先君子菊山翁學成數奇屢

困場屋無暇於詩文或追而應之則狀趣紀事信筆登紙殊不經意思然機軸自出不飣餖陳言每為識者賞之貢不肖今年六十矣乃輯其詩與文及人所贈餽之詩文皆僅得什之一以遺後人差乎此豈書棬之類之比乎吾尚忍復展而讀之乎吾又尚忍不展讀之而使之蒙塵於笥中乎拭淚而敘之

龍洞寺建石門引 蒲 人

予嘗北走南旺而東游於淛而見河海之濱皆有龍王祠焉龍為靈物籍之以𣏌衆流而通漕運殺潮勢而奠生民非諸潙数類也蘄有三角山之勝蛟龍宅焉歲旱則近者候風而雨遠者負水而雨然絕頂多虎穴人不可行自五代時慈蔭祖師居之虎遁去民無旱憂故有伏虎禪師之稱歷宋及元代有封號賜寺額曰龍洞蓋因龍而有寺也兵燹輒廢弘治中僧廣智若嗣焉漸為修復今年七十有五語其徒曰吾老矣寺額奚野燒之延而及若非力所禦山風之烈而頻若夜不可燈惟石其門焉乃可為佛庇乎執募曆乞予言余曰佛善人也其心主於濟物龍能变化性雖莫測而澤亦及人二者固相違而不相離也石門之

設豈徒為佛庇耶民之急旱而來者望門而趨叩洞以入得水而歸各遂其所求庇佛固庇龍庇龍固庇民也四方仁人寧無起而佐其費者乎予因論龍而及佛如此君曰四萬八千門之廣大其間諸學佛者

王鎔

重脩學記 時嘉靖丙申

蘄山之陽南溪之匯古建學宮焉負崖抱流探奇挹勝其左則鳳棲烎臺之迴翔其南則登瀛天馬之拱向風氣萃止靈光俱存斯以文藻淵源簪纓聯續樂育餘音庶幾郅

嘗善學作者之遺也爰考邑志國初祠宇迄今僅一再脩棟桷榱瓦甓零籍配席饗禮無所於依久之未有克振者走以展謁因論其不儉而諸生亦來以告敝焉此有司之責也夫墜而得舉者亦艱矣謀咸則不協數發則厥費計慶稍濫則財用不給任事者惰鮮克有終今縉庶同聲二三紀而後葺不可謂頻庶支簡節不可謂濫師賢而丞厲不可謂惰夫鎔也會其謀而逮其幾者也乃裒金於東矣取材於廢寺鳩工於比閭錢不滿百工不踰月作而新之以求安妥聖作鍾焉儀傑興焉茲非文運之一助歟夫

吾儒誦法者夫子之言所推行者夫子之道睹宮墻而弗肅者非禮也逢祀忌而弗加之意者非義也禮以成敬義以孚信脩令德之保膺而民協和在位者慎矣將脩學之緝熙而敬恭明神諸士子亦進於是矣事已而峻教諭李仁偕其僚友求重以文謂因緒書其概以識歲月云

胡仲謨 正德辛巳進士

脩學記 嘉靖二十三年

聖天子御極二十有三年實天下臣工述職之期吾邑長吏以去歲之冬北徂蒙省諸公謂蘄當孔道政務旁午選□爲儀檄判黃陂江君文煥署邑事至則檢身心設條約嚴吏胥之防寬里甲之役滌煩苛杜需求享祀克虔征斂未嘗擾豪右屏跡小民無隱情前此紛囂清擢久於厥官莫之或及也維邑廟學歲久就圮聖賢無妥靈之地師生無棲止肄業之場江君見而憂之謀諸邑判黃君國政忠同力協俾民犯輕科者贖以木石諸材[illegible]有區畫夫匠並興頹者立之敝者補之陋者新之事畢[illegible]功倍焉茲固斯文之公樂也微江君則闔縣於易將誰任之予觀老佛宮墻溪於天下黃冠緇衣者皆其徒也往往衒衣食求施舍

時葺而日新之崇本始也凡今誦詩讀書與司學校者非孔氏之徒耶乃恝然不爲之所此無他故矣網羅民財以爲己有惟恐身之不肥家之不富又安肯出錙銖爲學校計耶由是觀之今之誦詩讀書與司學校弗若黃冠緇衣者亦多矣而江君其賢矣哉抑學校所以養才六經之道炳於日星師之所以教弟子所以學朋友所以切磨率不外是而已若夫模範不良志存溫飽非教也文藝是攻氣質弗能變非學也相與以善柔相狎以豫怠無匡失輔仁之益非切磨也今日之士習他日之官箴係焉可不慎歟

予時丁内艱家居無問陟考課之責姑為是矯俗之論與
吾黨商略焉

蘄水縣重建三賢祠記 陳公諱簡化字斗墟嘉靖二十九年令蘄 前人

古人之登秩於祀或忠信孝廉祀於鄉或從政樹勳祀於
國其或高風遠韻剪經歷處即祀之不以遠近為限隔也
邑南郊右岡之巔舊有祠祀晉王右軍逸少唐陸處士鴻
漸宋蘇文忠公東坡三賢皆嘗遊涉茲土王之洗筆池陸
之烹茶泉蘇之緑楊橋與河塵所刻擊空明泝流光字相
望俱存祠則久而殄廢遺址裂為民居正德初府倅龍渠

謝公移建於南門外右區淪於河厥後鮮有議及者新建
斗墟陳公來牧是邦才敏急先務況值歲豊人和凡廟學
壇壝衙署坊巷咸振飭改觀下令復右岡祠地民悅而從
之撤屋壁垣捌地愈廣於是飲材鳩工搆正堂三間東西
廊房各三間大門一間内餙以丹青外甃以堅甓題扁瑩
飛周遭繚垣修長河於一帶鍾巒翠於萬峯雖狂夫稚子
亦知其佳麗而嗟賞焉範日列三賢木主以世之先後為
倫次牲用少牢率師生父老毀奔虔告仍請於當道歲之
與籍蓋將與廟社之祀相為攸久者也三賢有神歆然享
止於斯無疑矣夫以右軍之文雅清真處士之奇雋坤從
東坡之文章氣節妙悟慈良均之為古今所向慕顧予於
東坡有偏嗜焉前此己卯歲謬謁東坡於赤壁祠肅揖東
坡㕘揖贈以彩牋一璺是秘遂領鄉薦明年捷春闈登進
士嗣是副臬事於蜀每巡行至眉州必宿於祠修葺其頹
圮更新其登器而惓惓之私未已也迄今歸田欲建一祠
而力弗給謀於斗墟者數矣茲恢復故祠乃一舉而三得
因併記彰予眞大之慶幸焉

錢邦偁 邑人進士戶部主事

重建社稷壇記 時嘉靖三十九年庚申十一月

邑社稷壇舊在郭中制也前侯方君禁遷焉文在西北隅
亦夫辨方正位之義瀕年水旱相仍若有由然蘄父老率
請於今侯陳君期改建侯曰立社稷以為民也而責在有
司敢不矢心力以求利爾民蚤夜詢謀捐貲買地鼎建閭
諸監司允焉量出鳩材周繚以垣外為門内為齋居為省
牲室其壇壝悉如制以嘉靖庚申九月肇工越月而事竣
文物更新輿論快之君子曰是役也陳君可謂有功於社
稷者矣右陰而尊地於北義也圖事而殺卜告虔禮也心

怵而惠下孔殷仁也三者備矣明德馨香以祭神其以之乎是民之庇也國之禎也若侯其真社稷之臣歟余江右事竣便歸梓里樂觀厥成故爲之紀其他建制未暇悉書侯新建人諱蘭化號斗墟嘉靖丁巳任今陞北太僕寺丞云

朱袗 邑人嘉靖癸丑進士任布政

厲壇記 時嘉靖庚申知縣陳蘭化建

蘄邑舊有厲壇民居焉諸六博鞦韆蹋踘鬬鷄走犬之儕事於此紛囂相譊門垣俱圮莫或舉之水則浸大河若旱

則木蓋槁死亢陽之氣焦金若餓羸閒之父老竊邑懼陳侯以啟侯憫然事蝟亡及也乃庚申吉遂易建朱子曰庶有豸乎是役也夫侯也帝以氓牧也族而氓之是用撫柔明恵也而懶者先祀爲氓也被髮如野海若祇惴惴乎假手是皇而曰神將不逞於氓若其以禍悔福於蘄毋寧茲而厲也曰滋蔓無能奚事餓危而朧爽嵦而憶寧我其有辭於靈靈將曼露草間大地之沴若置焉奚厲幾裁而不爲氓急侯爲政鷹擊而惠撻而執事平振覆亡蘊年以病不立下氓欣焉爲氓急而厲明德而羞厲將既焉其吐姿乎而壇且圮棣剗從事亡能靈是妥焉靈即不言非制也梧丘沉首也鵠亭灰骨也俾有依也茲有祜也侯爲氓修祀事匪遺而厲而且也重而壇方閱月奏成崔蔚矣觀義矣而其癸之無驚其爲佐我氓時則秋不時則不秋而厲若尸之亡令吾氓瘁而重侯塵則壇之於侯也不虛矣壇建於嘉靖庚申九月十月事竣地在北門制如故南北一十二丈東西八丈七尺周繚以垣外爲門內爲宇爲齋居爲省牲室度於大卒之居焉是爲記

脩城記 時萬曆乙亥歲

前人

今天子銳精圖治猶加意邊圉疆宇詔兵部行撫臺都御史汝陽趙公既嘗巡諭屬訪民疾苦備知某縣某縣可城關麻城黃陂工方興贊爲停待其䕺寐固長在江漢間也今邊新例復伏鍼而東熱爲巡閱與按臺侍御史豈城李公會行左使嘉定徐公副憲長洲馬公兩按撫躬親相度刲量務求於民暫勞而永逸者則我郡侯上海潘公及我邑侯崇仁劉父母也議定於余四月二十八日經始方垂成聞余以城記諆於予予弗欽承乃邑侯劉公固謀於予弗克辭竊惟蘄水之地孝勤謂其濱帶江淮張耒謂其

一大藪澤當稍劚鑿出沒之衝孰不知其爲當城乎而向未有舉者功匪易也乃今一旦議建計城周圍七百六十丈樓高三丈五尺闊四丈工不甚小公廪樓編價不甚裕條且懼下人浸漁募民自出納分築以城工付戶長城樓付義民不數月告成雄壯堅緻悉合程度儼覽岑巍甲於他邑每登四樓而覽焉誠見其護峰俯揖歆朝宗於北斗浠水前抱迎豐樂於南蘸而玉臺星瑞玉鏡迎禧猶藹乎東作散舒之氣西成康阜之景行且置壺漏以授時棲樵鼓以警怠多備臺以備覘備兵甲以示威可以嚴平時出

入之防可以樂意則倉卒之警拱環袍秀啟他時禁嚴物色之充不少厭功良亦懋矣君以致哉易稱說以先民ヒ忘其勞詩咏康民子來今日之功之速夫固有以感之也後之擁壁土而專城者得無同諸大賢締造初意而心民之心乎後之產茲土者得無兌懷諸大賢締造始功而恒心上之心乎乃同志合川錢君伯谷周君會川李君白岳王君丸皋李君鄂白蔡君心溪徐君近洙何君暨予子計部與諸士若民謀以陳於當事者棘之以志天假之靈固尚有恢廓恢發而表章之者

閻士選 蘄水令萬曆甲戌進士

藉民亭記 時萬曆九年

今天子御萬年之曆九年方字大安思以加惠元元勅所司議寬恤時下方田之令蓋始於閩而遍於天下云選釋褐校蘄方蘄田歲值夏仲禾黍遍野民稱不便爲請緩其期臺使者報曰可而日夜與邑士大夫眾義舉制弓擬計便宜度肥瘠秋杪促民收斂始親蒞事鄉以贊定弓繪老令里役設之里役稱便而令戶自爲丈也謝外境持弓伺民篡者悉竄出境積算吏卒閉弗使出聽民自丈隴陌也

間有主督其佃者有父率其子者有兄命其弟而夫共其婦者間有左右田疇五丈而更番以息息而趣丈者丈畢則又對相語曰甚寬甚緊甚可無疑於官府也抽丈而甚尚致恐於左右之連坐密使人察之得其情狀如此選懲切自慶仰天祝曰蘄民之易爲感也蓋風行於廟堂而草偃於隴陌即一邑而寰宇可知也時出而撫其所親供赋畝合也選感蘄民之不欺即不敢過疑其良而據册以報錢開丈於是歲九月之朔而報成於卜年春正月魁是役也得田五千捌百四十二頃一十六畝有奇二歷兩造

千六十四頃四十一畝六分九厘地一千五百六十一
頃三十四畝三分三厘七毫畝盈於舊賦減於初選楊言
於衆曰爾父老子弟知方田意乎粤自后稷畎田其制大
約謂一夫三百畎而播種於畎中量人畫野已肇於此井
稅之興其來日久而田萊之賦後世侈稱漢云考漢史書
賜民田租半三十稅一者不一襍豈漢德隆於桑井舊哉
法不立而隱隱之惠易窮也史稱其歲賜田租半則歲之
不賜者多而某歲三十稅一則不減者何可勝書荀仲豫
常嘆官收百一之稅而人輸豪强大半之賦惠不下通而

威福分於豪人彼漢儒習漢事已扼腕言之矣爾父老子
弟今試度爾土地之毛斂於私者何輸於公者何間有隱
於豪强而枕於徒詐者浸失制賦[illegible]意今一釐而正之細
人獲資生之利豪右靡餘地之盈無私之澤乃揣均於兆
庶如阜如山不井稅其制已井稅其意矣故大事方畢而
蠲逋之命隨下廟堂之徵意豈不以今斷自大事之始宇
內悉以均平庶幾古所稱無怨無游者乃責之共哉漢德
不侔矣諸父老子弟咸曰唯唯是不可無記余為記之且
以告於後之涖茲土者披圖按册當知茲方上穀盡括之

數逆而愛惜之因記其亭取曰蘇民明此為蘇民舉也

蘄志序萬曆十年記　前人

今天下郡邑皆有志夫志稱掌故蓋紀述以動人心之所
之也故心之所之亦謂之志結繩而後四史昉於黃序五
史逸於蒼籙以致列國莫不有史稱名立號罔非為幾希
計爾它毋論已即楚名檮杌夫大鳥諫也璧寶賜也鑿召
却也援浮枝也所稱引非不吁然大乃取而貌之檮杌何
居反觀此心雖當放逸而紙一語之檮杌在前有不蹶然
動若手古人名史之意可繹思已嗣是丘明得微言創為

傳傳若轉也意若轉移人心之義哉爰及子長取式呂覽
通號曰紀鴻具叔皮論中蚕室之後厥有孟堅氏綴十志
之新鏡前鑒後匯擷英搴芳云蘄在楚為六聚四通之地
不穀來三載於茲惟是日夜無敢寧先是坐會計事鞅掌
三年乃可間取故志繙閱之洋洋足徵而田賦稍異於舊
諸故事當增入者乃悖選文學遴其詳而不穀删潤之惟
以動人心之義宣通其中故標目則倒不眩異以從古不
灑濯以投好使凡昧昧欲離其童蒙之心而覺視於
天地之間者咸觸而動焉人物之首忠孝也循良之垂教

化也山川之以人物也坊之以人重也冠節孝而後弟也田賦之覈實也藝文之首經也動人心之義也夫漱腴搜潤以垂不朽者史氏之職而宣化正俗以維人心者有司之務不穀業有司惟言有司之務凡我士民竦身而載聽視若觀志所稱脩矣其香欲襲其羽欲儀不穀與士民共勉之昔燕人有亡若生於燕長於楚老而以其國反同行者道晉望晉之城若社而誑之曰若燕也其人瞿然不自禁若久之垂鄉也爾士民生斯鄉將比肩百里旦暮遇之歸其詩讀其書私淑諸人也不穀於蘄學望焉

脩巴河唐睢陽張公廟記 時萬曆十三年　前人

夫忠於上者人之主皆欲其臣主於人者皆欲其忠以故叔遷代異而忠無貳軀烈有餘氣誠欲之也天地一指萬物一馬而入無窮之門游無極之野與日月參光天地為當若誰乎南華之言曰小人以身徇利士以身徇名名々聲異號其餘傷性以身為徇一也有旨哉誠傷性矣則徇名之徇何異徇利之徇唐睢陽張公迺唐迄今王公民萌罔不日嘅神悚曰忠獨其所謂忠者則公固刳心焉按唐紀尹真源先是譙郡太守以城降使公為長史西迎賊公與真源師吏民哭玄元皇帝廟誓不與賊俱生起兵討賊進雍丘戰死公併其衆令狐賊尹賊前後擁至公嬰鋒百餘戰殺賊十二萬人使公乘戰勝之威以雍丘一隅之地不足恃擁衆還報天子其勳猷未必不埒李郭銘彝鼎公獨私念睢陽江淮保障寧掘鼠雀嚼荼馬殺愛妾不悔封疆之臣死封疆義也彈丸不足以當勁敵公稱多算豈不燭照預計之刎死縊死皆成戰死皆謂死封疆而公獨不死豈難死哉括城中若弱建城中婦女暴秦之酷是烈矣公尹其地魚肉其素所耳聞目見之人以成一己之忠公

奚忍之大臣膺四方念此彈丸為江淮保障無睢陽是無江淮無江淮是無唐也國家養士百年我宗祧藉其休養生息之澤以有我此身而我一旦擠毛析符值此九々之運循得以爵號呼吸此方之人藉以振賊之衝維其既衰之運使我委封疆於賊以死繼之賊吞食江淮操弄國脉我當驕魂受譴地下公被執曰臣力竭矣死當為厲鬼殺賊是竭力者公之心而輕一死於鴻毛以塞死封疆之責者公心也死一也徇利死徇名死皆有倚有倚則有盡而公之死夫焉有所倚哉無倚之謂神々則不可知蓋所謂

與翁游無極與日月參光天地爲常者也巴河故有公廟在有識毀之者而誣稱公降有詞廟得無毀余過巴河禮公廟主廟者爲余述其詳如此士人聚觀其詞曰此鸞也余詰士人以果僞也孰使之使天下之人若鬼神之德之盛而眞僞無辨矣廟不知所自始嘉靖間倪令曾新之至萬曆十三年余師上之鄉耆等爲理崩圮增竪石坊請民基之侵占若爲臺高二丈許臺之上爲室三楹廟貌改觀瞻拜臺下可仰不可即孰非神所使哉若曰蘄當江淮間蘄人當祀公公宜享蘄祀是猶有倚之說也

杜長春 時萬曆壬子年令蘄水

立學田碑記

古三代田制立學兩者並重蓋國本在民治民在士課士在學所從來遠矣余始令蘄首重學政立十二月課會每月以朔九爲期余命題閱藝悖監試儒童亦共會於青松鼓勵獎勸多士雲從人人炊太乙之燈在在吐長庚之藻於文風未必無小補獨計課會多則公費繁欲謀學田之策時歲值饑補鞠審糧長李得二户丁李思飛詭田糧貳石該租貳拾陸石依律擬入官以充學田招佃守道詳允□□倫課會公費或脩學取用或周急貧生皆藉於此於古分田定制私田養民公田養士駸駸乎步追三代之風謹勒石以垂不朽云

袁黄 號了凡嘉善人兵部主事

清泉寺募藏題詞

古佛傳心不立文字拈花微笑已覺多羅而況梵筴數千較儒書更夥此何說也竊謂禪是佛意經是佛語諸佛心口必不相違立文字與不立文字總於本分不相干涉若用則千箱萬軸汗牛充棟而不爲繁不用則盡掃紙墨終

日無言而不爲少然西方重耳根論聲聞東土重目則以識字人爲賢不識字人爲愚而文字之用最爲急故佛在此方以藏經爲一大因緣不可廢也蘄水縣清泉寺爲古名刹左有羲之墨沼右有陸羽茶泉後枕鳳棲山前帶綠楊橋更有東坡墨迹併黄房丹竈俱載楚誌且屬南北通衢峨嵋孔道凡通人墨客高流法侶不論久暫憇莫不流連賞玩有所品題日久頹廢近有守心禪師深通法要戒行精嚴李侍御會川公延爲住持道法遠播僧俗歸依起廢脩築翕然一新其徒海良繼師之志晨夕課誦念

館僧崇風大暢以寺僧頗衆而法寶未備非所以肅震
旦之目而引之入道也遂發洪願募造藏經東遊吳越受
戒於雲棲進香海上遂徃姑蘇禀中太師題其卷端復至
越田謁予徵一言以告四方賢達予樂其遊旬日未遂端
坐於門肅如也其堅志不回有如此稽是可以觀禪矣因
信筆艸此以為信施之倡

董其昌

群芳譜序

吾聞三皇之書謂之三墳三墳言大道也道莫大於易道

取諸身則為素問遠取諸物則為本草蓋說卦所謂於木
為堅多心科上槁者即本草之鼻祖也且夫藥不過五行
五行之變為五色為五味為五氣為五性為五用而五者
之變不可勝窮聖人以卦氣為五行之情故曰一日當七
十毒者此物此志也神農數瘳靈九療疾非常之事聖人
不貴一毒妄攻五兵莫慘傷生之事聖人慎之慎也必自
身始聖人亦人耳如以其服為輩蹈不死之域為神愚莫
甚焉豈足信哉知禹之言神也以九疇治水則知農之言
神也以八卦嘗藥當矣秦燔六經惟易附於醫卜以不廢
故曰執之皆術不執皆道謂本草為神農氏之易可也嚴
初藥分三品以三百六十五種應周天之數自漢以後代
有增益為圖為註為音義事類者凡數十家至近用蘄州
李君悉加結集又以經史稗官之書廣引曲証凡四十卷
命曰本草綱目可謂勤且博矣張文潛明道雜志云蘄之
龐安時隨症製方輒有神驗乃知醫統故在楚〻又著於
蘄神農之佐即桐君雷公所著書已煙滅不傳而龐安時
惟傷寒一論傳於世今讀李君綱目而古今之醫有所統
宰焉余故衍三墳之旨而推本於易敢曰為神農之言也
哉

縣志卷二十二

藝文志二　文記甲

閣廷甲

文昌閣碑記　時萬曆[illegible]孫[illegible] 善謙王台[illegible]建修

邑學宮故在縣南鄉萬標星門則以山自東奉其地獨高而臨深渡浮橋逼而以西蜿蜒數十百步有山[illegible]既甚下滿凝泓渟數仞懸壁闕有聲室明五峯蓋籍文忠公[illegible]也上特有蘇公亭圯無有[illegible][illegible]山舉東舊無庭流[illegible]土敗平訟理有嚴具暨自以其[illegible][illegible][illegible][illegible][illegible]顧瞻遺址進

諸生而前田[illegible][illegible][illegible]有[illegible][illegible][illegible][illegible]其地在學宮屬丁丁火也其[illegible][illegible][illegible][illegible]有特[illegible][illegible]所稱公孝家在豊山川猶故而[illegible][illegible][illegible][illegible][illegible][illegible][illegible][illegible][illegible][illegible]中[illegible][illegible]体若十公[illegible][illegible][illegible][illegible][illegible][illegible]十[illegible][illegible]之元[illegible][illegible]為閣以新之諸甫就曾邦人[illegible][illegible][illegible][illegible][illegible]山不儀繼而觀然聳達益用同心於[illegible][illegible][illegible][illegible][illegible][illegible][illegible]東邦縉[illegible][illegible]之邑舊運視其工焉[illegible][illegible][illegible][illegible]行[illegible]於[illegible][illegible][illegible][illegible][illegible][illegible]高為閣層有三各高[illegible][illegible][illegible][illegible][illegible][illegible][illegible][illegible]三[illegible]廣二尺三寸有奇其啟[illegible][illegible]所[illegible][illegible][illegible][illegible][illegible][illegible][illegible][illegible][illegible]丁酉工始竣題曰文

昌閣從孫使[illegible][illegible][illegible][illegible][illegible][illegible][illegible][illegible]有[illegible][illegible]文昌昔[illegible]在[illegible]明和[illegible][illegible][illegible][illegible]天之[illegible][illegible]會有[illegible][illegible]若[illegible][illegible]之[illegible]生於周[illegible][illegible]其人[illegible]其[illegible][illegible][illegible][illegible]周俗習[illegible][illegible]文物無稱稽古易俗[illegible][illegible]禮樂自文[illegible][illegible][illegible][illegible]文昌故文教之宗也考之化録一[illegible][illegible]水[illegible][illegible]之[illegible][illegible]流[illegible]維之應文昌忠孝大[illegible][illegible][illegible][illegible][illegible]夫三代之學止於明倫國朝稽古創制崇儒[illegible]文[illegible][illegible][illegible][illegible][illegible][illegible][illegible][illegible]且人[illegible][illegible]於故常[illegible]所[illegible][illegible]必[illegible][illegible][illegible][illegible]之[illegible][illegible][illegible][illegible][illegible]之果極世[illegible][illegible][illegible][illegible]信[illegible][illegible][illegible]坑[illegible][illegible][illegible]以[illegible][illegible]其耳目而[illegible][illegible][illegible]為[illegible][illegible]

[illegible]思士遊膠庠所[illegible][illegible]有[illegible][illegible][illegible][illegible][illegible]之[illegible][illegible][illegible][illegible][illegible][illegible]如[illegible][illegible][illegible][illegible][illegible]之說[illegible]有不[illegible][illegible][illegible][illegible][illegible]忠思[illegible][illegible][illegible]為[illegible][illegible][illegible][illegible][illegible][illegible][illegible]遇之[illegible][illegible][illegible]曰文昌之生[illegible][illegible][illegible]翼之宿[illegible][illegible]分野神所[illegible]依[illegible][illegible][illegible][illegible]文或曰[illegible][illegible][illegible]之[illegible]應標於文昌[illegible][illegible][illegible][illegible][illegible]文[illegible][illegible][illegible]所[illegible]也[illegible][illegible][illegible][illegible][illegible]在[illegible][illegible]若夫[illegible][illegible][illegible][illegible][illegible][illegible][illegible][illegible][illegible][illegible][illegible][illegible][illegible]義[illegible]不在是[illegible][illegible][illegible][illegible]言地在下[illegible][illegible][illegible][illegible][illegible][illegible][illegible][illegible]之[illegible][illegible]亦非其[illegible][illegible][illegible][illegible][illegible][illegible]學[illegible][illegible]人[illegible]之[illegible][illegible]不[illegible][illegible][illegible][illegible][illegible][illegible]之[illegible][illegible][illegible][illegible][illegible][illegible][illegible]之於[illegible]以[illegible][illegible][illegible][illegible][illegible][illegible][illegible][illegible]

己丑進士以內召給事王候誥建屏乙未進士以虞部憲行兩候循良茂蹟並著滌上良多非僅文昌閣也

郭士望 邑人萬曆甲戌進士官按察使

蘄水縣會舘聚升樓記 時萬曆四十一年癸丑建

蓋邦畿千里惟民所止止之言萃也聚也萃之詞曰利見大人又曰乃亂乃萃無亦惟是聚則升襍則亂歟去鄉三日見所常見者而喜矣蘄所以有舘也頃歲名舘猾胥窟穴其中為囊蠹寢失初意會閔翼墟先生在銀臺余承乏吏部郎兩人目擊慨然者久之作而曰若是可毀也已又曰若是可廓也其毀也其薰屋灌杜之意乎而廓若譬之解醒以酒也夫蘄之人寧不可勸誘去姿宅而并剗廬以是知宜廓矣暇日步出後庭得隙地可方幅瞿然曰是地傍帝城尺寸千緡詎宜鞠為鼠壤與蟰蛸虺蜮分此區區也且室無陪貳物貉嘈雜患是以生是地既弗饒杲窊葵蔘則當歸然樓耳於是焉大庀財鳩工斸三旬樓以成樓成而軒楹之所值與目境之所到若預制以待而位置勻停心意恰適者嘗試思之文正岳陽紆去國懷鄉之想眉山遠景摹黎候憔悴之遺王粲以離家作賦劉琦以問計

登樓古人有是心則有是感情隨事遷感慨係之吾安能必今之登樓者強合於古人又安知古人不如今人之必故或朝暾夕曛出入嘯劇則傾葵炙背之恍也怒飈狂颸裂帽度幘則大王庶人之風也煙霾曖曃曉昏千變則白衣蒼狗之態也素娥孤冷以窺人黃竹飄渺而委戶則擱橅效顰之思也他如紫煙低於螭雉微風高乎燕雀有鈞天廣樂之象焉青牛白馬如龍如水縱橫絡繹有五矣七貢之豪焉塵闐撲地歌吹沸天巷柝夜舂與人聲相亂有煙火萬里之槩焉至若東瞰滄海雲霞之所沃盪旁瞥西山爽氣之所暗通又此樓之所駭矚而不可備窮者也夫谿領多羨以惣人之挹取而人擲會之無心攬之不盡是造物以自然之玩供人而人不有也非情也吾知閭章遠望必有 人之鬱覽人之鄙吝焉頓去戰蝸滯銷而得意於玆樓者是樓之有造於蘄人不淺也以此為萃是所謂聚以正者見大人則利柳何亂之與有是役也板榦瓦石徧備約費百五十金經始於萬曆癸丑之九月初三日落成於十月初八日

重修蘄水縣會舘記 時萬曆四十八年

前人

歲萬曆庚申余山居久厭囂來邸候補闕下越次日至部見輪奐榴櫨非故矚時象也洒焉異之嘆曰宇宙事輟興軼廢俛塞俛闢會有時哉事固在人哉一頹則靡不頹也一振則靡不振也不遭時不得人即百年敝也值其人際其時即一朝新也蘄敝有館在世宗壬戌穆宗辛未神宗甲戌間吾蘄先達諸公實始之嗣是項背相望踵其義而行之貂貂也計寓內縣凡若干人得庠肩於帝里縣得以姓名絓皇都者不數數且蘄土沃人占百畝煦牛曝背蛾蠶繭處此寧不足生事所而必欲看花長安觀光上國者

蘄水縣志　卷二十二　藝文　五

良由人懷壯圖藉德先疇不足滿志故窺左足仰天出門無負弧矢昔人之言曰無懷生且春蕟艸長何處不鶯花天寒炯淚何地無風雪緊蹴上苑之芽應來武夷陽羨酒傳九醖之法不數若下宜城妹嬉洛神士多叔寶奇珍瑰瑰錯落五都之市珥貂椎結轟馳九陌之衢章臺折柳鞠塲怒馬曾不聞牛衣對泣耶如佩蘭則此地即沅水也落帽則此地即龍山也月朗而共捫玩雨酸而寄凄凉俱頌以晤言鎖之寧以蘄上彩組如雲人物駿駿充爽而縮猶仍其舊者大抵氣秉其所旺萃聚於所好館是屬者凡三

重基增而高楹廓而厰木椽而飭承塵庖湢畢具廳事中㘬一座奉關先生祀焉豈非間關顛沛而信義愈明英風如可挹乎天涯兄弟關公之誼而有不篤摯若非夫也觸有敗群叱族者弗念在　之義崇工竣尾之禁即無論觀此館又曷以對越先生矣

朱期昌

齊興清泉寺碑

邑東二里有清泉寺攷故志唐貞元六年鑿地得井洌而井故以名寺或曰即唐紫玉大中禪師所駐錫故以紫玉

蘄水縣志　卷二十二　藝文　六

起堂及觀五臺陸公所轄明教嵩公鐔津外有清泉紫玉堂文攷子瞻家譜元豐五年壬戌先生以事至蘄徐得占見訪遊清泉作寒食兩詩元至正間寇徐壽輝起羅田建都於蘄毀寺為平遂使兩花禮鷲蕩然一空至我聖祖平定區宇諸所煙燬皆興即如禪林祠宇均得並起亡壞而蘄人猶識清泉故址爺復其壇宇說者謂盧公中興此寺迄今久而摧折不隊如綫識若痛之邑侍御李公時成會佛與語囑以琳宮公默存之明日有僧淨法來募遍遍然夢中事公乃購高僧如通為主若寺捐金為首大衆發心

以襄除舉於是而廡有齋中有毘盧殿文選而左有無量殿前有大雄殿文前有天王殿寶月重閣金碧再映豈非齋興之瀰舉寰旦之碩觀哉嗟乎寺興貞元至元而滅至勝國而復興至弘治而復滅至今日而復興成敗興廢此必有故因以為序

游王廷 蔚川人己未進士萬曆庚申任縣令

叙兩標山會課 時萬曆四十七年

夫情玄微而求監入六際而不絶赫赫乎日出之光群目之用也而群書之宗莫不由是册青初炳父則渝渝發發

份份孰定其從習所技也川有防器有范故好書者衆而翰獨傳好射者衆而羿獨傳好樂者衆而夔獨傳一也賈如是豈曰鈍乎兩標社諸士扛瀰羽獨華旗揮斧繳矢勃勃乎其不可圍乎曰夫子何命焉為會文軒而取擧拙為而乃靚夫子何命焉為余曰質美以道為通才良以顯為能鄭公之履不信是而信慶儀足若什之七而椅度若不可以不益急矣易曰風行水上渙文矣夫

艾南英 東鄉人天啟甲子舉人

序李子文因及兩標山三角山 時天啟三年癸亥

蘄水李玄雲既見予於黄岡旬日而別別數日而玄雲之一統江上以近著舉業序言為請嗟乎吾胸中有玄雲久矣豈必句櫛字比取玄雲之文錄錄而論之然後足以見玄雲哉憶予友游登巽之宦蘄水也有兩標大社之刻當是時予已知玄雲以為玄雲何以至是既而讀玄雲所刻詩古文辭十三篇而後知玄雲之所得不獨世之人未能盡知玄雲即玄雲有不自知若蓋嘗思之自予執筆為文章東南之名俊大縣見序於予文然其中序舉子業者幾至百種而序詩古文辭者不一二見即一二見焉然其序

詩古文辭者而為顯貴人與山人詞客者常多而其序儒生舉子業併及其詩古文辭者則百不一見也意若其才之不能廣抑其時之不暇歟嗚乎果其才之不能廣與其時之不暇以致不能為詩古文辭而亦無與於舉子業之是非好醜也則吾又何故取條於斯人然而有不然者今夫詩古文辭之為道其原本經術與舉子業無以異也其首尾開闔抑揚深淺毀止斂散之局與舉子業無以異也為古文辭而不得雜取世說諧謔以自累與為舉子業而不得沿時趨習語方言俚諺以自遠於爾雅深厚之意無

以異也蓋有為詩古文辭而不為舉子業若矣為其精於
舉子業若未有不由於詩古文辭也審若是而謂玄雲之
十三篇與玄雲之為舉業近藝有以異乎故吾於玄雲論
尊知其與而經持而史渾成而章爾雅而文著蓋以十三
篇知之而非人人所能知也雖然玄雲又有不自知者何
也亦有以玄雲之記而標為玄雲會若乎方其靜觀遠眺
朝霞落日河流春樹城郭人民如在襟帶至於所西三角
敬山近數十里疑無不見矣然非晴明不能見晴明而欲
以疑乎不可見矣而又參可見至於晴明之極而反不能

見則其理不亦極哉夫事之疑神者常在有無滅沒之間
蓋至於是而力無可用矣此顏子之立卓所以至於未由
也玄雲其思之慘而詩古文辭條而舉子業靈氣恍惚不
期合而合豈有能自知者哉分為玄雲序舉業而推本於
詩古文辭異日為玄雲序詩古文辭將必合之舉業以觀
玄雲所自得於有無滅沒之間若玄雲將不自知其所至
而後人人皆知玄雲矣豈待予言哉

黄問　景陵舉人　署教諭事

重修儒學碑記　時天啟四年甲子

孔侯之自長垣來蘄水也時壬戌八月間方留滯燕中會
齊安人述侯初政曰庶幾江漢之化自北走南乎越十二
月間承乏來視其學事入國諸生之班草相語及侯皆曰
賢賢而予獨怪學宮盡壞戍其官民錯處有宮無墻文廟
有主無龕明倫堂有桷無瓦堂中貯宿而如盎新而來餘
隣家如決河後衛有地無屋予携一家稚壯寄西廡與七
十子爭寢食因笑謂諸生武城墻屋新未到眼生憎無以
居曾子其何以安曾子之師孔子諸生曰微先生言孔侯
已惻然久之故有待耳越明年正月十五日飲鄉老是日

而主客席間各持觴侯愀然越十八日宋侯入名宦復瞻
拜雨中侯愀然越二月丁祭侯將升階獻酒諸生號請曰
瓦落將墮侯其疾行三五步侯更愀然祭畢侯乃揖諸生
於堂曰諸生忍見文廟之光景乎山水文獻之邦八百人
鞀歌雖出自命高足而弁髦先師若此乎且諸生中頗有
祀仙佛者矣佛起西域曾有鼓吹六經之功耶爾嘗讀六
經呼夫子以求衣食而尸祝偏在佛丹青金碧盡輸禪院
而素王不能分其餘何其於利正是非顛倒之甚耶爾諸
生忍見文廟之光景乎諸生忸怩各起謝願各捐銀若干

從來矣雖其山係李生見璧世業請得建浮圖其上以爲文峯焉於是時若虗李公爲政嘉惠斯文毅然以補不冈爲己任爰採鄉紳師儒議許爲特建而李生亦勇於慕義爰同邑士民之賢者董其事公首自捐俸以爲邑人倡邑士大夫洎文家富民之欲敎其子弟者亦莫不灑然頓輸貲爲鳩工助役貲之出入悉付之董事者公毫不問經紀旣定肇其事於戊辰之首夏甫庀材奠基而公以銓簡行矣汝璞承之藉有成畫尋緒終之規摹粗就至是乃竊嘆我公以作人之心攬風氣之會特斡旋之權能維山川靈

詠於有興無替並羨蘄人士將乘時闡秀濟々周楨追踪名德於公能相與有成乎蓋公曜翹鑠之姿峙清選之望卓冶嶽聳休問蘭馨明月墊簾松尾數聲驚鶴問舍醻々無折□鳴犬吠所着爲令可百世不易攏撥米監跌宕文史時則桃李之蹊與桑柘之陰並蔚青々子衿以業問者有所疑立爲之剖以牘對者有所抑立爲之伸然寅緣弗許也惟其藝假借弗徇也雖其□□激蘄人士無思不服式歌且舞雖鈍奮也雖處鞿也衣冠禮樂恢映休明寔直一文峯爲貺々哉雖然勿謂形家言幻也扶輿摶結天地之靈氣辟條意蘗士子之靈心屋梁三叉路叉變化不測之靈境靈以印靈毋召子磁引鍼孰敢不至咸陽西京之文踔絕百代自是山勢北來典午風流奮書無骨恰共水聲東去筆墨神物能徘氣先逢有文峯然後晉賢冠有事業無□治運若士林花也必須有雞鼓爲之催則顯着人文若是而人文若天錢塘潮也必須有勁弩爲之射則默維文運若是公此舉所謂挽江河之下而逆流補東南之傾而再造矣雖蘄人士天授彩毫夢含瑞鳥玄言燦花雄文摛璧日選高技理豊翮向宵長鳴止煩秋飈衝突以金

觀於浮圖層累而上極於合尖霞照丹石如開日宮風蕩和鈴似下天樂翼々乎過飛鶴而俯流雲不隱然動天下以聲望乎寓其間者灑筆池之墨飛玉臺之丹蹋春秋牘最上一層隱與浮圖相赴則詢能於公相與有成者哉是役也壑壁之神式憑爲闕而弗記責在後來敢勒貞珉以垂不朽公雲南浪穹人壬戌進士號大受若虗其別號也

書文峯碑陰一篇　前人

庚午秋七月董文峯事者以峯成報予爲記以志若虗李老先生嘉惠蘄人士併寓予勉進所識拔諸子矜無負曩

邑宰惓惓嗣分席棘闈衡卷之暇輒念我蘄陽諸相知之入彀否榜發所念若絡繹映牘噫幾盛矣積數科來詣計若六七人一年而配之敢謂區區纓簪有此王試文峯之功固不誣也後是蟬聯奪取登高第不乏人矣自武昌碑猶未卓因其陰令舊發科者姓字以志喜焉計關胡僻正三宗丘景廷之宗餼貧生屬元畢石函期玗南倩修弘幾楊天祿鮐鮐九六人崇禎庚午季秋吉洪湖李汝璨題

皇鳳橋序

前人

余治蘄之三年過城西北水游關王廟標山勝概覽山川形勝而復知邑治之亦多靈所鍾也乃北臨河干見與文峯相對而當其皇鳳橋也橋之下有浸泓然非得此卧波長虹則瀉然而南入於河者亦足令過之車馬有望洋逝津之嘆橋之功又曷可少哉乃予更有感於其名焉予比築興賢以拄東峙之右而正與鳳棲桐偶南建文峯以障西流之左而又與皇鳳相向何蘄之多鳳耶豈天以鳳鳴蘄文之盛耶抑將羽儀皇國以耀其彩耶於是舉酒稱快同人樂焉丘子穉春與予共有文峯之發聞予言而笑曰文貴鳳耶鳳貴文耶得令言而吾後世當益顯詢若故則蘄橋乃木夫人爲丘子丐嗣之所建也始橋之日掘得斷正德八年癸酉故碑適與夫人生庚符合益一奇也橋成丘子稱春即叶夢熊之吉生子遂名吾橋石可攻玉諱以璉爲璉母李氏孕璉之日靈異踵應謂非太夫人積誠之感歟夫人第揚公伯瑞號輔臺者萬曆庚申以明經知屋子解組歸與余相友善因得習聞夫人之賢夫人以髫年適丘氏丘公饔中素以能學稱重於蘄中年早折大志未酬夫人益力善訓子不倦抑何君子淑女而相濟耶

然吾聞丘之先累有世德小溪爲清白吏而有養中養中爲鄉賢士而有稱春昆季五人五人才俱高年方富而已有如璉若十六人此十六人之錫佩吾又不知當何如也予乃與諸同人共酌飲丘子謂其子孫之蕃是以徵其錫類之不匱而人文之盛益足以賓其積慶之有餘夫非其先君子世篤令德何以幾此乎故纂丘氏之建而又樂其以鳳儀吾文也於是望皇鳳而爲之記時崇禎庚午年仲冬月邑令李汝璨撰於　兩標山之文峯

劉君宰 戊戌 戶限

楊氏家譜三異 崇禎七年甲戌建碑記

劉子若宰曰余年兒雲谷生而負異骨標奇韵聲爍天下讀盡名山大川之藏仲詰夙慧此其根器喬來矣余雖同籍戊辰君才千倍於余々竊有佛頂着穢之差請得舉君世系吊之夫代歷漢唐宋來楊氏以文章甲天下更以相業甲天下訪自閩中赤泉侯起家華陰迄至四知夫子龜山誠齋諸先生平臺内閣世不乏人越延萬里先生又復中興揚世大集先人寶像各賢標題實出真蹟而歷代帝王圖璽琅々續成譜幅無何而散落於浙東金華清客劉

氏之手及素劉氏乃國初最嗜異墨奇董者也次子能習衣鉢析煙時曾以此幅大半當其貲產次子嗔焉清客曰楊氏積德以遠厚重後之子孫必有大報爾時准有以百朋償者次子傳諮數百年竟未有售懨々然閣之若斷文殘碑之蒙塵已耳至崇禎癸酉秋余年兒黎博菴謁元寬者以學憲試士金華雲谷以建德令君送考馳至藏譜者夜夢幞帽朱衣者數人云我有應運之裔來矣亟以譜幅附之尋及居亭授譜於門役交置席側雲谷以公事歸晚治卧未之顧焉更深哭見燈焰爍爛一似金光又似璧燁紅夜不散雲谷驚至平明問門役席側之幅何來應曰昨有賣畫者稱為相府佳畫雲谷起視泣曰此吾祖吾宗何埋沒許百年乃得現於此地此時焚檀禮拜傷慶交集客復幡焉高價雲谷自矢鬻身尚欲易之何恤罄囊為求遂獲此譜同雲谷本朝誥封共珍涵焉噫異矣哉悉究水不之由由閩西華陰而徙江右廬陵金谿南昌又遷於楚之蘄水後分派興國孝感麻城更一枝徙蜀而僑居馬覺升蕃先生文序云吾祖自蘄水孝感而來其嫡派可知也夫此譜也不知散落於何年何日又不獲於閩西不獲於江

右不獲於楚蜀而雲谷一旦以客官獲於浙東之金華真配中興於萬里公若后之孝子慈孫守此寶藏千秋萬歲凜先人如生不替矣所賴年伯沙野公諱繼周者昭代名儒陰功浩大毓產雲谷應運而起承此家業噫異矣哉閩金華伯温先生之故里而清客其苗裔也夫楊氏鎮家之寶必藉先裔護藏以傳靈於楚蘄毋為丕昭噫異矣哉雲公諱楚龍字春起别字犀麟明之戊辰成進士余叨年誼之篤僭竽小贊以紀三異敢云與九思西山羲之諸先輩爲標題乎明崇禎元年戊辰賜進士狀元及第年弟劉若

寀贊於甲戌春侍經筵之次日

龔鼎孳（合肥人崇禎甲戌進士知縣事官總憲）

訓士（時崇禎乙亥）

本縣簿書鹿鹿南逐馬牛即與霜案風簷杳如隔世剡谿三瀬七澤之藪珠光虹彩昭映淵霄敬拜雄風敢窺壇坫但以童心尚在茄嗜未忘問業素於西園竊餘光於東壁或著豹文晉探由半得全庶幾芥子針投不謀而合倘賜椒蘭之佩頤同金玉之珍至於道味孤妍正似嵩愚本色料諸君子不以陽鱎自待致令蘄陽劳吏與能繼响弦歌也

試士　前人

書生譚兵俗吏譚文兩失之道也本縣且兩兼之其底裏已如春冰彈指可破惟是甫離書卷簪履雜沓雖復戎馬倥偬而憂語依依未嘗不在煙窓雪幌也記本縣出就童子試時總束髮耳偶然著筆頓遇賞音泮水三秋曲江一睇即不敢盡歸功於文章而一片燈寒宵永之況自信殊堅今諸童中豈無少負才名長備淹瀆若耳豈無神駘汗血見影即飛若耳豈無田壁蕭然五車徒攏若耳豈無谷蘭自芳人莫共賞遯馬倦伍寂不聞聲若耳豈無長生繇骨獨秉素心溺世嗣嗣秀生裘馬若耳有之則是十步之内[illegible]有可把一日之羅將皆可拂也今與士約毋剿說毋雷同毋累幅而枝毋敷言而削功歸大雅品重茂流斯亦作文者之所拭目矣至於資綠多[illegible]飽濫觴本縣素矢處公自茸硜踽斷不以數錢心[illegible]物供一日情面之資况珊瑚珠樹望氣知佳[illegible][illegible]叩鳴章應文章一道神荷聽之[illegible]務殫厥心知[illegible]過眼戟[illegible]雲迷五色也初試之次次雖心則必嚴雙字再試之多多益善則務取義長人莫[illegible]而[illegible]吾則壁觀起舞

[illegible]　前人

蘄[illegible]麻而屬邑又稱[illegible]時而蘭臺風氣近蓋[illegible][illegible]三楚[illegible]人物文家名勝毋為[illegible]上屈一[illegible]畢職屢請加額比於黃[illegible]麻而正[illegible]之數僅及其半不[illegible]不再乞續額以廣薪[illegible]之[illegible]近[illegible]温綸云為地方人才計自當酌取仰體作人雅意[illegible]制[illegible]於三邑之中俾之得其平而後止卑職妄[illegible]案蘄童即取一二而名亦實與黃麻正數畧等闢恩洪造固不待卑職之覆陳矣抑[illegible]亦望以三邑比肩之意

類此王紘則問呂所及永示栽培又寧直一時之桃李稱盛事哉

文擻　　前人

來浠兩月即與諸子講筆墨之事非曰刈楚實以搴蘭珠光㬅㬅入我掌中僕竒其目諸子亦自竒其手謂千秋業在是一日之知非所矜也三夏我惟築亦孔勞矣荷殳之役又在霜秋雖復偷暇論文而格格鬖鬖未臻玄暢適者鋒烟少息政值花時南國佳人閉門春晝欣竒析義吐鳳懷新每坐冷然遥為眉舞秋風近矣敢祝先觀即欲廣招

英流縱觀勝事而多既恐喧目不給賞令擬會則十人日焉三藝琴軒榻聽清響之泠泠柳砌烹茗停染衣之滴滴月三其約日四為期僕也雖風塵歷落之餘猶得從諸子抉譚雲上也

倡脩儒學文　　前人

天下事不大壞則不大治破廢之氣積之百數十年而潰發於一旦當其積也一餘縣之無難而進其一旦潰發雖砣砣支持亦孔棘矣蘄於諸邑稱望水紆山鬱蒸為奥區蘊秀之風莫最乎人士故吏治先治士也然而治士者治其地今夫學宫固士地哉環堵之室吾師圮處焉琴笂管琵之器書笈禮射之文於是乎出傳士所依而守也諸弟子所依而習也譬之良農之圃變蕪不可梯奈之何稱良吾入國而問士有終其身未趾及乎泮焉者即奈何儼然儒服也維春及秋邑子奉俎豆從事青青者衿亦閒家焉其心荒矣故士不自有地也不自有其地則不治地不治則無從乎治士夫蘄之彬彬乃無士焉長吏之罪也而不見夫緇髡羽流之於梵刹宫宇乎聚徒而廬之丹艧其表金碧其裏龍鬼星日相焜熀也稍不戢則持疏而出朝弋

朝獲暮弋暮獲家無異喙人有爭心何其肯也以吾門冠蓋之衆文采之侶高譚渺議之人相聚百里內而一旦視其師露處乎敝瓦摧榱之下行且壓焉又不能如緇髡羽流之自樹也而吾安之乎故欲士自治其地又莫如治先聖之地即不大治亦無大壞舉百數十年因循忍薄之氣一旦洗以勃然勃然不能自安之意豈無吏宦其罪士亦與有榮焉自廟始者神之所凴也明有始也明有耑也今自割俸餘錙鐫倫飆矣以衆槖可壓矣不敢不勉者先乎其自責也卿大夫之亦與乎此者不忘乎所自出也且以

□有後也士莫本業也無富貧一也自一金而上以十為率多於此詎自一金而下以錢為率少於此詎幸無過亦無不及也隨註即輸無往返延閱之便成事也各竭大願力歡喜悲嘆於焉集也

毖祀　　前人

上丁之祭所以崇奉先師國典甚隆通行郡邑即跛蹶以承尚欏貽羞俎豆而况弁髦賢聖悠雎高卧若乎本縣今當獻享之時諸生渺焉絶跡止有讀祝引禮數人寥寥前導班行落莫凡進不光蘄士頗號彬彬乃於大事糊塗於

此本當詳飭以表存羊今先揭示用彰鳴鼓

育材　　前人

為欽奉聖諭事照得薦舉人材搜之林壑實聖明之特典英雋之奇逢本縣識是知人是以曉示通衢期諸士民舉爾所知用襄盛事至今已久未據報陳前詢黃麻諸邑俱已彙薦有人豈蘭玉之江山如晝而卒無龍伏鳳雛之流匹者乎豈冠衿之翹楚如林而卒無領金簫之媲美者乎蕭曹起刀筆樊灌出屠販豈卒無中流之戰可擊五夜之鷄可舞者乎矧今求賢破格之時正懷環售主之日何

□姓開源藏幽失此明遇為也為此再諭諸士民鄉約□□人等知悉或舉監生員或平民吏役果有才行兼優堪為府州縣之長者即時連名公舉開列實蹟報縣以憑申詳題請亦毋得濫及虛名小善之輩上誤嚴綸本縣且濡筆以待矣

匡俗　　前人

賽會迎神律所明禁屢奉憲檄更自森嚴乃汝蘄陋習相沿不知省改喧闐征逐等如戲場雖愚人淌鬼近巫而神之吐棄亦已久矣况鬼氣飄忽婦究易乘瘡痍未甦晏安

生玩與其糜金錢以供嬉玩之具孰如蓄物力以備戰守之資即誕辰宜祝社臘宜修誦經設祭自邀冥鑒何必滿城簫鼓竟日歡呼之為愉快哉敬而遠之聖訓具在各安生理王言凜然顧汝民體此毋忽

風始二集序　　前人

僕行與騷辭矣有不忍一旦割別者三秋影闊之蘄眺溪蘭山水之勝遊及我諸子文心一幻窮也籬花正瘦江楓早寒一葉扁舟半倚明月獨携此薦薦寸帙與陸蘇諸老詠揖青山而去諸子得謂予無情乎記乙亥春以風始□

歎今以風始惜別其闕悽慘互易愁瘁頗經修我戈矛愁予筆墨即無論僕矣諸子撫心自思得微有戚戚者歟夫易歎者一朝雜期者千古試問向沙背消歷幾遊人惟逆少鴻漸子瞻三君至今尚在餘乃與煙鷗露蚓同其散消所謂伊人於焉眷注映日星以風雅襃忠孝於文章吾何以益諸子哉

序黄美中、畏合堂近稿 時崇禎丙子　前人

美中為吾友雷雨津所識士榜發之日歡聲雷動自通人碩士以逮里夫小兒輿臺廝養之屬無不知有美中者其

於第一人蓋幾幾乎危得之也而予之知美中則不自今日始美中負絕世之器龍卧一室其所著作遍天下而恂恂乎有處子之色嚴靜自居類有道者而胸中當世之故如燭炤數計靡不洞見本末所交游朋好連引氣類傾慕盡國都矣而察其眉宇輒多雜佗之氣自鄂渚移歸垂二十年蕭然野處不易其操此其人何如者哉先是天子下明詔慨然思山澤之士畀以州邑守丞吏例得上其人於監司郡伯以應非常之選同聲之士意中無不有美中而予亦心口自商夢思互見始無出其右者是時美中方察魚山先生家閒戶讀史寂如不聞雜其事竟寢亦以見屬望若彼其殷而出處若斯其慎也夫古之負盛名者處或矜特出則已焉求其挾彼鴻施為人雲雨與抱膝之言桴鼓相應而不失尺寸者蓋寥寥也是出雜於處舊矣今美中之所見於天下者特文章一端耳循是而往經術經也期以綱理群務闡揚嘉藻比比然也美中其何以自信哉蓋予之所以信美中者如此行矣榮名盛烈豈人所雜正此落落穆穆深山靜雲之意不可自必耳故予既距躍於美中一旦之合與兩津千秋之知而不能不嘆息流連於

其前此二十年之不遇也

譚元春 景陵人天啓丁卯解元

序龔孝升先生詩 時崇禎甲戌

披鶴氅八帙至竟雲影無心霜稜有骨作者將自評耶若磊落代歌泣寒心惟自保又知作者壯志愛國高緒敦物有詩人性情之才焉性情者無時無之謂一行作吏此事便廢性情可廢乎予嘗言詩人胸中擾一顛字便俗任人胸中避一俗字便不高顛又當從雲影無心微觀作者亭亭落落之意也作者為誰合肥龔孝升也今為三泉長

詹在前（字卓爾，景陵舉人，時崇禎丙子署學事）

序龔孝升先生詩（時崇禎乙亥）

詩必窮而後工，歐陽氏爲梅聖俞言也，然其言遂爲千古確論。少陵之入蜀，子厚之居柳，長公之在海外，其詩文往往較平日益奇，進此豈非其著焉者歟。孝升先生以弱冠登進士，爲名宰，其於人世所謂蹭蹬顛蹶淪落窘辱之苦，泣牛衣，着犢袴，挽鹿車，窮極無賴之狀，驚罷囊之肉生，嘆頭上之髮短，書空愁坐，問天搔首，種種悲憤之情，舉以問先生，如桃源人之不知有漢魏也。乃其爲詩抑何其無想

不入，無景不繪，無幽不探，無高不陟，如此也。思涉樂其必咲，方言哀而已咲，而又出之和平，歸於溫厚，真有好色不淫，怨誹不亂之意。嘗語在前曰：子詩中何多不平語？在先生之地，視在前之詩，固宜怪其不平。然以先生之言，觀先生之詩，豈獨工於詩乎，有進於詩者矣。項太史序先生文，謂有三反，以今論之，何但三也。然則歐陽氏之言非歟？曰：彼固道其常耳，天下不窮而益工者有幾人哉，至於在前窮矣，而復不工，歐陽子若在，其又謂何也？或曰：詩是先生柔物耳，盖其尊甫尹逵先生深於詩，循流泝源，有由然矣。先生不云乎，堂上鼓之，堂下舞之，皆是物也。然則先生之工於詩，固未可以窮通早莫論也。

孔熞時（四川人，崇禎癸未知縣事）

癸未建置紀畧

余自崇禎十二年季夏筮仕佐尹浠上，遭西北寇起，漸在寬斥江以北無寧宇也。余偕中尊整師士民嬰守者數載，及冀以考績擢去，余亦得北中城兵馬，因僦屋於縣之阜城門，家其父母妻孥，隻身赴都。及抵都而過寇，並急天子深憂，詔舉堪任殘破郡邑者，御史黃以實專疏蘄水以余

叅試，疏上報可，蘄即報陷，余啣君命來，實念父母妻孥來也。至白下始知家變，訃止存華茂兩兒急泝蘭谿，殘黎環余哭曰：今年癸未三月初五夜，獻賊襲破我蘄，僵屍遍城野，迄今骼珊珊，骴纍纍，且燒官民廨舍，無片瓦寸木，掘城爲平地。言訖，復哭，余喉哽不能哭。詰黃直指前號乞終養不得，經衰到城東隅，倚殘壁，蔽蓆而廬焉，見白骨朽齒纍珊珊纍纍也，睨視泚流，又隱隱疑有聲，斯時也，秋砂霜凝，陰燐凄慘，悲風木者哭於寢，悲棣棠者哭於荊，悲斷絃與兩河者哭於枕，余氣氣一身，諸哭畢集，病幾死，思痗焉，亡

之寶茂兒前廂曰昔祖父藏有贓俸銀百餘兩兒尋拾貯之可倣用遂捐若干金付羊成更事者募收盈原之骨厝塚於南河之南覆以白石丹土俾勿壞亦倣古作大坑埋髑髏三萬餘之遺意耳又見衙舍盡赤果無片瓦寸土也夫邑無廳事民將疇依行見頽垣碎礫之地終不室不廬矣即於是冬措貲鳩工因官基之舊建樓二座平房三間原堂大堂及儀門傍屋共十五間未嘗空役一夫妄派一錢而落成焉又見城堵果摧為平地也蘄邑係吳楚咽喉城既成墟為一狡鼯從東噬我孑遺不爲獸散鰍然而與

蘄水縣志　卷二十二 藝文　二九

賊大後勢必鑿石誅土疲勞民力余欲逆人而事就化絕業之擺用若為有用詢諸紳士詳諸院道於甲中春便封人應事量址計城給工合計周城八百餘丈雉堞樓櫓一一𥳑修約費若干金四閱月而告竣堅穩嶒峙庶可恃以無恐夫城堞屹如斷字頗如萬塚冀如余初願期至此令乃幸至此是縣尹當盡之分也是天子命余之志也是余飲痛終天之微忱也嗣是事有宜為而未及為與夫為之而不易為又不得不為者俟余次第徐理云

李見璧 邑人己卯舉人

六神港修建大橋記 時順治十一午長至

凡事自上下下則易自下則難其自下也於衆則易獨則難其於衆也衆而一視焉則易衆而衆視焉則難且微論難易也言好行其德之事於三空四盡之時要當權其輕重緩急而先其急且重者而此有其舉之彼有其舉之施若倦矣而索者未厭有心人未嘗不目擊而情深也蘄以水名蓋澤國也循縣河而西則河水之暴下與江水之逆漲恒苦之且此鄉之田産一雨則苦澇雨止則苦旱未若諸鄉之土沃也而縣適蘭鎮之中為六神港則雖旱不渴

蘄水縣志　卷二十二 藝文　三十

矣邑東西南方之人必由之襄若山中弗靖舉足畏途則比亦如是乎取道矣是港之橋創自余家先郡嫺程碩人見之楚書及郡邑志閱今百餘年矣而橋之趾以堕腹背以裂面以欹傾凜乎其不可□矣憶昔清河之橋固無恙也乙亥流寇之禍聆識之人誤為毀橋之計孰知茫茫長江俄而飛渡何有於一橋徒苦避寇之人臨河嘆耳今也吾重新矣然而為清河舊也若亦即余六港屢見毀耿耿此中久矣而未敢假易以舉靜念身世委形耳滄桑一瞬我輩金餘止於兵寇之交幸無死以須臾之緩前有盛

舉而莫之繼是自負也衆有公議而莫之倡是負人也自負非夫也負人非類也踵門而告之予若半焉聚族而謀之予若强半焉抑亦有同人焉心目間不儼有成橋在乎且及其橋之未毁而成之無廢材也及其時之少安而圖之無曠日也猶其較便者也獨是橋未毁人情不免廢堂時少安人情亦復築舍耳仲秋朔筮得無妄之初曰無妄往吉程傳曰謂以無妄之道而往則吉也先是余不自量初擬之數十人人各募數十金可咄嗟辦耳而不意有從不名一錢者有聊且塞責者有償募而未見一金者有鉅

富甚有口而謬不然若甚矣余之不足於誠也卒也捐數金募數金猶有十餘輩焉此十餘輩中亦有同心矣不下數人焉二三其人焉義至高也抑或捐少而慷慨不吝且合衆而積聚成多高義何嘗絕於世乎此外則不俟前後之所貸而捐者誠不敢妄矣是役也倡言於順治庚寅八月經始於是冬而苦而浪費甲午而橋成癸巳而亭建其董役者爲公手未可盡聞若夫區區之心則有如此水矣是爲記

周壽明

脩學宫文 時順治甲午

覆生之言曰萬物四薄震蕩相轉天不可與慮道不可與謀是故成空住壞環循無端漠漠因任莫能控揣即大如天地不能逃一十三萬四千之數明如聖哲亦豈能超然八十轆轤中乎余在蘄言蘄目覩池堞樓觀奕廟精藍不勝陵谷滄桑之感凡瞻望學宫猶不禁泫然泣下也嗟乎夫子日月萬古威神八極乃區區采齋丹經頹墻竟不獲免厄於祝融此豈蘆杖之所可止而鵷鵠之所能厭哉然成之爲壞住之爲空何若是邈耶昔禹治水至龜山淮渦

水神祟之淮瀆不治禹授之童律童律不能制授之烏木田木田不能制授之庚辰庚辰能制之淮乃安流由是言之水火不安其位殆必有安之者也三學山有僧剎楠石甚異忽楠枯而石離焉有頭陀語曰五百年後剎當廢若楠生石合乃復興後果有真人卓錫穎宇嗣新由是言之土木無情亦能待有道爲皈依也惟我邑父母李侯清風勁正慈雲悅安破洛陽縣妖之胆願徙血食垂冠公賦後之慮不示符移百賨皆聳諸廢瀨興其於學宫循亟亟乎不能終朝車下之日釋謁茂艸間侯潸然曰嘻曾吾夫子

而曲板橋鐵即劃資糧之餘以爲邑人倡闔邑聞侯之風褰儉者愧深於中慷慨者義形於色誰非盤 天子之靈貺敢自外於堂墉哉侯慮厥工之浩而難底也與王籥而先生程村度用登集衆力期速觀厥成乃屬詞於余余固陋何能詞聊宣我侯德意布告邑人士云爾成而不壞住而不空在此舉也雖聖人其孰能違時哉異日者寓止學宮儕偕邑人士欣瞻祥應云

劉佑

脩署內續先樓記 時順治十三年丙申進

葺屋而居士人之恒情也每見衙署反多敞仄腐壞豈一行作吏便去懷安之志哉大抵不肯已任其勞貽後人以其故爾只此一念斷未有家視其國能為斷民計長久者昔子猷寄居便令種竹郭林宗逆旅一宿亦必掃地而去州縣之職量移亦必數年又烏可蘧廬視之予筮仕蘄春初至境見溪山奇秀縈帶城郭頗為稱快後入署而飄搖數椽不蔽風日詢其故皆以兵燹之後未加葺理得無從前諸公半以蘧廬視之不肯擅易一椽轉以相附遂至此且堂宇無多謀欲迎養循南陔以采蘭茁之樹萱之地

階之土今言龔孝升先生嘗於雪後建雪樓年深而圮構之僅四壁立耳賦元石尚多可用遂捐俸爲竹木徒之費仍就舊址搆小樓三楹閱月而成雖壯麗不足而整緻可久推窗遠眺兩山奔悅浠水自東北來直走城下岸沙如雪有似吳門匹練因以練光名樓蓋紀實也自是服膺至上冬笋江魚以奉老母樂有地矣敢曰貽安於後之人樓成漫題數語以紀歲月

楊簡 字竹間號坤能崇禎己卯舉於鄉

姑婦合傳

余先君弘宇生於嘉靖之壬子娶嫡母李氏整肅嚴明有脩風烈而獨艱於息時先君近四旬矣心甚憂之不得已復娶吾母汪氏蓋同井農家女也母生於萬曆之癸酉其適先君年未二八李母雖賢總卯而翼之已耳安望吾母一月之內有開口而笑之日乎越壬辰歲始生吾姊甲午吾三兄繼穮生焉戊戌四兄葵又生甲辰五兄雋又生庚戌復得余先君則已近六旬矣當時吾姊若兄皆為李氏也母不得為汪氏也母是李母無子而有子汪母有子而無子豈先君之意哉豈李母之心哉皆吾母有以成之

也此後宴享在堂諸御在座吾母向隅而毋不言嫁娶大典也聘好合歡也鐘鼓在側吾母獨寤而毋不言以暨元旦佳節之會月朗花香之候盤匜箕箒箠皆爲撫手加額而吾毋竟日長夜而毋不言嘗憶焚香削祝向吾有子女若而人可以報先君矣顧乞早世以遂李母之志可乎余時年幼雖頗知吾母之苦而不知其言之悲也今雖知其言之悲亦不知吾母識量之遠德器之宏也過此先君年已七十而李母亦倦於家計吾母五旬至矣弟兄分爨異住余亦十餘歲强吾毋撫我而自食遂遷於舊館與三兄

居焉雖余幼稺未解服勤事親之義然賴毋氏相養而吾毋遂安然以自食或亦開口而笑之日乎嘗未兩年吾毋抱病不起竟卒於天啟之甲子八月嗟乎以焚香自祝之年吾毋求死可以死而不死于毋同爨吾毋雖未嘗求生然可以生而不生何彼蒼始終欲以苦節予吾毋而致此歟之奇乎當是時鄉里族黨莫不聞而弔弔而哭哭而哀皆曰有賢母如是而不壽豈天道之是耶非耶此皆不足爲吾毋傳獨以李毋平素風烈嚴肅不減男子而痛哭日夜不絕口豈非吾毋識量之遠德器之宏有以服李毋之

心以致之不然李毋豈肯効兒之態以垂名譽耶嗟乎古今貞女烈婦或以奇節畸行顯名於後世而好揚人之善成人之美者又不難致飾其說附會其行事以致其名之傳且久也若吾毋者賦性簡靜安守廪糙其碌碌不敢出諸口着視田舍之婦而尚自爲歉然而獨有以服李毋之心而遂不聞於鄉里族黨之口爲之子者又不敢文飾其說以懟吾毋唯不敢文飾其說以懟吾毋此所以傳吾毋也毋去世之四載而婦蔡氏始以丁卯室余婦生於萬曆之壬子其于歸也甚早吾毋已不獲存矣乃甫適余而遂

總理家政內習中饋之勞外應賓客之務事上使下嘖無煩言識者咸謂有姑之風焉當是時余亦謬爲內助有託常閉業飛雲松山之間一歲歸家者無幾而婦之恪謹彌加於平時庚午季冬始生長子森至崇禎之甲戌而流氛入楚乙亥至蘄過此以往皆烽火之年而余與婦已無安枕之期矣或跋履山川或蒙犯霜露或寢苦枕戈飛蓬跣足或日不再食實不暇黔屈指丁卯以來是婦與余共歡樂之日短而共艱難之日長也越己卯之歲余以賢書舉於鄉辛巳春又生次子森每嘆吾毋有其德而不及享其

于婦無姑之德而報浮於姑之遭何造物待婦之厚而待姑之薄乎而不知造物用意之巧且深也壬午冬余買舟北上而東魯之地阻塞復返故里至癸未春獻賊破黃梅蘄州去我地不下百里余亦知時事不可為陰圖自安之策婦遂出城他適不意旋為叛兵入城此後雖復圖出城又為群小阻隔卒不果出余與二子不得已暫避江南婦相勢以俟後圖余臨行囑曰吾婦可出則出無行詭無蹈危道恐反為群小譁黨是死上之所關者小而名之所關者大也不意吾婦拘守古道不權時變知有夫

在前而不知此身陷於危城而卒不可救也是年三月初五城破吾婦遂與城偕亡嗚呼破城以來與死於賊手者未必盡貞女烈婦也若吾婦者不忍背夫臨行勸勉之言甘蹈鑊若飴而深恐為名教之玷可以死矣且平昔理義自閑非倉卒求盡若愚婦人計無復之之見又可以死矣視姑從容死而無愧若存幾可同日語即合而觀之天欲顯吾母而必始終以善擲予母而不留以等閑之生天欲顯吾母而併及其婦必多方以艱難予吾婦而巧置於異常之死其死若不一而所以處死者未嘗不一也余故傳吾母而以婦次之

小營山記

桂冲雲（本姓紫字漢中順治辛卯舉於鄉父謙珂芳字原楊姓行芳正事母以孝聞）

小營古蘆塘地俗稱小靈在蘄東河北岸自大靈來奔騰跳躍類太行北衍徤悍而迅疾至鄭山忽止半里許突兀聳起有地名殺馬屬王桃王悅與闞索角材論婚處也其事在漢末建安間土人傳說不詳因想蜀志載關索見公於襄陽携三婦人列於堦下一鮑姓其兩人姓王一名桃一名悅蘆塘人也與此甚相類而里中又多鮑氏遺跡或

者途是踰此一里許有土竈徑廣丈餘土燋黑傳為昔人炊爨之地或曰盧敬盧唐所為盧氏不知為何許人但鄉人至今祠之賢士大夫沒而無聞若不知有幾則非有大功德於時亮不能然層折而上西北石壁立徫徫陡險望之令人慓烈下有洞不易到不幸不遇知己竟并付與狐鼠醜其遊息其洞竟以狐名嗟嗟山川雖靈秀非人不顯假令小有仇池諸洞天無高人達士其荒凉岑寂又不知當何如也南巖秀淨類剡中無癡重繁偎之氣而自然高僴有巨石踞峙邊上有松蔭如蓋每飴風醉卧其間譺譺

如在九天之上地下事不知何以消盡東有峯名竹雞插
聳峭棹頭衝去似耻與衆山為伍而神思飄蕩中仍自嚴
謹及巔四週峻起中甚平曠堪種植竹樹雜列山頂者為
軒暢而頗難於幽邃此中更以幽勝有巨松蒼癯老而不
扶疎軟秀如盖根迴旋覆户牖間不知為何人手植向時
曾避暑其間直如託身住清凉界中竟不必入雪山尋古
佛也今不及數年而遍山剷剷無寸膚竹樹室廬無一存
者神骨雖然如舊而面目未免少减傳為鄉人觴詠至此
大約山之有才而嫌為人之所嫉若亦未必盡山之福也

初為王氏神婦所混而復為盧氏弟兄繼之其不得以風
雅著而僅以雄器聞者非其中鮮義秀特其巖險峻激其
才近於霸耳後世桓宣武饑思遁天姿高邁殊絕於人使
非喜讖與事雅擅將畧豈非世所稱流絕代風流人士也
哉

李果字伯徽號斗崖中順治丙戌鄉試父嘉甫邵庠濬謹篤厚生子二長生芙與果丙戌同出山東于潁水之門後聯捷丁亥進士果其次也

紀邑侯劉公平圖丈量并重修邑志畧

時順治丁酉歲邑侯劉公下車之次年也公蒞吾蘄纔期
年耳百廢漸興惠政漸舉蘄之人士漸為改觀而蘄之山
川景物亦因以愈傳矣以公之簪纓世家步趨祖武一旦
捧尺一之命宣恩茲土豈公之大有造於蘄耶抑蘄之得
蒙所天耶迄今決歲而有平圖之舉丈量之役雞次户口
盖一難也又畫疆畝盖又難也惟公能難其所難故蘄之

歌誠而沐浴者無不服公之平而快公之敏也不但邑也
蘄邑於偏隅數十百年山川景物半付刼灰忠孝節廉幾
淹荒草而公聽之暇再修邑志使墨之池猶池茶之泉猶
泉楊之緑猶緑昔之日能忠孝廉節今之日能忠孝廉節
夫昔之人公之有功於蘄豈其微哉因書數語以紀其畧

文昌閣碑記 昔康熙丁巳蔣侯諱燦重建

蘄邑舊有文昌閣建自萬曆癸卯閱今將及百年頹塌已久不可復問矣余甲寅秋甫官浠上越二年政事稍緝乃於催科之外譬藝之餘而更寄情興革之事見其基址徒存頹垣敗瓦野艸荒隴不禁低徊感歎因思復其舊制擴而充之度財計工動以千萬而俸薄不贍乃請資於紳士佽佽而至幸無財匱之虞擇諸生中才而賢者董其事故有出入之籌令胥吏之勤慎為公者司催辦故吉應時之用訪大匠於豫章彭澤間故有層搆之巧余亦時至其地

惨澹經營期年而落成其閣制三層而為堂以副之奉梓潼於絕頂置僧以供香火置粿以給蔬食立碑以禁侵犯栽木以期永久于是相率瞻拜俾蘄之士子知文教在茲而忠君事親敬上慈下之心油然而生將見大儒碩彥聲動寰區其有裨於聖世文明之治夫豈小補已哉若乃長河繚繞秀岫逶迤前有橋橫沙白之致旁有面郭臨流之觀春嫣夏綠秋葉冬花四時之景樂亦無窮比之齊雲落星井幹麗譙徒取高華而無關世教者相去徑庭嗟乎昔之頹垣敗瓦野艸荒隴今且粉堊丹塗雕楹繪棟矣使後之令此者能繼余之志葺而新之俾不復為頹垣敗瓦野艸荒隴廢斯閣之不朽也歟

縣志卷二十三

藝文志三　詩歌一

採詩以觀民風古典也不寧惟是讀十五國風雅貞淫淑慝如目見焉可以懲可以勸矣矧飽父祖一言厥孫子跪而讀相對泣下惟恐盡仁孝之念不識不由此而興焉此所由廣徵而博採也年代鏇遞況經兵火孛累而句積之厥裏良苦後之覧者亦將有感於茲云

子胥春秋時楚人父曰伍奢為楚所殺伍子胥奔吳獨身步走追者在後幾不得脫至江江上有漁父知伍子胥之急乃渡伍子胥既渡解劍與父曰此劍直百金以贈父父曰楚國之法得伍子胥者賜粟五萬石爵執珪吾尚不受而受汝百金劍耶渡處即今伍洲漁父渡時無為作歌歌曰

日月昭昭乎寖已馳與子期乎蘆之漪

日已夕兮予心憂悲月已馳兮何不渡為事寖急兮將奈何

蘆中人蘆中人豈非窮士乎

杜牧唐人太和間為黄州刺史

蘭溪

蘭溪春盡碧泱泱映水蘭花雨後香楚國大夫憔悴日應尋此路遶瀟湘

劉禹錫字夢得宋人官翰林學士

過清泉寺

珠閣邀雕興未賒賡詩黄茗坐蓮花上人我亦忘機者歔欷相將到日斜

送友人往蘄春

楚關蘄水路非賒東望雲山日夕鎨蕸葉如人生夏簟松花滿椀試新茶樓中飲興因明月江上詩情為晚霞此地交情長引領早將玄鬢到京華

王禹偁字元之鉅野人咸平時為黄州太守奮奇節吏民懷服

題浠川八景

蘭清時雨和井棠石壁迴瀾映塔光陸羽茶泉金鴨滄石軍墨沼兎毫香龍潭徹底明秋月鳳頂當空背夕陽棨得綠楊春曉興王臺井畔泛霞觴

陸羽茶泉

甃石封苔幾尺深試嘗茶味少知音惟餘夜半泉中月留照先生一片心

蘇軾宋人元豐間謫黄州監税

寓清泉寺寒食雨二首

壬戌三月以事至蘄徐德占見訪遊清泉寺作此

自我來黄州已過三寒食年〻欲惜春〻去不容惜今年
又苦雨兩月秋蕭瑟卧聞海棠花泥汚臙脂雪暗中偷負
去夜半真有力何殊病少年病起頭已白
春江欲入户雨勢來不已小屋如漁舟濛〻水雲裏空庖
煮寒菜破竈燒濕葦那知是寒食但見烏銜紙君門深九
重墳墓在萬里也擬哭窮途死灰吹不起

清泉寺歌

東坡志林云黄州西南三十里為沙湖予買田其間因往相田得疾聞麻橋人龐安常善醫而聾遂往求療安常雖聾而穎悟絶人以紙畫字書不數字輒深了人意余戲之曰余以手為口君以眼為耳皆一時異人也疾愈與之同遊清泉寺作歌

山下蘭芽短浸溪松間沙路淨無泥瀟〻暮雨子規啼誰
道人生無再少君看流水尚能西休將白髮唱黄鷄

緑楊橋詞

東坡自序云春夜行蘄水中過酒家飲酒醉乘月至一溪橋上解鞍少休及覺已曉亂山葱蘢不謂人世也書此詞橋上

照野瀰〻淺浪横空曖〻微霄障泥未解玉驄驕我醉欲
眠芳草可惜一溪明月莫教踏破瓊瑶解鞍欹枕緑楊橋
杜宇數聲春曉

巴河迎子由

去年御史府舉動觸四壁幽〻百尺井仰天無一席隔牆
聞歌呼自恨計之失留詩不忍寫苦淚漬紙筆餘生復何
幸樂事有今日江流鏡面静烟雨輕羃〻孤舟如鳧鷖點
破千頃碧聞君在慈湖欲見隔咫尺朝來好風色旗尾西
北擲行當中流見笑眼清光溢此邦疑可老修竹帶泉石
欲買柯氏林兹謀待君必

過清泉寺因吊徐德占

東坡自序云余初不識德占但聞其初為呂惠卿所薦以處士用元豐五年五月偶以事至蘄水德占見訪與之語有味人若是歲十月聞其遇禍作詩弔之

美人種松栢欲使低映門栽培雖易長流惡病其根哀哉
歲寒姿骯髒誰與倫竟為名所誤不免刀斧痕一遭兒童
手始覺山林尊從來覓棟梁未免傍籬藩南山隔秦嶺千
樹龍蛇奔大廈若是傾萬牛何足言不然老巖壑合抱枝
生孫死者不可悔吾將遺後昆

伍洲

吾家稱田氏兩蜀擣玉揚珠三島解塞江流標起書樓碧
苑來綢照山谷傾家取樂不論命散盡黄金如鸊鵜雕鎸

轎書一百車方舟載入荆江曲江上青山亦何有伍洲遇
望劉郎藪明朝寒食當過君請殺畊牛壓私酒與君飲酒
細論文酒酣訪古江之濆仲謀公瑾不須弔一酹波神英
烈君

王介甫　宋人

次韻歐陽永叔端溪石枕蘄竹簟（當時蘄水屬蘄州）

端溪琢枕綠玉色蘄水織簟黄金紋翰林所寶此兩物笑
視金玉如浮雲都城六月招客語地上赤日流黄塵燭龍
中天進元力客主欹然各疲劇形骸直欲坐弃忘冠帶安

能强脩睎恃今寬待更不疑簞踞豈復論官職當材手瑩
家故藏硯璞拗清此新得掃除堂屋就陰翳公不自眠分
與客知公用意每如此真能與物同其適豈比法曹空自
私却顧天日長炎赫公材卓犖人所驚久矣四海流聲名
天方選取欲扶世豈特使以文章鳴深探力取當不寐思
以正議排縱横奈何卅心一捐上欲卧賴尾為潔清賢愚
勞逸非一軌頃我病昏惟未死心於萬事久蕭然身寄一
官真偶爾便當買宅歸偃休白髮溪山如顧始看公戮力
致太平却上青天踏箕尾

魏了翁　宋人

雨中尋清泉寺

征帆百尺艤江皋小棹短移到野橋為愛清泉禪境勝不
知冒雨客途遥千尋石佛藏山霧一派珠沉塵净潮坐對
高僧清話處胸中塵想覺全消

黄庭堅　字魯直分寧人與蘇軾齊名

（張志和漁父詞云西塞山邊白鳥飛桃花流水鱖魚肥青箬笠綠蓑衣斜風細雨不須歸蘄水散花洲之對岸即西塞山也金增歎語以寓豪涉散之）

西塞山邊白鳥飛散花洲外片帆微桃花流水鱖魚肥自

庇一身青箬笠相隨到處綠蓑衣斜風細雨不須歸

方善　三衢人宣德己酉年作

送應天府尹薛公均（均蘄州人）

楊柳青青白下橋東風綰翠繫長條今朝馬首搖旌旆明
日鵷班賀聖朝三月春江潮汐起千層桃浪海門高魚龍
一躍天池裏雨露垂恩濕錦袍

沈中

贈應天府尹薛均（時宣德）

輦轂居官屬老成廟廊材器邁群英壽深田野民如堵月

皎江城太不驚事業飛騰書上考風雲際會慶文明仰瞻
賢輔重來日恩賜麟符異等倫

周源

贈府尹薛均

鍾阜雲開霽景鮮暖風楊柳拂銀鞯金臺鵰吟三千里紫
極龍光尺五天行卷揮毫詩似錦離筵飛斝酒如川歸朝
入奏豐穰事為説群黎樂歲年

趙良

贈薛公均

三月都城景物饒繡衣乘馬出東皋群黎拜首無他事好
把丹衷佐帝堯

簡縉紳 江西人宣德時為蘄倅

贈李節初兄弟

我時守制歸林丘重攜書劍來黃州放舟赤壁泝蘄水編
懷盤谷多清幽山前喬木青客々山後流泉傍溪滴有時
採山美可茹有時釣水鮮可食我昔訪舊曾經遊略往實
來今幾秋高歌空谷留餘響夕陽野蔓凝寒愁鄉家兄弟
真豪傑文采翩々好標格出門攜手懽相迎笑譚綺語霏
葉開筵燕客情懷舒蔔蒻不惜千金沽杯行令急鳴縣
竹酒酣醉倒黃公壚須臾風起聲蕭瑟離菊花開增行色
明朝走馬天一方千里相思共明月

潘珏 婺源人號雪竹成化甲辰進士知蘄水為蘄賢侯之第一人

詠迴瀾亭

顛崖欲墜障溪濱助得迴瀾似轉輪怒氣洒飛千點雪浮
花圍作一渦銀浣虛俯瞰臨無地濯足高歌興有神憶昔
觀瀾人去後倚亭今日又何人

詠時雨亭

甘雨時來不後先聖門造化此中全向來人力皆徒爾此
去靈苗盡勃然芹泮齊浮新漲水杏壇花發乍晴天眼前
物々皆成遂始信神功妙不傳

題南河浮橋 公所建

南門河上往來頻有渡無橋憔悴人漂蟻何心求拯濟浮
梁自我起經綸量隨水勢舟無數繫住河腰鎖有神月夜
水光天上下閑來橋上數星辰

詠畫街橋 公所建

新甃長橋似底平畫街還襲舊時名水流川字環中遶又

在三生石上行半夜星河虹影動四時風雨馬蹄輕肩應
踵接應無數誰復逡巡滯去程

詠廉庚落成 北郭濟民倉廿有四公所建

東廠西嶺逐時增為恐難逢歲屢登儲穀待荒為上策存
心濟急本良能積來粒粒非容易用著源源不可勝除卻
常平并義社古人此外計何曾

李沭 邑人字清之號立菴鄉賢名儒由儒士中成化丙午鄉試任教授多詩文

夏日書懷 成化十四年作

山齋無事日偏長踈懶身心愧自彊地僻不知三伏暑窗

虛惟覺一軒涼逢時安事文章巧養拙何須姓字香正喜
此身輕似葉北窗高臥傲羲皇

弘治十七年甲子應聘福建文衡聞人有干以私者
叱而絕之作自省詩

見我寒酸故易欺手書相誘共為奸豈知著力年來事正
在區區善利間
平生自誘欲何如今日吾心敢負初暗室廣庭原不異孰
云仁義可遽廬
一讀輒書一厚顏我生空自老塵寰直須私曲都忘卻此
氣方能塞兩間

答楊驛丞

義利從來識欲真黃金難換腐儒貧莫言暮夜無知者拍
塞乾坤是鬼神

蕭澄 太和人

送李清之先生

一曲驪歌千里懷秋風有客上金堂文章用世應無愧道
德掄人豈獨才踈柳未從香水前露花須待杏園開明朝
賢俊成梁棟都屬當年教育才

萬福 邑人明經

成化丁未李清之先生以乙榜司訓永新詩以送之

芭蕉曉雨滴秋聲展卷題詩送客行江北江南非遠道禾
山禾水有餘情九重楓陛瞻龍御萬仞梧桐聽鳳鳴一曲
驪歌千里意橋門深處幾門生

劉時 永新

送李清之先生赴義烏

嘗怪浮名未易真起衰重見舊儒臣鄉將伊洛千年計文
作金華一樣春雨潤晴溪方長物蟬聲歇心未醒人聚勢

鴻鴈催景征途日摇摇歲月暗中屏扁舫渡維揚夜泊秋
江上起看明月花壺觴誰與秉嗣春徃東遊悞許隙駒猛
來徃新安山野燒照人影襖事賞心還逐逐鴛溪艋王孫
金勒遏使星徒迯梗塵羈復塵羈老壯在俄頃江山解咲
人囊心勞怲怲打透夢覺關不須用桃警

登三角山絶頂刻石題名 嘉靖辛丑冬

掛冠歸四載秉興到名山江海目為界星辰手可攀龍行
天下兩虎伏石中斑老衲遊何處他年再扣關

題王大尹蘄陽懋績卷 尹號伯字希 召灌縣人

蘄水縣志　卷二十三　藝文　十一

居官最是令為難實在經綸洗眼看脚底陽春兒女煖手
中霹靂鬼神寒牛屠十二誇鋒刃鵬奮三千試羽翰從此
鈎衡餘事爾但求白璧到頭完

書福泉寺壁

十載江湖無定巢脚跟重寄此山坳地幽去郭二十里僧
少寒鐘百八敲石器尚存唐晋刻遠公曾與陸陶交燈窓
還與多詩句付與童徒次第抄

約翠亭

風吹我上江亭一醉都忘物我形山直到簷行住見水
亭上君須記幾度凭欄月色新

徐紹先 邑人成化丁未進士官銅仁太守

送李清之考績

唱徹離觴酒帶醺下沙惆悵手難分半生浮梗身皆客
叚交情我與君隱隱青氈公輔器堂堂紫禁老成文此回
便道朝天去霹靂聲中四海驚

田貢 邑人弘治甲子舉人官杭州同知

清泉歌

大夫公事云粗了拂袖歸來白髮少黎鹽課子有餘閒木

蘄水縣志　卷二十三　藝文　十一

僲尋山無昏曉清泉古寺少年遊浮名牽出二十秋重來
相見親雪水不是當時舊衲頭同袍王子入中沙鞋酒追
賠及夕照山林朝市俱夢中今日幸逢隔口咲君不聞丈
夫進退須及時莫教兩鬢如星絲韓彭若似張子房何須
役役待封王陶潜折腰不知止那得工夫書甲子

上巳書感

百歲見幾人一年惟兩景重三芳艸多重九菊如娶草芳
須人遊翁黃須人領昔爺杜少陵騎驢步春求靖節東籬
下悠然對南嶺二公何如人思之發深省嗟嗟少江子藤

全在虛无來聽竹標興引池塘夢藜灶光分甲乙經北去
何年再至此主人識我眼終青

遊杭州西湖

五年竊祿四遊湖冗事偏多樂事無渾池分時天布巧江
山絕處筆難圖東南民力絃歌半西北宗風水月孤滿眼
烟嵐舟到岸驚疑身世在蓬壺

程文遠 遠邑人正德時明經高隱不仕築臺自娛

詠樂壽臺

泥途風雨怯沾衣臺築荒園祇自宜竹放叢根封砌穩樹

庇清影下堦遲雲山對我情懷好鑑水涵天景色奇野興
濃酣時未晚從容典則話群兒

洪若水 升泉

程公文遠不嗜仕進築臺自娛予題以樂壽別號訥

菴

天下古多巧訥菴原不知菴中人默坐兀兀到皇羲

蔡曰涇 號沙江正德丙子舉於鄉終身不仕講學不倦以孝友開貞楷旌其門

晚起

晚起催行役長驅豈漫遊烏啼隔寺樹花落逐溪流歲月
長為客星霜幾易秋功名華髮白家國敢忘憂

陶凱 大宗伯

送戴仲英還蘄水

憶昨起干戈白日風塵昏子家浠水上少小失雙親生死
不相知念念徒酸辛艱難遷異域乃謂他人昆聖人握乾
符使斂驅妖氛思親不可見忽見故鄉人聞言隔九泉涕
淚滿衣襟茲行返故鄉壘土成丘墳墳前植松栢慘淡結
愁雲常存純孝名錫類垂子孫

胡仲謨 邑人正德辛巳進士官雲南憲使

清泉宴集

世間萬事苦輪迴松竹遮門手自栽枕簟經過貪小剎乾
坤傲睨只深盃舟橫野渡晴開鏡雲淨春山翠作堆悵後
古人真率會醉來拳枕卧蒼苔

遊清泉因過茶泉墨沼

郭外清泉寺邀遊策短筇殷紅千[illegible]寒翠兩三松對酒
新聲合觀山夕照臺古來多勝跡莫遣紫苔封

題周孟器江村風木卷子 諱珪邑人南雍太學以哭母卒

桂子淹南國萱華襯綠苔江村遙對客風木轉生哀舊業

空城杼新芊半艸菜獨憐清夜月長浤掌中杯

周瑯 號西山正德庚辰進士有傳

清泉寺詩二首

山郭探奇勝梵宫地自偏山光圍樹彩潭影溢鮫涎禮足懷真諦皈心種福田坐來塵慮遣日晏已忘旋

春風拂巾舄春日麗溪山金界珠光動禪庭鳥語閒抱官慚佛性聽法鮮塵顏誓結西方社文公共往還

胡仲謨 邑人嘉靖丙戌進士官陝西參議

宴集清泉次張刺史韻

讓止開塵小郭隈紫門雖設畫慵開欲揮彩筆題千箇且爲看遮嶂百盃疊沼餘香空歲月茶泉長徹映亭臺塵緑不辭脩行缺孤負鬖鬆老衲來

羅洪先 吉水人嘉靖己丑狀元

贈李松庄翁八十

山翁八十愛丘園不學長生道亦存已遣桑麻同栗里更開服器比桃源濯纓事罷時尋社閒字人稀日閉門讙有生平茶食意抱孫今已駕車輪

劉采 麻城人兵部尚書

贈李松庄封翁

爲愛幽庄遠市城歲寒飽歷百年心波濤幾度秋容碧雲影千山月夜深露滴重昔鶯鶴夢風和萬籟動龍吟渴渠頓得栽培意却嘆秦封浪欲諳

李湍 號松庄邑人高隱

送長孫守高郵

天寵分符喜作州慇懃贈汝當南遊牧民須信知民苦撫國還當爲國憂孔孟文章宜再講龔黃事業合全收滿斛素守清貧慣肯怪歸囊只敝裘

朱袗 邑人號浠洼嘉靖癸丑進士官浙江右參伯生子二長斯皇中萬曆甲戌進士次期昌中萬曆庚戌進士俱官太守公以子貴進階通奉大夫

遊清泉寺

清泉標勝地蘭寺籍爲名傳汲供烹茗人遊愛濯纓入雲金磬窅遠坐佛燈明欲證無生理都超世俗情

錢邦儞 邑人號合川錢貢之子嘉靖癸丑進士官大僕寺少卿致仕田居五十年卒有山亭詩

舟泛大江

乾坤萬里大江流吳楚中分畫樹秋鼓蠡連連雲夢漫海門近映白蘋洲投鞭伯業今何在擊楫忠魂空自愁借問

觀風江上客肯向地靡靡許誅

送方大尹入覲 公諱十四麗山人嘉靖二十七年令川時爲參政

驛柳蕭蕭驛鳥飛盤鬆送客覲彤闈君王若問東南事
道湘江赤子肥

送閻大尹入覲 公諱士選江都人

群方入覲玉京遙仙令乘風上紫霄當道黃雲氣滿旌
旗近晚日華搖頻年保障南來此日當捲卜聖明恍我
瞻依空萬里太平江漢老漁樵

周鳴塤 邑人嘉靖己未進士任湖廣參議

清泉感懷

羣賢無今古桑田有海淵禁泉豪枳棘叢滿隱蓁蕪傍斥
皆留髮民窮已剝膚盡稱猶父老卻憶趙冊徒

李繼綱 邑人嘉靖壬戌進士官廣東副使

蒼翠空亭悄悅綠江明樹舍今

淡淡寒泉遠野花空亭倚自然殘霞何如濡令戲荒日離

濟河陽鳥口噤

一水曜當兩岸晚夜溪嵐史散雲霞風流人去高碑在如
兒童信口誇

三泉

蘭溪之上河五里曰三泉云是高士陸鴻漸之所
評定若蓋即距河之潭水也河之東岸有碑有居
人宅所從來遠或謂泉井在宅之門內或謂在門
外大塘蘭居人飛遊者之攝也拔而鑿之未知孰
是然蘄城東偏二里許亦有陸公茶泉亦云三泉
夫一邑之泉而兩存其王天下之水吾烏乎辨之
雖然芳泉韻事也附於景而益勝我水時至百川
灌河此亦天下之奇觀也若夫林木菁葱漁歌響
答煙消日出霞領霜生凍合雪飛春歲華長山
色共泉香鄉亂郭東之景未足方也作三泉詩

汀蘭不浪值氷若爲蘭清返照帆將落澄江風欲生奇虻
玄酒味良比白眉名兩勝三泉併吾當此濯纓
山麓襟啡源空明擊太虛水心根至性茶品出鈴書攬秀

高還下謙尊季敢居馮君斯卓致吳會明醍醐

胡嚚 蘄州山人胡之驥父有時名

早秋清泉訪僧

古寺清泉畔荒涼已不支經標交虎跡龍像網蛛絲過雨
軒楹潤迎風竹樹披坐來涼意滿斜月在澗時

胡邦謨 邑人嘉靖甲子舉廣官別駕

九日同友赴清泉茶會

老去悲秋客應憐節序催清泉禪境靜慧釋茗筵開綠野
黃花遍青天白雁來憑高無縱目世路有塵埃

胡行謙 邑人嘉靖恩貢任知縣

遊清泉寺

遊到清泉寺東風二月天禪心花笑日僧臘樹多年池滙
羲之墨茶分陸子泉黄昏鐘磬發潘坐尚談玄

倪民悅 南直人嘉靖時知縣

朱侍御淸桂招飲清泉寺 未隷 拾

憑空寶地足幽棲叢[illegible]奇路欲迷幾點磬烟連楚岫一
泓淸水自雷溪開樽幸以追先達問俗還須借杖藜莫道
嚴城更漏起蘇公遺跡尚堪題

圖中 邑人號贊野國朝順治中之事隆慶二年貢元有才名嘗著名集多出論次所著多存

九日奉贍斗翁父母登城山 [illegible]人蘄水令[illegible]號半

金風裊裊天初霽紗帽遠開鴻雁唳紫芝黄菊送清秋吏
隱官閒當平世郭外有峰青拂天公餘躡屐起雲烟冠蓋
直從蘿薜轉珠宮還占癸巔憶昔仲謀城此江東風一
炬舳艫休孫進曾傳磨劍石凱旋猶駐散花洲江東虎踞
憐英儁伯氣無端同草莽冥冥殘壘啼寒鴉隱隱荒墓嘯
山兜日暮歌終欲回首天涯霜露催楊柳三國干戈幾戰
爭千古興亡一杯酒莫因昭代欲沾巾匂漏仙人是爾身
皂鶴翩翩時謁帝丹砂爐内有長春九日欣從懷抱開雲
山隨處遊人來樽前莫菊民同樂作賦還推大夫才 時大夫有遊城山賦

琴堂明月歌贍斗翁父母

君侯為政先紀綱時鼓七絃開琴堂十指宛有清風颺梅
花明月和宫商琴堂月色懸清影照見氷絲如畫景焚香
滴露鶴飛來流水聲高聞四境一彈陽春曲湿湿和煦動
寒谷再彈白雪音明威凜凜生庭陰按絃開月月來座頓
將覆盆勦擊破隸胥持符不到門月滿花村太正卧方今

守令重推遷明月曾開單父賢爲臺霜月借君去空憶琴
臺月夜絃

囹圄空虚篇重贈胡令 續溪人

世情雀鼠何紛擾擇符莫謂囹圄小秋風夜雨悲含冤嗟
哉民瘼知多少懸法空懷往古前而今畫地總堪憐誰將
百中絃歌化縲絏無人鵲自旋君不見于張為吏漢稱賢
但能州決民無冤又不見縱囚來歸信雖在何當使民能
遠罪使君今日囹圄空雨更生赦育功已絕呻吟驚獄
卒獨聞堦草響寒蛩圍墻當夜不巡柝犴狴向晝門無鑰

[illegible]頭從此東刑書鹿鶴交鳴時共樂阜陶堂上月亦臨照
見千年欽恤心閭里都忘官府事燕燕相約坐花陰

神光觀書壁

坐破蒼山碧草茵玉簫聲斷月移輪鳴鸝不識揄花落閒
吠桃源洞裡春

昭化寺 隆慶二年作

佛坐青蓮字僧依白社堂龍降珠自抱鶴懶夢偏長帶雨
看鋤藥栽雲學補裳晚風吹月色裊裊度名香

登黃龍山望仙女臺

曾賦峯頭仙女臺拂雲山色轉崔嵬路殘瑤草酬春約不
見桃花逐水來峭壁丁丁樵唱起歪蘿裊裊鳥回來毋民
石刻篆難沒西望佳人首重回 友人題毋氏泉刻石上

和伯兄游鷄公山作

秋日登山秋氣清乾坤着眼趁秋晴雁回湘浦人無信地
入紫桑菊有情一路曉嵐生兩屐萬家烟火起孤城弟兄
不共茱萸約惆悵峯頭酒獨傾

夏日住昭化寺題惠上人梧崗

白社曾看種碧梧梧梧枝今拂惠休廬寶林擬並三花樹澗
水遙連五葉蘆片片石痕雲臥久溶溶夜色月來初無絃
自有南薰調閑與高僧校佛書

九日同五弟登白石山

百歲重陽只百迴蕭蕭草樹舊登臺豁蹊白石魚還在木
落蒼山雁自來海內世情憐着眼江心秋色總浮盃孤村
有弟猶難約分插茱萸首重回

遊仙女廟

仙桐突兀峯頭出鳥道微茫石磴迴鷄犬有聲難問俗夢
魂無歲不登臺歇風忽遂朝雲散鳴珮疑從夜月來千載

高堂懷宋玉徘徊欲賦愧非才

冬日登鳳棲山

烈烈山風吹褐衣蕭條野寺見僧歸日移林影鵶頭噪水
落灘聲雁忽飛盛世行藏甘歲晚累朝生養總恩輝江村
不為經兵燹何事年來鷄犬稀 明知樊[illegible]號半嶺史

周中 號鶴峯萬曆貢元有吾詩集

九日過清泉寺

九日登高侶扶筇破野烟欲酬黃菊酒漱入白蓮禪望遠
雲依樹歸遲月過川疎鐘無暮角同到客愁邊

吳國倫 號川樓興國人嘉靖己酉解元庚戌進士

得李寧國獻齋年丈書却寄一首 孩蔡號獻邑人嘉靖己酉舉人官寧國同知

言從秋道遠迴車一入宣城俵覓福閩世幾人謫止足還
家鶯事委空廛秋田兩過稻驅犢蘭水波平閒釣魚咫尺
相過期不定半生離思八行書

散花洲

一區芳草色云是散花洲無復周郎叉惟應漢水流雲生
西塞麓月隱大江舟旌宿依漁岸寒鴉噪未休

長福徵

缺石崦

祟霖川作信谷怪水為梁俗以觀風覽勝因避暑荒子魚
供取次明鷗抑細翔鐃鼓當流咽停橈且問航

沈懋學 少林狀元修撰

送李獻齋先生歸楚

道大于頭銳宦閒政已成重普將益秋野賑竟遺棠金重
當時黃鳳懋去日清散亭標鄭峻宛水照心明邈矣能輕
世歸與可避名江蝴迷去棹山雨亂啼鶯練石堪營宇蘭

[illegible]濃綠色迴迴雁[illegible]樓廿澤多幽賞三[illegible]
[illegible]盟何當同託隱時和郢歌聲

盛懋 嘉魚人

送斗峰李公致政歸 [illegible]

義君種德道青緗高尚清名治內[illegible]
身[illegible]鶴創[illegible]光臨淨[illegible]三[illegible]月[illegible]
[illegible]應作伴靜心多[illegible]

[illegible]

[illegible]川八[illegible]

鳳山夕[illegible]

華徽山色望中明入[illegible]嗣昭[illegible]城東路誰[illegible]枳棘滿清
時[illegible]嗚棲真解結天邊信[illegible]隱何[illegible]物外盟我借
何[illegible]仙風[illegible]腋到蓬瀛

石壁[illegible]潭

空洞一望思悠然野徑渾疑碣石[illegible]入夜濤聲斷絕[illegible]
前雲影度晴川月明倍覺滄浪曉滿意猶看鷗鷺聯為訴
流光仙跡遠孤亭空在好誰憐

綠楊曉烟

一徑煙華秀可餐鈙黎不礙雨中寒迎風鶯翻青溪出遶
郭洪流翠樹蟠疑是河梁人去遠有如瀟[illegible]客閒看何人
渡海求仙藥我欲從之借羽翰

羲之墨沼

一掬寒泉石徑幽千年無減晉風流涼生野竹聲々雨
還林塘樹々秋揮翰猶供書帶草看山如在會稽遊有誰
勝跡長懷古我亦臨池愧白頭

陸羽茶泉

鬬檻石壁引芳泉野客臨流意爽然玉乳茶新行汲雪胡

麻飯熟好餐煙歌殘桂樹能招隱看罷雲花欲問禪鴻漸
不來新月上天風吹度白雲篇

蘭溪晴雨

分香洵美是芳芬更佩滋蘭一水濱九畹風神憐楚客三
秋客興憶湘君覽餘極浦天涵翠綠向中洲日歛曛豈為
無人幽徑裡露華雨色正氤氳

玉臺丹井

縹緲仙壇何處尋丹房長秘白雲深洞門不隔真人氣瑤
水偏饒珠樹林落日時聞童子汲秋高忽聽老龍吟何人

[illegible]日飽聊擧我向煙霞結素心

龍潭秋月

寒汀一曲古城邊何處秋光不可憐入夜瑤華明極浦驚
心蟾魄下晴川煙[illegible][illegible]天如鏡浪淨龍湫露滿舡清冷
乾坤開嘯傲[illegible][illegible][illegible]滿[illegible]遊仙

清[illegible][illegible][illegible][illegible][illegible]訪丈

出郭[illegible][illegible]幽興多[illegible]丈[illegible]邊長洞泉聲入[illegible]風雨塔
影[illegible]空[illegible][illegible][illegible]花[illegible][illegible][illegible][illegible][illegible]好紅塵亦日奈人何多君
詩古空山[illegible][illegible][illegible][illegible][illegible]向雲[illegible]

[illegible]函三關[illegible]

攬[illegible]披[illegible][illegible][illegible]晚空入望滿晴嵐問歸[illegible][illegible][illegible]松塢洗
耳無[illegible][illegible][illegible][illegible][illegible]九芬從綠々來於前後[illegible]三々山深
南遠風[illegible][illegible][illegible][illegible]山[illegible][illegible][illegible][illegible]

[illegible][illegible][illegible]

[illegible]人[illegible][illegible]李求從古由給事中遷[illegible]遠提學江[illegible][illegible][illegible][illegible]眠殘只[illegible]輪納一條[illegible]之軒[illegible][illegible][illegible][illegible]遊至今[illegible][illegible][illegible]御賞

[illegible]日[illegible][illegible]三關

[illegible]川[illegible][illegible]瞰千家城郭月華流入縱籬薜知幽處藍
有[illegible]幽[illegible]樓流[illegible]經年[illegible]不[illegible]譚禪終日雨花浮坐擊

自許能忘世野鶴孤雲任去留

徐一唯 心溪邑人隆慶辛未進士任觀察使

萬曆甲寅冬偕比部朱〻陵郡伯吳楚衡游道士洑

呼朋遠眺古禪林趺坐危峦萬壑森窟虛蛟龍穿寺出石

闗虎豹蔽雲陰魚肥西塞堪沽酒榻下滄洲共開心帶醉

扶節看月色江流汩〻雜寒砧

中秋前五日坐清泉僧舍

清泉禪室自來清況復清閑遠市城在野不知塵逐鹿問

年應指樹爲庚畫中秋水澈〻淨檻外雲山歷〻明世路

奔忙渾是夢欲從先覺了三生

訪古心上人其徒誨印送茶至茶泉口占一絶

携茶送客過茶泉清興疑同輞皎莫遁東林人去遠南

州今已學逃禪

郭子章 青螺隆慶辛未進士江西太和人明大司馬

祝心溪徐年翁七十

附驥情親四紀餘香山洛社果誰如黄扉久已無三殿白

髮瀟然有二疏千里懷人山共斗一行壽意雁同魚君今

應築封祝帷間衡盧賦子虛

李維禎 字本寧京山人隆慶戊辰進士官大宗伯

祝心溪徐觀察七十

七十蒼頭鬢未霜向來隨牒在維楊仙人招隱淮王貴本

傳辭名卿伯棠雲樹千山邀躡屐蛔花四序佐行觴明庭

有詔求遺老早晚安車賜上方

黄洪憲 號葵陽秀水人隆慶辛未進士庶常

寄懷心溪徐年翁

四百英雄列後塵一披譜牒憶當年均霑化雨誇桃李共

拔茹蘩叶地天報國已勤當世務同登擬結再身緣睽違

廿載千餘里握手談心幾夢還

袁宏道 號中郎隆慶辛未進士吏部郎中

寄懷徐心溪年翁

老入空門生事微山前山後雨霏〻天分江水人南北心

遠蘄陽夢是非集散只憑音遁在春舒真與世情違故人

欲會何時會紅葉山頭負釣磯

王一鳴 字伯固黄岡人萬曆丙戌進士負才自放

蘄水道中

是時公與蘄上名流以詩相唱和

蘄水縣西逢立春驄驅只在大江濱道傍車馬原非客
後山河撼恋人漫有濁醪勞歲月自憐詞賦混風塵交游
却憶朱公子投轄率盤事〻新

歐大任（字楨伯順德人嘉靖壬戌歲貢官戶部郎中王李唱和五子之杜王元美復廣一人則大任也）

送闕士選宰蘄水

十載談經溽吾子江都闕生滿人耳今年射策入長安縮
紱翩〻向蘄水封疆淝蔡南白頭候騑驂江前襟帶雲夢
澤樓上風烟鈷鉧潭長安送子郊亭餞行春涕上何時見
經術何如三禮宗徵書早下明光殿

蘄水縣志　卷二十三　藝文　二九

朱期至（邑人萬曆甲戌進士官懷慶太守）

都門送闕士選之邑

詠賦推高第鳴琴得大賢陽春空谷少下邑主恩偏月送
揚州鶴花穰棄縣仙可知滿令在千載共君傳

送胡之驥還蘄水

兩雪千村莫江城一騎還故人書白髮吾意卜青山游俠
羞看舌憂愁强破顏乾坤詩句在那惜路間關
去楚仍殘臘遊燕又隔春它鄉惟我共故國傍誰親野署
二天遠柴門鳥雀馴相看俱老大見訪莫辭頻

法去詩應賊何人為破愁客邊惟一僕江上有孤舟對酒
歌殘雪還家話遠遊卜居吾倘定蹤跡肯它留

秋日過滴泉

古寺齊梁舊河沙遠至今高松歸暝鶴荒砌啄寒禽欲証
無生理空談不住心老僧閑卧穩吾亦擬投簪

題刻巴鎮張王廟中石碑

將軍百戰睢陽日諸道援兵絕不來國亂干戈敢愛死時
危天地轉堪哀長江入夜吟風雨遺廟經春沒草萊灑淚
最憐村父老每逢伏臘獨遲迴

蘄水縣志　卷二十三　藝文　三十

胡之驥（萬曆時蘄州山人字伯良有時名家於蘄縉紳詩文多手評焉）

四月八日禮佛清泉寺周明府季成泛舟相約不果
以詩見貽答和一首

山城野寺傍河隈河上慈航數往來久擬清齋看浴佛還
妨佳興罷登臺因悲塵世如駒隙讓道昆池有劫灰還社
近應供米汁相期重泛菊花巵

周申（邑人）

登函三閣閱李太史記

梵宮新閣此攀躋石上鶯看太史題漫盥清泉恭法相頻

尽九曜嶙群迷依々河柳風烟古沒々溪橋歲月睽我欲
叩師傳淨業逢看長白渺天西 長白山名白衣大士修香處
周道大 字雲龍邑人萬曆丙子孝廉周鶴峯中之子任平江令三年解組歸詩酒咏歌花朝閣有陶彭澤遺風焉

過清泉
古寺山深處尋幽客屢過高林常宿雨虛壁白縈蘿入水
過津遠三乘濵梵和空王餘浩叔人世總蹉跎

贈清泉釋堅公
買山支遁剡中居浠上高僧別結廬古樹留雲栖鴿靜寒

潭浸月伏龍初繙經常閉燃燈室補衲偏依靈石除何幸
有緣瞻道氣苾芻巖畔問真如
周道穆 字作求周中之子名亦藉藉有和鳥稿

和兄雲龍迴韻詩
兄酬弟勸醉頹鬧孟草春遲謝瞻寸晴曙遠林斜照落晚
煙輕逐煖風田陰垂綠柳底移坐艷色紅花好攫臺明月
待人晋此夕傾樽一約定期來
蔡斗移 號印白萬曆丙子舉第四丁丑進士任監運使子蔡璿亦中己未會試官成御史

送閻立吾父母入覲 公諱上選
忍聽驪歌樵頌聲仙郎飛鳧向承明春田爽谷棠陰帶風
靜琴堂鶴夢清漢史稔聞書上考御屏又見飽新名斷陽
頃刻需慈母且附兒童竹馬迎
張受之 號玄珠邑庠有才名子鐵著中崇禎壬午御試

送朱伯徽上公車 伯徽諱自歆時萬曆乙卯
北風翦々酒猶醺唱徹驪駒十里聞旌旆長安天際日臙
傳五色殿前雲高堂稚自慶觴杖杜何妨漁雁群遠莫
燕臺歌舞地金魚不换石榴裙
何其謙 字少岐萬曆壬午舉於鄉官攸羌令能明篤實潛心古學多善政載攸羌碑中

題溪梅寺
溪水長溜溪寺側面臨山勢如弓月老僧真朴渾無事獻
浮鐘聲送遠客

遊觀音寺題陳希夷圖
花叢鶯啼春幾度郵亭馬奔飛霧迷人不識予岐路朝服
披寒山僧卧月都是一般怡神處我亦愛他無點塵但人
生職業有伊周
蕭良有 萬曆庚辰會元時寓蘄水

登鳳山因過清泉寺

捨級層巒迤邐高積氣深疗雲攢輕秀環木滿松陰盡拂
殘崖借踈標任竹侵即看名捥色[illegible]合校[illegible]
[illegible]翠森千尺[illegible]瑯簇萬竿潤寒清几席雲濤濕衣冠[illegible]
藏龕古山腰置閣寬坐來忘世[illegible]

周光德 邑人萬曆壬午舉人為蜀潘縣令有傳

宕渠春早因禱雨[illegible]二三穗
[illegible]數本梁山命公[illegible]不敢當賦
律詩之

壞[illegible]民[illegible]明初卜千年剝玄
新淦縣志　卷二十五　藝文　三三
譯[illegible]日[illegible]城妙麗[illegible]吹幌龍吟有年
[illegible]兩金

[illegible]邑人[illegible]

[illegible]石門[illegible]山開高聳出雲霄
[illegible]上[illegible]天福五年從盧五代后漢隱
[illegible]之層級九十有二先生正時[illegible]一
[illegible]三級在今福湖中與本[illegible]自為消長
[illegible]九[illegible]而已人[illegible]頂尚有豐喙[illegible]之
[illegible]妃之

[illegible]起修紅霹靂分凌霄觸向嘷孤群欲尋天福三年宇却
[illegible]鍵兒一姬焚 天福之碑為賊劉夫劉七出油河時過此貴[illegible]而城也向崇禎丁丑獻賊盤踞其
間見其岬[illegible]九[illegible]類其中有寶氣會去人有[illegible]於內者賊逼數千人冒死日據下有鐵柱為幹復燃境求煤斷之訴為浮寶劍兵壽[illegible]去今雖存其浮屠之址

楊伯充 寧先宇邑人舉進元有來名

偕徐翮[illegible]溪游清泉寺

朝登鳳棲山暮飲清泉水泉水洌且漣涓涓流石髓古樹
蹀躞龍亂掛白雲裏老僧合掌前飄飄西竺[illegible]爐鎖香霧
半橫空靜裏天籟動一指木鳴金乳撒滿梵五戀冰消共
神死鑑煮雲根無紈塵一甌一甌香泌齒罷游更索陸羽
泉山骨响韻生[illegible]址
蘄水縣志　卷二十五　藝文　三四

徐存德 邑人萬曆丙戌進士任戶部主事

過清泉贈守心上人

橫江何日浮杯至戶外探奇錯趾來頭借息心通慧覺耳
邊一掯春如雷

贈古心上人

笈杖經過履未西泠泠泉畔草萋萋憐予不奈文園渴好
為柴桑渡虎溪

縣志卷二十四

藝文志四 詩歌二

孫善繼 萊陽人萬曆已丑進士知縣事此詩則庚戌以後所寄

朱康侯書來爲予道清泉函三閣之勝謾占二絕寄

題閣上

崔巍碧閣倚山椒匾榜書傍日標爲問函三三豈一宣
尼佛老道非遥

巖邑當年馴雉過曾經蕭寺証三摩只今鸞鷺趋宸陛十
載流光信刹那

閔廷甲 邑人萬曆已丑進士戶部郎中歷通政使

題函三閣

巍閣搆山椒芝窓卧寂寥天香飄石室仙梵度雲韶木葉
秋吟露松聲夜帶潮相看萬里意若個阿龍超

汪廷元 蘄安人

萬曆庚寅夏五沛上暑中榴花盛開齋孝廉含譽載
山人道中過飲賦此

檻外榴花映暑開一樽招客數能來種分西域懸珠實色
借南方姤玉梅擱管漫裁潘岳賦臨風還憶夏侯才陶然
列籍清陰下不羨當年河朔杯

汪元英 萬曆時新安山人

遊清泉寺

古刹臨幽境烟霞到處生山春衆木秀石冷一泉清鳥下
疑聽法僧來故問名虛堂齋磬響延坐供青精

瞿汝稷 字元立蘇州人瞿公景淳之子也時爲黄州守萬曆二十四年丙申作歌命朱生鄭昌刻石

清泉寺歌

清泉何湜湜峨嵋仙人曾賞識仙人騎鶴去不返清泉委
翳蒼崖側仙人雲笈絕神樞我披雲笈問瓊液白沙皚皚

溪流碧曲徑久蕪没行跡剪棘試問轉盼滑招提齊廚一
垣隔漉囊不重入功德五熱那從法流滌古來好惡每如
此何獨寒泉使心惻我掬一飲百神遼飄飄如欲奮羽翼
拂衣更躡靈山巔落日照曜佳山川千峯秀削四望旋簇
簇宛欵千葉蓮孤頂中踞翠房圓誰移蓮胝來眼前寶光
交羅意泠然匡坐勝樂超四禪與君流覧莫辭暮丘壑難
逢會心處君不見昔人松下歌蘭芽此日幽蹊無昔樹松
年猶自莫能持况復人非幽幹固世上浮名空竹素轉頭
勝賞今猶故君當行酒我當歌遇合悠悠何足顧

高繼元 萬曆戊戌進士秀水人

同周惠齋刺史游清泉寺

肇興龍象自何年雲磬幽堂卧靜偏穿徑鉤衣傍怪石當
門洗髮恰清泉譚禪問竹尋開士禮偈皈依覓遠蓮若盌
松枝深契坐沙盧白月滿前川

張文光 邑人寄居江夏萬曆丙子第二戊戌進士官至司業號澤涯有才名

贈易大夫建衡出守龍湖

漢武昔通西南夷戎瀘千里就羈縻龍湖部落最向化却
開郡縣雄西陲山中處處産神水當聞效靈出深谷只今

藉此資大工干霄枝地或黄屋兩宫已就矗嶙峋三殿將
成擬鐵農勞民不擾重此郡輯安偏擇循良臣君為司農
經國久嘉績時時在人口公廉無乃世無覆善計由來復
稱首當宁思賢守遠疆大才難使臨邊方高車五馬出帝
里幨帷道上生輝光君行定不尋常調羹政流傳滿西徼
治行何論渤海龔頌聲不減芾棠召他年超擢柄斗樞冊
下瀘江經峽去萬里輕裘圖書還何異當年鬱林守

官應震 號晹谷邑人萬曆戊戌進士任太常少卿

登閒雲樓 有序萬曆庚申作

浠邑山川中於郡偏其勝門對岸峭壁巉巖臨水
依山數千百年僅一東坡居士為此地知已而遊
擊金明三字鐫之巖右先朱人識跡處距邑治可
八十里而遊者諸生時以後墓取道誠南崖先中
議大夫居此細留之不能去者蓋三十年往歲先
中議有意卜居而未遑也會歲戊申大浸諸天祖
居黄門之烏林鎮若懷襄其災後而浠歸以書國
人遂為浠人者此乳於時即撥崖上創亭小樓命
名閒雲旦憩息身世鄉忠不謂以興賢觀則此
樓去住其覽徽璧如許居諸而吾乃今得詳租歸
也登樓紀事為歌一章
聊以寫山水之癖云爾

是人盡忙雲獨閒山前水前自往還但能無事當垂釣與
人誰苛非人間愧我半生忙欲死所以棄官如棄屣幽居
山中復何為願向禪門開宗旨禪門苦行古來難雪山陳

殺佛所安衆生受盡無明障灌頂穿腸鷹其饑聽說神仙
能到手頭養金丹道之毋安期羨門如尚在漢武如何稱
豈有黄芽向雪想難尋姹女嬰兒誰匹偶願作君平賣卜
身君平賣卜遠隱淪小人有毋欲倩犢豈是東西南北人
願學手譚三百六河洛圖書數不熟拋卻從前勝負心如
何果白空相逐此外中心何所能閑元太業強為樞高適
學詩年半百我今舉百又過三瀟盡枯腸嘔不快不如兀
坐學癡然癡憨兀坐算可學混沌元神底搠鬣鶴借牛然
逐若哭生老病死總是喚空自潤多我亦閑却是大憨還

大覺

三泉潭徑

小徑縈紆逐水開三泉齒齒落寒梅盤崖竹影和雲渡撲
面山光捧翠來

遊太和初發

聞說仙關迥隔塵千年遊子擁蹄輪蕭蕭短髮饒尋勝只
恐山靈解笑人

太和還贈親友

蓉上奇葩袁掬梅歸行未及採歸來止餘携得烱霞意說

與騷人聽剪裁

廬山寄示兒輩

正喜扶筇到竺天逍遥飄得抱雲眠無端青鳥從空落咔
破殘雲召枕邊

周應期 邑人萬曆辛丑進士任廣東巡按有神明之稱卒於官祀名宦鄉賢

過函三關訪古心上人

城東古刹隱孤峯高閣飛梯面面重樓結雕梁栖五鳳人
疑蟠蓋下雙龍携籌遠道來初地聽法深林發午鐘窮子
不須仍說喻也將朝服坐禪宗

周延光 邑人萬曆辛丑與兄應期同年進士任光祿正卿祀鄉賢

同家兄過函三關

蘭若何緣得暫棲浮名了悟竟醯鷄簷圍色作三生石寶
塔今登七級梯垢淨兩忘身是幻去留無礙意俱齊回頭
苦海慈航近手挽金繩路未迷

晉嘉猷 萬曆中率亭人

秋日送直虛上人還蘄水

浮杯渡江來遠自齊安道錫頌雪堂雲名山怨劉詩南遊
朝補陀還謁雲栖老袈裟優鉢香骨相烱霞好舌吐青蓮

花朵朵發要渺閡茲中下根迷津苦浩淼願以一鉢緣瑯
函儲法寶手持尺素書叩我玄亭草趺坐宣妙諦塵襟淨
於掃雨霽天初凉西行大江表一葦龍神技海瀾孤帆小
安得從師遊火宅離煩惱譬如野鶴飛高翔破濤曉

劉浟昌 號燕及萬曆甲辰進士桐城人才高負氣謫廣濟令與蘄令宋公文昌善

清泉寺和蘇長公詩 有序

癸丑秋七月二十三日余與宋德夫往黄州餞熊
司理是夜飲司理宅酒闌下二鼓德夫先挐舟歸
余有仳飲復留半夜天明風逆甚湖水不可行行
大江中四十里浪聲如雷舟中動色相戒危人具
盤餐進不能食爲啜一杯羹而罷已刻抵巴河德
夫尚在逆余因同飲姚茅庵明恭宅午後刂[illegible]

焦徑至巴水驛德夫治具翕湛不能飲以數拃去昏黑至蘄水縣不入城繞城行數里憩清泉寺德夫已有他賓客至邑不顧逆余寺中痛飲達旦因淂盡觀長公詩歌夫長公先謫黄後乃至粤余先謫粤後迁黄余才視長公天壤而蹤跡畧同三百顆荔枝兩碗豬肉年來受用亦畧相似因援筆爲和逆志以意調雖不工可也

○和長公清泉寺歌韻

昏黑褰裳涉一溪水清赤脚不沾泥林鳥何意向人啼人生樂事難兼并日未東升月已西黄耕待不到黄鸝

和長公寒食兩韻

今朝歴江陸日已五飲食夜到清泉寺泉清良可惜涼風

起庭樹々杪聲瑟々僧盤簇野蔌銀罋爛堆雪交南好犀錢與君賭酒力後醉着先去東方月初白

月白星欲稀天鷄唱不已忽墮異雄淚數下沾衣裏操楚或操蘭刈蘭豈刈帯遶札利在鏃々散不守紙自我若衍役三年二萬里不忍見此老一嘯揮衣起

和吊徐德占韻

我聞唐虞開求賢闢四門輔車必碩僕瀾藥逦流根天生賢哲人師表在人倫而使竄遐荒雙踵生繭痕周誥國何利遣時道逾尊奸回與忠貞愈自爭蘺籬日月自西沉䑐

水東南奔爲龍與爲蛇難向世人言陛下神仁武千億長子孫願作百年計寶臣貽來昆

○和綠楊橋詞韻

漢々野雲生壂亭々岸柳千霄秋原粟熟雉圍驕夜半猶啼芳草共是風塵小吏桃李難比瓊瑤披襟擊犢過溪橋人醉蒼茫天曉

○南清泉過茶泉建亭其上

卓世彥 大梁人萬曆時進士官翰林降謫署蘄事康此署有才名與邑之名流唱和題詠

浠水多泉瀑茲泉獨擅名先賢風漸遠而我感常生翦若

何年事開亭此日情枯腸煩渴久一掬有餘情

屠隆 赤水寧波人萬曆丁丑進士官主事

寄題清泉寺函三閣三絶

妙休遮那不可思行囿帯果月澄池遥瞻長白窺真相南海波心可是誰

○一代文章萬古希山川頼爾亦增輝狂夫若問酒來意孤鶴横江赤壁磯

華轂朱輪遍大千那知人世有壺天多君藥裹抽身去袖裹乾坤不計年

周延奇 字海衡邑庠生博學多才萬曆時人

贈李寓常道人還洞庭鈎山

使君澤畔草星星月炤澄潭杜若馨昔日遺蛟今在否青
蛇未試血猶腥

蘭溪江晚

西日赤烘天晴江疋練懸歸舟紛打岸野寺暝生烟烏飛
棲巢樹漁辭別浦川如何客遊子征騎尚翩翩

題李献齋三當堂

駟馬高軒意氣新出虞衙橛入虞傾寧知拾穗行吟者拯

蘄水縣志　卷二十四　藝文　九

首田中體自清 右安步當車

黄獨無苗雪正深鑱中白石煑靈根先生擧匕黄昏後来
許金齏比玉羹 右晚食當肉

清献時常一瓣香每如衾影細商量烏紗頭上無相負不
數悠悠趙孟良 右無罪當貴

同延廉 字吉㫖邑名士萬曆時人子之冠之篆文德芳俱以詩文鄉縣著

過浠流先訪同杜黄羨中

謁來一室面潭居潭水深深碧未如開敞堦庭看爽氣静
披籬影對扶疎縱任絶不希嵇阮篆刻何當論子虛爲[illegible]

揚雄文似否門前休泥使人車

孟秋慈雲静室四首之三

一雨新凉暑漸收曉來烟逐遠山浮念年踪跡隨僧夏幾
許心期借箸籌頗有微嵐生几席偶縁機熟伊飛鷗晤言
頻借茅簷静倩爾藜光分校讎

萬山雲雨翠浮空萬道飛泉樹影中瀑韻共𣴑流水引生
涯頻問北來鴻窈窕丘壑浮囂外瀟灑庭除靄杳通誰是
最堪酬復語浪傳秋音蓼微紅

淡烟錦幕倚嶙峋斷壑飛湍送響頻秘藏每聞山鳥囀微

蘄水縣志　卷二十四　藝文　十

言聞异木人詢山河極目秋光濇入物追尋叚語新坐對
芳塋數時序可無塞策問前津

胡其讓 邑人高隱萬曆時人

秋日同友人遊清泉寺

寺據清泉勝泉清境更清故人來共適老衲坐相迎嚴閣
烟雲接松篁鐘磬鳴清泉還自酌轉覺世縁輕

丘民悅 邑庠有才名萬曆時人卓公世彥以神童目之中壬午副榜遂抱憤卒年二十四其季擊一鳴以詩弔之有雁門時一哭愁絶裂江天之句

遊城山後菴

大都薜蘿多只是車馬少倚桐看石澗時時下鷗鳥

丘民極 邑庠有才名萬曆時人

習靜楚湖別業

蕉影覆長廊葉葉秋堪數負杖即蒼苺欲話還無語

與朱朱陵同賦茉莉

嶺表柔芳怯早霜謾留姓字達空王不辭薝蔔爭先後未許青蓮較短長細雨紛披珠滴瀝疎風淡蕩玉琳瑯應知陸賈多情思編向南中第幾行

胡頡 萬曆時江右山人

秋日過清泉寺

梵殿回殘照空門下夕陰客遊蒼薜逕僧住碧雲岑具葉風徐揭曇花月自臨清泉時欲濯聊以滌塵心

暮秋過三閣二首

客到山嵐襲布袍上方臺殿望愈高鳳棲雲接過三閣鶴唳風迴遍九皋隱隱昏鐘鳴別院蕭蕭霜葉下空壕只今陸羽遺陳跡落日荒烟半野蒿

淨閣雲霞獲數尋為參聖果一登臨詞人風月憑嘲詠太史文章亘古今幽鳥窺簷聞梵語清泉遶澗浴禪心斷烟斜日歸[illegible]空山響暮砧

高自昇 字彥陵邑庠生萬曆時人性任俠善詩文家寒不能成刻惟存詩一首

感時

寂寞魚龍怪翱翔鵰鶚橫瀟瀟星鬢短悲壯欲吞聲

周之訓 黃岡人萬曆癸丑進士官至濟南臬司崇禎時殉難賜祭塋多著述常往來蘄上於浠川景物多所咏題

別官賜谷太常 時之江右臬任

重陽風雨正沉沉握別其如越舄吟每悔出山成小草還思退步有長林憂時各洒英雄淚異地相懸大隱心廬嶽

高臨彭蠡上何年三咲訪知音

祝官賜谷太常

共競中元節相傳孕佛辰酌公欣此際矚景悟前因黃髮人維舊青山過一新園林秋水至臺榭晚烟勻月淨琉璃色霞生麴米春疎松雜逸響畫舸進垂綸雅頌一門潟家風萬石倫清高辭世網瀟洒淂天真憶昔神皇末猗與瑣闥臣安危貿献納樽俎望丰神陸贄生平學張良帷幄身勳名歸社稷道德洽沉淪蕉鹿久成夢神龍肯受馴不闗巢許意聊共偃佺論去住本無種彭殤豈有隣與君商大

藥念々空微塵

題官太常閒雲楼

閒雲閣下愛雲閒欲共雲閒雲已還出岫何心聊復爾與人近玩似猶慳春迷花鳥丹梯濕晝抱蛟龍碧水灣無俟遠煩神女約閒中來往異巫山

遊官太常如是菴二首

如是我聞開淨土群山合沓湧珠宮白雲斷處偏多嶺溪響不來忽聽鐘竹院陰晴分幽徑炎天氷雪下高峯比年怯試登山脚此日應藉列禦風

何年鷲嶺獨飛來列嶂崔嵬両々開寶地五丁多護惜深山三伏半風雷前身識得高僧是小品時將新義栽見説曇花今已長秖林樹々手移栽

劉榮嗣 曲周人萬曆丙辰進士崇禎時工部尚書刘大父君麓之祖也才名一時所著有簡齋詩

和官建之小齋看菊韻

閒官常以客為家短鬢秋霜漸次加孤咏自憐虛九日開情聊復醉流霞但聞高士增蘭譜如共東籬對菊花海内知名原不少感君臭味思無涯

郭士望 邑人號天谷萬曆癸卯解元聯捷進士

春社日同孫王畢諸春元舟中作

物候驚心淑氣韶如雲勝友好相邀芳林未審鶯喉澀簷壘猶存燕語嬌魏闕懸情奈石隱江湖浪跡詎神僊百年翰硯誰澆盡且向花前醉一朝

東風入谷暖春宵吹上楊枝綠萬條佳客乘舟疑泛渚麗人度曲似聞韶輕烟暖睫籠初日芳草凄迷賸六朝好把陶巾頻漉酒劉伶塚上已嶕嶢

姚明恭 邑人號崑斗萬曆己未進士官東閣大學士

太乙閣初成賦

太乙閣下江之水蒼茫海腹崑崙起寰中日月發天竒笛裏鴻濛吹浩髓開通何年説古今閒雲片々飛山陰收作藜光照夜半風聲雨聲驚不散捘簷結構此江干頑擷烟霞蘂作餐萬億千秋峙碧落寧羡白雲與黃鶴

張元芳

迴姚師相太乙閣賦

傑構層々倚太青瑤光錯落四星明西山亂鏁排濤色東閣鶯傳出谷聲四望烟雲供吐納千秋圖史任縱横聖明此日思山甫補衮應知屬鳳城

頤東明 梁溪人

奉和張明府題太乙閣韻

藹藹花含太乙青光聯傑閣接天明萬山雨洗同江色二水風生激浪聲四顧斗輝環北極三台劍氣一虹横遥瞻魏闕恩波遠何日輕航達帝城

過清泉寺作

一池清水冷無聲閑殿層層影自生翰墨尚存蘇子蹟幾經烟火未曾更

洪周禄 號半石黄岡人天啓壬戌進士官鄭州太守

同姚半師登太乙閣

一抹孤浦織際天誰携萬校御風還朝雲濕漱江痕遠夕樹斜移閣影偏自昔雞光連寶座只今花雨落僧禪因思七寶虚空事呼吸遥遥帝座前

李汝璨 號澹崖崇禎戊辰進士知縣事行取兵科給事中

贈斗方僧

野寺斷烟輕一函老僧藹藹語喃喃閒來鐘磬聲偶寂坐看江南百萬航

胡鑾 字明哉邑庠生萬曆時人

玉臺山雎陽廟落成

背郭琳宫起精英俯瞰濤江淮障孤壘今古立天心遠攬浦爭向垂崖樹積陰鐘聲徹河水悲感百靈深

孔榮宗 號慎初萬曆己未進士知縣事行取吏部

咏東門池荷花

翠蓋佳人臨水立檀粉不匀香汗濕風來一陣碧漪翻珍珠零落難收拾

王源昌 黄岡人天啓乙丑進士官泰政

同廣文丁文偉浠遊旅宿

春郊雨霽趁遊群山色潭光喜共分幾幌疎櫺迎嶺黛數椽殘落補溪雲到崖犬吠桃花徑隔壟鶯啼麥浪曛但使村醪能醉客主人何必為知君

譚元春 字友夏天啓丁卯解元景陵人讀書蘄水

過蘄水同黄昊中童平寓王五岳孟誕先守凝之綏之金卜公遊龍潭尋蘇端明所書擊空明石

一河風日守夏水來寂寂田環舟不急相就石磊歷石上三字寒不為苔所食江漲有來去波撇牽未潰如茲空與明何物為之擊擊之以蛩獨雷霆於馬息未免千年枯糊

水親潤滌同趣非一人爭來致涓滴劃別數小字欲向坡
求茁細認始覺非三歎惜心力

舟出蘭溪尋鴻漸第三泉留別姜中卜公綏之

河流明一縣斜港屢通村不厭故人送能將往跡言暗泉
新月事遥火野舟硯陸子吾鄉里茶心終古存

黄以實自蘭溪來汲陸鴻漸第三泉見遺且有贈詩

清真洞客喜而和之

陸子茶神聖出入於淵湫水鏡自遥照碧寒幽明愁我拜
惠山足挽綆窺所由瓶甌兩天下舟事載其流又嘗過練

湖頻懷玉乳羞苔滯久無究嗟哉暴棄儔感此蘭溪不泉
性中飈飈長河不敢入維護亦孔周恥與茶逢迎高人或
偶收附君偏舟來可謂得良仇對之殊數日烹煎不忍投
相見竟陵人慎勿念故丘

劉若宰 安慶人崇禎戊辰狀元與邑進士楊楚龍為同年友以事過蘄水因訪焉

蘄水道中

藤花蘆蘆水潺潺無數閒雲脆上拈忽到遠山愁閣筆却
横秋色在眉端

桂啟芳 號閬蓬崇禎辛未進士為海陽令

寄程亦醇 諱楣邑名士

燈火園林二十年馳驅互許白雲前偏舟江上同風雨罇
酒春城共管絃惡即夢回驚雁散楚天書至慰勞遥期君
獨向毘陵道却顧鄉閭倍愴然

送王五岳 諱王知邑庠生工詩字

十載交情數日疑相逢相別歲寒時禪林夜月星河霞空
海春風嶺擻馳草聖羲之原好道彈琴摩詰極能詩負君
車馬南來意一片冰心韓水知

餞金卜公 諱甌邑舉庶

江上風霜海上城離筵千里意偏親青雲再世相師友白
社當年共苦辛雞黍未須酬往約笠車似可愧前人蕭條
彭澤多歸思復爾冥鴻鄭子真

乙酉紀事 時順治二年由吳歸楚

去國非吾國還家豈故家麓陵成野逕江畔祇明霞夜雨
蒲帶刺秋風枳亮花歸心如滙水西濇復東涯

詹在前 號卓爾景陵人舉人崇禎甲戌任蘄水教諭

祝清泉守心上人

閑來每去尋師語抛却浮生話終古偶因盛顧問其年自

云今歲七十五山岳亭々頂上峙寶珠熒々自開吐脫帽開襟使我看能言能笑一活祖長松古檜以老娟白水蒼山待雲補勿謂我遲我尚早下界落幕上界午

熊文燦 號心開萬曆丁未進士官六省理院

祝清泉守心上人

不羨人寰幾百年茶鐺石畔愛清泉分明記得前身事也是蓮邦一老禪

龔孚肅 合肥人邑令熊孝升先生封翁隨官蘄水多十餘年所著詩文甚富

官兵詩 時崇禎辛巳蘄水賊去兵來故詩及之

蘄水縣志　卷二十四　藝文　十九

晝夜馳軍書未知賊何往幕府此地闢極意規弘敞作若指盈千窮工肆剗破虎戟交轅門牙旗花十丈從官冒錦衣牛車不記兩供億若且煩望風爭惚恍白捂呵叱來稽首謝無狀過者即其家闔闒恣摽掠怒鬚未可料好語亦屈彊麥飯侑餘殘尊具薄成享意外偶揮斥事々矜鹵莽漸且窺內室指摘無痾痒連綴入都市攫物如反掌道路毋敢目懼或罹罝網尊之以將軍次乃云戶長誅求及草萊仍復開臟鏹豈其立威名虓踊示豪爽欲訴上官嗔無門一呼枉哀々我人斯叔運嗟板蕩挺襟衣不完覓食山無椽含涕作居停靡敢愛俯仰聞知此輩人大半裸厮養惟所善馭之將以明誅賞睚眦苟若茲橫行絕天壤安得成大功一畫麒麟像

新兵詩 時崇禎辛巳劉太府督師駐蘄寨士故詩及之

矯々服飾殊短衣帽渾脫嘍啰少年中恃此鳴軒豁所處諸細人稽詢在城闉橫持挺與及惡語梟爭睹假之以鉤距能事相逼搜傖儂其誰何不厭寧不奪無辜且辱士何者弟鞭撻家丁名夥顛吾子望存活詰奸乃藪奸譬以鴆止渴引領康濟人安寧自裁割

蘄水縣志　卷二十四　藝文　二十

有蝗詩 時蘄水旱蝗在十三四年農部除上奉詔免十年逋租已無及矣故詩及之

崇禎辛巳七月望有蝗來自西北向下彌漫圍上城闉草根嚙盡侵衣帳追綴而行入官府旁若無人為公舞但知沴氣降為螽不信苛政猛於虎睢盱此事亦甚奇晉天福末曾有之兆兵兆火今何時噫嘻唏乎我心悲昨聞客自東方來東方連歲俱蝗災土人腊之為枯臘青銅一索蝗一盃嗟々蝗亦自相食小者鼓鬐大若覊昏々默々爭殘賊人事不知誰逼側黃麻偶下宣恩詔老農扶杖欣然咲六分已自貸逋租十年人盡持完票吏苦追呼情觳觫急

公誰問全家哭無兒可責腹又饑即有死人不驚

野戰詩 時官兵駐蘄不能殺賊徒〻取民首級以献俘故詩及之

彌野荊榛白日暮鴉聲遠遍黃雲戍官軍西出夜深時血枕滴碎傷心路毋憐壯子妻憐夫霜刀直下悲鳴〻此身幸不辭賊手借向轅門充献俘七十餘人同處死鬼爲號哭官爲喜飛文露布亦何奇莫問桃僵代者李

惜殣詩 時崇禎庚辰辛巳蘄水兵燹交加饑疫迭見道殣相望故詩及之

纍窓每〻骨礴〻不辨霜朝與霧晨強半呼鵝爲吊客大都剪紙作招魂平叶韓温何年碣突窟篠穿幾處村道是

千家存僅百丁夫猶自索治門

龔鼎孳 字芝麓號孝升合肥人崇禎甲戌進士以弱冠知縣事順治中官總憲

堞唱詩十八首 崇禎乙亥年作今録其九

晴烟迷野良苗被蹂躪哉農人率而奇交何望哉

梱肥霜濃繡寒空燕楚離〻立晚風野哭總聞秋正老暮田人去爲從戎

剎目清泉去城里許蒼深老碧茶香尚存今且而飲馬矣

野泉茅閣住孤筇萬影清森抱薜鐘一炬橫來驚古佛秋山片〻欲成冬

卷樂酌泉氏思清香於時秋也胡爲乎押之上

游思經秋不肯降烟光秀冐是蘭江深宵頹影都如夢鼙鼓丁〻到客窓

彼燕雀兮擇堂而處江干之人何多不幸哉覽鏡私自嘆耳

獨有時危不可醫小臣何敢嘆支離愁深一夜白一髮任爾東風頂上吹

春深一棹奉兩尊人來蘄避兵兆也今茲更割謂堂上何

空齋氷雪掩雙扉常借青山助舞衣寒月俊頭惟露宿勞人何以答春暉

眉山過蘭溪酥卧浚橋勝事流風至今不墜何晴淳大白一雪古今不及之恨

裘帶應知悞腐儒不堪橫槊且攜壺綠楊橋畔青〻草何日消閒醉大蘇

野色千家霜林一葉無限蕭涼都從悲笳聲中〻溢遍

萬苑如鱗一劫灰野人無淚但徘徊啼魂化血歸何處飽盡霜岑落葉堆

彼飀而南任奔三哭哀我子遺聞寂乎山之深矣

城南十里暮啼鴉鬼火青〻照淺沙最是一聲鐘斷後山烟冷盡炊無家

紅顏被掠泣其漣如蘇子
依々歸飛無壘奈何乎

幾隊明妝一路啼生携蘭蕙出幽閨雕鞭小約青驄尾那
潯琵琶怨日西

夜雨蕭條風燈淒黯城頭一過鬢髮皆氷安能
以身為薑茵使千人坐卧其上耶言之潸歎

剪々茅蓬一火攢蹀々人影伴燈殘温衾不耐寒威逼夜
半絕知風雨酸

清泉寺

秋山影裹葉為卸病菊蹀籬逶寺門一片寒泉留古幹千
秋醉墨洗新痕溪邊芮破烟相補闕上經殘磬獨存小月

肩輿人寂々幽崄到口但無言

九日飲清泉寺

蕭然人吏散僚佐共風流泉石鐫茶史江山聽酒籌霜醂
千橘醉鐘澁一林秋妙想生歌拍高人只靜遊

晚秋夜行宿鳳城觀

宵火明霜路勞人命不猶烟輿全載夢風袂最驚秋寒吹
籬三逕荒蛩葉一丘蕭然僧是客又向佛龕留

蘭溪即事

晴江滙寫照青山紅樹層々到碧灣載去笋輿如落葉鍬
心一片又孤還

和詹卓爾尋三泉詩

卓爾諱在前景陵
孝廉時為蘄傳

一葉秋雲送客身好泉何忍付沉淪寒瓢泌玉心俱碧我
亦谿邊垂釣人

送畢十臣還蘄水

順治癸巳都
門作

紫藤花落乳鶯啼別淚愁沾楚客衣自愛柏浮隣甕熟誰
令綺皓漢庭稀江深西塞仍煙月雲黯東華有是非歸去
好逢周黨語僊遊真羨故山薇

劉侗

麻城人崇禎甲戌進士
讀書沛上多所題詠

同金卜公遊崄上寄題石壁

高泉激危石一拳弗潟遜白日流其巔古今故渾々薪者
行復歌遊人去來坌寄題壁間字會令塵骨澗

送春又送官六

客窮兄何事春去始驚春柳色寬塵土花辰促米薪妻鄉
君漸近歌市我誰親一食吟長日家人問若辛

周建行

字弦玉翼明公次子端嚴方正博學宏詞棠謝
乙亥領歲薦不愛官惟以纂述先業欲佑後人
為狀々以子壽明貴誥封老而好
學足不出戶文章品望為邑典型

文峰咏

邑之兩標山形家謂爲邑抱勝地有關學宮誠得壇宇巍巍踞其上大能益地脉故文運歲戊癸余乃獨與邑侯李若虛師謀倡爲文峰之舉三年而落成一時人文蔚茂甲於全楚自是名流踵接焉因奇其事而紀之

好將雲屋搆天工挾勢爭高霄路通隱隱禪燈懸瑣朗杳杳雉蝶彎烏亐瀾往三夏柱流漫鐘響五更激士聰不是曲江江上塔已瞻朱字分殘紅

縣西二十里有太公石屹立河心廣惟數武高不踰尋洪濤激湍永無懷襄患相傳與水沉浮此亦一奇也曾未有御狀表目者偶經賞感而賦之

平河突素丘齊水柱中流曠覽環衿帶遥看一繫舟波湧萬峰沒此石昂白頭不知浮洞目可能洞陳不漫言怪石供疑是小羅浮羅浮竹八園巖笋瘦如簌如簌聊堪釣渭老幾着釣當年洛今在肯教跡空留

王鑄字叔聞金壇人王樵之諸孫也數不第沉鬱不右崇禎乙亥客楚感流寇亂過巴河題睢陽廟壁

謁張睢陽廟

益摧逆敵滌函區郭李金師公一隅六矢將軍寧計面千金愛妾自捐軀荒宮雀鼠兵威在遺貌須顧史傳符自嗟經生老無意只思架上試抽書

黃耳鼎邑人號澹崖崇禎丁丑進士官陝西巡按

和龔孝升明府堞喟詩十八首今錄其伍

陸羽池邊有墨節倚節虛聽夜來鐘無僧往汲泉心月獨照松聲秋又冬

一椽暫借寄爲扉山醉遊裝坐馬衣倚劍城頭巡數匝不堪霜月吐清暉

古木蒼寒飛亂鴉夕陽城從動平沙依然流水空明月好照城中十萬家

巖窟藏身忍莫啼幽蘭香不異深閨紅顏膽怯空山裏何

處猿聲日又西

路南卽北咄嗟攢血碧魂青風雨殘若使歌謡偹采訪不須竟讀已辛酸

汲陸鴻漸第三泉遺譚友夏泉出蘭溪石下

溪南亦有蘭溪北亦有蘭吹香入石腹石下乳流泉長河來無際肅爾不可干河水如眼胞焚先徑寸間陸子著茶經妙鑒水史遷懷此行天下一朝題其三衆人不敢議亦莫測所然乎觀陸子意不以色味鯘君與同鄉里冥心寄冰山徃來從嶽歸衣帶衡與參君當洞水眠遺君以一瓢

同王五岳春汎南潭望開雲樓蕪星主人前宮太常先生

南潭々水春雲生輕舟漾々棹春明遠山涵青氣欲動澹我舟中摇曳情巖頭群木欝幽光桃花脈々隱雲房雲房流雲々有聲飛入花枝雲作香主人有樓臨潭水開向潭心看雲起須臾變滅古松閒雲滅雲生潭如此隔岸黄埃隱城郭渡口漁人歸日落與君蒼茫略烟去回首岩松啼老鶴

白荊山寺同官綏之作

竹栢圍荒寺高寒子與同江烟望去白山菓摘來紅月守談經夜僧歸落葉中秋神如此向鐘磬亦鴻濛

月坐白荊山同恒度綏之

山静餘蛩響冥觀生衆音高天肅白月寒露淡空林逈覺孤峯上蒼然太古心長河烟一片對此各蕭森

柴以榮 字次公邑諸生性孝友早卒

題斗方寺

何年開闢此山來峗石凌空噴雨雷最是白雲深妬容只教烟霧鎖寒嵓

易綸 字經公邑名諸生旦

從業詩 崇禎壬申年作

圖榮知策短志業原上田鞠躬秉鋤犁力盡羞言瘨汲々事春種四隣未敢先禾苗日油々我心日懸々而無旱潦備遂致歲功愆寒至饑亦來慷慨復事佃鷄鳴促婦起早汲備晨饘三星猶懸户明月亦在天霜風互爲虐難念衣裳單荷鋤理泉脈開塞隨地遷灌水防初决營築寧辭堅折柳布新土壘石當潺湲日高婦饁至鷄黍陳我前餐罷前致辭相慰豈相憐胼胝務今古疆理得其全讀書懷往

哲々人已先殁良言慰君子賤妾亦有專春來日載陽春種浴此川妾賦授衣章君歌大有年共商日言暮路暗相與還上堂陳吾母吾母淚潸然

縣志卷二十五

藝文志五 詩歌三

黃正色 字羡中，號慈雲，邑人，與譚友夏、劉侗人、黃以貫、金卜公、官綬之、丘景達、支崇儼，丙子舉鄉試，官二令，蕪湖歸里，井貧杜門，著述吟咏極富，兹録其槩

和龔孝升師堞嵋詩十八首 今録其六

中原雲淨比天空，只恐塵飛是朔風。如此弄兵皆赤子，錯教王愾在夷戎。

老人泣問百年節，幾見城頭夜檀鐘。少壯太平春易度，流漣白髮送寒冬。

世有長桑不使醫，千門萬室血離離。悲號若得君王聽，願借東風一夜吹。

不能兩翼比寒鴉，山穴藏身水阻沙。少壯尚堪奔竄苦，可憐垂老更無家。

路路卿卿各有啼，或于原上或殘閨。千門同夕招魂魄，難使人聞是日西。

鼓鼙聲動兩眉攢，腸是秋山劍割殘。試俯白沙川上看，人間何處是悲酸。

浠川八景詩 有序

順治丙戌夏五月，邑侯田蘭石以青齊故里八景詩屬予。予思浠川諸景最稱清勝，味之者無其人，今乱後山川改色，文獻莫考，亦足悲也。因盡取昔年游覽留情之處，定為八題：一曰空明水石，二曰川上流光，三曰沉潭網集，四曰清泉梵響，五曰三角雲開，六曰浠源峻險，七曰三泉異味，八曰仙臺藥茂。各志數語為詩八首，庶浠上山川不致埋沒榛莽，使後人有考云。若俗所傳之景，鄙惡而無據者，不欲以相混，予所取大抵皆經乱不能毀者，斯足永張浠邑也。

空明水石

縣河南岸石壁下為龍湫，石上鐫擊空明三字，相傳為蘇子瞻筆。山頭有閣，額曰空明，明乱後毀矣。

空明一碧水沉沉，欲覓蘇書石上尋。却得風塵來短棹，不須幽討入長林。月生自醒巖棲鳥，雲到常連亂竹陰。高閣已灰潭未改，夜深還似有龍吟。

川上流光

城西河北石岸水環遶處，有泝流光三字，與擊空明相望，亦傳為蘇書，蓋用赤壁賦中語，或然也。月生則先照之。

弱水迴環片石宜，流光川際意遲遲。尚多野色邀行步，何獨曉風吹釣絲。鷗影浮沉新漲後，山容紅紫夕陽時。年來古渡喧聲少，一艇無心上下移。

沉潭網集

浠水環縣治，出郭數步皆清流，昏曉之際，魚舟湊集，列陣而漁，東西相望，烟光夕照，明滅掩映，致足觀也。

扁舟點點綠蓑衣，野水生時溢石磯。打起凫雛帶烟飛

漢春色背花歸一聲欸乃不知處萬籟寂寥同息機頗怪
通來人事改小魚網得大魚飛
清泉梵響 城東數里度綠楊小橋而得寺曰清泉林深幽迥浠流前遶稱清淨地相傳此寸基創自唐貞元中古德光衲常近錾期東坡曾曉過綠楊橋有詞別集載之兵火之后清泉獨存
綠楊橋外是清泉劫火燒時寺未燃馬到翠微金路月鐘
來城郭滿溪烟無窮野水浮雲處不斷春山去鳥天猶有
老僧稱壽者能將般若向人傳
三角雲開 縣治百里內外望三峯尖銳鱗次列雲中者曰三角其山深遠可望而不易覲上有龍洞旱則禱之

蘄水縣志　卷二十五藝文　三

天外三山次第勻欲窮巖壑動經旬眠龍記得為風雨踞
虎何須繫鬼神震度幾番高白隱秋清四野遍逢人只疑
喚起憂時淚最是峯頭月一輪
浠源峻險 浠水發源處有石阻險水自石落湍泓高湍不可追御相傳曰險下水經縣治西流掩映百里出蘭溪與江合
沙明泉碧繞蘄封浠上尋源百里逢石界東南橫劃地水
連江漢直朝宗風烟草笠逃秦客雞犬人家太古農歷盡
世途還坐此何曾有險怕扶筇
三泉異味 浠水西流未至蘭溪一山下瀼瀼上有泉出於河中農陸羽嘗而辨之以為與中冷惠山之泉相頡頏今名題曰天下第三泉韻人高士過此往往汲取烹茗其味獨異
河流西盡碧潭潭陸子當時水郭在高士古多留異賞邑
人今逐有常饑舟經小阜汲朝氣載向空江烹夕嵐世味
不勞頻見與一杯清徹此中含
仙臺藥茂 縣治百里之外有仙人臺洞中列丹竈相伴山產藥物至今可採
遠入崔嵬石澗迴仙家福地好徘徊丹爐無恙萬山靜碁
局未收孤鶴來藥圃尚肥當日早春雲偏上昔人臺龍沙
八百相傳久只待碧桃花一開
登官賜谷先生閒雲樓 樓在縣士明三字之上舊文昌閣文前亂后遂毀

蘄水縣志　卷二十五藝文　四

蒼蒼城外山有樓踞其卓下瞰百丈巖常疑鬼工鑿四峯
以情來碧流自天落登樓想主人寄意何淵邈十年近君
王諫草如山岳一旦泉石遊對人還遲却坐卧狎鷗鳥去
來忘躁歡醉夢山水間虛舟寄寥廓山雲兩未閑沉潭非
漢漢獨有居子心閒哉倚雲閣
崇禎甲戌五月前邑令李徵嶠先生自燕邸以書見
及賦詩答之時蘄黃之寇深矣
往良既已往世亂誰可倚豐沃舊郊原一旦兵戈始氛盜
萬壘來安行類勝第一賊馬十數千旗障空繞孤城急閑

門死生判從此夫妻荷檐奔子父安能保只道露沾衣不
知淚為水且行安所之除到高雲裏藤刺黙戳身兒啼安
可止與君兩不活㒺口寄兒死冤至何所為一炬數十里
塲穢躪為泥兇烽染天紫收金已滿囊屠人類屠豕兕録
一朝充人間臧生齒村〻血有餘飲馬須乎是闕門寸憐
懐庚癸呼四郿郊遂已如斯執戈室爾〻春秋兩度幾賊
去無全理郡道急點兵深慈極人殆太息兵來時賊行不
相待左次幾回遲目送千營尾蹤趣官兵前念我尚饑餓
鷄豚賊所遺相饟誰云悔兵賊暴仍殊妻孥卒無醢憶公

無事年警備如多壘更樓點〻明村鼓聲〻通政令隱藏
兵伏戎不能起士隱卧深山人遊醉清市日月曾幾何泰
亨遂為否公今在鳳梧顛以告天子

勞令歌（崇禎辛巳歲予方家白下聞龔孝升師考績作歌寄呈）

先生大器不可量服官乃與浠流傍浠流自古多淳風泉
清物饒人遜諒大川一派遶西南登臨舉足成幽況綠楊
堤邊三尺橋坡公來往留清放外户欲閉曾幾何令待三
年已攀上無端𧕮賊起秦關直搗中原鮮敵障蘄黄遂化
古戰塲崇禎甲戌春初狀先生此時匹馬來道見遺骸幾
人甦初離鉛槧即戎行緩帶登陴寧復讓邑有諜人欲訪
之先生無愧詩書將徒兒身手尚可使百雉孤城信相仗
義氣感衆皆甲兵高增粉堞齊山嶂短衣自編行伍間夜
〻星河五更向賊來不敢近郊窺瞻出短兵阻深巷執俘
斬級謝殘黎浠水悠〻城蕩〻孤撑冠盜往來衝天以先
生為楚䝉王師奏集賊請降展足胡床聊一望亦有驍雄
亦褰痍千百為群自惆悵小兒騎馬盡弓刀妖妍虜婦文
衣樣彈丸豈是受降城朝廷恩多不盡創却歸大帥袒軍
門蘄山此日仍熹曠如斯政績七年成周瑜尹鐸聲相抗

城頭賦詩清且高風流千載聞悲壯今人卓魯竊取名較
以先生徒孟浪一朝天子省民功即此憂勞堪將相

官撫辰（號凝之邑人官賜谷先生子天啟初年明經官㢡源令寧徐州䖏奇好古多吟咏廣著述晚年飄然物外道號智解）

和黄羨中浠上八景詩

空明水石

碧水連天拂鑑開蘇公妙墨鑑中裁同心片石於茲在不
住閒雲何處來漁火舊窺書榻影樵歌日聽渡頭催無窮
事忽成蕉夢歸信虚舟去復洄

川上流光

水面西流日出東與光相遇自相同殷家乾識渭濱叟文帝難留河上公兩岸人烟山色外半空塔影鳥聲中寒澌不解漁歌恨飄泊桃花杳未窮

沉潭網集

頗有迴瀾漣且清小舫泛泛網初晴圓旋上下迎波亂欵乃高低應谷聲脩竹垂楊陰來日微風滴露月三更任公長釣終何是藏壑深深莫與爭

三角雲開

層峰取次到天心不必三山海外尋放眼直臨孤月上探泉時引一龍吟巖靈晴際生風雨寺老人間沒古今欲陟雲梯無去處何如高卧此中深

清泉梵響

郭外清泉寺僅存泉心清徹照乾坤數溪烟柳儕僧老幾度花驚銷客魂輪墨可能仍晉代衣冠莫或列西園秋聲遼亮傳鐘語流響虛空夜不昏

浠源峽險

當巖劈破水中分天上流來百里聞春雨灘疑奔萬馬秋風競若嘯三軍孤峯削秀生吞月芳樹多奇湧陣雲我獨江黃容笑傲好從懷葛務畊雲

三泉異味

浮慧沉金體各居採蘭光氣更無如將分涇渭尋玄詰細審中邊訪太初何代鑿開當陸羽從人傳得纂龍渠朝朝相過誰知味樂爾爲魚非是魚

仙臺藥茂

濁世多時事已非登臺清醒戀新機藥成許付韓康賣洞杳還招劉阮歸篤興何隨棋子落煮茶烟獨隱人肥長生

不信看仙迹怪柳香杉大十圍

官撫極 邑人官暘谷先生之子天啟丁卯以副榜舉明經昆季子侄皆有詩名

渡易水詩

荊卿去易客來遲知已難言死報之水語不平流帶石悔深當日送行時

上方寺

不是群峯列飛來雲幾枝絳空龍半現虹日水全奇青豆懸天外朱花誌路岐昔游先我得芳草卧唐碑

朱紘 字清瑟合肥人崇禎丙子龔孝升先生令日容浠上

聞清泉為鳳棲之勝從兵隙中往探之

寒水荒烟一望迷逢人便問入林蹊引看緑竹將僧眼咲上青山避馬蹄草長碧池春雨後泉鳴茶井夕陽低幽禽也覩并兒勇飛到松關不敢棲

王一翥 號子雲黄岡人崇禎庚午舉人爲蘄令李公衛嵛所得士有才名多吟咏

秋日過昭化寺荅陳非石 時崇禎己卯

彤庭何得坐延宵望斷相如四馬橋別鏡玉顔應避妬荒城新月苦含嬌心懷閨怨難勝酒侶重綈袍莫換貂握手晚裝驚漫跡情摇丹樹入玄寥

己卯中秋簡蘄水令龔孝升使君

明月豈相待疑君情素然負人非永夜老我只秋天昔浦寄堪過故池不更穿鱸魚江上約結意惑青蓮

周壽明 字天格號揖心邑人崇禎丙子解元丁丑進士由臨海令調繁曲周召對稱旨擢授給事中會國變歸里清初屢招却聘不出終養教子自遣

却聘詩

野駘魯出櫪罔伯復持銜漫六青絲絡偏宜紫芰衫撫心能化石避詔豈須巖知我惟潭水北山莫擬緘

上巳愁遊舊縣山剎 離山岳里許傳是昔時舊縣不知何朝

莫將驚夢廢吟行遲步長干攬野蘅笑揖老松風月主[illegible]詢舊里古今情卜花幾處思民樂賜柳何年憶士榮山氣既開原色淡好添癯衲十分清

登巴水文昌類閣有感

水山環一峯出事遝難支四面敵花月萬音聒棟楣只因迎納滿將使縱横欸人伊風光好憂深夏屋誰

憂旱 壬辰歲蘄地苦旱三月不雨道殣相望自兵燹以來又一劫也

江畔雨工何處尋赤文燒野到寒林久將石燕潜靈羽閒得山龍聽法音章髮未垂頭已白鳥喉不轉痛共深逢年每乏豋馨樂況此蟲亡更有今

旱後憂霪 壬辰蘄苦夏旱癸巳春復苦霪連年不登是用悼怛

雨淫梅爽後愁陷泛長吁天漏石何補門腥夢似符横多今昔有不卹徃全無誰識黔雷處傷心那可呼

姜思膺 邑人天啟乙丑進士官柱下史

都門送畢十臣宰慈谿 時崇禎戊寅

君不見太山有猷頭為城殺人再三不為武法立獘始相因緣征求軌恤罷民古甲輪里号轉輪官罔漁罔徽遵先古醜騎縱横歷帝畿飛芻輓粟嗟勞午當年父母[illegible]

添設坐都良激楚哀々一路哭新縣坐索金錢猛於虎
來濊澤如泉流何忍若屬謀販賈綱開三面討舊章老蘇
欢騰按故堵我任我聲不待呼終今不見歌鍬土有唐諫
議云陽城手署心勞勤字撫漢連內史多倪公加惠元々
榮繡斧比方昔賢遠不如汝陰未許稱神父帝心借補山
龍裳屈指入掌文章府頭侯遍植河陽花區々三異不足
数

吴偉業 太倉人崇禎辛未會元順治中官大司成崇禎丙子典試楚闈十臣為所得士順治中十臣以召不就官歸楚詩以送之

蘄水縣志　卷二十五　藝文　十一

送畢十臣還蘄水

浮失歸時筆如君揔不然共知三徑志早定十年前舊業
先疇廢家風素德傳蕭條書一卷重上故鄉舡
平生踪跡儘由天世事浮名揔弃捐不召豈能逃聖代無
官敢即傲高眠匹夫志在何難奪君相恩深自見憐記送
鐵崖詩句好白衣宣至白衣還

畢十臣 字恊公邑人崇禎丙子丁丑聯捷進士由慈谿吳橋令召對稱旨擬授吏科會国变南歸改授御史順治中復召至京仍放歸甫里竹負吟咏以自怡遣

與周栢心寄懷黃蕊雲

逃名不是尚虛無始信愚公不果愚思漢當年悲日落隋
奉何地老松株千秋湖海無停展一片烟霞有夢驅笑傲
何妨偕世俗六逍遥舘可容吾
坐待山雲半有無閒情春水餌魚愚蔡牀架上書千卷石
磬欄邊竹数株野鶴應知翔碧落幽人何意範馳驅中流
有楫憑誰擊夢斷昆明不到吾

洪半石曹石霞赤壁拈孤鶴橫江題限韻

檢點時宜吾道東偷然整羽自玄同身輕有意傍流水名
重無心翥逆風已是一生頻作客何須終日只書空秋深

蘄水縣志　卷二十五　藝文　又十一

賦就花飛片又勝蘄餐樣々紅

春日飲雲路賦得宴黃花限韻

幽棲無夢伴京華佩紉並蘭獨種花漢苑銅駝迷宿草吳
宮金粉落山家天懷滿放觀時篤墟見擴開望海涯著意
同人千古事須臾傳舍陋官銜
一片氷心對物華半隨流水半隨花與君但不嫌名姓念
我何須問室家蔬圃藥欄長自在共香野綠等天涯放歌
自省生來癖不寄籬邊學押衙

出都別吳駿公座司 諱偉業崇禎辛未會元順治甲午官大司成

德機已杜聽知稀一道偕行去就非文字應成化碧[illegible]
輪猶飾舊班衣身輕有意辭霄漢名重無心叩紫扉我欲
慰師々念我只如司馬淚頻揮

出都別趙洞門總憲 諱開心楚人甲戌進士

還山久不奉清塵欵々依然淂所因言下素心如對月坐
中淳氣欲侵人高冠遠峙還朝色黃鶴孤騫遺世神分淂
春融湘澤來凴他溪壑自嶙峋

出都別龔師芳升總憲 諱鼎孳順治甲午官總憲

画閣鸑鷟動紫宸光摇金鏡接祥麟彤雲恰護縈天碧冷

露空餘落地茵二十年前香欲語三千里外夢生塵酬知
還在山和水靜裏將心老斷輪
丘之宗 號景庭舉崇禎庚午鄉試與州閩人金卜公黃美中相友善以詩文唱和余錄其槩

邀家弟侄飲菊園

去倦尋春易經年淂菊難顏開花力勁酒約坐行圍惜老
矜餘壯催貧愛勿官醉扶兒弟侄霜薄欲驚寒

悲今昔 盧焴隣曾有此題盧傷京國余痛生平皆性情也

入夏恒漠々北窓凉氣生憶昔未髮時失怙孀慈惸仲季
乳々依伯也將為兄欽我母兮訓友師章句更有箸祭恭

折薄貽聊代耕勉拾青紫事慈倚淚盈々中年護卿
岥心怦々遊遠十餘載乾坤起沸爭倏爾天地墮君父同
哀鳴哲人賦泉水濁清聽所理任山出山分出山惟垢止
哀歌厭物情轉燭千古視

秋苦淋

野望凴四郊秋眺烁堪摠不為朗清句劚成春事笠入淥
高云蚕鷹隼學來習造化幾不仁運疆將孔急薄黃葉各
飛輕紅棲染泣悲哉扁户人兜杖空庭立

高弘基 邑人崇禎庚辰進士大名司李

相國姚崑斗先生同修會館歌序

蘄之有會館也與蘄之功名為終始前之君子創地而昧之降之以是群手乎京師梓里也奉以闕帝示最鬰也余待命燕台見土木委然之在地捐俸帶牽爾而先人名為翰金鳴々欽事及鈦駭里居子登是堂而宏于頗乎皷猞禹從其端志援例者無廉此心因而詩于帙

大夫門庭驅兒醜斂芴驚鳴歌爪雖天子賜宅不為家況
曰耕稼老農圃所以掉臂我出門未免鄉國有夢魂拜手
登堂何奕々浠水燕山共一垣如此結搆可錫福北道主
人神昱々螭頭鱗次百年負露星摶尾啄葦屋嗟乎前之
君子匠者心能堅後若無脇胸我公著顧嘆我先輸金

金文無錢焉可遅蹰念不了捐之袍帶亦公賦

壽姚崑斗相國　時崇禎辛巳

龍御五百中鱗甲何貞栗過曆諭周年臣頑與之一丞相國之禎仁壽同一實保世亟救時所云垂學術湘琵轉百壑五德生文質我公拜稽首驅景佐黃律天貺後佳辰康髮推良掰敲具嶽與河兼致星與日瀍歌鄙俚詩以待觴事畢

徐二南　號崔陽崇禎戊辰明經

賦浮明月忽來天上客同涑赤公限韻

蘄水縣志　卷二十五　藝文　十四

速床浮蟻話初新烔露浸簾入坐頻明月忽來天上客清風乍引意中人醫饒良藥難鍼俗士到孤行不畏貧心胆世間原自一我非徐也子非陳

何彬然　號质公崇禎初明經為人英武長於詩字惟以佐刪沸為時人所稱

題城山醒酒石

醉枕石頭眠清磬松間響醒來天問我悠悠歎深想

李見壁　字玄瑩邑人李公織嗣之孫舉崇禎己卯鄉試敦古博學富於著述凛士予邑之典型焉

酌三泉送龔芝麓師赴內召　崇禎辛巳初冬

烽火滿道里饑人不可云顧此須臾間惜別者使君自鄉之出宰江北頻兵氣侍以浠上人猶自起于文兵有所[illegible]入須有所不焚耿耿青旻望高誼薄霄雲自公堂自昔到日命山聲感此告蟪蛄充耳非我聞讀書有妙理闢輪無間評七年卑垂教春草生復生關河傍歲晚子弟於父兄十月問梅事嶺上先一枝看花從此路爛熳囧其宜溪蘭寄函獨三泉與共之滿飲泉之水載石何能奇離筵令人凜當歌不成詞江水本無色天光遠借姿

石嶮

蘄水縣志　卷二十五　藝文　十五

世人好山水如好畫龍耳真龍降則驚怖走石嶮踞蘄水上流可謂奇絕矣人罕至至者則惟是漁樵傒子耳安望詩歌及之嗟乎宜乎嶮之固藏而巨靈無能以開之也爰賦數語為此嶮闢[illegible]而[illegible]

北歸　時崇禎庚辰年兵飛饑疫交集

大江吳楚水春徃夏來歸徃以雪作浪歸以雨作霏獨有長信風東偏不改威徃日匝一月歸日如發機江空渺何際黛色遠四圍好山半不識岸走舟忽遣立舟以求岸詹

層蘆樹飛慚我眼光薄而令心主非家園兵火裡麥與喬
俱遂將歸復處歸百思相因依
道逢鄰邑人若問江鄉事三問不盡言但言客兵累去冦
千餘里浠水自高寄冦猶戒不虞兵乃名無忌冦去或爐
餘兵不我轄棄最爾斗大城靜日紛遊騎麥秀亦有時田
荒那可治百折白長官亦不相爲賜自我出我門望之長
一喟
鄉門悵歸騎風霾句時間火藥又火局木石行於天饑婦
滿道周靜好或媚〻不醉百拜跪或不獲一錢樹室惟有

骨地老惟有阡柀與息肩處老弱告我前杖頭慽易竭石
點語難宣行盡黃河北乃始麥發〻始聞杜鵑聲追去春
在鞭

紀歲時 順治甲午年作

天乎豈有意雨暘何太偏記得甲申歲亢旱如焚然癸未
城屠烈戊子山禍延己丑逮辛卯累歲無豐年前者壬辰
歲大旱曾無前井廬河亦渴米升數百錢尺魚枯肆盡還
問陌與阡天意誠叵測雨暘更奇玄一邑分豐歉山乃倍
豐焉遂令俗人心人顧無須恔歎若死已矣生者亦發〻
忍饑待麥飽麥熟於是饋是時歲癸巳二麥頗稱妍胡爲
雨不歇因之麥不登攢眉託寒食揭腹勉春田早禾一以
秀夏月仍相煎既而晚稻將實且垂涎奈何初秋後積
雨忽纏綿經旬復曠月浩〻乎洪川黃粒變青草波臣處
木巔告旱方悵望苦雨勝悲咽閭閻萬千里安從徹下泉
泉司巡下邑災勘肅非便愚民憚胥吏糊言此疥癬囊者
倍豐人倖徼彌計全高才役强力勿容歎若蠲幕府舞文
牒善巧鏑鳴弦饑鄉固窮士淤泥豈愛蓮甲午歲春旱轟
雷徹地傳自冬徂春月曠月雪彌連上元走郡城如鳶亦

如鱣坐與風雨交行與渟淖緣黑雲堆逆旅白杜冷炊烟
風昔渺何計懷春〻次還把晨近清候始見日與天長跪
謝天日餘生幸弗捐雨恒斯愛日〻亦未可專雨愁日即
慮時若呵誰邊

蘄水會館題壁 順治乙未年作

浠水鄰城舊無會館嘉靖隆慶之間邑之名賢鉅
公大人先生敭歷中外者指可掬也是時京宦若
首其事而外官副焉於是以有會館之役事踵華
增於是以有倍廊之後建樓之後至再至三可謂
盛矣以至代隔前輩蘄之墓田如舊焉館乎不
可謂蘄無人也而今何如也館室勿圯庫廊附諸
既患濕而亦畏冦盜賓至無歸住者與賓者俱
矣且夫住之云者所謂北通主人也自非然者則

賓此若之大夫先生即其主矣余滌倒公車今年一寓此館目擊夫館之莫支也愛而莫能助也爾旋日詩以嘆之且此行余有小驪寄之廡下豈曰直貺不敢自諱併以創余過焉

浠水前賢良不薄維桑與梓聯花萼仰天携手出里門操
弧挾矢氣磅礴寸腔赤膽命千秋百斗黃金消一諾奚分
雄分概不同〻享榮名貽後澤真成官以國為家天涯兄
弟傾葵藿何愛區〻清俸錢卜兹公館為棲泊清華風憲
取次陳科貢斌〻遠承學開先慮始勿辭難後來居上益
奇拓闢碑整好封界完筆精墨妙勤丹臒主伯亞旅宛一
家僉酌居停必有恪亦有基田繫客庄他知安貺故鄉魄

此義直可合人天何但朋雅無殊膜後來後若如倒捐公
存公辦亦如約倘有么麼鼠若狐餘力不遺屏其惡從曩
經今未百年科名仕宦還猶昨千間方擬蔭多人豈讓前
規將式廓急俾勿折與勿崩海水各從輸一勺擢竹之棲
惟鳳凰心口之及亦鎖鑰亦起漢代壽亭侯封號於今天
帝爵恭惟大義薄霄雲中堂遺像黃華纂屈指十年甃南
官寮卜先徵神每格乃如吾黨居停間一念之動殊彰灼
因之默〻自舜省曾否天人無愧怍有如不肖即不天凛
予先生不可度慚余生晚盛未逢自上公車皆外託只今

數月乃託兹疲驢乃亦於兹索必恭敬止竟如何汗顏穗

頌先賢作

謝天知 字達士邑人乘崇禎壬午鄉試

崇堞 崇禎丙子為龔莘升先生作

繼浠有水繼堞以崢洶帶且礪在昔丕勍霜寒皷重石破
天驚使君涖止高不在城東山別墅一尊一枰聲皷爰作
百堵覌成辟如好月待秋而明有黎黍女餙增芳蘅南仲
山甫古徽載歷使君登斯烟靄霧橫呼吸帝座以摘欃槍
使君巡斯八鷹鏗〻宿二十八逐兹旆旌使君眺斯山高

水清極目千里慨焉慷生使君宿斯皷角枰〻明河夜墜
朱霞曉晶設險守國武事文蒞使君賦詩堞喁斯名使君
飲酒譚笑却兵言〻佗〻竄狐與鼪至誠感物馴鯨驅鯨
允矣萬年令德崇宏

滃瀼 崇禎丙子

風眺水山情潭影涵幽獨涼風起八月瀟湘滿檽屋不謂
此一泓遊寫高人躅挑花漾春飛芙蓉淡秋簇枎確踏沙
行天半落飛瀑盈〻起武問郊闗如深谷昔人樂瀼上光
澄饈相逐長吏與共生翔〻未知孰武公明德遠瞻言淇

之澳共此千古心永懐伊慎淑

題五義士祠 五人程為常徐玉蘭麥巨人胡方壺徐用極

千古無死士君父復何恩忠義夙成性感激奚足論圯橋易水上缺月予哀猿沉々晝欲暮昔人一片魂戎馬躏我郊五士為之籓一旦爭赴義唱和如埙篪報國讐未酬少婦長倚門嗟哉遂陽九壯士揔無言疇能以赤心推之如其存用士用其死不屑卹寒暄歃魂驚拱木浮恨望平原英風壽俎豆五士爰一軒金石云有泐烈性自孤騫武侯廟前栢至今霜雪根

周之篆 字字初邑人周古矜先生次子順治戊子舉明經鴻才績學留於吟咏其兄諱之翮字元如幼華神童才行冠卓惜乎早卒妹氏蕙芳亦以才稱家學淵源邑人推服焉

紀怨百首之五

哀々讀蓼莪父母枉勞瘁蒿蔚竟無成寂寞身後事彷彿機杼投想像詩禮意聖善我何幸美哉傍人議咸知伏櫪心云有過師智文采本足傳悼逢兵火棄母也軼女流當世稱莫二歲月忽已遠萊衣舞無地欲報罔極恩片語難輕置如彼焦螟聲豈揚經與義霜雪鬢邊生年華成造次筆秃舌復瘂此衷奈何關會當匍匐行踞涴髙人誌昊天善抚我懼我旦夕遂委蜕隨物化憂來夜不寐

庭前紫荊樹一夕枯復榮感彼昔人誼吁嗟命我兄同出五男女仲芳先落英伯也總秀叢欲唾風雨生最異若妹氏無復人間名讀書徹婕義風雅有餘聲二俱秀不實屢傷椿萱情至今遺憾在章句灰故城獨抛第與妹送死還營々九年始離亂日々同震驚官家急租稅抵塞難充盈馳驟郊原馬絡繹巷市兵豈不遠逃避食重命乃輕偶弟脫虎穴慟姊委巨阬一家共六口所存惟長甥要滑近憐汝來走作吳儈

孩時憶太平悄念及我族十世荷國恩芘々盛棫樸我祖原弋陽浠川來協卜肇自洪武間闢草植金谷地勢頗迥翔接渠堆鏹穀逾四乃簪纓仕不羨爵禄洪惟我大父坑志立身獨初筮宰姚江聲名異禄々稱彊毅敢任執法無撓縮夫量一以公姦猾悉屏逐至今名宦存允矣當年服掛冠萬曆初不忝權門餗父也絶時流清淨如老宿三載轍一貫五車歲三復慈愷本性存施濟難更僕念寒解縛頻憐饑輟飯速雖屢困棘圍未少廢誦讀予實愧前人其何能自淑

重念太平世莫報毋氏勞誠逺德更顯志闕才却高予忿
歲下帷家教毋悉操外以周親黨內以訓兒曹婢僕生愛
畏雞犬無譁騷輕重敬殊別直不爽秋毫欲然想膝下兒
弟姊妹號文義迭有問其樂也陶陶人生曷長住有子成
寵逝骨肉在何許嗚呼命所遭

蔡希孟 號仁目與兄希孔弟鉦俱諸生友愛好學邑令龔深器重之時有三蔡之目俱未第早卒可惜

渡壽昌

風露蕭條怨曉笳渡頭遊子問人家江南分外春來早蛙
鼓催紅二月花

桂繩生 字繩繩桂閣孝廉子多吟詠亂中早卒亾去其弟陵于廢簏中得詩三篇茲錄其一

蘭溪訪隱者

五柳先生宅臨江一釣竿癖書時篆隸任放不衣冠妻子
歌攀桂諸侯操術蘭只容任阮籍得訪卧袁安

余啟文 號雨蘄邑諸生性古朴不與俗交多著述遭亂散失僅存數詩

崇禎癸未歸自武昌過蘄城感懷

煮酒楓林待夕霞凝眸千載淚痕賒金螭蘚蝕秦碑斷石
後苔封漢獸斜落照似憐山色老西風還惜故宮花滄洲
盡是蛟龍窟橫笛陰陰怨暮笳

痛飲寒松百斛醪香山原自擅詩豪柝柳雲擁詞壇紙狼
尾霜侵翰海毫句入三泉流郢雪字凌蘭水瀉吳濤玉缸
誰剪西窗晚獨倚焦桐嚼醉螯

霜擁寒峰入暮垂憑高搔首援離歌青山不似交遊色芳
草徒多綺艷思滄海北平朝秣馬黃河南畔夜乘陴傷秋
風雨松筠老已遣青芬待雪遲

朔風昨夜逗疎鐘林氏梅村徑幾封入漏寒雞遲短角侵
朝急雨襯鄰舂白蓮知已天涯合香社文章海角宗獨對
硯床私語得素華清韻足三冬

鄒胤孝 字恭甫臨川人崇禎己卯第三甲中秋署蘄水學博有才名死於蘄人多惜焉

蓮湖秋興

面水亭臺氣色稠芙蓉柔柔足風流結來翠滿方銷夏看
到紅殘忽凜秋清爭好招仙令社碧芳還拉酒人遊多生
共有眈佳癖入首澄湖趣孰優

題蘄上石潭古松

天際孤松藐十洲何年法物寄蒼虬盤桓獨引高人撫蹄
躃時牽旅客愁雨凈霜霜邀碧落月篩雲影滿滿溪流蕭然
覽盡齊興事不禁名園對爾愁

落花歸鴈

緑暗春深鴈去時津亭信使影離離香泥巢就憐家濶紅雨飛殘怨旅羈翼倦還同垂老別心驚又是隔年期江南何必非吾土莫遣空林叫子規

田玠 號蘭石山東人順治初知蘄水多吟咏茲存其一

贈畢生

滿樹紅梅欲放春相邀促膝共譚心千鍾一飲君獨勝萬字揮毫世共傾兩色一天籬外影茶香盈室座中薰紙細目暮身千里剩有斜暉對故人

張翀 號翼伯邑諸生有才名

贈胡慶明

高踪自不藉時論讀到崎嶇淚欲潮仝作孤兒能徒立幾經國士未承恩天將著述歸松菊世逐科名玷鶴猿屛却一種相對老千秋誰只重乘軒

閔以棟 邑人明經順治初官廣德太守

桃花嶺道中

卯卯埜店圍山色處處溪流跨石橋旭日曈曈何所映蒹葭秋水欲魂消

千山落焰映斜暉幾點人家隱翠微問渡欲投前路宿斷雲一片逐人歸

金甌 字卜公攀崇禎壬午鄉試

祝清泉守心上人

青山亭畔見幽人相對唯餘玄度親自是空門忘歲月况兼遁跡遠風塵長年振鐸天花落百代傳燈貝葉新若問個中誰悟得蕭然一衲老江濱

宦撫邦 邑人字綏之官暘谷先生子順治丁亥舉明經官大冶廣文才品孤潔不愧典型吟咏大家今錄其槩

春暮如是菴 時崇禎己巳

香刹依天迴晨星傍枕明笋高爭一息花寂入無生烟磴鐘聲轉村流霞影縈朝朝此山色曲曲向人清

閒雲閣 時萬曆庚申冬

人區誰得似雲閒時宿清溪時度山追作兩奇晴亦好濟龍城去樹柳刪主人出岫同無意潭影當牀不掩關蒼碧寒松送流水朝朝閒往袖雲還

空明石上有懷

空明閣畔納空明人在空明曉夜清東髮停梳曾剔字闕

貞飲鶴聽高鳴湛然玄對閑方寸逝者孤津照物情潛々一
碧湍危石擊蘇公逸韻起松聲

秋望雨標山塔

空明水石接流光々竟寒川塔影長晚捕嶺雲天落々暮
懸溪色露蒼々世誰物表凌空立我欲身輕似鳥翔宜有
佛燈標碧漢人天清濁照無方

練光樓（本邑署內樓名練光劉大父雲巖建也賦詩紀事時順治丙申）

環城皆水碧涵堂誰解當琴引練光持此素心同潛々起
然絃指竟洋々明樓霞舉浮文采應筆瀾多接混茫不数

衡水縣志　卷二十五藝文　二六

季疵泉品第逍遥吏事一滄浪

丁丑九日鳳棲山（時多涉警）

千松圍阜綠雖陟匪高岡待鳳梧成枳來歌楚一狂寺鐘
清暮靄城柝警新霜疇有德輝覽淒風岸菊黃

玉臺丹洞

何年誰羽化留此洞誇仙丹火溪霞種玄心石壁傳三更
潭集網背郭竹吹烟赤嶂差偕秀待浮秋夕舡

太公石

川來三百里宛々愜清瀾吐納層巒容中央孤嶼寒豈應
有璜釣只合號嚴灘苔喜羊裘老濤將熊夢媚閑黎鐘送
溜斜港樹重欄漲沒一杯渡霞嘶雙雁酸背村絕沙岸隱
俗限雲端坐久知魚樂還同濠上觀

城山即事

斜石冠層林樵聲起松櫃俯此谿々陰鞫躬語樵者樵心
亦太古睨斧慵然罷安能伴汝箪移住巉岩下
朝々日東作歲々日西寫城野紛然曉人鳥冥然夜川流
兼衆木洄々爭元化感此無盡困獨立峯烟下
託身千仞巔誰念深淵墮崖々人事中緇俗同行坐饑飡

衡水縣志　卷二十五藝文　二七

飽復眠頹然無一可以此消其年寸心驚石火
天高山有云松心澹林鶴霧豹隱何求蕭々旗自卓聽松
畢良辰濤響判巖壑素月過松峯伊誰窺起落（卓旗豹石皆典此接近）

白荆晚梵

風肅亂山通鐘鳴秋滿空餘飛凝暮靄冷韻度歸鴻僧老
閒無物庭虛道在躬襟裾潛星漢獨立夜濛々

斗方山作

出門忘所適蒼翠乃東指三倚嵐秀天如鳶搖百里帳予
陟彼稀靈岫胸中起矯首且遐觀清虛光氣裏斗方其支

庶信脚纔可抵亂緩背長川嵐經川色綿探幽及秋素霜
磴清視履跂石影薄旭曉松霜亦綺步高朝爽覩石崎嶷
門啟踈々僧舍散潔清識茗理岫曲無遠攬開塗客所擬
下行與回洞肘腹接踏從瞰空俯萬仞曠望紛無紀

方外四老詩崇禎初為昭化百川老人普濟菴赤脚僧浪跡雲空頭陀開朝百二十歲僧作

百川望海趨始達知歸宿半生廊下席回光內沐浴赤脚
踏層冰々寒如來觸留蛻示後人普濟於百族頭陀戲雲
空雲深泥裡伏蓬頭面垢多道言半伸縮斯皆禪寂從混
跡泯塵黰彭殤搃一瞬豈期鬼頸續如何愚芘叟甲子兵

周足擔笈走百里七朝時事熟孕有敦龐氣大年縱遁鹿
相觀均逝水清淨對所獨

竇元吉黃岡人號善長以經術為高唐州別駕晚家於蘄北之龍山

天下第三泉

探奇幽賞訪名泉溪水蘭香別一天絡石經山穿隙古奔
濤噴雪捲花圓盛來玉椀珠光燦注向銀缾碧綠鮮習々
清風生兩腋翻然直與陸生仙

陸羽蔡泉

山空石隙湧寒流開說蔡翁結契幽薄雪聚花消積塊輕
罍沸呰逐離憂飛々黃鳥平楊度冷々蒼烟入水淨喝唱
斜陽歸欲暝心隨清梵轉悠々

楊其芳字方子邑諸生崇禎時人岩落不羈才名雄肆落紙即可得千百言未遇早卒僅存二詩其事文氏苦節可憐

賦得深谷人無跡龔孝升師所製題

遠從萬壑隱山村倒峽長迴十里縈間到壁空聞響語相
呼仍舊是啼猿

賦得平沙雁印沓

畫字堆箋漾綠滲黃庭寫似賣鵞吟箇中應有書文在只

恐風飛麥浪浸

楊樹人字時濟邑諸生崇禎時人有才名多題詠貧而早卒人多嘆惜

崇禎癸未三月初五邑城為獻逆所屠詩以吊之

遊塵盡日黰朝暉城影陰々野雀飛岸向深河流赤水巷
餘殘死點緋衣康公碑墮蓮池倒蘇子橋摧杜宇稀夢到
欠身懷舊侶相看泪眼絕人歸

見軍人謞殺無算時順治戊子閏四月日也以東山亂

馬蹄逐處泛牛來紅粉村粧背上迴路囊心魂空并斷刀
頭夫婿不知栽晴烏野陌啼蓑笠夜兒原田泣艸菜早識

秉墉咁就死子規何故向晨催

日蝕時戊子五月一日

萬古中原照一輪如何頹色異他晨失道陰陽傳太史平天事業念勞人欲提社鼓無村舍敢有直言襲漢秦極目寥空晴轉矚殘光亂掩不曾勻

楊繼暢字羕蔎九歲即見知於龔𦙍先生以奇童目之先是乃翁見大器伯賓以明經嵩欺子伯兇繼錦攀崇禎庚午鄉試早卒至是乃并力課暢以弱冠后即攀順治戊子副榜拔貢考授司李性嚴正有御縣未仕為盜所害年二十八人多惜之

擬張文潛蓮花詩崇禎庚寅王念尼宗師試明經題

翠沼初浮湧纖圓薰風輕嫋散殘烟朱垂簇就錦鴛隊綠蓋平鋪碧鴨灘晨影漾波占露宿晚香解語燦星鬟開堤霧露吹菱浪遠岸萍分映畫舡秋水有時開鈿合冶容應是帶雲蓮端莖不刺臨行遍橫練垂新淑景蹮

郭琯虞字瑤光邑人郭天谷先生之孫髙才善吟卒於兵

巴河太乙閣月眺十二月

澄江亂歷隱浮艖黃艸平湖霜氣斜逈浦流鴻隨急水嶺峯遠燒接殘霞寒心攄入冬三眛衆象同歸月一家滿目風波何處問年年蘆葉捲胡笳

程封字伯建江夏人順治乙未恩拔有才名多著述

乙未五月玉河讌集送楊繼經還蘄水

龍樓高敞蹔遊情此日羈懷偶不平橋護禁城騎馬過樹遮流水聽鶯鳴名高共對旗亭酒宦拙偏多京雒行得意南歸先有客毋忘燕市狎齋盟

王之佐字元勳萬曆時人邑庠生廣交游篤友誼與曾肴參華善易曦庵黃美中為之傳

庚午題松山寺精舍

翠到玆山欲盡收一窩松竹野雲留老僧披衲槌鐘磬聽斷無聲與鶴出

胡三奄字慶明邑庠

戊子立春後一日雪因念周弦王天格避難江洲

兒席橫城郭浮家寄遠天同雲飛六出柏岸濺孤舡蘆荻詩思亂鷗鴻去住先遥知心瀞渺佇望白山川

讀新邑志書答　楊傳人年翁

捧覽鴻篇允稱駿樹從來太史之任重亦曰維艱所以立言之名高三垂不朽剛腸鐵筆諛徇情面況屬枌榆中秘金門猶費編摩剝殘兵火若夫文成數萬冬徂而僅越夏初綫續幾希邑一而為光天下傳人年翁之邑志蓋其盛矣大凡物聚於所好漁樵作而山水失其高深抑亦志凝於不分聲氣通而性情將之移易　傳翁英資邁等至意服人精力渾於一身以問以察勤懷淬於千慮如渴如饑益匪朋遠風雷互助

咸以虛受山澤斯通玉抱璞而欲言珠遺淵而可擲予豈好辨苦心而辨者為誰我不敢知冷煖之知者惟自天官地府圖書自淂於生成人傑物豐梨棗為功於開濟且也頂踵近接不隔音徽方之新火流傳無非淑艾幸際

賢侯之作宰花滿河陽顧瞻文治之傳書史名天祿會逢適矣著作昭然載籍早収識秦關之圖大挾書無禁叨漢法之容先標學者於北方不畀楚產友天下之善士乃自蘄鄉而壁於觀感之餘竊以揄揚之一今夫與其

過而去之無寧過而存之者此可行之於昔也而不可行之於今與其過而信之無寧過而疑之者此不得行之於國士也而不得不行之於衆人存而弗論或定哀之多微辭矣無勿傳諒蕫猶之謹遺臭倘言之而無罪豈無說以於茲蓋宰官之於鄉紳腹心也手足也猶子弟之於父母將順焉匡扶焉苟非交權難云莫逆不相助理曷曰仁賢由是庶人者稱號稱尊犯上無等睚眦報於臺司由是庶人在官者為媚為讒巧法舞文慘毒馮夷城杜山東布詔父老無從而觀堂下九閽須臾何

從以緩猶及聞之先達云稅重役繁軍興民苦餽糧示欽頒之條例童子適市而可輸工食開兌支以通融予役自徵而為便催科中之撫字清剔便荷生全盤錯後之史徒四三頓殊朝暮燕子飛來飛去不改青樓商人愁水愁風何關三老點金無術雨粟不如雨金樂土懷居有土誰能有用藩籬峻設博賽公行道路皆有主之裹竹成胸而手疾天澤亦何辨之有履脫足而冠加叔敖乎優孟乎圖畫梨矣佛子也屠刀也門如市焉櫃僧而併禮以室家真成慷丈夫之慨善謳而偏善乎淇右

僧否讀頑人之篇間役搵把持而亢尊四民外禮法而
中處齒高而德則下徒積以年人衆而事則誣冒公以
舉男子於養堂乎聚訟而師訟婦人於僧徒乎出家而
作家十日平原越幽闡而罵坐滄錢巨萬嗟寒士之窮
經其在於今萬無有此伏念時代更而典刑不易滄桑
換而月旦愈平流水能西泉清依舊高山堪景石白何
緇幽蘭不以無人不芳非種有時不鋤而去要以美惡
不盡之處即是無窮但如公平無我之心知有求籍附
趨塵之後或寬越俎之譏云爾

李見壁拜題

縣志卷二十六

藝文志六　詩歌四

雷爾堪 字子頎順治壬辰進士官詞林

送王長人己丑都門還蘄水 長人諱之俊壬午舉人多氣節乙未卒於燕

千里春殘散客衣浪遊同向帝城歸驅馳四海時名重感
慨中原古道非潮落西陵闌暮雨花深夢澤麗晴暉莫愁
別後無消息楚塞風高雁自飛

胡三頎 邑人順治己丑進士官萊陽令

登蓬萊閣觀海八韻

嵐煙萬里遠天浮閣聳蓬萊控上游城內外山皆峭石橋
東西岸任橫舟中華噓浪頻開鏡海氣蒸雲幻結樓楚士
來齊窮勝槩公餘片晷暫忘愁
凌空高出白雲齊長晝晴暉望不迷山嶂徑瀾光瀲々艸
鋪平野色蔓々碧霄閶通身雖近丹鳴闌情眉幾低感慨
昔賢誰敢賦登臨那記日東西
閣外經聲悟着稀不通姓字扣禪扉心閒道牖蒲團靜骨
本仙胎杖錫飛識破渾如蕉鹿夢看來何用海鷗機々
鐘磬相催迫欲賦歸歟未得歸

浪擲韶華在昔年中間得失兩茫然因登閣向諸天近始
悟身居萬象先海捲波瀾舟子怯山藏霧靄衲僧緣自憩
塵累何時盡浸羨清閒物外仙
碧水中流湧白波潮催暮色感偏多如從石出驚濤吼更
向風翻遠響和光浸寒潭搖落照氣吞絶島撼層巢老僧
見慣都如許旅客情深可若何
恍然海市自天來一片神工總莫猜何處光浮隨霧轉還
如影繪逐雲開波涵樓閣橫空滿鯨噴旌旗映上台莫道
渾淪開鑿散任經兵火不成灰

清夢遙通碧落巖夜闌觀海小窗虛海生曙色霞霏早窗
引陽和露滴餘平旦蒼茫光漸起曉晴澄徹照如初須臾
高向東山上薄霧纖氛影自除
古洞仙居石作門仙人已去鶴猶存尋山幾領山中趣學
靜還消靜裏魂誰是相依春綠艸不堪爲伴月黄昏當年
勝蹟成荒徑緩步低迴看鳥痕

程維伊 字懷久順治丙戌舉於鄉

咏銀杏樹

登龍山麓下程杏亭宅右有銀杏一株晉傳杏山
舊仙翁嘗留此種宋郭侍郎手植也歷今八百餘
年高百尺枝葉扶疎垂陰而蓋狀如亭盛夏日不
穿地爲一邑喬木之冠異鳥時巢其上程因號杏
亭處士自擬

叢龜上人

誰云一木所關輕八百年來事幾更勝蹟爭傳仙舊種遺
風祇識侍郎名歸雲常擁遊人意過雨翻迴宿鳥聲笑傲
荒亭閒自適時來樹下問流鶯

張五衡 字南尊高才懷學舉順治戊子鄉試未第早卒僅存此詩

坐三元閣石壁有題

石壁遇茅簷藤蘿拂席前微風翻葉綠隙日動寒戲蝶
觸蛛網游絲墮鳳箋煮茗聊自適何必展陳言

樊維師 號漁湛黄岡人天啟中官部推有才名

秋日巴江贈楊菊廬傳人

憶從秋水醉黄花重訪秋河間泛槎樂府情人爭膾炙風
流紗處帶烟霞高樓待雨還總鶴哀艸誰當共聽笳惆悵
別懷今夜月數年漂泊已無家

申涵光 號鳧盟永年人

送劉雲龍之任蘄水 順治丙申

楚江遺老困鳴弦千里春光屬望偏入世可堪仍酒落愛

人何處不淒然褰帷路濕黃梅雨漉酒秋登赤壁舡我齋
三湘明月好幾時蠟屐擁湖烟

劉佑 字雲麓曲周人順治丙申令蘄水

楊傳入夏非熊諸公雨中邀遊清泉寺

近郊小飲處香刹隱層峦一宿堂何在三賢跡未殘撥雲捫峭壁倚石叱驚湍綠樹攢雕拱青山倚畫闌竹風經帙亂花雨落聲寒潭靜留天影泉井試月團溪山誰作主詩酒未妨官筍嫩真堪煑嵐輕秀可餐高談驚野衲小艇渡遥灘落日漁歌起閒情悅釣竿

午日抵郡至巴河過姚生叔彝

午日巴溪雨數騎抵君舍多君款夕靡設榻花間榭溪堂雲母屏衣冠舊王謝世講情依然歌舞歡入夜明晨欲束裝山黑雨如瀉容坐集幽齋雲光滴盃斝久厭簿書勞暫給琴尊假品茶漫題石剪燭西窗下意淡邈有餘古道照顏也

贈周天格師

紫氣黃雲覆浠水真人落落從茲起家學讀淂等身書筆鋒横欲截蒼兕雄文張楚勢莫當春明俄貴長安紙價

植棠涂水濱北闕徵書下紫綸忽爾風帆過六字海水辟飛妖蛟舞紫色鼉聲分鬬餘狂鯨奔觸崩天柱英雄暫袖經綸手石田茅舍蘭溪口青山無恙可藏書黃鳥多情勸進酒庭前玉樹復參天愛日承顏醉花柳憶予摠角登師堂依風立雪傍門墻十年人事兩茫茫覆篋無緣過沅湘何期遠志成小艸短琴瘦鶴蘄陽道摳衣獲掃龍丘門執經載酒共傾倒乃知良晤有奇緣造化器以天未老吾師幽栖意自遠不屑解嘲譏蜒蝘謝安雅望屬東山束帛行詹下絕巘迨將霖雨遍蒼生仍返初服未爲晚

贈黃美中

江夏無雙道自尊羨君白髮老丘樊孫琴有客尋羅徑五柳何年蔭竹門白練題詩驚北里清尊邀友過南村但坦叔度頻相訪小閣秋高聽夜猿

贈官綏之

稍嘗世味即抽簪不學劉郎問大鈞延客花枝代麈尾著書松休過龍鱗幾年裘馬稱豪士此日溪山作道民贈我新詩投紵帶通家孔李世誼新

贈夏非熊

千峰汗漫一枝筇門接石灘蔭古松毎有雞林徵麗句惟
應漁父識行蹤彈碁松子雲邊落染翰山光雨後濃猶憶
踏歌燕市裏竹窓同聽帝城鐘

楊傳人雨中贈菊有詩依韻和之

愁病何心到菊花忽驚荒砌繞丹霞客來翻譜增幽事雨
過寒香散晚衙愧我未能偕木石多君指日即清華子雲
無渇陶元亮栗里玄亭共一家

贈邢侗士

鷄林文價重淪川俠骨奇情只自憐山色凭欄青入座湖

光載酒綠沉舡臨池筆洗羲之墨留客茶烹陸羽泉待我
簿書稍屏却杖藜踏破一溪烟

署内隙地為築練光樓成謾題 順治丙申

山樓初眺日秋色掛簾旌遠渡來江岸飛泉雜雨聲酒難
消客慮詩可發山情信美非吾土徘徊百感生

高耀基 邑人字文仲弘基同乳弟舉順治辛卯鄉試

賦得解鞍欹枕綠楊橋

芳郊春滿絮皆飛驅馬長堤日已微月欲邀行高醉卧人
逐借倦解輕衣雨餘新翠蘄陽路薆逈清流赤壁磯敧自
今賢尋昔步橋頭弱柳獨依々

悼坡公遺碑

原是佳山水因公始一名以知千古恨不在數行爭周目
雖存宋溪雲已過明有言慎勿記且與瀉秋聲

尋蘇子與客泛舟處

磯前仍餘溪一水舟聲寂々滲聲止待月亭開夢五更有
碑尚與山相倚落霞熔徹雉影懸虵藤亂擁湖山紫賢愚
同爭此一尋不識坡公興憂喜如予則屬於何者乃向此
處揖公起公々起否泰可知予思與客遊此時

題蓮花山 山去蘭溪三里許高數十丈

蓮花寧易退嵐光此則居然君子鄉翠嶂嶙々泥不染蒼
烟冉々艶非香雨來夏際青疑蕚雪向春消粉褪房玉井
不須開十丈奇英已教滿桑滄

陳璨 字非石號渫菴邑人舉順治辛卯鄉試

夏日城南晚眺

由來此地洵烟簑城析漁歌隔岸和積翠尚留芳艸媚流
光黿鼉小舟那月明南浦深千尺山隱東門綠一坡何處
愁砧沙際起可將高致等孳離

陶學士墓

陶穀學士墓在金鼓山西麓學士爾雅名通爲宋代風流第一安得望其壟下也順治乙未秋予登此山始識其墓而拜之

登臨金鼓此山青峭壁秋光冷石屏爲憶風流陶學士荒
丘明月舞幽螢

山中偶吟八首今錄其四

曉月望山

清光將欲䀹黛色餘寒空漠漠半珪沒稜稜衆峯雄猿聲
驚曉帳桂露結幽叢捷徑長言此真心理藥籠

孤宵坐雨

簷溜迸鬧砌青苔增濕光偶然成靜對卽此驗行藏蜥蜴
鳴松危鷿鷈凍藕塘坐看飛瀑盛獨酌比流觴

綠樹聽禽

白有雙棲與沿思直到今婆娑曾未改鼓吹各相深趣此
山陰道聊當梁父吟張羅亦何薄寥廓渺相尋

茅屋翻書

當軒破萬卷荒徑綠侵衣白擬三冬曝山從群玉歸香芸
依墨老彫蠹抱硯飛從此清譚罷何勞借解圍

顧咸泰 字緘泰蘄州人順治辛卯舉人

丙申春日眺蘄上諸勝跡兼寄菊廬

淪河兔燕自飛翔天下三泉映綠楊誰謂紛茶雖往跡君
能攜我沂流光解鞍堪擬坡翁醉洗墨幾成陸氏狂獨有
蓮池相對嘯他年圖閣寄徜徉

李華 邑人號天章舉順治辛卯鄉試

辛卯公車道中作

細雨流新響解鞍倚石橋遊情知瀟灑語笑寄飄搖日近
鄉思遠雲橫雪影消殘更猶未夢忽報已來朝

邢子愿 邑人字侗士舉順治甲午鄉試文詩尚檏較朴好善嘗拾遺金奚其人還之教二子肆纖集不能自給而好賢除師拒其厚人以爲長者

登華桂山

一峰凌萬壑華桂㸚森然巖樹團遥黑花帶遠天泉聲
侵石案雲影拂煙烟不許塵人到誰能擾異觀

丙申春讀書蓮花池有感 池傳爲康茂才所濬

結廬池畔暫相依池上風光是已非兩徑煙塵空綠樹數
家燈火伴殘扉未聞雨過和香泛豈有波迴蕩月微誰是
茂才追往跡依然五月採蓮歸

何之旭 邑人字山旁順治戊子拔貢考授縣令父諱忠字靖夫嚴毅剛方篤學好友不能論人不倦常有塾師三人以教其子晚年頗以詩酒自娛之旭由啟迪者良多焉

步劉雲麓父母遊清泉寺韻

雨餘溪響岸出郭渡僧西字古苔生緑池深墨未殘煮松雲到鉢桃石夢聞湍饑鳥時窺户潛虬欲上闌山樵桑桂賤泉沸酒歌寒坐對漁燈渺行看月影圍文心如舊約詩思自忘官畏陸驚先着依劉已增餐琴歇花似落凫動尻過灘何日得尊酒重來問釣竿

朱泉詩 有序

茫埠之南去佘家數里有地曰朱隴中有磽田百頃其間涌然有泉卯出夏涼而冬溫有芹蘭生其旁其井美實甲天下土人名之曰朱泉或曰先有隱者朱君居之或曰昔土人耕於此見大石釜覆土人百計出之雲遷立至天雨雹泉沸高數尺見小龍十數皆尺許倏忽揚迅泉色赤如珠因以名焉此地無名山大川奇木怪石又無騷人逸士往來遊賞而此泉遂泥塗汩沒於荒艸中徒為土人烹解淪粟而山靈亦不得而彌發之也嗟乎世之傳學多才高行隱逸盛德之士以及貞女烈婦藏戶婢妾至性篤行而不遇青雲之表彰以自滅沒於世者豈少也哉故詩以紀之以庶幾於一傳云

猶守谿田冽澄澄久不更變遊蘭蕙重寒暑溫涼正禽鳥曾何跡風雷總未驚無人還自澈古道照蒼秔

夏奇男 邑人字非熊順治戊子拔貢父諱之謨字顯[illegible]風有才名嗜古喜文天啟年間幾售復失亦[illegible]明經薦未仕而卒補遺才焉

和黄美中浠上八景

空明木石

天生孤峙不銷沉時引幽人載酒尋空翠野雲穿石竇玲瓏潭月映瓊林水深苔沒千年字巖老亭奮萬木陰不負靈山全賴賦東坡去後聽余吟

川上流光

清川鵲目兩相宜洄繞中流色態遲碎影瀠波搖片練斜光穿水閃遊絲溪煙斷續朝暾裏塔影翩翻返照時愛此寒光開潑墨漁舟數向野潭移

三角雲開

天削三峰望裡勻偶然開霽在今旬半山黛色飛圖畫千變浮雲學鬼神瑤艸自栖西漢鹿桃花應住避秦人老僧閒坐看秋月笑殺人間車馬輪

澄潭網集

城西潭裡綠簑衣爭向蘆花小石磯曉擢亂隨煙雨下晚罾斜帶夕陽歸吹波靜鯉還驚影假寐浮鷗學息機回向輞川添小景王維應亦夢魂飛

清泉梵響
去城三里問清泉古寺蕭條幸未燃幾處殘碑委野露獨
留孤磬恋荒烟譚經僧向三生石吊古人逢九月天滿目
悲涼秋灞末歌聲恰共梵聲傳

浠源峻險
百里浠源老石封一泓天半始相逢不容鳥與猿栖壁止
許雲同月講宗山古無人知晋魏村淳有叟亦羲農何年
得結節庵住註罷楞嚴還秘鈽

三泉異味

蘄水縣志　卷二十六　藝文　十二

蘭水從來第一潭莫因陸羽誤云三神交獨我稱孤賞耳
飡何人敢再談淡到味無真是味香非嵐有淨於嵐松烟
細煑青磁酌月裡瓊漿舌上含

仙臺藥發
巖洞嶔崎澗水迴小橋石磴任徘徊山僧杖帶孤雲去古
寺花隨春瀑來靈藥幻紅傍老砌毒烟浮綠上丹臺牧童
唉指天臺路劉阮封時待爾開

畢紹昌 邑人畢祖洲子祖洲姓左友膺崇禎恩選未仕卒紹昌舉順治甲午拔貢

策山謁孫伯符仲謀二像懷詠
峰頭蘭若踞層臺彷彿江東氣壯哉三國英雄瑜亮并六
朝王業弟兄開 江東稱帝自孫郎始而後六朝繼之前此未有也 雲生舊壘旗晨
動濤響橫谿馬夜來莫歎一磁清磬後西陵銅雀久成灰

登雨標山浮屠
梯懸鳥外逼雲浮秀岀蘄春衆象悠共道關山皆北向獨
從霄漢柱西流總迷百戰新烟井檻引千圖古樹红我欲
凌風招隻鶴仙人親見下滄洲

夏昺亨 邑人字黄室少與易曦庵先生友善隱吾岸異胜負氣節隱處讀書以自意焉

野鶴山 治西北四十里為野崔山有寺曰龍泉前有銀杏参天爲邑中巨觀也因賦

蘄水縣志　卷二十六　藝文　十三

孤峯北斗峙浠陽下矚長江百里蒼杲日龍泉澗合冷薇
天銀杏樹生涼幽添古寺合雲氣遠落清鐘出井坊一㟁
前山空潤目烟浮海上曉來茫

何從先 字用卿庠生不屑功名高隱博識尤工天文地理醫筮鍼灸之學此歌則隱雾山中所作

愛葵歌
嗅野芳兮蘭蕙聽鳥語兮笙歌等野馬與塵埃忽鶴鳴於
子和三千歲之桃實非久三萬載之曇花無多嘆江河之
不返惜韶光之如梭癸乎既不沾泥而無污豈遇東風而
彫落任烏兔之自搗隨扶桑以并茂移爾於園兮并植於

山阿園非公休芳何須抜山如夷齊同作歌

丘世華 字春卿邑庠生為趙問源學憲首拔士

贈李桂海師 師諱蓀順治甲午令蘄

素月凝霜抱清懷照遠峯萬物有佳遇際之何穠〻叢爾餘豪俠能從漢使半山兒息陸梁大小來遠賓惟見好惡夷而民樂耘耔惟見骈如山而人莫撼移天地任高厚日月守四時混復梔化久悠然鳴琴思

楊繼經 字傳人順治乙未進士父諱伯廷號景一由萬曆時明經授徵仕郎人品文行雅符輿論多著

劉令序楊付老衆成一存者

咏浠川十二勝跡

蘄上勝跡久有題詠如蘭溪時雨八景則王元之先生所定也年代既遠山川色改八景中亦有不可識者黃吳中先生因更為空明水石八景蓋取夫名勝見存不與湮荒烟滅者等也余細檢譜牒見夫蘄地廣衍經昔人蹤跡頗多而表著不及終成湮没是亦生長茲土者之罪也為摭其尤著列為十二而皆以一人冠其上庶無遺漏重複之嘆而要之即十二猶不足以盡也吾鄉讀書懷古方思足跡遍天下表楊諸名山大川之勝而彈丸桑梓恍若有東南壯海之隔亦何昧哉括而廣之以俟同心

羲之筆沼 清泉寺側世傳右軍洗筆於此至今池水尚黑池崖小竹斑〻然尚墨色也

擅名自昔重蘭亭烏跡何由寄野萍萬竹猶能涵霧而一池誰使泣湘靈龍蛇隱躍揮毫出鸞鳳盤旋拂紙形幾度臨池忘野鶩清泉如寫換鵝經

陸羽茶泉 鳳棲山下有茶泉龍泉山下亦有茶泉皆為唐陸羽烹茶處而以天下第三泉名考李季卿謂蘭溪石下水為第三云得之陸羽口授今從之

蘭溪石下水潸〻騷客穿雲覓石濺聲帶春潮寒噴雪色澄秋影澹涵天龍團過雨宜新試金鼎當風好漫煎一啜溪流忘底事塵囂如洗任孤還

葛洪精舍 治南十里有葛公山晉葛洪隱於此今有遺祠列於山際

逃名欲與白雲深携得烟霞種石陰錙貴青泥松作灵洞

呼明月鶴依林西流無盡澆僊藥天馬常看長道心可是昔人乘鯉去鹿門精舍晚鐘沉

道陵僊洞 城東一里有玉臺山漢張道陵自蜀青城山来煉丹於此至今丹井石床宛然也

何年闢洞此山巔萬派幽光入冷然皆欲襯青滋藥徑月能浮白與丹泉青城煉就神光徹蘭渚珠飛石竈傳夜陟玉臺人不見月明燈火傍漁舡

公瑾花洲 蘭溪東下為散花洲周瑜赤壁戰勝散花犒士處也與西塞山對

西塞東風撲面来陣雲猶壓散花臺千帆一炬波濤赤萬甲齊銷鼓角灰醲酒搴旗雄建業梔流橫槊動江隈只今

剩有遺踪在腥血辦辦長緑苔

仲謀城址 治西二十里爲城山即孫仲謀進兵赤壁駐師遺址當恃瑜以舟權以陸故經此

中原不肯讓曹瞞吳蜀同仇借羽翰江艘揚帆横漢渚岸營壁峙山巒周郎廟畧推天授吳主軍容亞地盤赤壁雄圖今已矣里人猶似角聲酸

壽亭義井 治東義井漢關羽淬劍於此

玉井當衢石甃凉壽亭曾此淬鋒芒千秋名義君臣重一劍安危砥礪良霜刄有能扶漢鼎冰沉從此重浠陽蘄人莫說苔封舊尙有寒泉湛月光

玄宗寺額 華桂山舊有濱陽寺相傳唐玄宗鑾輿行在賜名華桂載寺碑中

鑾輿何年出未央下方樓閣繞龍章濱陽有額傳雕篆華桂題名改不妨寺借王言香御墨山隨僊輦增慈航講堂休覲由來易曾沐綵綸五色光

蘇子緑橋 東門一里舊有一溪橋蘇軾乘月醉眠其上作辭有解鞍欹枕緑楊橋之句因名焉

壬戌元豐客路岐一溪橋畔漫題辭非關乘醉眠芳草多是無人和舊詩泥障玉驄驕未歇月明潭水影長知清泉道上人何處暮雨年年叫子規

伍員劍石 治南楷山有春秋大夫伍員試劍石遺跡奔吳經此報父仇也

烈士傷心念父兄精誠直與斗牛横斬鯨有力開金石縱怒何心重死生三尺孤踪苔影没千年遺恨劍痕平披榛一吊奔吳事慨慷猶聞叱咤聲

佛印斗方 治東五十里爲斗方山宋佛印禪師嘗住此

佛印幽居樹半遮斗方峯巒萬松斜薜侵百合時封洞雲鎖孤岑好作家怪石無勞移遠供山門即此鎮京華曉来渾謝人間事沿徑徐徐摘茗花

虎師三角 三角山在治東六十里唐伏虎禪師開山於北山多虎師來虎去久之龍王日聽法寺傍石筍雙出宋仁宗賜額曰龍門高宗更賜號曰慈應妙濟禪師

天半危岑迥不常老僧精舍野苔荒每拈卓錫驅饑虎時歛陰雲護石房龍自聽經非法縛笋時穿舍豈人忙箇中消息誰探得獨倚三峯看夕陽

楊欒善 字秀升邑庠生性靜默孝友貧而苦學不遇早卒所著有春秋四傳纂及放生文

崇禎癸未讀書黄石港望梅山故居

落日江流静徘徊念舊丘故園人有意或亦在高樓

李之驥 字晋公中順治辛卯鄉試本姓鄧

石嶮

一派崚嶒兩岸邊居然吳楚劃江天無風亦浪晴翻[illegible]

水雞平陸使舡地脉潛通人力阻山靈橫絶海門穿怪成
避地成傾盖黍得三生下拜緣

李見瑶 字仲崑順治甲午恩拔

太公石

一卷究在西流中溯指三山海日東意不在魚隨地得情
將去汝與天通頃啚近市濟枍水遐取興王大以風夜半
月明燈火靜誰言無是蜀君公

楊鍒用 字自猷順治年外恩貢

同瞿七夫遊資福寺賦古銀杏樹

婆娑蒼翠影瞿曇手種由來不記年枝卧雨雲藏宿鳥幹
縈蘿薜累朝烟椽傍久改東京路蔭下徒看北隴田梵刹
盡非當日古惟同殘礎記前傳 樹傳自唐来樹下為東京官道今為田塍寺前荷葉
殿為徐壽輝所焚今惟巨礎數十列其處

郁文初 字彬如崇禎恩貢任韶州守多著述

從英德閒居思蘄水

竹間茅屋倚山居猶讀當年舊著書入世不留韶幕綬還
鄉難得郁溪魚穿巖避世嫌山淺補塹成園慮淡踈兒輩
譚經知我志深宵有月入窗虛

列女詩

貞婦周氏致柔 邑人字德芳邑名士周廷濂女周之籛
文弟也博覽群籍偕好佛書邑庠生
朱朝吉〻毋初有身為其嫡其夫人所嫁數目占
生員庶朱康侯先生無子方知始怨歸甫數年占
卒氏以指甲自誓未三十古
所著有鳴瀨集茲錄其一

先舅諱日

瞻彼蘋與蘩油〻溪澗綠薄採持以歸欲祭無籩豆先舅
樂丘壑常欲解朝服特置郭內外衣食足麻粟君顛未可
歸赤松來復暮蹉跎箕穎志不幸忽焉沒孽子竟何依惴
〻如臨谷胡床空臥壁握粟卜所淑歸來視田園阿姑鞭

管逐揮血訴昊天曷為逢置怒良人生不辰本自小星出
在腹毋被遺曠野居然育男聞喜持歸豈知又哭元階珠
掌上看回首更魚目螟蛉披綺羅真子若耕耨踽〻十七
年百計暗荼毒須臾失防淵衆口喧然讀綫喜認天真父
子相泣訴忍聽曳杖歌泰山頹何速三飧鮮可飽假寐思
茵褥上山云採薇今世無優孟

高僧詩

釋海梁 號恒度崇禎中與邑之名流相
善龔孝升先生築浴蓮庵居之

初遊清泉寺

憑虛古寺隔城寰冥息潛然物外閒風過野花香入袖月
明潭水碧流灣鳳棲山掛松雲裏洗筆池存竹靄間身住
此中心未住綠楊橋畔艸斑〻

釋性讓

屠公一新清泉舊廢紀事

袈裟新復破蒼苔枯艸猶嚴次第開山靜不留雲自去泉

清還喜月明來虛分蘿薜登樓閣遠望河山辨劫灰佛事
豈離人世界漫教塵世落塵埃

釋洪壽

秋日同費文學游清泉

興來攜友陟高岡八月秋天果半黃遠望青山沉暝色近
餘綠水送烟光樊中野雉無人縛檻外孤猿任自狂歲稔
田家無迫事村歌社飲樂羲皇

釋三昧 崇禎初以
律師名

題斗方偈一首

斗方堪卓錫諸子與心同怪石疑蹲虎蒼松類伏龍經行
羅漢窟坐卧兩華峰數座期他日毘尼演梵宮
釋三藏 順治時人築綠蘿菴住

綠蘿菴
寂〻松陰蓋艸廬羅〻蘿薜倚窗楼無人且看殘書籍有
客何妨短句鈎栢子焚爐香更滿鳥聲萬樂暮鐘幽柴門
不費雲來掩風月乘閒好伴遊
釋最弱 號石生匡山高僧順治中演法浠上

春日送人居大士閣

一江春水浪頭高時送幽人就古巢深默舊房除破衲欲
燃新火拾枯茅秋冬不變知堅守早夜清修見特操禪榻
烹茗一選勝隨方敷座剪溪毛
釋天章 順治中演法三角山

三角四景

拜經臺
眼底孤峰剩外經昔痕月印出微塵磨穿石骨知無別斷
愧當年為後人

桃源洞 傳聞內有入定精
杖桃源洞未開綠撐碎翠峭春臺虛空定起花飄祓灕
子曾傳莫浪猜

石船
風波險處石為舟直溯雲濤駕廓寥櫓棹不施君便渡別
峰無事手相招

天橋
何年鞭石駕長虹碧落無門却許通曾是御風人去後簡
留鳥道碍虛空
釋戒顯 號晦山太倉人有詩名順治丙申過浠上

題法華菴壁
法華此蘭若高出層城巔浠水西逆流澄渟繞其偏我來
春正莫深綠暗江天夜雨雜清梵聚首話雲禪東坡有醉
墨漾舟泛晴川鉄書秀萬古賦詩響流泉滄桑世巳變韵
事迺獨傳傍此忽四宿洵屬三生緣行〻重回首企想在
昔賢
釋海底 號千尋順治丁酉客浠上

再登玉臺山
夢說登臨杖履輕況茲勝蹟更閑情雲端鴈落新窺樹溪

上波四舊繞城斷岸尚遺丹竈在荒榛空有綠橋名滄桑
世事成今古極目蒼烟感自生

釋道惺 號箒觀恒度高足善吟咏龔孝升先生及諸名流多唱和焉

坐浴蓮庵

池上樓閒夜不扃晴峰遥對片窓青嗔生艸際虫先覺涼
到砧前杵欲停星照露光多在竹月摒人静細移櫺蓮花
香遍情如浴何處繁華肯獨醒

釋宗暉 號鼓宗住松山

送智劍禪師淅行

玉城主人曾舊識相逢又近南征日欲掃龍門老淨圖應
到爲航新丈室龍門有子嚴江濱君行正值越山春多煩
代禮雲中叟為問天華今幾人

釋寂果

空明閣次韻懷古

一溪烸色動寒畔千載幽思溪上頭斷岸春四蒼踪滑長
天日暮碧雲流野樵意懶摹殘碣仙客名沉鼓卧斜憶昔
浠川匕底月空明閣上照誰遊

劉佑 字雲麓曲周人順治丙申令蕲水

重建蕲水縣儒學記

順治十四年
上允科臣奏
詔天下郡邑咸脩學宮不佞佑濫竽浠宰奉
督撫　監司　郡守檄躍然興起曰是可以崇明祀隆
師儒端士習彰
聖天子右文之深意矣夫浠之黌宫焚於兖焰距順治丁酉
已十有五年前此令浠者蓋五人焉非無修復更新之志

而卒不克舉者無
明詔於其前良大夫率先於其上耳於是集紳衿於庭告以
捐助建修之諭皆曰
天子念我士民無禮無學有年所矣育之於前而教之於後
堯舜之仁也然自兵興以來浠人之家在在懸罄非衆力
之合其能濟乎議里甲爲均輸庶可以應
明詔而成盛化因上其議於
督撫監司咸俞允以從事顧西南之戎馬未寧荆襄之轉
輸日亟戢吏往返水陸交并工徭繁襍民音欲竭下吏有

方圓並畫之難而盛事多鞭長馬腹之憾越三年乃始盡
廟貌列俎豆釋奠於
至聖先師又踰時乃始就東西兩廡大成之門具宮墻可
望矣是役也學諭李君以端雅鎮士彙司訓潘君以多才
精幹董工役而善撙節多士歸其鈞鑄不佞佑賴以免於
戾獲覩成功庶期將及宜記其事以授後人俾勿壞已成
且踵前事而增華焉故敢為之言曰浠固黃之才藪也自
余蒞任登書者四捷南宮者三余得忝榮焉至賡賡雅雅
以六義相質使余得效古之良令相從于事友之間者不

為無人黌宮既成正互相詠諸之地矣夫古之為學以六
德六行為治身之根本今之為學以詞章制藝為進取之
先資然修文者源本先明而身治者英華自出今古一揆
也浠之庠序昔著蓋大備焉第以一炬灰之竭歲月之力
始具規模何其毀之易而成之難也君子之修身樹德亦
如是矣齋祠庖湢籩簠樽爵之未備不能無待於後賢何
其獨任之勞而共濟之逸也君子之觀摩借助亦如是矣
假令過此以往城闉之挑達未還風雨之摧殘不戒何能
保其無缺君子之學有埴而毋落富有日新之不倦亦如

是矣余碩二三子去華而就實慎外而脩內使
國家取賢歛才於是中若挹水於河而取火於燧不其侎
歟敬相期於斯記

重建浴蓮庵記

昔歲在乙亥合肥龔公來令蘄水小大吏治莫不脩舉其一切治狀傳之輿論聞之輩道者莫能枚舉維時蛾賊雲擾郊闕雉堞而外朝夕為赤眉青犢所往來公擐甲登陴與為堅守每戎事之暇小憩於城之北樓進邑之聞人墨士拊髀嘯詠以雅歌代折衝邑中有高僧恒庋梵唄脩持而外復精於四聲六義之學公因於昭化寺左卜地為精舍以居之顏其庵曰浴蓮名從庵因僧也庵前有清池為菡萏芙蕖之樂國故庵名浴蓮因地也庵側建小樓庵先

成而樓後作因庵也樓曰秋影蓮故不宜秋也而秋影之義與浴蓮不相蒙又以不因乎庵也樓之前後皆隙地因為種植四時花卉之屬適堪作園公乃統庵與樓而名之曰如園〻在庵中則庵為主而園為客庵在園中則園為主而庵為客公之意吾不得而知也公治蘄七年而公以
詔徵去公甫去而蘄不守向之所為浴蓮秋影盡已蕩為荒烟冷風而邑中之聞人脩士與恒庋上人大率消歸于一杯之黃土丙申歲予奉
命來令蘄水一切治狀深媿不能如龔公因公而思其所與

遊者皆不得見〻恒庋之徒莘觀亦復學道能詩不減恒庋遂如見恒庋焉予既因莘觀以知恒庋而莘觀又復不遠數千里往謁
公〻更為捐貲購藏益弘前志余遂推廣公之意即浴蓮之故址創三楹以居莘觀名仍舊從公也庵之側不暇更為作樓〻之前後不暇更為作園以庵為始基而以樓與園為繼事正以從公且以尊庵也使他日之作樓與園者以庵為主而以樓與園為客此或者乃公所以居恒庋之意而亦予今日居莘觀之意也公前為恒庋置庵田租三十二石予為莘觀置庵田租亦三十

二石公名鼎孳歷官都御史朝野仰重曲安劉佑記

玉臺山記

不遠鷲而得溪山之樂一投足有餘情莫蘄若也蘄之勝在水石閒水源於英羅英羅不能有其美而美於蘄穿雲裂石垂虹懸練嬌々然舍水之常性而趨於西傲倪自得行百里然後肯與江合水所同西所獨也十里一澄淵五里一環碧曲折有意而撓之不濁水所同清所獨也中水之百里而為之邑邑不能有其美有其美者莫玉臺若也始玉臺之上閭閻雜居山情隱而不現世亂居民之棟宇靡獨神光一觀睢陽一祠存荊棘中余令斯邑修邑誌閱

山川得玉臺於郭外而樂之於是剪惡木薙叢草除瓦礫有洞穴藥丹出莽莨中傳為仙人張道陵遺跡而余觀玉臺之妙有不以古人為重輕年代為存亡者乃斜工庀材創閣於其上曰挹浠右俯觀而左臨於祠閣中邃宇使可以泝洄櫺仰固留雲月於其閒亭於閣之左曰春曉虛窗可啟使有以受四山之情而不相蔽作書室數椽使邑之俊人佳士弦誦其中是令職也經營相度闢徑治畦滋蘭植竹無勤於民而役以竣閒嘗與賢士大夫過賓僚叉持山蔌野酌登覽其巔長川東來碧波渺々天光雲影蘸湄於席前去則迴瀾遠郭蕩溪漣漪漁人網集鷺鳧奮驚種種生其情態明沙鋪兩岸雁遺爪指人留屐跡步步可得靜觀而有時山漲排空浮漚似雪一轉盼間撼山鬭石聲作雷鞫動心駭目凜然掠玉臺而西也左顧則葉薇嶙峋鳳栖競秀如持如罥如倚如扶右眺則烟火萬家山樓粉堞疊宮縹緲上接層霄又有寶明石上之書隱々若相拱揖遠山如黛濤與雲同千重百疊四顧皆成圖畫一坐其中樵蘇入市收馬飲河鳥過夕陽船回渡口歷々皆可指數至於市散人歸川虛谷靜暝烟欲合山月將升疎鐘閒

於隔浦款乃發於扁舟於斯時也有不令人心曠而神怡者哉夫天下之物皆有所欲托而常患受之者無其地故玉臺未修凡可觀可感之情莫不散為風雨蕩為霙暄相泯於無聲而人不覺及其既脩則環浠百里之內山川雲物草木禽魚含靈氣而具性情者雖欲不以玉臺之亭閣為歸不可得也由是流連詠歎篇章唱和所以受此一段幽奇者不止在區々亭與閣之間而亭與閣則其始基之者矣予故詳記玉臺之勝以告來者而且以為蘄之山川水石處々有足觀接應不暇不啻在山陰道上也

志跋

古今之所以常存而不墜者惟名而已矣山川以名而靈人物以名而著性情功業以名而留名存則人思慕名存則人思奮慕與奮卽人心之所由興而世

道之所由治也蘄之爲治舊矣蘄人之知奮與慕亦舊矣而獨是高明者或能窮極夫宇宙之大而不能不乖黙於州里之近庸固者或謹安夫践履之常而卒不識夫行習繇来之舊閭山川爲不知閭人物爲不知閭性情功業爲不知豈可慕可奮者偏在九州之大千歲之遥而几席之近瞬息之前竟無一可爲觀感懲創之助者耶善夫古人之爲志也志與史同源而異名

其紀事必覈其徵聞必詳其立言必徵其持論必正故天下容有不畏法之人而斷無不畏史之人則天下容有不畏罪之人而斷無不畏志之人志也者與史相爲表裏者也蘄志也者與

蘄相為終始者也夫志與史相為表裏則不可以一日缺蘄志與蘄相為終始則不可以一日弛而缺為弛為之若此者毋亦人皆知畏志如畏史而曾無一破積畏者暢然而用之也丙申

志跋　三

冬曲安劉公蒞此土索蘄志讀之而不可得遲之有易生者以一帙進亦漫殘散蠹闕自穆廟而止夫明之功業文章循良卓異未有盛於神乾者也而闕不得書不幾如視日月之光者見其晨明弦朔之初而不覩夫滿望正中之盛也耶且咢單之際逸事為多槩置弗録後何所攈公為慨然慮之因進蘄之衿紳而謀修復之而諸衿紳亦慨然

志跋　四

任事或旁為搜或遥為訂或表及已枯之骨或旌及未慰之靈以至疆域典籍風俗田賦罔不細大咸稽纖悉畢具以庶幾存史之意而因以無負公毅然修復之心嗟乎公之有

功於蘄可謂大矣今試執簡而披可以懲可以勸也可以予可以奪也可使山川在前人物在列性情功業在望而予得卧之遊之進之退之而模之範之也微公言蘄之人徒知志之宜修

而不復任徒知志之宜修而不復亟則將不復有志不復有志則將不復有蘄而所為數千百年之山川人物性情功業悉如光耀之閒於無有又何從得可慕可奮者而慕之奮之也哉今

故曰公之有功於蘄大也是人心之幸而世道之慶也因走筆以紀其畧

順治十四年季春吉旦邑人楊

繼經題

荊楚文庫

〔康熙〕蘄水縣續志

〔清〕李振宗 纂修

《荊楚文庫·方志編》編纂組

組　長：劉偉成　陽海清（執行）

副組長：劉傑民（執行）　王　濤　謝春枝　郝　敏　嚴繼東　范志毅（執行）

參編人員（以姓氏筆畫爲序）：

王　濤　李云超　宋澤宇　范志毅　郝　敏　柳　巍　馬盛南　陳建勛

夏漢群　梅　琳　陽海清　彭余焕　彭筱溦　楊愛華　雷　静　劉水清

劉偉成　劉傑民　謝春枝　戴　波　嚴繼東

編　審：周　榮

顧　問：沈乃文　李國慶　吴　格

前言

《〔康熙〕蘄水縣續志》四卷，清李振宗纂修，清康熙二十三年（一六八四）刻本。

李振宗，字欲仙，清浙江嘉善人，康熙三年（一六六四）進士，時任蘄水知縣。

蘄水明代邑志，嘉靖蕭璞所修者流傳於世，其後有閻士選於萬曆年間續修，已佚失無存。前志成於順治十四年（一六五七），由邑令劉佑延楊繼經等纂修，歷二十八年而至康熙二十三年，時清廷輯天下郡邑志書，李振宗遂與衆鄉紳舉以志事。是書爲前志之續，收入順治十四年後之秩官、名宦、人物、藝文等邑中事蹟，匯爲四卷，於康熙二十三年付梓。

志分四綱：食貨、選舉、人物、藝文。選舉爲表，其餘爲志，卷首列序、目录、凡例、姓氏。其大綱延續舊志，無所增益改動者不録。田土規則，舊志詳載明萬曆初年所定，是志『食貨』依新定《賦役全書》編次，使清初的供輸情況，一目了然。『選舉』編入順治十四年後者，按年爲序，其中官員政績㦤著者及『選舉』『出身』『懿行』足述者皆以其類列傳。舊志『人物』分類以年代爲序，是志依之，每目前以『清』標註年代，另有補遺，補入舊志未録之明代人物事蹟，並以『明』標註年代。舊志『藝文』依班固《漢書·藝文志》體例，著述爲先，詩、詞、歌列後，是志依之，並分上下。上部録序、傳、記等文章，下部所録者多半爲詩，間雜歌賦。舊志未入之作者，是志依照舊志慣例於其名下簡介其出身及事蹟，舊志已録者標以『見前』省略。

據《中國地方志聯合目録》，是志有康熙二十三年刻本，國家圖書館、中國科學院、浠水縣博物館有藏。本次據國圖藏本影印。該藏本原缺凡例第二葉，且多處存在字跡缺損、漫漶不清等現象。該底本原缺卷二第五、七、九葉，卷三第六、十、二十一、四十九、五十一、五十五、五十六、五十九葉，卷四第五、十三、三十一、三十二、三十九葉。（彭筱溦）

目録

續修蘄水縣志序

邑志修於明萬曆之初年重修

於我

世

祖皇帝御極之十有四年歲在

丁酉煌煌然有裨於邑治者至

重也然幷得易生有彖什襲之

一策劉公佑爲之傅謀廣蒐楊

先生繼經爲之殫心於編輯也

百餘年間其中疆域形勝之變

遷田賦規畫之損益鄉薦紳之

名號爵秩牧長之里籍政教邑

人氏之德行文學孝義節烈賢

人名士之作爲古文詩歌足以

動激勸而備采獻者吾知其泯

滅無傳矣由是觀之志之繫於

邑治者誠若是其至重哉自丁

酉至今又二十有八年余欲有事於邑志者亦已五年前以楚疆日勤軍旅下吏奔走供億奉職不遑方今六合晏清

朝廷崇右文治纂修典籍次第告成復

命左右大臣輯天下郡邑全志以垂萬世兹一偶者其何辭以告

無關乎甲子之夏乃謀於薦紳先生暨邑人士舉邑志而續修之修丁酉而後之秩官名宦德行文學節烈藝文而續於前志

之未也若夫沿於昔而安於今仍於今而不能不或變於後者封域形勝也利於昔而弊於今酌於今而不得不盡變於古者

田賦規畫也後或有所更定則
志可得而修也留心邑治者之
任也余惟敬以俟之也厚於昔
而薄於今釀於今而不能不善

序　五

挽於後者習俗推遷人心趨向
也後將有所轉移亦志之可得
而載者也亦留心邑治者之任
也尤不獨余一已之敬以俟之

也昔
康熙二十三年歲次甲子仲冬
穀旦
賜進士出身文林郎知蘄水縣

序　六

事魏塘李振宗題

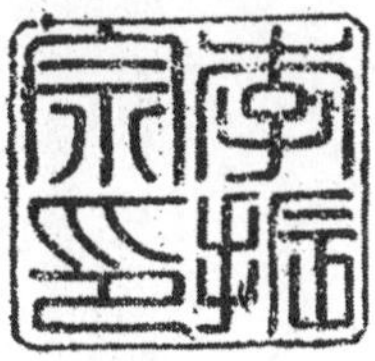

此康熙續蘄水志原附丑
字三三九八號順治蘄水志
民廿一年十二月七日提出
歸入善本乙庫

趙孝孟誌
趙錄綽

目録

凡例　八則

一志者識也禹貢職方尚矣其他紀載裨官各以備故列輿圖使覽者展卷而得其指畧此志之所由以時蒐輯毋令闕文也蘄志散佚於兵火幸曲周劉公與楊傳人先生購集成書不致湮沒無稽按舊志越今僅二十有八載余不敏未敢漫焉更定祇從丁酉以後別爲登記亦與諸薦紳多士共相參訂弗狥以一己見聞

一沿革形勝天文地理等類槩仍其舊弗復更贅至風俗則於變難期災祥則清寧無象大約俱在所畧矣

一戸口隨時升降不等雖癸未之變城遭屠燬幸今生齒漸繁而蘄之編丁又從田糧酌派於原額無甚出入云

一田土規則悉照明萬曆初年定制詳載原志不復列其賦稅裁復不常今依本年新定全書編次一覽而供輸之畧較然矣

一秩官選舉俱從丁酉以後挨年序列而政蹟燄著者別志循良其由選舉出身懿行足述各以其類傳之

續修縣志姓氏

蘄水縣知縣事李振宗續修

縣丞李　容

典史施鳳翔

署儒學教諭事金　玉

訓導李之岳

鄉紳王保釐

張邦福

李成棟

南之傑

畢友宜

畢紹昌

周　梓

楊純貞

張屏公

畢紹夔

邢　雲

諸生孫祚昌

官純佑

魯　論

張逢年

官純滋

胡提詔

食貨志

粤稽癸未之變戶口上田較之曩昔不可同日語已今生齒既繁荒蕪盡辟自四境多事而賦役之議裁議復也數矣嗤茲山國民力幾何非上之人培植而樽節之亦奚堪命耶茲依新定全書編入於舊志微有出入云

原額田伍千玖百伍拾貳頃玖拾捌畝伍分玖釐貳毫壹絲陸忽

上田壹千伍百壹拾叁頃柒拾陸畝陸分肆厘玖毫

壹絲陸忽

每畝科秋糧民米柒升貳合叁勺該米壹萬玖百肆拾肆石伍斗叁升壹合柒勺每石併新加顏料等項共泒銀陸錢伍分叁厘陸毫肆絲壹忽柒微玖塵玖纖該銀柒千壹百伍拾叁兩捌錢叁厘肆毫伍微內英山縣民段廷先買官田叁頃叁拾畝伍分柒厘該米貳拾叁石玖斗貳勺

中田壹千伍百捌拾頃叁拾貳畝陸分捌絲肆忽

每畝科秋糧民米陸升叁合柒勺該米壹萬陸拾陸石陸斗柒升陸合陸勺柒抄每石照前則例泒微該銀陸千伍百捌拾兩陸毫伍絲捌忽伍微玖塵陸纖內英山縣民段廷先買官田壹頃柒拾肆畝伍分玖厘該米壹拾壹石柒斗肆升玖合玖勺

下田貳千伍百叁頃伍畝陸分伍厘捌毫陸絲玖忽

每畝科秋糧民米伍升伍合伍勺伍抄肆撮該米壹萬叁千玖百伍石肆斗捌升伍勺陸抄叁撮每石照前則例泒徵該銀玖千捌拾玖兩貳錢叁厘叁毫肆絲伍忽伍塵肆纖內英山縣民段廷先買官田叁拾壹頃貳拾肆畝

貳分肆厘該米壹百柒拾玖石壹斗壹升玖合肆勺

山水鄉田叁百伍拾伍頃捌拾叁畝陸分捌厘叁毫肆絲柒忽

每畝科秋糧民米肆升伍合陸抄玖撮伍圭該米壹千陸百叁石柒斗叁升捌合捌勺貳抄貳撮壹圭每石照前則例泒徵該銀壹千肆拾捌兩貳錢柒分柒毫叁絲肆微柒纖

肆則田照糧每石帶科官米貳升捌合玖勺陸抄貳撮叁圭該米壹千伍拾柒石柒斗壹升伍合

叁勺柒抄貳撮內除直隸英山縣民段廷先買
過下鄉民騐正文等連界田糧貳百貳拾石叁
斗肆升貳合捌勺奉文　題准每石折銀伍錢
另觧司不派條編外實徵米捌百叁拾柒石叁
斗柒升貳合伍勺柒抄貳撮每石照前則例派徵該銀伍
百肆拾柒兩叁錢肆分壹厘柒毫壹絲伍忽貳
微叁塵貳纖柒渺
每畝科夏稅小麥捌抄柒撮貳圭柒粒叁粟該麥
伍拾壹石玖斗伍升肆合伍勺捌撮秋糧內帶派

每畝帶派稅桑絲壹厘叁毫肆絲叁忽陸微陸塵
陸渺該稅絲叁拾玖觔柒兩柒錢肆分玖毫柒
絲玖忽陸微〇該桑絲壹拾觔柒兩玖錢肆分
捌厘伍毫玖絲叁忽捌微秋糧內帶派
額地壹千肆拾柒頃伍拾畝貳分肆厘肆毫貳絲叁忽
上地叁拾陸頃叁拾叁畝柒分貳厘陸毫伍絲玖忽
每畝科秋糧民米陸升叁合柒勺該米貳百叁拾
壹石肆斗陸升捌合叁勺捌抄叁撮捌圭每石照前
則例派徵該銀壹百伍拾壹兩貳錢玖分柒厘肆毫

壹絲壹忽叁塵
中地壹百陸拾伍頃玖分貳厘陸毫玖絲叁忽
每畝科秋糧民米伍升伍合伍勺伍抄肆撮該米
玖百壹拾陸石陸斗玖升貳合肆勺玖抄伍撮
每石照前則例派徵該銀伍百玖拾玖兩壹錢捌分捌厘
伍毫叁絲貳忽肆微肆塵貳纖貳渺
下地捌百肆拾陸頃壹拾伍畝伍分玖厘柒絲壹忽
每畝科秋糧民米貳升陸合該米貳千貳百石零
伍合叁勺伍抄捌撮伍圭每石照前則例派徵該銀壹千

肆百叁拾捌兩壹分伍厘伍毫陸絲貳忽叁微
叁塵玖纖貳渺
叁則地照糧每石帶科官米貳升捌合玖勺陸抄
貳撮叁圭該米玖拾陸石玖斗柒升伍勺捌抄
捌撮每石照前則例派徵該銀陸拾叁兩叁錢捌分肆厘
貳絲玖忽叁微捌塵柒纖叁渺
每畝科夏稅小麥捌抄柒撮貳圭柒粒叁粟該麥
玖石壹斗肆升壹合捌勺陸抄捌撮秋粮內帶派
每畝帶派稅桑絲壹厘叁毫肆絲叁忽陸微陸塵

陸渺該稅絲陸觔壹拾伍兩壹錢陸分壹厘〇
該桑絲壹觔拾叁兩伍錢陸分貳厘陸毫壹絲
肆忽秋糧内帶泒
額塘陸百叁拾陸頃陸拾玖畝肆分伍厘壹絲壹忽
上塘壹百柒拾柒頃叁畝肆分叁毫柒絲
每畝科秋糧民米柒升貳合叁勺該米壹千貳百
柒拾玖石玖斗伍升陸合壹勺每石照前則例泒徵該銀
捌百叁拾陸兩陸錢叁分貳厘捌毫伍忽壹微
貳塵叁纖柒渺

中塘貳百貳拾肆頃柒畝玖分壹厘叁毫柒絲
每畝科秋糧民米陸升叁合柒勺該米壹千肆百
貳拾柒石叁斗捌升叁合壹勺貳撮柒圭每石照前
則例泒徵該銀玖百叁拾貳兩玖錢玖分柒厘貳毫
陸絲伍微叁塵捌纖肆渺
下塘貳百叁拾伍頃伍拾捌畝壹分叁厘貳毫柒絲
壹忽
每畝科秋糧民米伍升伍合伍勺伍抄肆撮該米
壹千叁百捌石柒斗伍升陸合伍勺每石照前則例泒徵

該銀捌百伍拾伍兩肆錢伍分柒厘玖毫壹絲
肆忽肆微貳塵壹纖柒渺
叁則塘照糧每石帶科官米貳升捌合玖勺陸抄
貳撮叁圭該米壹百壹拾陸石叁斗壹升玖合
伍勺伍抄玖撮每石照前則例泒徵該銀柒拾陸兩叁分
壹厘貳毫貳絲伍忽玖微壹塵玖纖玖渺
每畝科夏稅小麥捌抄柒撮貳圭柒粒叁粟該麥
伍石伍斗伍升陸合陸勺貳抄肆撮秋糧内帶泒
每畝帶泒稅桑絲壹厘叁毫肆絲叁忽陸微陸塵

陸渺該稅絲肆觔叁兩伍錢陸分陸厘貳絲〇
該桑絲壹觔壹兩玖錢陸分捌厘捌毫秋糧内帶泒
以上共科秋糧米肆萬伍千壹百伍拾伍石陸斗玖
升伍合貳勺壹抄肆撮壹圭内壹隸英山縣民
段廷先等買過本縣下鄉民崙正文等連界田
糧貳百貳拾石叁斗肆升貳合捌勺奉文
題准每石折銀伍錢另觧司不泒條編外實徵
米肆萬肆千玖百叁拾伍石叁斗伍升貳合肆
勺壹抄肆撮壹圭内壹斗以上起科没官等田

米壹千貳百柒拾壹石伍合伍勺貳抄壹圭以
下起科民米肆萬叁千陸百陸拾肆石叁斗肆
升陸合捌勺玖抄肆撮壹圭（奉例清丈不分官民一体編差）
夏稅小麥陸拾陸石陸斗伍升叁合
夏稅絲伍拾觔壹拾兩肆錢陸分捌厘
桑絲壹拾叁觔柒兩肆錢捌分
田地塘共柒千陸百叁拾柒頃壹拾捌畝貳分捌厘
陸毫伍絲
實載秋糧米肆萬肆千玖百叁拾伍石叁斗伍升

貳合肆勺壹抄肆撮壹圭
額徵銀貳萬玖千叁百柒拾壹兩陸錢貳分肆厘
伍毫玖絲捌微玖塵貳纖壹渺
夏稅小麥陸拾陸石陸斗伍升叁合
夏稅絲伍拾觔壹拾兩肆錢陸分捌厘
桑絲壹拾叁觔柒兩肆錢捌分（叁項入秋糧內帶派）
原額人丁壹萬叁百玖拾丁每丁併新加顏料等項派
銀貳錢玖分貳厘捌毫玖絲陸忽伍微陸塵捌
渺

額徵銀叁千肆拾叁兩壹錢玖分肆厘陸毫肆絲
叁忽陸微肆塵肆纖伍渺
以上丁糧絲麥共徵銀叁萬貳千肆百壹拾肆兩捌
錢壹分玖厘貳毫叁絲肆忽伍微叁塵陸纖陸
渺（外鄉紳舉監生員優免原免存留差徭不在額解正項之內每年多寡增減不一照人數）
另派
外派兌軍本色正米玖千叁百叁拾柒石貳斗（每石耗米肆斗）
該米叁千柒百叁拾肆石捌斗捌升另正
米壹石派里納盤脚米貳升該米壹百捌拾陸

石柒斗肆升肆合
外派本色南糧正米玖千柒百肆拾伍石捌斗（每石耗米貳斗貳升）
該米貳千肆百叁拾陸石肆斗伍升另
正米壹石派里納船驢脚米壹斗伍升該米壹
千肆百陸拾壹石捌斗柒升
萬曆肆拾陸柒捌叁年加增玖厘地畝餉銀陸千
捌百叁拾玖兩玖錢貳分叁厘叁毫玖絲肆忽
伍微
戶部項下

夏稅折色起運
觧南農桑絹壹拾疋貳丈叁尺貳寸貳分每疋正價伍錢伍分揁銀壹錢伍分共銀柒兩伍錢肆分壹厘玖毫陸絲
京揁每兩伍分該銀叁錢柒分柒厘玖絲捌忽
秋糧折色起運
京庫米肆百玖拾伍石伍升捌合陸勺每石折銀貳錢伍分
該銀壹百貳拾叁兩柒錢陸分肆厘陸毫伍絲
每兩京揁叁分濟珠銀壹分該銀肆兩玖錢伍分伍厘捌絲
陸忽解費每兩玖厘該銀壹兩壹錢伍分捌厘肆毫

派剩太倉米壹千肆百玖拾玖石肆斗每石折銀陸錢該
銀捌百玖拾玖兩陸錢肆分每百兩京揁銀壹兩貳錢該銀
壹拾兩柒錢玖分伍厘陸毫捌絲解費每兩玖厘該銀捌兩
壹錢玖分叁厘玖毫
北京富戶壹拾貳名每名銀貳兩每兩京揁貳分該銀貳拾肆
兩肆錢捌分閏無
塩鈔折色起運
觧南戶口鈔正揁共銀伍拾肆兩貳錢壹分伍厘
伍絲陸忽壹微捌塵貳纖捌渺帶閏銀壹兩捌
錢柒厘壹毫陸絲捌忽伍微叁塵玖纖肆渺
每兩玖厘該銀肆錢捌分柒厘玖毫
平溪倉米改抵解南戶口鈔銀壹拾玖兩陸錢玖
分陸厘陸毫陸絲○又改抵辰溪縣解南户口
鈔銀肆錢貳分肆厘陸毫貳項共解費銀壹錢捌分壹厘玖絲壹忽
夏稅本色起運
北京絹肆拾疋壹丈伍尺柒寸貳厘每疋正價銀柒錢織費貳
錢揁銀貳錢共銀肆拾肆兩伍錢柒分伍厘柒毫肆
絲當官買絲成造責經手人役解司委官搭解遇覲年分州縣帶解不許僉累揉里

新加北絹銀壹拾肆兩壹錢捌分叁厘壹毫玖絲
薦竹囤頭等銀貳百壹拾兩伍錢玖厘貳毫捌絲
每正米壹石派銀貳分壹厘陸毫
部運糧官盤纏銀貳拾壹兩伍錢
一摘裁
宗祿折色銀肆千捌百柒拾壹兩捌錢陸分捌厘
柒毫玖絲伍忽伍微
茶價銀陸拾玖兩肆錢肆分捌厘肆毫
柴薪民挍齋郎等銀陸百陸兩肆錢

賦後舊編冗欵裁剩銀貳千捌百叁拾叁兩捌錢
肆分玖厘捌毫肆絲捌忽捌微壹塵肆纖肆渺
順治拾柒年據該縣詳請撫部批出銀肆百捌拾玖兩叁錢壹厘補給餉兵工食外實該
充餉銀貳千叁百肆拾肆兩伍錢肆分捌厘捌
毫肆絲捌忽捌微壹塵肆纖肆渺
加增玖厘餉銀陸千捌百叁拾玖兩玖錢貳分叁
厘叁毫玖絲肆忽伍微

禮部項下

秋糧折色起運

北京藥味正價銀貳拾兩柒錢每兩京摃肆分該銀捌錢
貳分捌厘解費每兩玖厘該銀壹錢玖分叁厘捌毫
解南藥味價銀肆兩玖錢伍分

兵部項下

秋糧折色起運

解南江濟水夫貳百壹拾壹名每名銀肆兩玖分伍厘該銀
捌百陸拾肆兩肆分伍厘每百兩京摃玖錢該銀柒兩
柒錢柒分陸厘肆毫伍忽
解南柴薪叁名每名銀壹拾貳兩帶閏肆錢共銀叁拾柒兩貳

錢禮部尚書太常寺少卿錦衣衛指揮各壹名

工部項下

秋糧折色起運

緞疋正銀貳百肆拾兩肆錢捌分摃銀叁拾陸兩
每百兩京摃玖錢該銀貳兩肆錢捌分捌厘叁毫貳絲
帶閏共銀壹拾伍兩叁錢陸分解費每兩玖厘該銀貳兩伍錢
壹分柒厘
翎毛正銀壹拾壹兩壹錢叁分壹厘捌毫壹絲肆
忽每兩脚價銀玖厘該銀壹錢壹毫捌絲陸忽解費每兩玖厘

該銀壹錢壹厘壹毫
營繕司料銀伍百伍拾玖兩壹厘每兩京摃玖厘該銀伍
兩叁分壹厘玖忽解費每兩玖厘該銀伍兩柒分陸厘叁毫
平溪倉米內改抵潊浦縣斑鳩鈔銀叁錢陸分柒
厘伍毫京摃銀叁厘叁毫柒忽伍微解費叁厘叁毫叁絲
軍器銀捌拾玖兩叁錢柒分玖厘玖毫伍絲〇原
派平溪倉米改抵麻陽縣額派軍器銀柒兩肆
錢玖分捌厘貳毫陸絲叁忽貳項解費銀捌錢柒分壹厘玖毫肆絲

夏秋本色起運

白硝麂皮叁百肆張（每張正價肆錢京損貳錢）共銀壹百捌拾
貳兩肆錢（解費每兩玖厘該銀壹兩陸錢肆分壹厘陸毫）
胖襖袴鞋壹拾玖副（每副銀壹兩貳錢水脚銀叁錢）共銀貳拾捌
兩伍錢（原議官解須銀製造解司另給夫馬不必加派損銀）
綾紗紙價銀叁百壹拾陸兩肆錢捌分伍絲捌忽
貳微陸塵（候部文到之年方派不必每年帶徵）

光祿寺項下

甲丁庫供應等銀柒百肆拾陸兩（每兩損銀貳分）該銀壹
拾肆兩玖錢貳分（解費每兩玖厘該銀陸兩捌錢肆分捌厘叁毫）

新加顔科等銀柒百肆拾叁兩壹錢貳分玖厘壹
毫
平溪倉米改抵麻陽縣坐派光祿寺供應等銀叁
拾叁兩貳錢京損銀陸錢陸分肆厘
改抵靖州坐派光祿寺供應等銀肆拾兩貳錢肆
分陸厘貳毫貳絲京損銀捌錢肆厘玖毫貳絲
肆忽（解費銀陸錢柒分肆厘貳毫叁絲陸忽）

隨漕項下

楞木松板銀叁拾柒兩叁錢肆分捌厘捌毫

運糧官軍行月貳糧米貳千肆百陸拾伍石伍斗
（每石折銀肆錢）該銀玖百捌拾陸兩貳錢
江西運糧官軍月糧米叁千玖百伍拾肆石柒斗
陸升壹合肆勺貳抄又奉文於蘄州倉內米改
撥壹千陸百石貳項該米伍千伍百伍拾肆石
柒斗陸升壹合肆勺貳抄（每石折銀肆錢）該銀貳千貳
百貳拾壹兩玖錢肆厘伍毫陸絲捌忽
解司庫聽解軍餉奉文改抵漢川縣額派江西運
糧官軍行月米陸百石陸斗捌升（每石折銀伍錢）該銀

叁百兩叁錢肆分
叁陸耗蓆輕賫銀壹千柒百貳拾柒兩叁錢捌分
貳厘（每百兩損銀壹兩）該銀壹拾柒兩貳錢柒分叁厘
捌毫貳絲
淺船銀壹百貳兩伍錢肆分壹厘
原派平溪倉米改抵麻陽縣額派淺船銀捌兩陸
分（貳項解費每兩玖厘該銀玖錢玖分伍厘肆毫玖絲）
代黃陂縣協編蘄州倉米抵改江西月糧米銀叁
百壹拾柒兩玖錢壹分肆厘叁毫

部運糧官盤費銀伍兩

存留經費欵項

總督

書吏分派肆名共銀壹百肆拾肆兩順治拾肆年裁銀壹百貳拾兩康熙元年全裁餘銀貳拾肆兩

布政司左堂

轎傘扇夫柒名共銀伍拾兩肆錢順治拾肆年裁銀捌兩肆錢

存銀肆拾貳兩

聽事吏肆名共銀貳拾捌兩捌錢順治拾肆年裁銀肆兩捌錢

舖兵貳名共銀壹拾肆兩肆錢順治拾肆年裁銀貳兩肆錢存

銀壹拾貳兩

存銀貳拾肆兩

庫子拾名共銀柒拾貳兩順治拾肆年裁銀壹拾貳兩該銀陸

拾兩內有布政司右堂庫子工食銀叁拾兩于康熙貳拾貳年奉　文准在湖南支給其湖北坐派銀兩改充兵餉存銀叁拾兩

布政司右堂

門子貳名共銀壹拾肆兩肆錢順治拾肆年裁銀貳兩肆錢存

銀壹拾貳兩

快手陸名共銀肆拾叁兩貳錢順治拾肆年裁銀柒兩貳錢存

銀叁拾陸兩

皂隸壹拾貳名共銀捌拾陸兩肆錢順治拾肆年裁銀壹拾肆兩肆錢存銀柒拾貳兩

聽事吏貳名共銀壹拾肆兩肆錢順治拾肆年裁銀貳兩肆錢

存銀壹拾貳兩

轎夫分派壹名工食銀柒兩貳錢順治拾肆年裁銀壹兩貳錢

存銀陸兩

舖兵貳名共銀壹拾肆兩肆錢順治拾肆年裁銀貳兩肆錢存

銀壹拾貳兩

以上陸欵俱于康熙貳拾貳年奉　文准在湖南支

給湖北原編銀兩改充兵餉

分守道

心紅紙張銀伍拾兩

蔬菜銀伍拾兩順治拾肆年全裁

修宅家伙銀伍拾兩順治拾貳年全裁

漳園傘扇銀伍拾兩順治拾肆年全裁

吏書拾陸名共銀壹百玖拾貳兩順治拾肆年裁銀玖拾陸兩

康熙元年全裁銀玖拾陸兩
門子肆名共銀貳拾捌兩捌錢順治拾肆年裁銀肆兩捌錢
存銀貳拾肆兩
快手拾貳名共銀捌拾陸兩肆錢順治拾肆年裁銀壹拾肆兩肆
錢存銀柒拾貳兩
皂隸拾貳名共銀捌拾陸兩肆錢順治拾肆年裁銀壹拾肆兩肆
錢存銀柒拾貳兩
聽事吏貳名共銀壹拾肆兩肆錢順治拾肆年裁銀貳兩肆錢
存銀壹拾貳兩

轎傘扇夫柒名共銀伍拾兩肆錢順治拾肆年裁銀捌兩肆錢
存銀肆拾貳兩
鋪兵分派壹名銀柒兩貳錢順治拾肆年裁銀壹兩貳錢存銀
陸兩

驛鹽道

心紅紙張銀伍拾兩
蔬菜銀伍拾兩順治拾肆年全裁
修宅家伙銀伍拾兩順治拾貳年全裁
棹圍傘扇銀伍拾兩順治拾肆年全裁

知府

修宅家伙銀伍拾兩順治拾貳年全裁
轎傘扇夫柒名共銀伍拾兩肆錢順治玖年裁銀捌兩肆錢存
銀肆拾貳兩
倉書壹名銀壹拾貳兩順治玖年裁銀陸兩康熙元年裁銀陸兩
禁卒壹拾貳名共銀捌拾陸兩肆錢順治玖年裁銀壹拾肆兩
肆錢存銀柒拾貳兩
修倉刑具銀貳拾兩

倉副使

皂隸分派壹名工食銀柒兩貳錢順治玖年裁銀壹兩貳錢存
銀陸兩

同知

燈籠夫貳名共銀壹拾肆兩肆錢順治玖年裁銀貳兩肆錢存
銀壹拾貳兩
轎傘扇夫柒名共銀伍拾兩肆錢順治玖年裁銀捌兩肆錢存
銀肆拾貳兩

推官

燈籠夫貳名共銀壹拾肆兩肆錢順治玖年裁銀貳兩肆錢康熙

陸年全裁銀壹拾貳兩

轎傘扇夫柒名共銀伍拾兩肆錢順治玖年裁銀捌兩肆錢康熈陸年全裁銀肆拾貳兩

經歷

書辦壹名工食銀柒兩貳錢順治玖年裁銀壹兩貳錢康熈元年全裁銀陸兩

門子壹名工食銀柒兩貳錢順治玖年裁銀壹兩貳錢存銀陸兩

知事

俸銀叁拾叁兩壹錢壹分肆厘

照磨

俸銀叁拾壹兩伍錢貳分

知縣

俸薪銀陸拾叁兩肆錢玖分順治拾肆年裁銀壹拾捌兩肆錢玖分

存銀肆拾伍兩

心紅紙張油燭銀叁拾兩順治拾肆年裁銀壹拾兩存銀貳拾兩

修宅家伙銀貳拾兩順治玖年全裁

迎送上司傘扇銀壹拾兩順治拾肆年全裁

吏書壹拾貳名共銀壹百貳拾玖兩陸錢順治玖年裁銀伍拾柒兩陸錢康熈元年裁銀柒拾貳兩

門子貳名共銀壹拾肆兩肆錢順治玖年裁銀貳兩肆錢存銀壹拾貳兩

皂隸壹拾陸名共銀壹百壹拾伍兩貳錢順治玖年裁銀壹拾玖兩貳錢存銀玖拾陸兩

馬快捌名共銀壹百肆拾肆兩順治玖年裁銀玖兩陸錢存銀壹百叁拾肆兩肆錢

民壯伍拾名共銀叁百陸拾兩順治玖年裁銀陸拾兩存銀叁百兩

燈籠夫肆名共銀貳拾捌兩捌錢順治玖年裁銀肆兩捌錢存銀貳拾肆兩

轎傘扇夫柒名共銀伍拾兩肆錢順治玖年裁銀捌兩肆錢存銀肆拾貳兩

禁卒捌名共銀伍拾柒兩陸錢順治玖年裁銀玖兩陸錢存銀肆拾捌兩

修理倉監銀貳拾兩

庫書壹名工食銀壹拾貳两順治玖年奉裁銀陸两康熙元年全裁銀陸两

倉書壹名工食銀壹拾貳两順治玖年奉裁銀陸两康熙元年全裁銀陸两

庫子肆名共銀貳拾捌两捌錢順治玖年裁銀肆两捌錢存銀貳拾肆两

斗級肆名共銀貳拾捌两捌錢順治玖年裁銀肆两捌錢存銀貳拾肆两

縣丞

俸薪銀肆拾捌两貳錢貳厘順治拾肆年裁銀捌两貳錢貳厘存銀肆拾两

書辦壹名工食銀柒两貳錢順治玖年裁銀壹两貳錢康熙元年共裁銀陸两

門子壹名工食銀柒两貳錢順治玖年裁銀壹两貳錢存銀陸两

皂隸肆名共銀貳拾捌两捌錢順治玖年裁銀肆两捌錢存銀貳拾肆两

馬夫壹名工食銀柒两貳錢順治玖年裁銀壹两貳錢存銀陸两

典吏

俸銀叁拾壹两伍錢貳分

書辦壹名工食銀柒两貳錢順治玖年裁銀壹两貳錢康熙元年裁銀陸两

門子壹名工食銀柒两貳錢順治玖年裁銀壹两貳錢存銀陸两

皂隸肆名共銀貳拾捌两捌錢順治玖年裁銀肆两捌錢存銀貳拾肆两

馬夫壹名工食銀柒两貳錢順治玖年裁銀壹两貳錢存銀陸两

蘭溪巴河巡檢貳員

俸銀共陸拾叁两肆分

書辦貳名共銀壹拾肆两肆錢順治玖年裁銀貳两肆錢康熙元年裁銀壹拾貳两

皂隸肆名共銀貳拾捌两捌錢順治玖年裁銀肆两捌錢存銀貳拾肆两

蘭溪巴河[illegible]州驛丞叁員

俸銀共玖拾肆兩伍錢陸分

書辦叁名共銀貳拾壹兩陸錢 順治玖年裁銀叁兩陸錢 康熙元年裁銀壹拾捌兩

皂隷陸名共銀肆拾叁兩貳錢 順治玖年裁銀柒兩貳錢 存銀叁拾陸兩

教官貳員

俸銀共陸拾叁兩肆分 康熙肆年裁銀叁拾壹兩伍錢貳分 存銀叁拾壹兩伍錢貳分

齋夫陸名共銀柒拾貳兩 康熙肆年裁銀叁拾陸兩 存銀叁

拾陸兩

膳夫貳名共銀肆拾兩 廩生支領 順治拾肆年裁銀貳拾陸兩陸錢陸分陸厘陸毫陸絲陸忽柒微 存銀壹拾叁兩叁錢叁分叁厘叁毫叁絲叁忽叁微

學書壹名工食銀柒兩貳錢 康熙元年全裁

門子伍名共銀叁拾陸兩 康熙肆年裁銀壹拾肆兩肆錢 存銀貳拾壹兩陸錢

草料毋員銀壹拾貳兩共銀貳拾肆兩 康熙四年裁銀壹拾貳兩 存銀壹拾貳兩

撥運

曆日銀壹拾柒兩壹錢捌分肆厘肆毫貳絲 解費銀壹錢伍分肆厘陸毫伍絲玖忽

科舉銀柒拾陸兩陸錢貳分伍厘

原泒平溪倉米改抵麻陽縣科舉銀陸兩貳分

貳項共銀捌拾貳兩陸錢肆分伍厘 解費銀柒錢肆分叁厘捌毫伍忽

布政司應

朝長夫銀肆兩 順治拾肆年裁銀貳兩陸錢陸分陸厘柒毫 存銀壹兩

叁錢叁分叁厘叁毫

布政司

表夫銀肆兩壹錢 順治拾肆年裁銀貳兩零伍分 存銀貳兩伍分

按察司

表夫銀壹拾貳兩柒錢 順治拾肆年裁銀陸兩叁錢伍分 存銀陸兩叁錢伍分

驛站

順治拾陸年准驛塩道牒奉浙江巡撫秦 題晋原協陽邏浠川巴水叁驛永充馬價改作解部正銀本省需用協濟仍於正項內撥給

蘄州遞運所馬船壹隻水夫壹拾肆名又新加貳名（每名正閏銀柒兩叁錢貳分修船銀壹拾捌兩）共銀壹百叁拾伍兩壹錢貳分（本府正堂座用）

蘄州遞運所紅船貳隻水夫壹拾名工食修船帶閏共銀壹百柒拾兩

協編武昌遞運所座船壹隻水夫壹拾陸名（每名止閏銀柒兩叁錢貳分修船銀壹拾捌兩）共銀壹百叁拾伍兩壹錢貳分（分守道座用）

武昌巡船水夫肆名工食帶閏修船共銀叁拾兩

肆錢陸分陸厘肆毫

協編武昌遞運所紅船捌隻每隻水手壹拾名工食帶閏修船共銀陸百捌拾兩貳錢（按察司座用壹隻聽差柒隻）

陽邏驛馬壹拾匹新加二匹帶閏零銀共叁百捌拾兩柒錢陸分貳厘

站船水手柒名新加二名工食帶閏共銀伍拾肆兩玖錢

蘭溪驛站船水夫捌名新加捌名除摘二名改編渡夫外正閏實徵銀捌拾伍兩肆錢

巴水驛馬壹拾伍匹新加肆匹（每匹正閏銀叁拾兩伍錢零銀貳拾捌兩貳分帶閏銀肆錢陸分柒厘）共銀陸百柒兩玖錢捌分柒厘

浠川驛馬壹拾伍匹新加四匹帶閏零銀共陸百柒兩玖錢捌分柒厘

石頭口驛站船水夫玖名正閏共銀伍拾肆兩玖錢

協編襄陽府屬鄧城驛馬壹匹正閏銀叁拾兩伍

錢零銀壹兩伍錢帶閏貳分伍厘共銀叁拾貳兩貳分伍厘

呂堰驛馬銀帶閏共銀玖兩貳錢伍分壹厘陸毫

漢江驛馬陸匹（每匹止閏銀叁拾兩伍錢又零銀貳兩叁分叁厘）共銀壹百捌拾伍兩叁分叁厘（叁項解費每兩伍厘共該銀壹兩壹錢叁分壹厘伍毫）

蘭溪驛支應銀叁百肆拾兩（無閏）

舘夫貳名正閏共銀壹拾貳兩貳錢

巴水驛支應銀貳百柒拾伍兩（無閏）

館夫貳名正閏共銀壹拾貳兩貳錢

浠川驛支應銀叁百壹拾伍兩無閏

館夫貳名正閏共銀壹拾貳兩貳錢

均徭

各舖司兵徭編柒拾肆名正閏銀肆百陸拾貳兩玖錢捌分叁厘永克玖拾肆名給衣鞋銀壹百肆拾壹兩陸錢陸分順治拾柒年據該縣詳請撫部將裁觧内扣出銀肆百捌拾玖兩叁錢壹厘撥補足額

各巡司弓兵徭編叁拾名每名并帶閏銀陸兩壹錢共銀壹百捌拾叁兩永克捌拾捌名給衣鞋銀肆拾捌兩叁錢壹分貳厘

貳項共銀貳百叁拾壹兩叁錢壹分貳厘内順治拾肆年裁銀壹百壹拾伍兩陸錢伍分陸厘奉文撥補舖兵工食存銀壹百壹拾伍兩陸錢伍分陸厘

各河渡夫陸名正閏共銀貳拾伍兩捌錢肆分

各渡修船銀叁兩

貳項共銀貳拾捌兩捌錢肆分順治拾肆年裁銀壹拾肆兩肆錢貳分存銀壹拾肆兩肆錢貳分

迎送皂隸工食銀壹百貳拾柒兩捌分叁厘叁毫

走遞夫馬

排夫貳百柒拾肆名内除陸名應役轎傘外每名工食銀柒兩貳錢帶閏銀壹錢貳分共銀貳千伍兩陸錢捌分本縣支差置立循環記差聽按季查核

腳馬伍拾匹每匹貳拾肆兩帶閏肆錢共銀壹千貳百貳拾兩

貳項徵銀給領走差

祭祀雜支

龍亭儀仗修理銀貳兩

文廟貳祭共銀肆拾兩

啟聖祠貳祭共銀柒兩

名宦鄉賢貳祭共銀柒兩

山川壇貳祭共銀壹拾貳兩

社稷壇貳祭共銀壹拾兩

邑厲壇叁祭共銀壹拾貳兩

鄉飲貳次共銀壹拾兩順治拾肆年奉裁銀伍兩存銀伍兩

香燭米銀壹兩貳錢陸分

門神桃符春牛芒神花鞭酒席等項銀肆兩順治拾肆年全裁

貧生陸拾貳名口每名口糧銀壹兩捌錢共銀壹百壹拾壹

兩陸錢
每名歲給花銀叁錢共銀壹拾捌兩陸錢
廩生貳拾名每名廩糧銀柒兩貳錢共銀壹百肆拾肆兩廩生支領順治拾肆年裁銀玖拾陸兩康熙貳年裁銀肆拾捌兩
本縣吹手八名共銀伍拾柒兩陸錢原役民壯工
食支給
供應銀貳百叁拾兩順治拾肆年全裁
備用實存銀壹百肆拾柒兩肆錢
學道歲科考生童合用試卷供應給賞等項每年

銀伍拾伍兩臨期扣銀肆兩協濟黃岡縣搭廠
外餘筭實用數目申報學道印發存照順治拾肆年裁
銀貳拾伍兩伍錢存銀貳拾伍兩伍錢又協濟搭廠銀肆兩
歲貢生員正貢盤費花紅旗匾銀壹拾兩正陪貳名赴考脚力各壹兩共銀壹
拾貳兩貳年壹貢每年該銀陸兩
歲貢盤費銀壹拾伍兩
科舉生員分派府學伍名縣學肆拾名每名盤費銀貳兩花
紅銀玖錢酒席壹錢共銀壹百叁拾伍兩叁年壹次每年
該銀肆拾伍兩

科場對讀生分派伍名每名銀壹兩謄錄書手叁拾[illegible]
名每名銀伍錢刻錄匠伍名每名銀伍錢共銀貳拾伍[illegible]
三年壹次每年該銀捌兩叁錢叁分叁厘叁[illegible]
新舊會試舉人以壹拾壹名爲率每名長夫銀貳拾肆兩共[illegible]
銀貳百陸拾肆兩叁年壹次每年該銀捌拾捌[illegible]
兩如新中數多本年暫於備用銀內扣支次年照名加編如有甲第出仕者即照名減編以
免冒破
本府應　朝覲銀壹拾壹兩陸錢叁分肆厘[illegible]
拾肆年裁銀柒兩柒錢伍分陸厘存銀叁兩捌錢柒分捌

厘
本縣應
朝覲正佐銀肆拾兩首領官銀貳拾伍兩該吏銀
壹拾兩造冊紙張陸兩共銀捌拾壹兩叁年壹
次每年該銀貳拾柒兩順治拾肆年裁銀壹拾捌兩存銀玖
兩
條編外另徵
英山縣民段廷先等買過下鄉連界上中下則[illegible]
共叁拾柒項貳拾陸畝伍分柒厘陸毫共載[illegible]

糧官民米貳百貳拾石叁斗肆升貳合捌勺原
抵楚祿銀壹百壹拾兩壹錢柒分壹厘肆毫八解
正項
戶部項下
湖洲雜稞
北京乾魚正銀貳拾捌兩陸分陸厘伍毫每兩京損玖厘
該銀貳錢伍分貳厘伍毫玖絲捌忽伍微
解南乾魚正銀肆兩肆錢柒厘伍毫每兩京損玖厘該銀
叁分玖厘陸毫陸絲柒忽伍微

湖課鈔銀陸拾肆兩柒錢叁厘陸絲伍忽遇閏加
銀壹錢柒分伍厘
扣解濟邊門攤鈔銀壹拾伍兩每兩京損玖厘該銀壹錢
叁分伍厘無閏
巴蘭二鎮新淤洲場稞銀壹拾伍兩伍分改解蘆政
禮部項下
鯆魚銀柒兩奉文豁免
工部項下
熟鐵正銀壹百伍拾玖兩貳錢叁分陸厘貳毫
絲每兩京損玖厘該銀壹兩肆錢叁分叁厘壹毫貳絲
陸忽貳微伍塵遇閏加銀伍錢捌分
線膠正銀壹拾貳兩伍錢叁分叁厘每兩京損玖厘該銀
壹錢壹分貳厘柒毫玖絲柒忽遇閏加銀壹錢
伍分
黃蔴正銀壹兩壹錢每兩京損玖厘該銀玖厘玖毫
白蔴正銀叁拾柒兩伍錢每兩京損玖厘該銀叁錢叁分
柒厘伍毫
活雁銀肆錢伍分獵戶出辦

本縣門攤鈔銀貳拾陸兩玖錢伍厘柒毫伍絲玖
忽無閏原聽本縣官吏俸銀今查官吏各有經制此銀應抵起解
捌厘陸毫伍絲
原額田地山塘共柒千陸百叁拾柒頃壹拾捌畝貳分
實在秋糧民米肆萬肆千玖百叁拾伍石叁斗伍
升貳合肆勺壹抄肆撮壹圭
夏稅小麥陸拾陸石陸斗伍升叁合
夏稅絲伍拾觔壹拾兩肆錢陸分捌厘
桑絲壹拾叁觔柒兩肆錢捌分

額徵並新加共銀貳萬玖千叁百柒拾壹兩陸錢
貳分肆厘伍毫玖絲捌微玖塵貳纖壹渺
原額人丁壹萬叁百玖拾丁
額徵並新加共銀叁千肆拾叁兩壹錢壹分肆厘
陸毫肆絲叁忽陸微肆塵肆纖伍渺內除康熙
肆年奉文豁免運夫人丁壹百壹拾陸丁豁除
丁銀叁拾叁兩玖錢柒分陸厘壹忽伍塵貳纖
捌渺
實在人丁壹萬貳百柒拾肆丁

實額銀叁千玖兩貳錢壹分捌厘陸毫肆絲貳忽
伍微玖塵壹纖柒渺
康熙拾壹年額外新增人丁壹百壹拾陸丁
派徵銀叁拾叁兩玖錢柒分陸厘壹忽伍塵貳纖
捌渺
康熙貳拾壹年額外新增人丁叁丁
派徵銀捌錢柒分捌厘陸毫捌絲玖忽陸微捌塵
貳纖肆渺
加增玖厘餉銀陸千捌百叁拾玖兩玖錢貳分叁

厘叁毫玖絲肆忽伍微
以上田地山塘人丁玖厘餉銀併新加比絹顏料及
新增人丁等項共徵銀叁萬玖千貳百捌拾玖
兩伍錢玖分柒厘叁毫壹絲玖忽柒微柒塵壹
纖捌渺內除豁免運夫丁銀叁拾叁兩玖錢柒
分陸厘壹忽伍塵貳纖捌渺
實徵銀叁萬玖千貳百伍拾伍兩陸錢貳分壹厘
叁毫壹絲捌忽柒微貳塵玖纖
起運戶部工光各部寺並玖厘餉共額銀壹萬

捌千玖百捌拾捌兩陸錢玖分叁厘捌毫玖絲
壹忽柒微柒塵壹纖捌渺內除豁免運夫丁銀
壹拾壹兩肆錢叁分柒厘壹毫貳絲伍忽壹微
伍塵叁纖壹渺
實徵銀壹萬捌千玖百柒拾柒兩貳錢伍分陸厘
柒毫陸絲陸忽陸微壹塵捌纖柒渺
解費銀貳拾柒兩玖錢肆分貳厘伍毫陸絲壹忽
內除豁免運夫丁銀貳分玖厘貳毫捌絲捌忽
叁微捌塵伍纖

實徵銀貳拾柒兩玖錢壹分叁厘貳毫柒絲貳忽
陸微壹塵伍纖
存留官役俸食驛站祭祀並蔵貢盤纏等項除裁充
餉外該額徵銀壹萬壹千伍百肆拾壹兩伍錢
伍分捌厘壹毫壹絲柒忽叁微内除豁免運夫
丁銀壹拾叁兩柒錢壹厘肆毫伍絲叁忽貳微
伍塵玖纖伍渺
實徵銀壹萬壹千伍百貳拾柒兩捌錢伍分陸厘
陸毫陸絲肆忽肆塵伍渺内有原編撥協黃梅孔龍鄖城江口薛家

觜伍縣驛驛站銀叁千柒百叁拾玖兩壹錢貳
分肆厘肆毫柒忽肆微玖纖伍渺原遵協濟徒
多轉折等事之案彼處各動正項濟驛此協改
歸正項充餉等因在案續遵康熙貳拾年拾貳
月貳拾日欽奉
恩詔事案復設本縣驛站夫馬等項共應撥協歸州黃梅
彝陵公安松滋宜都陸州縣驛站銀兩内除撥
協歸州銀玖百捌拾壹兩柒分壹厘捌毫壹絲
叁忽陸微貳塵捌纖捌渺壹漠伍莈應照起解
歸州濟驛外其撥協黃梅等伍州縣銀叁千陸
百柒拾肆兩玖錢伍毫捌絲陸忽壹微肆塵柒
纖壹渺捌漠伍莈仍照改歸正項充餉理合登明
順治玖年會裁修宅家伙並書役工食銀叁百貳
兩内除豁免運夫丁銀陸錢伍分柒厘貳毫陸絲肆忽
實徵銀叁百壹兩叁錢肆分貳厘柒毫叁絲陸忽

順治拾貳年新裁案衣柴薪油燭廩糧鄉飲門皂
供應弓兵渡夫修船等項共銀壹千壹百伍拾
肆兩叁錢壹厘叁毫陸絲陸忽柒微内除豁免
運夫丁銀壹兩捌分捌厘伍毫捌絲壹忽肆微
實徵銀壹千壹百伍拾叁兩貳錢壹分貳厘柒毫捌絲伍忽叁微
康熙貳元年新裁書辦廩糧等項銀叁百壹拾叁兩
貳錢内除豁免運夫丁銀陸錢捌分壹厘陸毫肆絲
實徵銀叁百壹拾貳兩伍錢壹分捌厘叁毫陸絲
康熙肆年新裁教官俸食草料門斗銀玖拾叁兩

玖錢貳分内除豁免運夫丁銀貳錢肆厘肆毫肆忽柒微陸塵
實徵銀玖拾叁兩柒錢壹分伍厘伍毫玖絲伍忽貳微肆塵
康熙陸年新裁推官役食等項共裁銀伍拾肆兩
内除豁免運夫丁銀壹錢捌分柒毫玖絲陸忽
實徵銀伍拾叁兩捌錢壹分玖厘貳毫肆忽
康熙貳拾貳年於移請俸薪事案内奉　文布政
司右堂門子快手皂隷聽事庫子轎夫舖兵工
食等項准於湖南支給湖北原編改充兵餉銀壹百捌拾兩
兵部江濟水夫銀玖百玖兩貳分壹厘肆毫伍絲

隨漕淺船楞木輕賫行月銀伍千柒百貳拾叁兩
玖錢陸分肆厘肆毫捌絲捌忽內除豁免運夫
丁銀伍兩玖錢肆分壹厘玖毫陸絲陸忽玖塵
伍纖貳渺
實徵銀伍千柒百壹拾捌兩貳分貳厘伍毫貳絲
壹忽玖微肆纖捌渺
解賫銀玖錢玖分伍厘肆毫玖絲內除豁免運夫
丁銀伍分叁厘肆毫捌絲貳忽
實徵銀玖錢肆分貳厘捌忽

漕運項下
兌軍本色正米玖千叁百叁拾柒石貳斗每石耗
米肆斗共米壹萬叁千柒拾貳石捌升另正米壹石泒里納盤腳米貳升該米壹百捌拾陸石柒斗肆升肆合
又糧道條陳於肆斗外加耗米貳斗順治玖年楚撫遲　題請免加　戶部覆奉　旨準除豁加貳斗耗米於康熙拾壹年內奉文另正米壹石徵
給贈貼米貳斗共徵贈貼米壹千捌百陸拾柒
石肆斗肆升
解南本色正米玖千柒百肆拾伍石捌斗每石泒
耗米貳斗伍升共米壹萬貳千壹百捌拾貳石
貳斗伍升〇另正米壹石泒里納船驢腳米壹
斗伍升該米壹千肆百陸拾壹石捌斗柒升每
石折銀壹兩該銀壹千肆百陸拾壹兩捌錢柒
分內貳錢給解役該銀貳百玖拾貳兩叁錢柒
分肆厘奉文裁解〇餘捌錢充餉該銀壹千壹百陸
拾玖兩肆錢玖分陸厘
新徵麂皮另泒京顏銀壹兩陸錢肆分壹厘陸毫
礁稞門攤蔴鐵等銀叁百伍拾玖兩貳錢貳分貳厘

陸毫陸絲叁忽貳微伍塵內豁免鯆魚銀柒兩
實徵銀叁百伍拾貳兩貳錢貳分貳厘陸毫陸絲
叁忽貳微伍塵遇閏加銀玖錢伍厘
巴蘭貳鎮新淤洲𡏘稞銀壹拾伍兩伍分改解蘆政
英山縣民段廷先買過田糧抵楚稞銀壹百壹拾兩
壹錢柒分壹厘肆毫
一蘆課
原額蘆洲地肆拾柒項肆拾叁畝柒分叁厘叁毫
叁絲

續修蘄水縣志

選舉表上

蘄邑山水秀發代鍾人文攷前志所載元魁將相標炳一時近科以來雖歷兵荒變亂之後而書名者雲蒸霞蔚實能踵先躅而開來兹云

紀年	進士	鄉舉	歲薦
大清			
順治丁酉科		張邦福	李報五
		李成棟	畢鳳洲任辰州瀘陽縣訓導
		程維極	徐四公
		徐東胤任衡山教諭丁艱起復景陵教諭	高子才
			楊于儒
			陳之賓任靖州天柱縣訓導
戊戌科	張邦福二甲原授主事改授浙江紹興府推官歷任都城復陞候補		

紀年	進士	鄉舉	歲薦
己亥科	王保璿初授四川道江縣知縣陞江南常州府通判		姚師孟
	李成棟戊戌後以特恩再行會試中十三名會魁初授廣東樂昌縣知縣後陞四川直隸雅州河		徐五宗任[illegible]旌陽縣訓導
			張問政
			何聖時
庚子科			周文翰
辛丑科			李開藩
康熙癸卯科		朱國是	楊子星
甲辰科			
丙午科		畢紹輿	
丁未科			

己酉科

庚戌科

壬子科 周梓

癸丑科

乙卯科 楚省因軍務停科

戊午科
張萬選 十一名
畢友宜 十二名
高鑑
呂尚傳
徐雲弘 中北闈

己未科 畢友宜

辛酉科
龍尚傳 榜姓呂 後復姓龍
劉同向
官純貞 本姓楊
邢雲

壬戌科

甲子科
闞承志 七名
袁同賢 二十二名
邢子楨 五十五名

南有杞以子之傑貴贈文林郎知縣

蔡捷

張溯壬子科

熊貞戊午科

詹以仁甲子科本姓羅

南孟鯉考授縣丞

陳孫芷

袁瑤考授縣丞

楊勳善

姚師曾

王凱弘

張萬熙

南弘士考授縣丞

李見龕考授州同

鄭文華

劉漢耆

李承恩

南之祈 考授縣丞

南之祥

鄭文先 壬[illegible]歲貢授東安縣教諭

柴崇高 考授州同

汪台鼎

賀其華

王世賢

周構 廩生援例歲貢捐納[illegible]

姜鈺俠

李祿貞

闞士魁

蔡應維

續修蘄水縣志

人物志

蘄之先達多異人矯節約畧載前志中夫傑出之彥乘時迭興耿介之操歷久彌耀釆風者固樂得而揚扢之忍令潛德弗彰致嘆古今人之不相及哉

德行列傳

清

周健行字弦玉鄉賢周翼明嗣也領歲薦廷試第一遴别駕不就先世有孝友名傳及翼明凡四世同居弦玉嗣

巖家學善承父志父死廬於殯所寇來則伏榛莽間寇去即就苫凷四載如一日窆而後已素患脾又苦嵐溼一痾瀕死猶刻不離次哭踴無少衰時殯側古松一株枯幹生華皆井冬溢嗣是家有大故松必鳴泉必涸或其精神所蘊結云平居嘗笑不茍衾影無欺大震電則正襟竦立雖寤必興丞尉過其門聞曳杖聲坐輙起曰敬父母官當如此蒞南直操江胡公諱東漸翼明首拔士也遣使來逆翼明堅不去命弦玉往報之適盗案逮株者千金請釋弦玉曰不可出一人必入一人罪矣會

之蕭然而返翼明喜曰眞吾兒也爲人方嚴耿介類如是弦玉博學好工古文辭試必冠軍十校楚闈兩赴北雍竟阨一第豈非天哉著十三經精言析疑論說周子世業諸編累旌德行舉飲賓子壽明貴封文林郎

王三尊字光甫幼頴異讀書一目成誦歷受知於董思白葛屺瞻兩先生每試冠軍因棘闈屢躓作艮亭寓志焉性孝友蚤失怙恃事繼母聞庶母劉一無間言待兄及幼弟友悌兼至刻意庭訓時取經書發明問難延名儒傅之故諸子皆樹幟詞壇搢家學居多也爲人坦易而

嚴正不避強禦鄉里有不平者輙詣解紛比之王彥方合肥龔芝麓先生登其壠廉知行述語人曰斯其爲隱君子乎吾罕有見已以四子保璧貴贈文林郎

張問德字心吾至性醇篤事親以純孝聞常兩佐邑獨介自持所至有能聲當在費邑時力爲民請命議忤風逋格於上令辭歸終養父歿遵遺命撫兩幼弟友愛過甚俾各登仕籍邑人周際明郭天谷諸先生相與友善咸重其端方居長安邑先達欲得公忠廉正者主持同鄉諸公務於是敦推爲舘長廣公廨供行旅往來置義倉

曆孤貧無所歸者成人之美周人之急藉以扶濟者㝡
十餘年公年四十未有子元閫魏孺人請置側室弗許
數勸而後可訪某氏女甫及門輒廉其父因公逋鬻女
以償即驚召其父遣還之不責原鏹後旋得令嗣二長
列明經次成進士生平誠正不欺屋漏無愧兵燹後屏
居鍵戶足跡不出戶庭惟日課子以文行相勵兩舉飲
於鄉子邦禰初任推官贈公文林郎孫萬選中康熙戊
午鄉魁公門下生學士德清孫岏瞻太史遂安方渭仁
爲先生立傳

畢九臣字恒寧號玉臺狀貌端嚴天性孝友舉天啟甲子
鄉試四上公車不第授四川儀隴縣令初儀被流寇焚
屠畧盡城皆圮壞至則招集流遺捐貲堅築又募鄉勇
分營教戰寇不復闌入歷四載惠政翔洽遷浙江紹興
同知當事稔知其才能多所倚任凡兩署府事四攝邑
篆手不停披案無宿牘越中若倪公元璐劉公宗周祁
公彪佳李公邦華王公思任俱以詩文氣節相孚會以
事失權貴意左調江西廣信府丞方署弋陽篆而 下
闖南下即掛印還日課子孫讀書吟嘯壺觴不復問世

間事生平輕財重義需溉三黨卒之日赴哭者聲震里
門云
周壽明字天格號柏心少異敏十歲通十三經崇禎丙子
解元丁丑進士爲臨海令鑿東湖注大河長三里許環
衛台城寇不能爲患衛軍三千苛糧酷民激則走海適
痛陳軍弊撫軍立委勘兵冐免規避者從重法軍始帖
然尋復海門倉均里平徭悉革陋規免租禱旱民築喜
雨臺治臨六載七奏賢書又㨿攝寧海天台敭歷典除
會計察歷勘三邑無逋賦無留獄無猾胥無豪民遂寢

廉能第一特調曲周撫輯新發三月報政乃內召召對
稱旨擬擢吏垣不數日城陷歸即入山不涉城市 國
初屢辟未就癸巳歲徵書特峻郡縣促道瀝陳親老終
養公極孝居喪泣血三年既禫不茹不舍衰絰性貞介
雖兵燹流離而知好貴人不一足有敦和堂集未刊
畢十臣字恒泰號協公性超異崇禎丙子丁丑聯捷授浙
江慈谿縣令慈固大邑公恩威並施豪強斂迹適歲饑
邑有積困者奸人乘釁坐以閉糴聚數百人操挺刃圍
其舍時變起倉卒丞史輩不知所爲公嘆曰此奸民欲

行搶耳吾出諭之卽解命二執杖者一門豈乘輿至國所羣奸譁甚公叱曰若等將作亂乎抑但爲饑求貸穀乎如作亂卽縛我去恣爾所爲如止爲饑盍先告我令藏穀者貸若等乃敢咆哮若此衆皆俛服命禽其倡首者二人立杖之一時哄散其定亂之敏决如是越五載政成臺使者特薦行取入京奏對稱旨擬省垣改福建道御史不數日京城陷微服而還杜門不出有句曰百結不完衣尚在箕裘什襲等宮袍著說書去存一部之燕畧草一卷常列講堂聚諸孫晨夕訓課暇則以詩酒

陶泳自適云

李生美字伯醇性磊落侃直以名敎爲已任中順治丙戌舉人丁亥進士授江西德安令清操勁節饒有膽識草寇負隅奮欲剿之同寅不可公叱曰食國家祿膺民社任寧懼一死哉毅然領民兵摧破之餘黨旋掠其邑公幾爲所獲脫歸以勞瘁卧榻半月而卒

文學列傳

清

黃正色字美中穎而嗜學廣識多聞以崇禎丙子舉於鄉屢躓南宮授蕪湖知縣秉性恭儉不苟進止涖蕪數年冰蘗自矢人不可干以私又雅自恬退不工干進解組歸來卜居鄉僻絕愛林麓之勝葺屋數間圖書橫列披覽無虛晷裹足不入城市一爵一蔬蕭然遠引而已先是有郭山澤之士例得舉爲州邑吏時屈指以應非常之望無出公右者公客魚山先生家閉戶讀史若爲不

聞也者其出處之重如此鄉書人有購得其尺楮者珍於拱璧生平不事田產寡所營遺致後人以貧困自守清白吏子孫直如是耶可嘅也夫所著有黃氏文統一百二十卷畏合堂稿一卷

官撫邦字綏之性狷介不妄取予閉戶篤學常潛心性理旁及內典三式天文地理諸書與譚友夏劉同人黃美中易羲侯以詩古文辭相劘切兩中副車竟不遇由歲薦授大冶縣學訓捐俸葺學宮日課生徒人文蔚起陞四川梓潼令告病不赴居山二十五年布衣蔬食恬如

也年七十二卒有滌放居詩集霜啤草雪鴻草滯草彩草天聲閣諸集藏於家今後嗣翩翩文雅實其式穀所貽云

閔以棟字石菴銓曹翼墟公長子少負才有聲海內前崇禎間以歲進士判温州歷知亳州　本朝調廣德州泣令誦慈惠焉解組歸徙倚林泉三十餘載詩史自娛子孫環數十而家無擔石儲泊如也

李杲字伯徵奉母極孝族里皆服其誠慤順治丙戌舉於鄉授四川洪雅令處蹂躪之後以辟土殘毛爲任招集

流亾修城葺學一切廢墜賴以整頓丙午分校蜀闈所得多吉士在任十年勤勞任事竟卒於官邑人哀之

楊繼經字傳人順治戊子舉人乙未進士初授大理寺左評事陞刑部主事尋遷員外郎卒於京生平風雅磊落篤學工詞賦率筆成文不事產業田租三十餘石悉付其伯兄及弟澹泊自守心常晏然於玉臺山建春曉亭備遊覽之勝十餘年有謂妨於風水去之今址尚存曲周劉侯佑知蘄購志於兵火之餘杳不可得乃蒐輯殘簡葺以成帙使蘄之山川人物迄今得以攷證者實[illegible]與劉侯力也有蒻廬快書蒻廬詩文集若干卷大易稿一卷

陳琛字非石穎雋有異才篤學工詞賦順治辛卯舉於鄉屢上春官不第授陝西臨潼令潼處川陝通衢師旅絡繹急公盡瘁以功遷州守因勞遘疾卒於任著渫菴詩文若干卷

高耀基字文中幼穎悟讀書一目數行長於詞賦好樂府作文每自出已見不傍襲人賓朋滿座一擲千金弗顧也中順治辛卯鄉試五上公車遴選百里侯丙午春倦

臥旋不復起易簣時囑子讀書立行未嘗及家計云有溪潭詩六卷

邢子愿號侗士性孝友嗜學不倦郭天谷先生一見其爲文深歎服之舉順治甲午鄉薦邑令李桂海先生慕其文行令僦居入城以先人墳墓遠不忍離逡巡久之乃屬其弟居守勉應令君之命連上春官不第授監利教捐俸葺文廟俄然改觀進諸生問難其中獲雋者甚盛以是擢上考云所著有蘭亭集易經圖說古今彙語吳越吟剪[illegible]集多未梓長子雲康熙辛酉舉人

封贈列傳

明補遺

徐步雲字望之幼聰慧特異嘉靖庚子舉於鄉時相國江
陵張公司徒巴陵謝公司馬崇陽方公與望之皆少年
同舉取重執事稱曰四君子後上春官屢北歸益肆志
於百家定省之外他不與問祖吉貞致仕在家日相勉
望其勵志詩有云焙籠日日觀消息早放奇葩慰老夫
又北上詩有云爾祖見幾歸隴畝吾孫努力上鑾坡之
句以故不苟就云後祖捐館撫視弱弟以奉父終於數

奇不得奮翮越丙辰掄志就選得滇之祿豐豐衙日疲
一切以樽櫛愛養鋤奸宄緝巨寇毅然無所顧忌邑人
感頌不衰以子存德貴贈文林郎

畢祖洲字一洲越郡丞畢玉臺長子生而奇偉性孝友弱
冠入泮爲文極敏快數奇不售膺崇禎中恩選平居疎
財仗義飲人以和邑中諸紳士暨丁逮輿儓輩莫不愛
敬大宗伯龔公鼎孳令蘄時深相契許將仕而卒邑
惜之生四子長紹昌以明經授休寧令四子紹奭中康
熙丙午科鄉試

清

李嘉甫號裒聖邑庠生長子生美順治丁亥進士任江西
德安知縣次子果順治丙戌舉人任四川洪雅知縣遇
覃恩贈文林郎

南有杞字爾楨邑諸生性孝友嗜古篤學數奇不售里黨
惜之以子之傑任山東長山令遇　覃恩贈文林郎孫
夢班任江南華亭知縣

畢期祥字叔旋邑諸生銳志學修尤勤庭訓取重鄉黨次
君友宜以戊午己未聯捷實本其家學云

武功列傳

清

高有功係明經高子才之子癸未獻賊襲城被擄時年尚幼　本朝定鼎以才能授守備先駐劄廣東肇慶府復防守海南縣九江鎮迨　王師克復粤東旋爲建昌縣城守題香山縣澳門都司與海逆血戰陣亾沒於河康熙二十年禮部題請例得贈祭内閣撰文部行湖廣布政司支銀致祭贈署都司僉書有妻亥三人子二僑於肇慶

逸行列傳

清

朱絅號自衣孝友性成常刲股以愈親病博學工詞賦試輒冠軍行止醇謹外不忤物爲衆所推屢舉行優學士大夫咸尊禮之又工奕善於書學購求者甚衆入棘闈十三次卒以諸生終識者深惜之至今有抱璧懷瑜之嘆云

楊繼柱字文升素性簡樸而爲文甚豪又樂於丁人凡楚中知名士多延於館供衣食且謀安其家室以故兩闈

獲雋者半出自梅梓山是吾廬中然不矜不忌泊然無所干致足多也居家極孝友之道人無閒言以名諸生終其身著周易辯疑三傳從同續綱目倣朱

節孝列傳

清

周氏贈君王三尊元配也生而穎慧言動莊雅于歸後恪守婦道事兩姑無間言綜理内棣靡不合宜持身儉勤而御下復嚴以厚一婢詣氏陷以款語氏曰詐也查覘果竊稻數斗亟召責之且曰女與我炊食無所異何行徑如此婢曰爲裙破無他故氏擲杖脫裙與之婢由是終身不敢私一縷一粒手自緝絖課女紅機杼之聲冬夏不輟且以織苧羨餘貿充姑舅甘脆以故贈君得潛

志居稽皆内助之力也常夜課其子有法有恩不少衰倦諸嗣皆有聲黌序以四子保璽貴贈太孺人

繆氏府庠生戴天眷之妻年十六歸戴十七即寡居無嗣柏舟自矢不出閨門奉事舅姑極棗栗槃匜之養性儉素不御紈綺躬自織紝未嘗少間至八十餘而卒姚師相題請建坊會國變未成前令李公大受李公汝燦龔公鼎孳劉公佑李公長敏俱贈有匾額

補遺列傳

明

徐存德字恒菴萬曆壬午舉人丙戌進士初授江西安仁令再任浙江仁和令陞南京戸部主事父步雲多子而貧胡孺人孕公時將飲藥墮胎忽惛憒見一猿猴據衣曰愼勿棄我及覺遂弗藥後生公聰穎異羣兒少孤母孀居家徒四壁常夜課羣兒書有寢者擊以杖故公藴藉甚富多成於母氏云當在仁和値大疫轉徙賓縶公拊循安集捐俸藥救呼爲活命官

周應期字際明都諫兩山翁孫也性敏篤學弱冠補邑庠歲舍斗方山麓鍵戸讀書一夕夢伽藍神語曰汝父生年高掇矣至乙酉果登賢書嘗館於義水汪大江先生家歲杪歸値中途有負逋者將鬻其妻以償且欲自溺公惻然憫之傾橐代償不問姓名明年辛丑遂釋褐授行人司奉命策封豫章益王尋擢御史按嶺南執法如山有神明之諭先是兩山公督學嶺南得士望齊山斗及公至粤人慕如考妣同祀名宦焉所著有易解

南氏庠生南望斗之女適庠生游文錦事翁姑孝謹無違

[illegible]親佐讀人無間言生子一明末流寇爲亂掠野將延氏處隨文錦逃避勢迫甚不能前進囑文錦負子遠去與其婢一兒匿林中且與文錦訣曰萬一被獲誓不與賊俱生得全吾子足矣寇至果爲搜獲捉其上馬氏據樹罵賊甘死不從寇怒刺殺之一兒身被數創命未絕寇退文錦尋於所匿之林中氏兩眼俱淚手猶據樹不解一兒尚有氣息水漿度活後悉道其故里人悲而義之

周易邑諸生篤於孝友父環與從弟瑄珊珏璽凡四世同

居易弟兄十有一母王氏止生易餘皆繼母南出也南氏舉幼子祿貌惡甚環惡欲溺之易泣諫不可潛匿於母舅南君華家訓僉產二十石資之長始歸環既沒易事繼母尤謹著家箴十則喪祭循禮子孫世守之萬曆十一年邑侯閻士選舉孝子旌其廬曰閔孝姜義今石碣猶存

魏裔介

曾氏族譜序

聖人之道仁而已仁無所不統而必以親親爲大親親者自天子至庶人莫不以之爲本而大其所施者也自宗法不明天下之人[illegible]恩雖手足[illegible]有相[illegible]十世[illegible]賢者深明此[illegible]義之生必有所自來我之後復世世相繼無已也[illegible]先我[illegible]知之[illegible]而知之而況我之子若孫與子孫之子若孫[illegible]得而鄉

之[illegible]之先我不得而知之是欲祭其流而忘其源也非仁也我[illegible]不得而知之則是我之[illegible]孫因我之忘其源[illegible]其源也尤非仁也[illegible]修焉可以已哉此曾氏家譜所以至今日而重修也[illegible]始出自周公譜叙詳矣自[illegible]于蘄始知其爲蘄人且蘄爲楚黄之巖邑也曾又蘄水之[illegible]族也先朝[illegible]人才選者曾萬也官至戶部侍郎甚蒙寵[illegible]賜塋賜祭有成進士者曾永清[illegible]川成都知府後陞[illegible]參政誥[illegible]道煌[illegible]在也[illegible]者曾若參也其他以明經筮仕者代不乏

人不暇詳述但毅公原由蘄萬戶從明太祖以戰功累官揮使守遼左遂家于遼毅公以後相傳至今太守靖庵爲十世其襲替次序皆有誥命部札可考靖庵遂攄之以訂世系其他伯叔支庶尚不能紀其生平而封翁復先公又以高才博識勵節早世故今譜僅舉其大凡耳蓋自山海變亂以來人世滄桑流離播遷者屢矣雖號爲世家大族其得保譜牒者能有幾人幸有賢子孫得志于時如靖庵者惓惓懇懇以發明宗姓爲念存其大略述其梗槩俾後之人不昧于所本則誠無愧于仁人之用心矣否則遥遥華胄等于雲烟而莫知所始者又豈鮮哉獨是毅公爲勝

國開代之勛靖庵又値
本朝開代之際崛起而奮功名當江西搶攘以一縣令調兵食卒之寇虐削平晋階五馬其先以武功顯其後以文事著若有相得益彰者今靖庵自臨川司馬來守邢襄既以篤親者仁臨川之民必以仁臨川者仁吾邢襄之民將于之所謂得其本而大其所施者于是乎益信于雖越在鄰封乎佩服仁風不遠矣豈獨于其家乘而津津于仁之足以厚其親仁之足以昌厥後已哉

續修蘄水縣志

藝文志上

魏裔介字石生直隸栢鄉人順治丙戌進士官大學士

魯氏族譜序

聖人之道仁而已仁無所不統而必以親親爲大親親者自天子至庶人莫不以之爲本而大其所施者也自宗法不明天下之人往往忘其本而吝其施漸且流于刻薄寡恩雖手足之間有相視如路人者矧其在十世內外乎惟賢者深明此意以爲我之生必有所自來我之後復世世

相繼無已也使我之先我不得而知之是欲察其流而忘其源也非仁也我之後我不得而知之則我之子若孫因我之忘其源而亦忘其源也尤非仁也而譜牒之修焉可以已哉此魯氏家譜所以至今日而重修也攷魯姓出自周公譜叙詳矣自毅公生于蘄始知其爲蘄人且蘄爲楚黄之巖邑也魯又蘄水之望族也先朝有應人才選者魯萬也官至戶部侍郎甚蒙寵眷賜塋賜祭有成進士者魯永清也初授四川成都知府後陞江西參政誥勅二道煌煌在也舉孝廉者魯若參也其他以明經筮仕者代不乏

其後於闈於都城行將霖雨天下伯氏宗臣先生屢中副車列明經厥孫青獻復以品德文章接武魁楚闈諸孫炳炳麟麟繼起者正未有艾誰非公家訓雅追顏氏所致也可謂燕及克昌矣生平宦跡半都門神熹間蘄多人文蔚起歷朝階涉京華者以公之公正廉平且優於才也推爲北道主鄉國之人咸宗焉其時傾者扶困者濟仕者爲之玉成羣相感慕無虛日識者曰義氣滿長安矣于郭之報可覩也可謂德厚而澤遠矣前後兩治邑皆悉心民瘼時早則爲迫請蠲負莫償者則力爲議蠲有不遂則掛冠以

謝古稱惠人遺愛殆又配之可謂撫以仁使以義矣若鄉日敦本睦親無間言無失足洵不減太丘高風故凡邑尹暨薦紳莫不景行奉教賓禮攸隆以爲蘄邑重而
寵誥封章隨榮厥後可謂積善有餘慶矣今
天子大闡弘文天祿石渠聿崇國史豐不才以杜下兼秩宗首職纂修方期廣爲採錄搜天下貞風義烈嘉德懿行光
熙朝令典矧如公碩德孔彰功在民世者久爲邑書所載家乘所詳固宜首加表著俾討曰　龍旌再錫加秩從祀厥有所考且以告天下之卓然特立而爲不朽者其由此

張士甄字綸紫順天通州籍浙江鄞縣人順治己丑進士官禮部尚書

序張子宛委堂稿

甚矣文章之盛在主持風氣者非偶然哉漢董唐韓歐醇正弘通正文體即以醇正弘通者升國運進人才故其時收得士之休羅經術之用蔚乎稱最有宋眞儒輩出本理學爲文章眞仁之間事功名業爛乎天壤廬陵眉山以文章持世出其門者悉爲人宗信文運之與未嘗不自一二人開源濟美有以倡之而基盛者也余戊戌以簡命黍試會闈於雖羣中首得張子郢山快其文之典雅精醇稟經

燦藻望而識爲五陵年少如獲隋珠趙璧非凡才可伍敬爲當宁薦之以光揚槳且爲藝林慶者久之旋喜郢山榮奉恩綸即光借越州理仁風德教卓絕一時於癸卯分試易闈而元魁多出其門丙午再閱武闈而掄元者又出其門越已酉復分校八閩所得皆名俊至其蜚聲南宮列鼎甲讀中秘書者濟濟疊出咸爲國光若季試諸優拔膺春秋兩薦者殆未易更僕猶歟盛哉益信郢山之文後先無媿矣郢山之文無媿而余益得據郢山之文以自信矣數科策論取士煌煌經術已網羅無遺美今煥然更始仍復

八股制科誠欲進而加隆用啓斯文之盛也歟竊思今之文體斷宜以郛山之文爲標準何也文章非醇正弘通終非完業而郛山之文言乎典型而典型備焉言乎理學而理學備焉言乎詞采聲光而詞采聲光又備焉且也驗之服官而文章之用已著再驗之取士而文章之用又著誠所謂鳳字龍文虎韜豹畧無不兼優者乎則今日之談風氣含郛山之文又安歸哉余願輯郛山原集再公同好庶奇者可以返放者可以約偏者可以正謬者可以繩始自余快國門者今不必余一人私名山之藏可也世之問業

者誠取是集而快讀之不獨郛山之文不朽或徵余言之不誣天下且斐然有斯道之慶而郛山之有功於 國運人才眞可接統昔人之淵源際美也夫是爲序

徐 惺字子星江南江寧人順治己丑進士湖廣布政使

李欲仙明府壽序

歲癸亥秋八月之十有二日爲欲仙李年兄覽揆之辰其及門諸子製錦稱觴丐予言爲壽諸子者皆予辛酉監臨文闈與衡武闈所得士而欲仙分試之所專薦者又官子劉子邢子許子一爲其下車蘄陽一爲其攝篆古羅所歷課亟獎置冠軍而並獲雋者予曰凡今之以言壽執政者恒取其鄉之賢大夫以爲光寵不是之求而顧問於予此何爲者也諸子唯唯以爲予知君之深非予言不能盡且

非予言不足爲君重予惟師生之誼原與君臣父子常留天地之間自以市道相招致而國士之感莫焉寡聞今諸子誠服而心悅如此予卽烏能已於言哉雖然君之世系華胄王父母父母代積陰功通籍以還讀書課子好施與解急難仁人君子之名徹於嘉松二郡夫人能道之矣卽其服官廉餙興行敎化不事嚴厲大吏知之
聖天子聞之遐陬窮澨之民靡不愛之慕之矣予何言哉惟卽諸子謳誦之意因遡君師友淵源之所自以見君之能致諸子之謳誦者以爲君祝可矣君益師承虎林孟長民

修文昌閣記　　徐　惺

浠水文昌閣之建始於康熙癸丑之冬余以公務道經兹土與諸士子講藝譚經詢及人文勝地公輔名卿邇迺教化不與殊非宣揚聖世重道弘文之意城之南舊有文昌閣近因兵燹之餘僅存基址其地挹羣巒萬壑之翠霱接清泉精藍之幽深負郭臨流闢榛莽築層臺爰令有司庀材鳩工重建是閣以供崇祀蓋聞天文家言文昌爲奎爲壁居北斗前化作文章司命其立教也以忠孝仁愛爲本今世風日靡政治日疎獷薄佻達相習而忠孝之道不講

缺急詐諼相矜而仁愛之意多缺及語以乾坤正氣道德淵源所自出令識所趨尚罔不羣怪爲迂疎而無當孰知日星河嶽自在天壤感應之理毎視乎人心心乎敬則生而爲人沒而爲神宜令帝座呼吸可通念稍涉於怠渝則在天成象在地成形對越總屬虛憍古今大聖大賢造化生心往往有轉移禍福之權中材而下鮮不以感應勵其志行者况帝君彰癉之旨確然與六經相表裏山川奇秀鬱爽實式憑之余將持此以鼓舞人士吏民者敎天下後世知所尊崇於勿替庶此地國禎蔚起碩彥篤生後來正未易量顧余始至戎馬倥偬不遑次第告成適拜司臬中州之命余雖促於嚴程實無日不以此舉未竟爲念今余謬膺藩牧重來江漢閭閻制煥然一新皆太守于公縣令蔣君捐貲鼎建之力余何容更贅一辭但願浠川人士文章行誼與日俱新其於神道設教之意並垂不朽余得藉手以觀化成是則余之志也

王澤弘 字昊廬黄岡人順治乙未進士詹事府少詹事

待旌姚貞婦王氏節孝詩序

天下忠孝貞懿之行雖曰學習豈非天性哉而或者不察以爲可相勸而成也可勸而成則亦可誘而敗惡在其爲天性矣以余觀於姚貞婦之賢益信天性之足恃也貞婦吾王氏之所自出而字於姚爲今元魯公之冢媳姚爲崑斗相君之後而吾宗亦世爲右族方其結二姓之好而親百兩之迎其王女有琴瑟靜好之樂姑嫜得棗栗奉事之勤佩玉鏘鏘德音不忘何其樂也及一旦蘭摧玉折誓天

斷髮泣下沾襟指同穴以爲期惟藐孤之是屬又何悲也當是時婦之信於婿者可以泣鬼神感金石而人之信婦或不如婦之自信則猶慮其年之甚少也顧能執志不移獨立不懼與其爲春花毋寧爲秋柏與其靚粧袨服於一朝毋寧白髮青裙於百歲子死而婦存克供子職者婦也夫亡而婦在訓以義方者婦也以其一身兼爲子爲父之責使其翁若孫竟忘其無子無父之憂即古烈丈夫之托孤寄命炳朗丹青者何以加茲而不播諸聲歌列之女史其何以厚人心而敦風俗乎此諸學士大夫之所以連篇

周之麟 字石公浙江蕭山人己亥進士官少詹侍講學士

郭山書院記

楚蘄張公諱邦福號郭山爲紹郡司理初至越捐俸貲建知本堂臨民也閱六載而公去越紳衿庶不能舍因思斯堂也未經官給未動民財仍以歸之公易其額曰郭山書院立位崇祀誌不朽云

巽哉公之初建斯堂也即以知本命異哉公之去斯堂也士民即以郭山書院名蓋非公此本其孰能知非士民之信公篤感公深欲藉此俎豆公而報本之道其何由著夫周官以六計弊羣吏歷聖以五物敷錫兆民刑僅以弼教居最末曾未有於刑書知本者有之自曾氏子傳聖經始

傳釋經物以訟爲物本即以聽訟爲知格物本又以聽訟而底於無訟爲致知格物本噫此亘古來最奇之論也蒙童年句讀壯而服官皆率以爲常然即荀卿韓非之徒目險健其間亦僅以爲日用飲食事惟我郭山張公曰飲食者訟之所起也故訟之興也其在結繩之前乎天與水違墜也從淵觀天象也象而訟訟而墜無爲耆知本矣本惡在明明德是明明德惡在即聽訟是而易之涉大川合於聽訟者凡七需宴而樂同人類而辨蠱振而吉大畜剛而健益遷而睽渙假而享中孚信而格皆德也皆知本所有事

也故惟公可以語此客曰凡此七德皆公之德也而非政
公生平廉法不枉一事不染一塵其美政未易僕數可得
聞其畧乎予正告之曰予所言德本也客所言政末也予
從公之政中舉而合諸七德其義一也越之獄多八邑重
辟公遇溽暑大寒親往審釋其無辜即罪在不赦者飼以
饘粥燠以組絮俾弗苦於飢寒夫訟者憂道也非公以需
道處之其能飲食而樂乎獄之可疑者最多恒經年不結
公取如山之案斷若流水力不勞而伸寃之功倍非公以
同人之道處此其能類族而辨乎浙固多才不無縻鼎公

下車觀風與月課蓮行一時俊彥多所識拔及奉聘入闈
所得皆知名士故搢南宮者趾相接而浙中桃李於公門
爲獨盛此公體振而育之德也自來欽件淊非一讞可了
批駁再三彌嚴而刻公惟率此哀矜故一徃無礙雖百折
不回此公體剛而健之德也差役之擾民所司皆然惟驕
爲甚公毅然曰此風雷之際也其在見善遷而有過改乎
於是特設木牌多方勸諭犯者自至此非溫而不擾之德
乎公甘澹泊無所需於市肆即有所需其交易與齊民等
蓋七年來公僅飲鑑湖勺水曾不以寸縷陰取及民故此
一念夜夜可以焚香告天此非滇之所謂假而享之德乎
乃若越俗不少健訟而又假翼於兵知虎飛晊苟非公執
法不阿强禦不畏擇人而食幾至成風是以奸宄不戒而
肅不嚴而威此中孚之信所以格及豚魚也夫然而公之
德明矣政之美備矣聽訟而知本之道全矣夫聽訟者而
備此七德則聽訟之時非聽訟也講知本之學而已知本
之學深於考亭我公自爲諸生以至服官惟守正心誠意
四字爲主及讀傳習録則又以姚江良知之說獨從無善
無惡中勘入遂以此爲直接考亭之傳乃考亭政事俱實

實有裨斯民而姚江又以戡亂著偉業然則知本者何嘗
遺末以爲知哉即德即政即末即本即知本即知末至莫
至於此良莫良於此是學之所在即德之所在德之所在
何莫非政之所在乎故異日之集斯堂也非講學也仍刻
刻知郎公之聽訟而已知誦公之德咏公之政而已是郛
山與考亭姚江一知相傳後先輝映而士民之信公篤感
公深思俎豆公於永永以報本不忘其在斯夫其在斯夫

沈珩字昭子浙江海寧人康熙甲辰進士翰林院編修

送李欲仙之官蘄水詩序

同年嘉善李君欲仙除楚黄之蘄水蘄於黄稱名邑京師士大夫與李君遊者以君文章品槩跳彝矞潏滈精乎內而含醇乎外莫不敬且愛於是以爲人地允稱作爲詩詞以贈其行而屬同年生沈珩爲之序予因惟士君子出而服官交遊中賦詩贈行古之道也古之道故義各有取也或其人爲世重而所仕之地凋瘉阨阻不足以展施則其詩取咨嗟而惋惜或地稱隩區而時適甲兵搶攘供億悉

索難以拊循其人則其詩取憂危而怵惕且古之仕不出鄉國而今且遠或嶺海蠻徼綰印綬去則聲遊溷然于是其詩惻酸而傷離不者時與地艮善而或方土之剛柔燥溼異宜則其詩宜出於誡勉之不足而與其特遷而內來則其詩宜出於勸激而禱祈之歟者詩而贈行于仕正變之義盡矣此古之道也而今則不然大率四韻八行諛言雷同掇此通彼以充筐篚餽牽足矣何義之取焉豈古之於交也篤而今則佻與豈古之於詞也擇而信而今則泛與豈仕者不及古之堪敬與愛而不足以當詞之信與今李君爲人敬愛也如此則所與交者必篤而不佻詞必信而非諛可知也雖然予則疑焉夫蘄地大且有名山川磅通風物條達既足以展其施軍興哀瘵人樂休息又不難於拊循而其地歲時風土彷彿乎舊鄉所習秔稻鴈鶩菱芡之腴騷辨之遺採蓮之唱吳趨之曲之賞昔恒有高賢勝流栖遊嘅好其間而與吳越相襟帶然則贈行者之所爲咨嗟怵惕而傷離詩之變風無所取乎爾已而君又內湛外醇與其風土剛柔燥溼必相恍化又若誡勉無所用者雖然是宜有之楚空竇而莽蒼且地大則金部賦贊

之課倍他邑而事多牽掣難一也大且有名則將以獻酬羣心力不易副難二也時甫休息則皮殫毛落加肉之非旦夕而改張之鮮便宜難三也三者不足以難君然惟不足以難君故期君之必勝其難後已也而君又喜文章矜爲槩是他宰蘄者爲之易而君又必爲其難後已也以君之所能者勉君殆猶古之義而詩之正聲也與登者特遷內來以爲之勸是則今人之詩之所通行而有餘而又不必論也君行矣贈行之詩滿囊試登蘄之堂拊絃而奏之小大疏越各得其所纍纍乎各中其窾毋令爾疾毋令爾

徐楚聲於是乎正矣其君之政成矣乎予雖處京師願徙
下風聽之

陳常夏字時菴福建漳州人順治辛丑會元

送張公內陞入都序

嘗讀史循吏之蹟惟東西漢爲最而漢室之傳循良者則稱召杜龔黃爲尤著竊以爲異德殊才建非常之業自有卓絕乎古今者類非後人所能及而不知其不然大上世民風醇樸猶樂於爲善非若後之巧僞日滋而奸宄亦易起且其時爲令者秩雖輕而權重皆得自盡其惠心而實能見諸行事又非若後之層累而上奉事惟謹即有才且賢者慨然有澄清一方之志而事多掣制勢有難爲此以

知昔人之才德非必遠過乎今人而今人之時地實有倍難於昔人者也吾郡向所隸者九邑阻山濱海與粵東接壤其間數百里皆懸崖叠嶂爲萑苻窟穴自宋迄今未有寧宇明正德時王文成公爲贛撫疏請割龍巖南靖漳浦三邑邊地設平和縣百餘年來雖城市村舍寥落錯處然山多田少地險人稀而海氛出沒山林嘯聚曾未嘗一日息其人民之蹂躪田廬之殘燬姑不具論即莅斯土者莫不視爲凶懼之地求其晏然而處脫然而去者曾無其人爰安望出其所學以理國事而全民生植田疇而誨子弟

載而今　則大有異歲丁未　國家更制俾天下司李咸歸
民社特簡楚蘄張公郛山先生莅和邑和人聞之喜且懼
曷喜乎和之民外訌於寇內瘠於役殘困流離歷有年所
喜今日之得賢父母而有以顧我復我也曷懼乎公以江
漢名材南宮高第例得刻清華乃以新令授司李及理紹
六載考滿與等行將優擢復以改制調邑宰且聞去紹日
越中父老環道牽衣遮留百里不得行懼公之憖遺此地
而莫肯惠然顧惠然來也越戊申秋我公輕裝簡從飛鳧
入境和之人士踴躍相迎下車日藹若春溫凜如秋肅清

風亮節日霽天開今而後喜可知也而公之政則大有異
和四隅夙爲賊藪近聚黨益衆破寨堡殲營將焚殺剽掠
無虛日公鎮靜自安旬日後詣郡屬役請由間道行公弗
許叱馭過賊巢賊羣相戒約弗敢驚及公旋召各鄉士民
立約練鄉勇數遣役持示諭往招有來歸者力爲保護不
數月皆向化投順公悉詳請歸農自是盜不入境路不拾
遺以數十萬兵火殘黎一旦登以袵席一異也和民悉悍
而輕生有毒葉名斷腸草徧地皆出男女有小忿食之輒
殞命且圖賴富室常至破家公惻然弗忍展轉思維因集

二十四約每約發銀或拾兩或七八兩令其倩人採割運
至縣堂側逐日焚去民大感悟其風頓息以數百年荼毒
遺害一旦濟以生全一異也和糧額僅八千其無徵者二
千餘前人迫於催科常報族黨戚里牽連派徵貧者多逃
富者亦漸徙公悉心清察可完者如數輸納無徵者毫不
株累祇於存留內通融措置公莅和三載旣不費民間一
文亦未食公家一俸乃國賦無虧民歸樂土以數百里蜚
鴻流移一旦予以旋聚一異也至若造船辦餉給銀購買
而民無絲役之苦嚴禁越訴庭可羅雀而民無獄訟之煩

申詳上司禁止差役而民無追呼之擾且也課士育才科
甲蝟起而文教彰矣勸課農桑野有餘蓄而積貯裕矣約
束防兵各安汛守而營伍肅矣自來官署皆里民傳飱公
加意剔除凡日用所需現價平值而供應取辦俱止矣由
是上無不治之政下無不安之民是公之異德殊才合召
杜龔黃而備之一人行之一日誰謂古今人不相及哉今
公奉內召行且有日矣將見由和邑而達之郡國由郡國
而達之　朝廷入爲公輔霖雨天下則漢室之增秩賜金
躋保傅而爵通侯又不得專美於前已

孫在豐字屺瞻浙江德清人庚戌榜眼官內閣學士禮部侍郎

勅贈文林公張太先生傳

世有高延陵節蹈伯鸞操而無益於衆君子弗之取以所及者小而非卓然不朽者也故太史公傳隱逸不盡予而獨於孝行傳及循吏遊俠等傳三致詳焉蓋以品行旣優而復於君國家庭交遊事使之際一無所歉其人遂卓乎可傳楚蘄贈君張太先生蘄世家吾師郛山夫子尊大人少以賢豪命巳仕未仕時一以曾閔爲心周旋京洛朝夕無違色卽數歷艱苦其不匱者如一日國門桑梓悉以純

稱可謂無忝於親矣遵遺命撫兩幼弟規之誨之家室之且多方曲成俾各登仕籍日有官訓誠卓如國僑之使尹何也可謂克敦手足矣始仕卽任蒲佐邑再吏費悉如忠肅之治洛州文節之治零陵誠而化之利興弊革諸如辭堂封愼贖鍰却例羨不暇舉一時隆召杜稱可謂服官能著循良矣旋以終養辭五斗還蘄室於偏行同陶隱君弗涉世務惟旦夕事庭訓庶幾眉山之誨二蘇閉戶潛修亦不以荀竇之賢燕許之慧而少有所懈也遂克大啓後人文行卓越我師乃以年少登上第首理越須祝遍人間也夫公諱問德字心吾年幾八旬楚黃蘄水人謹拜手爲之傳

彭孫遹字羨門浙江海鹽人康熙己亥進士翰林院編修

燕臺贈别詩跋

右送李子欲仙之官蘄水詩如干首沈子昭子爲之序其一卷余受而讀之見其比興互陳諷諭交至舉夫蘄之山川人物民俗土宜與夫昔賢詠歌遊處之跡靡不曲折詳悉於其中是何言之深而永麗而有則渢渢乎好音也蓋常聞之古之歌詩也必類各有宜也其寬而靜柔而正者宜歌頌焉廣大而靜疏達而信者宜歌大雅焉恭儉而好禮者宜歌小雅焉正直而靜廉而謙者宜歌風焉今諸君

子之詩四始備矣則欲仙之無之不宜抑又可知也欲仙常有百城堂集爲世所稱詩清眞澹遠有類於竟陵公安之風今又官於蘄揮絃游刃之餘必有新製尚其郵以相示是亦古人贈處之道也我將易觀以相待爾

董維祺字爾介遼東人黃州府別駕

浠水浮橋記

余自癸亥之冬奉尺一命佐郡來黃隨以公事經由浠上訪古遺蹟而得躬歷夫右軍墨沼蘇子緑橋及丹井茶泉諸勝又從城南紆廻渡河舟人指點岩壁擊空明三字云係坡公所書蘚剝苔纏雖眞贗不可辨而風流蘊藉迄今猶可想見也攷蘄之南河每於水涸時架木爲梁漲則濟之以舟前成化中邑侯潘玉汝更以浮橋橫列巨艘上用木板聯以鐵維相水之平漲以時斂放行旅便之迨其後

官司不加意隄防旋至頹敗莫可收拾今李令君欲仙蒿目利濟之艱慨然有懷于浮橋遂謀之紳士僉曰誠善捨是捐金百餘又多方設法倣潘侯遺意而踵行之余度閱此河數矣不意今竟若履坦道焉則士人之與四方來者其德侯宜何如是烏可以無記

蔣　燦字璀臨遼東廣寧人康熙甲寅年任縣令

文昌閣記

蘄邑舊有文昌閣，建自萬曆癸卯，閱今將及百年，頹壞已久，不可復問矣。余甲寅秋莅官浠上，越二年政事稍緝，乃於催科之外，讐藝之餘，而更留神典革之事。見其基址徒存，頹垣敗瓦，野草荒壠，不禁低徊感嘆，因思復其舊制，擴而充之。度財計工，動以千萬，而俸薄不贍，乃請貲於紳士，侁侁而至，故無財匱之虞；擇諸生中才而賢者董其事，故有出入之稽；令胥吏之勤慎爲公者司催辦，故有應時之

用；訪大匠於豫章彭澤間，故有層搆之巧。余亦時至其地，慫慂經營，期年而落成。其㬉制三層，而爲堂以副之，奉梓潼於絕頂，置僧以供香火，撥稞以給蔬食，立碑以禁侵犯，栽木以期永久。於是相率瞻拜，俾蘄之士子知文敎在茲，而忠君事親、敬上慈下之心油然而生，將見大儒碩彥聲動寰區，其有裨於聖世文明之治，夫豈小補哉！若乃長河縈繞，秀岫透迤，前有橋橫沙白之致，旁有面郭臨流之觀，春嫣夏綠，秋葉冬花，四時之景，樂亦無窮。比之齊雲落星，井幹麗譙，徒取高華而無關世教者，相去遥庭塈乎！昔之頹垣敗瓦，野草荒壠，今且粉堊丹塗，雕楹繪棟矣。使後之令此者能繼余之志，葺而新之，俾不復爲頹垣敗瓦、野草荒壠，庶斯閣之不朽也歟！

顧景星字黄公蘄州人官司李康熙戊午徵召

蘄水周氏世傳

蘄水周氏吉水文忠公周必大之後明初徙蘄隱士允清
始家於大營山麓三子仲安太學生仲寬副榜恩貢成都
府同知仲安廩生仲宏生環與其同堂弟瑄珊珏璽不析
箸歷四世如初事聞旌表環賜冠帶環十一子初娶生易
邑學生餘皆繼出易友愛周摯謹事繼母萬曆間舉孝子
縣令閻士選署其門曰閔孝姜義易生國勳郡學生以子
光德貴封文林郎光德本名于德萬曆十一年舉人更名

光德字貿明教授章丘講學興行課士以德行爲甲乙所
識拔輒多鴻儒有士黠訟令移讞於學光德曰明倫堂乃
斷獄地邪裂其狀用是人愛廉隅章之人爲搆周子講堂
焉升四川渠縣令氷潔自持公服絳早皆用布夏稼害於
雹跣哭社壇假禾復起麥秀兩岐巡按以瑞聞明年報政
聞父病投劾歸慨然明道　撰周易翼翼太極圖説諸
卦衍義巡按御史求郡賢令游王庭以光德對乘輿迓之
輿夫蹶光德墮池中脊走報令光德趣僕夫澆水馬腹令
至光德笑曰馬逸耳令乃朔謝家居無疾言而僮妾謹肅
當寒夜燎爐火爇戲一婢就解搗夫得童子乃解踝已爛
膚七充鄉飲大賓崇祀鄉賢二子長健栩次健行健栩稍
慢健行益讓以是翁好無間言光德臨卒命絳布公服斂
健栩易以絳不瞋健行爭如命乃瞋當寇亂匿於走馬岡
兄弟結艸爲廬寇至則伏荆莽寇去返卧苫凷閱四年
窆而後去之廬側枯樅復生脊井泉溢嗣家有大休咎樅
必嘖嘖作聲泉始一涸云健行舉止方嚴尤多隱德光德
家食時操江都御史胡東漸舊出其門使來逆焉命健行
往報有盜橐千金請釋叱擲之蕭然而歸神王也甲戌歲

廷試得第一主司愛之酒罷遣妓侍明燭坐徹旦妓後語
諸貴人諸貴人曰爲周廷平居烈風震雷夜亦顛倒衣裳
而興日月食則亟拜鼓救復明乃已堂中書范魯公家誡
命子弟旦夕維誦苟燕坐聞承尉導呵聲輒起立曰父母
官過此邑有貧子鬻兒償逋鍰健行贖其兒而告于令令
感動盡除案之貧而逋鍰者年七十值歲凶親交多管極
菽爲壽可十餘鍾悉鬻麋飲餓者存活無算性樸齊然能
强識遂博極羣書棘闈十數試竟以明經老退而著十三
經精言尚書析疑周子世業諸編子壽明貴封文林郎壽

聞字天柱十歲屬古文詞補邑弟子員甫弱冠獲崇禎己
卯舉辛丁丑進士除台之臨海〻台常苦寇壽明設寨
築城有守寇至遍一里許深廣三丈環台如金湯始無寇警
鄉村當歲歉三千皆仰食縣令一不應則譁輒走海爲盜
巡撫檄壽明勘軍糧將皆傍縣執戟郊迎壽明從容諭閭
衆謀免捕脫伍者寘之法軍乃不爲患尋剔金櫃平里徭
積弊盡除辛巳三月不雨至七月疫殍橫作賑禱不遺力
臨民爲築喜雨臺甯並攝寧海天台三篆盤錯而繁務具
舉薦卓異第一陞調曲周令曲周先此失守壽明鳩集流

蘄水縣志　卷三　二八

亡築濬城池三月報竣上奇其才召入中左門問禦寇策
宜同對三十三人壽明與滋陽令黃國琦特嘉納旬日聞
京師陷壽明乞丐南歸奉二親入山蓑笠麻鞋二十年不
履城市更字栢心以明志著敦和堂集即其先世同居之
堂以名云
祖章皇帝詔舉遺佚巡方以壽明應壽明呈稱亂離餘生
伶俜孑立私戀雙親遂欠一死母氏既喪旁無弟昆一父
一子依倚爲命父年過七十則多于坐藥多于餐壽明朝
夕撫枕席之安戶外無跬步之適偎廖

欲無感痛戰仄父子相對血淚零漣未出門庭親心若此
一經離違情事難堪
皇上風忠孝以礪天下必不責忠臣于不孝之子恭惟憲臺
錫類不遺仰請
聖朝俾得終養云云壽明詞情哀婉竟得請健行奉壽明執
親喪一如健行乙巳年三月病將屬纊引其子手摩膺日
痛甲申不得死
顧景星曰予聞之鄉父老崇禎末流賊居蘄水周壽明二
親得不死者以賊知臨海廉吏也周氏世有儒行其感賊

蘄水縣志　卷三　二九　四

宜哉壽明名對祕不傳辭徵終志盡傷可哀近搆總志不
得載豈不可痛哉予既辭纂修而于周氏五世不能默然
因爲周氏世傳貽後之君子

方象瑛（字渭仁浙江遂安人丁未進士中博學鴻辭選官翰林編修）

贈文林郎張公傳

癸卯之役象瑛獲受知於吾師蘄水先生追隨杖履得與聞家世甚悉癸亥秋奉
命蜀試歸次蘄春謁先生於里第先生不以象瑛不肖使撰述先贈公行實象瑛不敢辭謹再拜受命作文林公
傳

公姓張諱問德字心吾號端肅幼凝重不凡讀書通大義以古賢豪自命年十五時季父原碩公以孝廉授州倅將

謁選公父原正公攜公同赴京師公性純孝請於父奉母氏偕往時明神宗在位日久長安中習尚華侈人競機巧公獨卓立不與儕俗伍視躬濟物必期承親志對正人原正曰兒制行如此又饒有才略可出為世用矣循例入太學筮仕得山西蒲縣二尹蒲地狹民貧易於為非公潔操董勸多所勖贊邑以大治未期以內艱歸宦橐蕭然晏如也服闋補山東費縣費魯之巖邑也俗慓人詐其難治甚於蒲公煦斷并行却糧例斥贖鍰邑中當興革事必得請乃已輿論翕然稱賢亞尹而原正公年已踰七十矣會歲大旱民饑夙逋不能償公力請蠲不得拊膺嘆曰吾介在參佐志與才俱不克展上無裨於國下靡益於民且吾親老不得專奉養何戀此升斗為遂投牒乞終養歸原正公沒兩弟尚幼公策蹇扶櫬還里顧貧不能營塋地有人言扳樓山南道人塲圍地吉者拮据購之奉考妣襄事即令之任城也兩弟成立公為擇聘攜之仍入都仲弟問仁狷潔博覽善書季弟性醇厚公因材教迪俾各成就問仁仕至縈昌丞問行歷官保定郡幕皆能其官比解任同居京邸數十年公和樂無私稱孝友者首推焉當是時蘄人士

官於朝多顯達公築會館一區以公名德推為長公力任之更建聚升樓葺堂廡廣廨舍置旅塚鄉人有公事悉咨公後行稟困乏扶煢弱躓仕路者多方曲成之其有相告訐或驁悍不馴必正色督過繼以婉語解之館中人來往懽愜忘其在客也年及四十未有子元配魏孺人為公買妾已畀聘矣乃聞於公公曰汝意良善然須密細訪之比詢諸隣黨則其女父果以逋賦鬻女償官方相持哭不忍別也公大驚曰吾為育子計顧使人父女離散如此其忍之耶立遣媒謝卻之并不索原聘金聞者莫不嘆孺人之

賢而尤服公之至仁且義也已遇相人者謂公有大陰騭後必顯公笑而謝之越三年舉長公歲貢君又三年舉先生稍長郁人士咸賀公得令器宜及時課業公乃治裝歸卜居邑西偏延良師訓誨先生幼穎慧浹旬通一經公督之不少懈凡宴會交遊禁不得與池上一樓柳陰寮寮中時聞誦聲耳崇禎末流賊躁蘄黄破城砦公一夕夢神挈公父子及幼孫藏石室中覺而駭異之及三月邑城夜陷先生兄弟及幼孫各倉皇縋城出公獨坐門外日過辰始徐登城見堞間倚長梯緣之下得脫當是時殺十餘萬布

城市殺人如草菅公所歷獨不見一賊乃知疇昔之夢神寔默相之非偶然也賊去廬舍盡焚公仍葺居舊址獨處斗室足不履戶閾親友至有罕識其面者及時平赴賓飲禮先生兄弟文名噪甚試必前茅然連困棘闈公曰汝毋悒後必成名顧我老恐不及見耳年七十有七遘微疾撫先生兄弟曰汝輩讀書明理居家主孝友立朝主忠盡存好心行好事作好人庶不負我生平言訖而逝先生終制即薦於鄉明年成進士高等當授部員以新例除浙江紹興推官仁恕廉明政事文章聲著一時皆本公庭訓遺命未敢一日一事有忘也

覃恩贈文林郎浙江紹興府推官後先生遷西城金吾加級歷任待贈奉政大夫子二長歲貢君諱屏公丙中副榜以明經候選次即先生諱邦福戊戌進士歷任紹興郡司馬孫四人逢年廩生逢元歲貢君出萬選戊午科舉人萬熙廪恩例貢生先生出曾孫映珂等五人象瑛反復公生平竊歎天之生人優德者或嗇於才負才者或歉於德惟公兼而有之其孝友醇謹似陳仲弓其剛方質直似王彥方其排難解紛似魯仲連而還妾一事尤人所極難古惟

唐宰相裴晋公近世則再見公傳曰積行之報不於其身必於其子孫今先生既光大前烈而庭階濟濟與未有艾天之報施善人洵如左券云象瑛於公爲門下士敬述所聞叙次之以備信史之采非敢阿其所好也

李振宗字欲仙嘉魚人康熙甲辰進士己未年任縣令

修城隍廟鼓樓序

昔三代時諸侯皆得祭其封内之山川社稷自秦郡縣天下大小都邑咸設城隍之神凡廟貌禋祀莫不各極其崇奉焉余莅蘄之明年重九日有昏夜殺人于室者距城百里而遥余親往驗之靡得其人即遂以還入城漏已初下竊愧余不穀儼然爲浠上長弗能以德化民致有寃死寔滋辠戾因思城隍爲一邑冥王死生之事厥惟陰隲于是即提諸犯詣廟審録意者乞靈于神默誘吾衷俾無遁情

亦少瞑死者之目廼推鞫再三悉得原委方荷神之牖廸而司祝者稟称廟前棟宇頽敝將欲更置鼓樓丐余爲文而廣募之余用是有感焉初余抵治時旱魃爲虐稼穡卒痒黧首鵠形之衆相望于道惴惴此心唯不克負荷爲俱以故氷蘖自矢罔敢踰越以蹈不職之愆然天威可畏入夏以後亢陽復熾正擬躬禱即沛甘霖已爲浠民慶更生矣不意新穀將登大雨浹月泡爛幾盡遂爾洗心齋沐投誠祈晴凡三越日咸神肸蠁霽日生光迄于今西成頗稱有秋神之惠我民也若此爾崇奉之誠宜何如篤摯哉余謬司守土敢弗身先倡始顧俸無可割而覥且生塵區區之私神固有知不我過督唯愿同官諸君子暨邑之薦紳先生士庶相與解槖共襄厥成亦庶幾報賽之意焉夫鐘鼓之音原以洩宣幽滯導和陰陽也美輪奐而達明聰將神之鑒之降爾多祉凡厥和寒暑雨暘弗若時氣尚有災沴之氛上干天和而使下民罹于非命吾知神固有以禦相之矣

重修儒學記　　李振宗 [illegible]

邑之文廟學宮宋元舊址也元季悉燼於兵洪武甲寅趙尹繼光重建之嗣是圮而復葺者凡四與工役至我　朝定鼎之後順治庚寅倪尹爲元修之甲午李尹蒸又修之李尹之未竟者劉尹佑竟之歷記其事者則陳公修胡公仲謨黃公問周公壽明咸有文載邑志中又載文一篇則前人之無名氏者余於康熙十八年秋捧檄至蘄時歲在已未回溯甲午越二十有六年日月既遠水旱荐臻學宮頹廢因宜而明倫堂爲尤甚余不敢辭責爲之亟謀修葺

其爲殿廡也欲承其舊而增飾之若明倫堂則欲擴舊模而高廣之焉歲庚申捐貲百有餘金用未克也惟木與檗不可以貨訟獄哀息贖鍰幾何及謀之邑人則僉曰軍旅之事不能供億爰及俎豆未遑也余乃集五十八里直年之長而告之曰儒學之未畢工也與爾輩商之可乎爾不覽邑志乎前人有言曰自割俸餘不敢不勉者先乎其自責也鄉大夫之與乎此者不忘乎其所自出也農商之亦與乎此者云有後也士其本業也無富貧一也此合官紳與士與民而言之也黃公問有言曰諸生中有祀仙佛者矣爾輩讀六經呼夫子以求衣食佛無鼓吹六經之功而尸祝之丹青金璧盡輸禪院何顛倒耶此爲士言之也胡公仲謨有言曰老佛宮牆淫於天下黃冠緇衣皆其徒也飾衣食求布施時葺而日新之崇本始也誦讀詩書與司學校非夫子之徒耶此則爲士言之而並及在位也凡此皆載爾邑志中者也非余之臆說也藉爾五十八里爲五百八十里勸爾五百八十里之長有鄉大夫有士與民毋異同人各二錢可得一百一十六金足畢工矣費小功巨無妨爾供億也而有禪俎豆亦何所吝而不爲乎言未竟

衆咸踴躍從事焉勸諭於壬戌之二月落成於七月於是美其事效前人作記之意書而鐫諸石並別立一石鐫各輸助姓名以誌不朽

生生橋碑記

李振宗

昔蜀費禕使吳諸葛武侯送之橋上嘆曰萬里之路始於此因名萬里橋唐雍陶典陽安送客至情盡橋左右曰迎送之地止於此故名情盡陶題詩云從來只有情難盡何事呼爲情盡橋今日改名爲折柳任他離恨一條條遂爲折柳橋云邑之郭外北街盡處有橋邑之長幼卑尊以及官茲土者咸憩集於此往以街盡於橋名曰盡街爾不知萬里之路方始於此送者迎者綢繆繾綣之情方始於此也矧盡街云者文不雅馴余思有以易之思夫盡者生之

始也陰盡則陽生冬盡則春生夜盡則旦生因改名生生邑人不以爲不然新斯橋而立碑焉今而後邑之長幼卑尊之往來於斯也夫豈無北望　帝京睠懷君父而生忠愛者乎豈無言歸故里繫戀庭闈而生孝友者乎又豈無題柱進履而生用世之心洗耳濯纓而生潔身之志者乎而官茲土者則有觀荷鋤之苦辛覩力役之艱難而生父母斯民之念以至贈行送別勸酒賦詩而生如蘭斷金之誼者等而上之而刺史而觀察而牧伯而大中丞之或至於斯也采風問俗而恤殘黎憫勞吏之政生焉是猶外焉者也天地之大德曰生仁是也仁人心也人而不仁如生何如生生何余猶欲於治政之餘與二三父老同登橋上以畢其說覽斯文者毋迂視此言哉

募建張王行宮引　李振宗 [illegible]

士之有節烈忠義者其生也精誠可以貫日星則其死也雖千百年之久而英靈爽氣歷世彌光至于匹夫匹婦猶知敬奉而闡揚之豈上之人諄諄誠導之使然哉亦秉彛好義之良發于其天而益徵正氣之不可磨滅也唐張睢陽殺妾饗士以死衛城苦節丹心凌轢天壤迄今血食徧兩間而蘄之廟祀尤多明時黃州守盧濬不辨巴河之廟爲誰將欲毀之神降筆作歌有厲鬼明神之句得不廢因知洋洋之靈無往而弗在也城北向有神像奉虔弗䙀今

都人士將就護國蘭若鼎建行宮善信李啟宇富宇今其母助稞一十一石爲香火計悠長可謂始事之有基矣第其營構之煩非一二人可以獨舉住僧照華因以募文爲請余既嘆神之赫聲濯靈能使天下後世如是其不怠尤嘉李氏母子不靳所施善于倡始以視席豐厚擁巖紬但知綢繆室家而貴大義于弗察者其賢不肖之相去何如也昔狄梁公毀吳楚淫祠千七百餘獨留夏禹吳太伯季札伍員四所則知廟貌非容濫創而創之殊不可苟也張王爲國全其節爲臣子立其模爲千百世之人心昭其名義宜乎廟祀之廣而凡有血氣者莫不同風而興起景慕之當不待余言而後樂從也矣

秋影樓詩叙　　李振宗徵仲

余少有山水之癖嘗乘興放舟江湖若上方琴臺縹緲諸峰登眺無虛歲又嘗渡錢塘由桐江溯洄而上山迴溪轉如在鏡中挹攔柯之勝跡揆括嶺之奇標東望赤城南臨仙霞每與高人逸士留連岩谷間遊咏之酣竊比康樂去年秋八月奉
命蒞蘄從光山萬岫中縈紆至止私幸杯巒之勝惜余宿昔乃下車以來羽檄如馳簿書鞅掌雖有陸子三泉蘇公緑楊橋等于泯沒無聞不暇追尋遺躅噫亦可慨矣維客之

臚閱武東郊偶作二十韵屬和如林忽睹等觀上人之詩格致雋逸逈越時趣心竊企之栁春過浴蓮菴遂晤其人因得縱觀其所藏書出秋影樓兩集誦之渢渢乎有風雅之音焉且述是菴爲宗伯龔芝麓先生所倡余因之有感矣方先生宰蘄時會有寇警籌畫守禦無少休息而以其餘力旁及修舉與等公結白社之知吟詠不輟今余掣肘勞神會不得遊心方外寓目煙霞彷彿先生之萬一先生往矣俯仰滄桑頓成隔世回憶余昔時遊覽之所亦恍若桃源邈不可即未免有纓組徽纆之嘆廼今讀等公詩幽澹放曠興致翛然令人飄焉神遊如身在雲水情絶處不禁感慨交集遂從而爲之序

修昭化寺引

李振宗欲仙

楚地山川奇勝往往與人多托迹焉若慈忍盧尊者之于大洪靈濟祖師之於花山與大醫之于破額妙濟之于白兆所在結爲道塲代傳衣鉢蓋名山如是其多也蘄之昭化寺肇自李唐咸亨中五祖弘忍禪師開山結界聿成叢林歷宋元明屢經興廢癸未之變劫火燭天將千年絶續之緒幾委于瓦礫蓁蕪幸定鼎以來僧人天起炯若醵金庀材恢弘舊業殿閣規模約畧布置而工作繁浩費且不訾一切鐘樓藏閣雲堂方丈以及象座蓮臺闕焉未備乃

知勝果之不易圓而莊嚴之難就若此逖稽曩軌固屬商人說灋之壇而近又朝賀祝釐習儀行禮之地非與尋常香刹幽僻可興可廢者比也余雅意宗門蕭然氷署弗能厚施爲衆信倡惟願宰官長者暨迦羅越蘇弗窣利須達多諸喜捨輩發廣大圓滿之心轉相勸募使萬緣同力共扶灋寶烏知不更邀震旦靈光還來宣化耶昔明初重建斗方梵宇感降輪般至今山頂有石梁石柱各具雕龍繡鳳之形斗方爲無着駐錫之所其感召猶然況茲寔五祖手澤所垂能無爭効布金以祈靈于永永也哉

重建分司記

李振宗欲仙

朝廷既郡縣乎天下復遣臺使者巡歷屬邑察吏治觀民風宣布德意周悉下情所至治官廨具供張一切器用飲食之物行旅騶從之衆靡不奔走恐後是以所屬俱設有憲司也蘄有兩分司一府館按藩臬二臺無巡行外屬之例此之以布政按察分稱者蓋指各監司而言之也癸未之變悉遭燔燬而此則舊所稱按察分司者也建自有明洪武中邑令趙公季光後副公奎程公昌皆相繼修之城陷後越歲乙未李公蓀因其故址而復葺焉然規制卑隘

椽題圮甓槫櫨棖闑之屬俱惡陋不堪故不久日就朽頹也余下車以來目擊頹廢之狀思欲新之會軍供絡繹未遑更念蘄民兵燹之餘家室漂搖未盡完復顧茲公署益緩須臾況巡方之缺久奉裁撤邇時諸上官仰體
聖天子加惠元元至意單車過歷唯恐騷動里民少駐輒發遇有供張悉令罷去是以毋僦民居倉卒權爲頓節也然而邑處淮壖之上腴寔南湖孔道凡官府阻風江上者未嘗不舍水從陸使行臺之設闕焉未備能無獲戾也耶癸亥冬余畧乘其暇而經營相度之去其土礫葺其垣墉易

封公程伯從先生八十壽序

李振宗

人之有多福遐壽者其先必有所自本而其繼起也又能光大而昌熾之於以躬受介祉含飴擁杖齒被無疆未嘗不嘆天之報施爲孔厚也蘄之程氏系出河南兩夫子後嗣續雲仍人文之盛甲於江漢封公伯從先生雖宣名宿也幼而失怙依母袁太夫人韋茲式訓李爲士林所推重記太夫人早年守節奉姑以孝勗子以義氷蘗自持者四十餘載而且好施予和族黨節烈之風光於志乘諸嗣君皆有聲黌序實太夫人教之也公齒特遜而才器橫溢咸

以鄧枝荆琢爭相期望乃連不得志於有司深自韜晦閉戶讀書制行嚴敬方之徐積劉璡慷慨好義不減堯夫禹鈞且課範肅穆灼於鯉庭有丈夫子二長公雪壇先生即吾邑葉獨巖之分乃帥也獨巖常爲余道先生之治慶元循禮守法不少苟縱實公之庭訓使然故其爲政聲藉甚可與魯中牟王清河媲休丙午同考浙闈所取多名下士陸子稼書王子子和顧子蒼巖鄭子湖山呂子大昭與獨巖共六人相率後先破壁飛去固知先生元賞之精若稼書清節矯然特著於魏總憲薦牘中益見先生之識拔不羣矣

造預備倉說

李振宗

春秋二百四十二年大有之書不多槪見益凶荒之象何代蔑有甚矣弭救之不可無具也按洪武時蘄有預備倉四分設華家垴分流巴河團陂四處圮廢久矣其他聚民永豐等倉亦俱燬于兇年來饑饉不常

朝廷加意元元屢頒賑貸之命余謬長蘄封敢不仰體

聖天子軫念之殷預爲綢繆下車三載輒捐貲若干於儀門之右捌豎倉屋三間不費民間一錙又捐穀若干貯於其中間有好義者亦諒區區之心雅爲損橐雖屋宇無多而積儲可容千餘唯願後之賢君子推廣而增置之則養民有本備賑無虞庶幾常平之遺意歟

曾氏家譜序

李振宗欽甫

甲子之八月曾生除菴手一策進而謂余曰此愚生曾氏家譜也向欲乞君侯數言爲序使後世子孫不敢忘所自輒自揣寒薄不敢以請邇者邢襄郡守家靖菴念水木源本不遠二千里托寄家譜使數百年遷析南北相視若秦越者一朝復合如一堂因是知家譜之作於合而始分之日亟矣而作於分而復合之日尤亟也今靖菴家譜已幸柏鄉宰相爲之序生不自揣度敢援大人不擯寒薄之義乞君侯亦爲生序之余曰僕不敏其敢比倫魏大人而以

詹詹之言爲簡策玷耶雖然子之懇懇其來也又烏容辭子盍爲我言苗裔之所自來乎除菴曰禽父分封於魯後因以國爲氏遡其源則姬之所自出也秦并天下翦滅山東諸侯避亂章江家焉蘄之有曾則又自豫章來也相傳歷十七世矣明時於少司農萬公大參永清公而後以鄉歲進士出而仕者代不乏人生之祖忠公與靖菴之祖教公胞兄弟也教公從戎北地職晉世襲至靖菴十輩矣今復合於蘄此其大略也余曰子不觀黃河之水乎出崑崙東北千里一曲凡九千里九曲以入於海其中汪洋浩渺莫可涯涘而其始則同源於星宿也以除菴而明一經以老其將有騫翥而起纍纍若若者又得靖菴先生溯源而來其貂蟬紼聯支分派衍知莫有窮極者茲譜也非若河之由於星宿而穿龍門過積石以滙於海者乎按策而求之森然若鴈之序也燦然若星之躔也油然而孝敬生諸然而禮讓接也所謂親親長長道在邇而事在易者其在斯乎今茲薦紳士方有事於邑乘吾知其必以斯舉爲一時盛事而載之篇章不又遠爲蘄春生色乎寧特爲扶風望族傳久長已乎卽敬以余與除菴問荅之言述而列於

卷端以爲序

孰非授受淵源一本於公之家學哉巳未秋余奉
命來此隨詢先生出處而後知公之享壽巳高矣文君悴人
舉其孫儀庭昔與余有文字之知語次得公之崖畧頗悉
抑採諸輿論爰無間言不以見公之名實俱副哉今年陽
月爲公大耋之辰親知輩造請於余欲得一言爲壽余知
公久矣其盛德榮問雖不待余言以傳然景慕之深又烏
容以不文卻於是即其家世先後之所見所聞者走筆揚
扢之以見余言之質而非夸也異日者𦈡服聯翩更相稱
起疊邀

綸綍存問疏恩如漢之李躬桓榮寵以更老之席皆公分內
事也不更有以慰太夫人耶請以余言爲之券

之爲鳶螻蟻可惜奈何見之晚也於是以四壁叢累二子
而甘一丘以消長日心無别慕身有餘閒知世事之何窮
喜年華之復至柔樞甕牖容膝爲安鳩杖鶉衣山行不險
菱歌偶唱洗塵土以滌腸鳥語初聞識丁當而悅耳漢清
手汲浮白沽來臨流濯足於寒潭荷鍤爭喧於野席門敎
野鶴無妨車馬之來里有木奴信是春秋之托北䆫擁斷
簡以爲王南圃摭秋梧而知歲隣家秋熟蚤巳流涎野店
雞鳴不遑起舞少而好義老豈肯違生則投軀死惟寄魄
則茲山何負於女更它有所羨哉夫萬靈胎庛眞宰陶鑄

稟受一定飮啄不移況其大者定分所在至雜而不齊至
嚴而不逾至審而不露造化於人旣無厚薄成心生之而
非以享壽死之而非以虐劉人強以機心驅役造化欲恩
之而厚欲籌之而精以僥倖萬一貪愛無巳幼而戛戛壯
而鹿鹿老而栖栖生爲酷形爲辱而智爲毒塵念百相起
桎梏百相値馳逐旦暮嗟咨伏櫪萬境流連寸陰如割比
其旣也覺往事之皆非悲身世之有盡則亦不達於生死
之必然而自失其有生之至樂然則何時而可息耶乃爲
半偈曰穴居巢處不遠父母之國滑泥揚波不斷黃季之

名不貴不賤不喜不嗔慈蕖萊根逢著便喫生老病死時至則行自是最上一乘不二法門因刻之石置座右焉

閔廷甲號翼墟萬曆己丑進士官左通政邑鄉賢

周翼明先生周易翼翼似言序

易翼曷言貞一豈非易道之要領歟或謂易時而已貞不可爲時猶方不可爲圓柰何言一是不然道之體方而用圓方以立本不易者貞圓以趨時常易者貞其致一也是故言貞於一卦一爻偏辭也窺本於貞觀貞明全體也在造化曰陰陽不測之神生天生地生人物之萬殊神妙萬物惟此一物在圖書曰易有太極立天立地立人極三極之道惟此一道求一於一一不可見求之至賾至動得其

所以不可惡不可亂者而一始見是易所以立教也易爲理窟羣經受其幾變精深幾變精深正其易簡之至易簡之至正其中庸不可能者道豈復有加於一外者哉徒知道之爲一不察於器則亦無以證道圖書非天地載道之器乎人第知圖書中宮之爲太極而不知其通體之先天後天合爲一太極第知造化神之爲神不知天地萬物之所以妙於易簡而自然者通爲一神自夫見一者分離一貫之說斯以荒大道斯以隱天地聖人之心斯不易窺諸凡若著作家菁華汗漫功聲家塗飾紛鶩方外家毀滅隋

無休息而我獨僊僊乎歸全行雲思故山吾何爲而不然贍彼商氣之清碧適邇淨盡乎濁暄幽居此日吾身世閒倏念先迷回光天見與其出而猖狂何如息而善卷咄嗟咄嗟七大悟皆空萬年覺一夢而吾與子猶且放蕩不羈脫落無用逃禪而追寒拾覲易而笪彌貢晏閒而因巢穎志懷而鄙唐宋寘魚樂哉從容鶩鳶曠哉天縱又奚事結網招龍張羅引鳳客乃對月忽歸一再諷誦爽然有悅割然有動褰袂行吟亦來吾洞

官撫邦號蕃亭四川梓潼令邑人

遊三角山記

三角危嵐下睽數百里余望而愛之三十餘年矣世務縈心不敢輕入恐塵玷靈境也乙酉冬返自金陵期得深隱處遂偕老衲未聞杖茲山山背陰陰寄寄深杳十餘里曲曲山家各涵嵐翠爰從石間樵路入澌躋其阜則羊角望江諸峯拱揖而立其下之封煙迷淼者圓鏡西隴諸冲也望古松深處樵人指曰白雲庵庵與松乃先世禪師得心手所治而植者師自白雲旣徹徙蜀弘川宗風大闡余與未聞瞻松而憶之如見其人矣夜宿樵室則平素所望三峯森森聳翠於月上影逼竹籬疑有落勢猿鳥頻鳴嘯虎間之此旣望後一日也曉起不欲遽登峯乃迂行作猿篬引至老龍洞洞在霄中故又名碧霄靈泉倚巔擊石而出跂跂然黝黝然郡邑旱輒來取茲泉以禱禱多應焉洞口石廣平遂煮泉試茗其間泉茗一家香色相得檜栢綠陰劢其幽韻不覺坐移日矣旭且霜淨人爽乃登角尖人間所望止見三撇笑天不知其相次有四自藏衆高之裹呑千岫吐長江也每歷一尖謂極上無與儔及回睨初登又

趙石師序

官撫邦 壽亭

山胎邑基而台星峙艮隅者白石也浮紫澄藍光氣殊而膚華不異雪潔其裏不以爾然者章於世其君子之守歟不知自何年工人發而器之乃審曲面勢弗能爲良則以頑礦咎石焉有石師曰易卽師夫石乎石之理營衛筋脈備而粹精內涵得其理者咸可裁之成以達於用否則瑰瑋珍奇詘於庸目而枉其才於拙手者不知凡幾矣是豖若翳泥沙榛莽中自守以終古已耳噫嘻斯言其知幾乎余由是思之見夫鉅者坊之堂之几之碣之而燦燦玉若

細者硯之鼎之燈之鉢之而燦燦玉若周官考工無石師而磬人刮摩玉人典瑞其類也今茲技兼數者鴐攻金摶埴之長誠哉師石而能爲良也石師趙姓一孟其名也世居白石石其室食被於石以終身以授其徒蓋惟能發良質之光故石亦樂得其人璦報不匱也中歲以血指腴田爲玉臺香供俾禪衲山波掌之鑿石以貌佛仙及梵貝道器曰種他生因也昔吳道子画變相輒得陽作陰報之理李伯時画馬或誡以身後恐入馬胎惟画大士可洗其過今以石作像教不且欲向蓮蕊洞天妙搆玉樓寶所乎石師年六十有二生於白石老於白石其藏也與白石相託體同之誠善師夫石者歟

李　果字伯嶶邑人順治丙戌舉人

紀邑侯劉公平圖丈量并重修邑志畧

時順治丁酉歳邑侯劉公下車之次年也公涖吾蘄纔期年耳百廢漸興惠政遍舉蘄之人士漸爲改觀而蘄之山川景物亦因以愈傳夫以公之簪纓世家步趨祖武一旦捧尺一之命宣恩玆土豈公之大有造於蘄耶抑蘄之得蒙所天耶迄今浹歳而有平圖之舉丈量之役鱗次戶口恭一難也尺畫疆畝蕊又難也惟公能難其所難故蘄之歌詠而沐浴者無不服公之平而快公之敏也不但已也

蘄邑於偏隅數十百年山川景物半付刼灰忠孝廉節幾淹荒草而公聽之暇再修邑志使墨之池猶池茶之泉猶泉楊之綠猶綠昔之日能忠孝廉節今之日能忠孝廉節夫昔之人公之有功於蘄豈其微哉因書數語以紀其畧

張邦福字齋五號邦山邑人順治戊戌進士授主政改授浙江紹興府推官歷都城復陞侯補

重修蘄水會館記

昔春秋大會盟聯鑣而至者江人黃人周禮內地有王城設公室以待諸侯於是有會故會者誌合也至今彷其意然則都有會會有舘所以萃十五國之朱輪華轂而使之合煌煌乎大觀哉但九州之道里遠近各殊能創不必其能久昔鄭人如晉室臨無以棲車馬子產壞垣而入議賓至無歸晉大夫之不能撫柔而好賢也以是知沐雨中路鞅掌關河舘其重焉吾蘄之有舘其來已久射策觀光者

於舘乎托始升階謁選者於舘乎求通客遊宦寓者於舘乎借室定之方中揆之以日顧可緩乎哉然地遠時湮不無鳥鼠其中風霜其外豪猾析爲已有假貸聽其飄飄幾槼同李衡之樹叔夜之園無卓能任事者主其中將昔所爲新者已就爲故矣久之而爲故者不竟廢於無乎余先大人於前壬子在都時慨其敝謀之同鄉諸先達出囊金力爲修增更樓其後之閒地日聚升夫聚則升易之義也與會合故名之可以資王粲之吟可以邀謝公之咏可以寄逆旅投轄之歡猗歟盛哉拭目數十年而石虎銅駝亦

滋蔓草其何有於斯館況以信宿而過蒙雜而居無不發之傳舍前人之功幾歸烏有余先人庀材集事綢繆而再葺之於時旅無萃曠之憂羣有類聚之樂蘄人感且頌而今復數十年堂傾以敧屋朽而崩蟏蛸入戶苔砌盈庭頹然者久之余以壬子承乏都城快覩

聖朝文物之盛而目擊斯館將復名存實廢雖諸先達首其事於前余先人嗣其業於後仍使人慨明月於庾樓感峴山之叔子不惟前之丹楹刻桷勞瘁經營爲足惜而令後之望京華趨　帝里者鄉音散處車轍紛投無安巨無

定所又何以聯桑梓之衣冠合同人之萃聚不幾令走馬長安彈冠江漢者嘆蘄且無人乎而吾復因有感矣夫先大人以壬子始余亦以壬子至因慨此六十年中花甲一週其升沉顯晦代謝變遷蓋不知凡幾而余父子後先接武獨有造於斯館噫亦奇矣余遂勉繼前功捐貲肆力完其毀治其頹植其陒骫疏其蒙茸俾堂者堂樓者樓前所未竟者一成其巍煥雖小補哉庶躋躋乎玉帛人文車騎輻輳少有所賴也豈特不朽斯館哉壯吾蘄矣於是乎記

青蓮書院引

張邦禰

治民以才者易化民以德者難而德洽於不易見德之日尤難夫才高八斗驚雷掣電而煦育則疎德邁羣倫佩蘭酌醴而張弛或失刓當倥傯之時值艱阻之勢而復膺紛紜煩劇之任猛則虞競寬則慮綠吏道之礩如蠶叢棼絲然求其敷政優優恩勤而漸漬之功不在一邑而在天下不在一時而在百世蓋戛戛難之蘄夙稱望邑數十年兵燹登經荒歉時告民阨於火徵輸絡繹供億浩繁民瘠於財風俗日澆人心漸媮民弛於教所望賢司牧噢咻而拊

循者良不偶也若我邑大父李公欲仙先生手野鍾祥鶴湖毓秀以名進士來蒞茲土開誠宣化怙此一方民何其愛民之深憂民之切而待人以君子長者之道也蓋以正心亮德端其本而又濟之以博物廣識厚其材猷之沉靜寧澹以瑩鍊其心智而懋迪乎經術其治行固多可歌而可視也然而公則有難焉者甫下車適其年旱魃爲虐流移載道公獨廉俸爲先倡步行城市中勸諭募粟即窮鄉僻壤皆躬親設濟起溝瘠而生全之而公之德意且尉佐天行邇來役車稍息悉索未休徵符羽檄踵相接也奉之

紬於力拒之又紬於計公殫誠布信不憚爲民請命可已
者已之不可已者相緩急而措置之無悞公無累下而公
之德意復以裨軍國向者文教弗彰民之㣲瘵亦未起公
首課士秉藻鑑爲甲乙一時登青奪幟者皆歷歷不爽若
其政行無擾與民康樂田疇子弟將式歌且舞也而公之
德意益以興士類而厚民生夫時當其棘勢值其艱皆難
於見德之日而無不如易出之非公之德之材之經術有
大過人者不及此大抵公之爲治寬大則吳公黄霸廉介
則趙清獻廉叔度慈和則陳太丘卓信臣賑濟則富鄭公

范文正伸屈理枉則宋世良向敏中至其廣育人材則狄
門之桃李也造艘爲梁則濟川之舟楫也月吉講論則明
道之告以孝悌忠信也百務具舉則如何曾所云利者興
而弊者除也壬戌之秋會當考績期兩臺列治行舉循卓
天子彰殊寵錫以章服鳳閣鸞坡將虛左以俟則公之所以
獲上而治民者豈偶然哉唐開元中吏治元德秀爲第一
考其行事以狷介持己至誠與人故其時士大夫高其行
私淑之謂魯山公漢卓茂爲密令寬仁恭愛教化大行光
武召之爲太傅賜黄金爵關內侯異日者公晉黄扉參密
勿將以治一邑者治天下及一時者及百世美哉始基之
矣蘄人士戴高履厚於茲六載如遊熙臺如薰化日思無
有以報公者昔召伯化行南國民爲之樹甘棠誌不朽也
梁公治彭澤民爲之立祠崇祀示勿諼也邑中諸子衿以
父母之德非敢思所能盡且恐一旦應徵去攀轅莫及欲
得一畝宮爲報德瞻依地因索余言爲引余不敏沐浴其
德教者久且深又何能以不文辭則其可歌而可覩者自
不以余言爲河漢也

周　梓字陝樸康熙壬子科舉人

舊縣城隍廟重修募引

盈天地之間者由舊物也微廟祀然也其新故之存乎天其廢舉之存乎人若其世奠鍾虡千祀耿耿能使新而故故而更新廢而舉舉而長不廢者其道存乎神吾蘄舊縣墟距今治三十里許延袤可千畝三峯屏其北白石諸山扃其南浠流東廻瀹淪瀠曲而西之其西則平阿蜿蜒巔有月明山剎相傳古隍廟在焉今者縣舊矣廟且舊不知凡幾易矣余家世於今之蘄耳庸詎知所謂蘄之縣之舊

蘄之隍之廟之舊而能歷歷道其何以新何以故何以廢且舉者哉猶憶鼎遷初城郭蕩然喪家而徙其山之隈命歲大饑廟大圮先子杞菊不克猶能輸貲勸首卓卓落其成余時年未總角從遊婆娑其下宛昨日事也不二十年而廟浸非故址余亦復家於今之蘄矣里人告余曰廟改作旋又傾陵谷變幻何太疾耶吾聞隍之典祀吾蘄也當年怒濤千里翰飛六軍會陰牖與天子手定江州以此晉封蘄羅血食不祧迄於今縣舊矣廟且舊不知凡幾易矣而今之蘄之廟還比諸嶽視公瀆視侯聲光烜赫霄壤閒又何問乎臺隍變置松柏萎摧湯訓神所憑依直在斯乎雖然舊不有蘄胡為乎今之蘄舊不有廟胡為乎今之蘄之廟請為邑大君子諸父老告曰棄舊不祥恫神不德有能陾陾登登大啟而飛革之者尚毋狹小前人為其將振古於茲焉嗟乎嗟乎隍自古耳廟自今耳余年忽壯矣且僕僕東西南北人矣顧安得更從二十年前總角從遊婆娑其下耶里人屬余引余非能領袖也耶志滄桑以俟後之求舊者

張萬選字[illegible]號[illegible]人[illegible]山公長嗣天性孝友篤學敦行中康熙戊午鄉魁以德行才名著鄉國交頌之

關帝忠義經序

千古功德不朽俎豆不衰者惟尼山夫子若夫忠義不朽而俎豆不衰者其漢壽亭關夫子乎夫尼山夫子德侔天地與四時合序鬼神合吉凶至其開萬古之羣蒙闡百代之教化則在表彰六經而春秋一書乃心王室明忠孝述仁義尤其最著者越數百年後壽亭起自布衣乃心漢室而生平大節獨得春秋之旨其功烈垂天壤威靈顯後世雖以殫述然卒未有以經傳者有之自降筆於楚王之庭

始然著矣而未傳大司馬楊公復爲較定之然傳矣而未廣邑諸生孫子祚昌偶得自蜀中持是經無不感應余家皈依者久樂得而敬誦之更願廣之天下萬世同心尊奉之爰捐貲首事復引諸同志合力鐫行是經也上而至於立朝服職下而及於閭閻日用其大旨無非教忠教孝稱仁稱義可以羽翼經傳垂訓後學余願天下萬世尊奉者亦惟心存忠孝事本仁義非釋道諸教楞嚴道德諸經可同日語也尼山夫子曰吾志在春秋行在孝經選亦曰關夫子志在春秋行在忠義經爾敬爲之弁言

泝[illegible]引　張萬選

嗟昔余問業流光左側每於花晨月夕探蘇子之遺蹤賦洞仙之遺韵低徊其上不能去因爲之引

天地之大也其在山水文章間乎天地非山水不奇山水非文章不顯以故古之人因山水而發文章後之人因文章以重山水不可没也吾蘄當天地一隅山因水集水因山回天下之水皆東而吾蘄之水獨西亦一奇也邑之西南隅有石嶙峋波流瀠洄蘇公子瞻嘗過而問焉勒題於其石曰泝流光其事蓋在官黄之日乎故壬戌之賦曰擊空明兮泝流光渺渺兮予懷望盖亦睠懷此地與境之勝

遂若與赤壁勝槩同垂千古爾時吾蘄之城郭官司尚基别所越數百年康公茂才以其地勝將城郭官司并立於其間其在明之初乎因地勢而設城闕因城闕而有街衢因街衢而有建立乃於流光石巔立閣於其上閣俯河流窻戶開闔流水映帶朝迎旭日浮光耀金亦大觀也蓋不欲隱此地與境之勝亦遂與空明水石緑橋風月並峙古今明之末燬棄前規址尚存也今人因舊址而思前功因前功而思勝跡因勝跡而思山水文章之奇欲特捐創建不没往蹟亦有心者所欲快覩也任事者請一言爲引

蓋謂予亦有山水文章之思也乎噫流水之逝而弗止也
風景之殊而靡常也惟此地與境之勝歷日月而長存經
風霜而不改予徘徊於其際慕前賢懷往蹟何能不觸目
興思而樂爲之觀成也迺捐資襄不朽不愧一言爲之鼓
勉則落成刊旅將拭目俟之矣

藝文志下

李　霨 字坦園直隸高陽人順治丙戌進士官大學士

送李欲仙之官蘄水

李子抱利器盤錯未得當通籍逾一紀愧鏌鋣處囊墨綬
今始綰作宰臨楚疆蘄春古名區提封控江黃西南頗嫻
亂兹地臨戰場兵燹雖未及伏莽多竊深軍興苦供億閭
左蘊痍瘡呴摩令色起豈不資才良吾子邃經術政事兼
文章世故若觀火夙志懷慨慷爽洽快藏亦幹局森恢張

有如駕騄駬六轡凌康莊所期範馳驅跬步慎周行枉直
尋尺間浮譽不足償利澤被斯人坐使儒效彰下以謝友
生上以達巖廊水淹收溽暑西風薦新凉驪歌未忍奏把
袂惜離觴岐路寧不念乘時愛景光贈處希古義勉旃慰
相望

張士甄 見前

喜張郢山金吾入都賦贈

兩地暌違十載情蘭交咫尺倍相傾越東久識埋輪迹燕
北今看避馬行風紀由來清玉禁霜威持簡肅金城春明

應有朝陽日猶見鸞坡立鳳鳴

沈　荃字繹堂江南華亭人順治壬辰進士詹事府詹事

踏莎行調送李欲仙之蘭溪

露白山亭楓丹水驛翩翩親捧蘄春檄刊時菱葉共蘋花江鄉故國同秋色　甲洗星橋烽青雲夕玉臺風景渾如昔仙凫指日向瑤京鸞坡画省虛前席

徐　暹見前

抵巴河欲赴蘄陽訪黃公不果

只望蘄陽百里餘麒麟山色近何如種花人已空凝淚看

竹君應老著書魚鳫多時成契濶文章豈是肯迂疎剡溪咫尺還廻棹蓼逐江風到草廬

巴河宿江山書屋

面俯長江帶大湖胷包五嶽百川圖僑花處處紅初放荷葉田田綠已鋪日午亭陰翻蓼蝶月明林靜數棲烏我來一夜山頭住燈火前村半有無

賦謝李欲仙百韵見寄

楚風今一變經濟古人同只飲蘭溪水無憂湘澤鴻征翰心倍苦作賦興還工多少鳴琴意春山望不窮

彩鷁通巴蜀星槎指郢中鶯啼芳樹綠燕語落花紅爲說風前句遥憐江上翁白頭余已老何計慰飄蓬

題龔芝麓先生浴蓮菴

先生令浠川威儀本修整賊氛數往來梟獍亦何逞公懷自豁如清言得要領籌畫無移時羣盜賴以靖公餘進諸生問奇析義永追後立朝端忠言皆骨鯁名賢既已没未得祀一皿父老盡流涕余心尤耿耿却憶浴蓮菴遥空一秋影願言在後人請祀宜精猛

蘭溪三泉

蘭溪古三泉高士有定評豈以東郭茶而爲名泉攪李君愛真品諮訪叶中誠前年爲余言鑒别業已精君肯酌勺水我當攜巨甖泉靈應不昧蘭草相敷榮

玉臺丹井

郭外玉臺山仙人煉丹處人生天地間蔬水亦可茹有所自而來如所自而去天亦假人爲會心嘿無語

右軍洗筆

右軍肆文藻洗筆豈成沼才人固有根墨華抑何窅或者

山川靈壢雲自廻遶我以詠茲池月出翠峯小

綠楊壢月

不見坡公千百年我來小憩斷橋邊解鞍芳草如依舊問酒空村殊未然杜宇啼殘春又曉薔薇開後水連天馮誰踏破瓊瑶月萬古詞人自可憐

清泉古井

坡公遊清泉昔作寒食詩歷茲千百載題詠存荒碑可知後來者大雅今爲誰潺湲如有意我往一從之

文昌聳秀

大中紫薇垣文昌居其前星纏忠孝宗照耀山與川蘄春昔兵燹舊閣實毀焉我來在庚戌結閣浠水邊馮高望玉臺俯瞰臨清泉爾來文風蔚孰非天所全從此倘未衰人物斯綿綿

擊空遺蹟

茗蔻古邑治邑巒來自東蜿蜒南以西下臨千尺峯僊有擊空字厥書惟坡公吁嗟天地間浩浩本虛空我亦慕公意引領來清風

花洲饗士

舟中送別姚元胥

棹彼扁舟鬪麥虛聽大風夢迴殘夜墨心憶小春紅飄泊眞無計雖愁轉似蓬故人今欲別前路惜西東

楊正中 字宥茂順天通州人順治戊戌進士官少宗伯

送張郢山同門之任

淵源曾共華山春越水風清久邁倫已向北門分鎖鑰又從南國借經綸危懸亭月長留韻馬帶燕雲不動塵期許自同蘭蕙意玉堦何日接花裀

王豫嘉 字九青陝西扶風人順治辛丑進士翰林院侍讀

浴蓮菴旅次擬陶潛乞食行

歎息復歎息不敢少踟躕結髮爲男子事此詎與須不甘彭澤令不安五柳居炎天四五月驅馬出門閭朝發綱寰野暮宿沉墨鄉非關無知已所惜道路長貧賤多矯人毋寧貴人傍貴人矜意氣長跪紫荊林坐我小遷時流景抵西牖四顧承顏色撫躬自徬徨上山採杜木安用褚繩束日暮較成市終夜不得宿早賦歸來辭愛此東籬菊

秋影樓同等觀夜坐

出門無近遠乘興起尋幽不謂囂塵內結茲方外儔人來

地亦迴締搆如林丘橋長從拂水山小不藏樓憑眺睥睨外軋軋滯上舟清夜發淨埋揮麈湯惠休卿月墮南塘搖光亂沉浮鐘梵集天香俯仰愜勝流蟲聲一何急悄然楚江秋涓涓梧葉露爲我洗離憂

余國柱 字佺廬大冶人順治壬辰進士戶部尚書

李欲仙明府之任蘄水賦贈

我家西塞邊遠眺蘭溪水泒泒疊江波相間百餘里一路走山川風物紀醇美君今綰綬去栽花自此始堂鳴單父琴桑集中牟雉異政在無爲龔黃堪睥睨散步綠楊橋臨

風懷蘇子閒尋陸羽泉雲看玉臺起勝地宰名流嘯傲應爾爾他年借寇情甘棠詠仙李

孫光祀 字作庭山東歷城人順治乙未進士丁酉以禮科左給事典楚試歷官兵部侍郎

賀張郛山世丈晉秩復之越

欽恤曾歌執法平使星重向越山明夙旌彩服彰殊寵早著循聲慰别情出鎮錦城父老慶賜環香殿友生榮才名向列潁川上佐國丹宸待爾成

王澤弘 見前

姚貞婦詩

翩翩雲中鳫雙飛集清池雙飛且雙宿兩心不復疑一朝衝風起死别而生離死抱比翼痛生含交頸悲豈不念單棲摯性不可移月明三繞樹四顧巢中兒父爾苦催折淚子好容儀羽毛既豐滿鼓翼如雲垂奮飛上阿閣百鳥不敢窺竹花與竹實銜歸作母糜雄者橫四海雌者守中坻恩勤鬻子者誰能辨雄雌

方象瑛 見前

宿浴蓮菴

銜命新從萬里歸層城春色正芳菲高樓過雨青山迥野

水平橋白鳥飛晝靜不知門近市夜涼時有露侵衣偶然訪舊來僧院一榻鐘聲入翠微

又

僧房曲曲傍城幽楊柳堤邊芳草洲三月春光花滿逕半軒秋影竹當樓 秋影樓龔淮南題額 鐘清别院僧初定門掩寒燈客暫留聞道淮南遺澤在文章詩酒自風流

使蜀旋過蘄水謁張夫子

追隨猶記越溪東十載西湖遠夢空蜀道幸廻新使節蘄泉仍坐舊春風暫看方外同司馬須信蒼生待謝公聖世

只今求宿德背容絲竹久山中

邵遠平字戒三浙江仁和人康熙甲辰進士翰林院侍讀學士

同年李欲仙之官浠上

河朔天高秋氣清驪歌今日送霓旌欲馴江國魚龍舞暫假中朝麟鳳行花徑喜看仙令種梧垣從見故人迎王孫蘭澤多芳草作賦重題李白名

周斯盛字屺公浙江鄞縣人順治辛丑進士山東即墨知縣

秋影樓清明漫興

乘春重泛九江船訪舊初遊三楚天帆泝小孤晨霧裏笑

横大別夕陽前桃花開處聞疎雨燕子聲中又禁煙節物感人深不覺知余羇旅信多年

又

到處孤蹤傍野僧樓頭秋影綠層層雨多未試登山屐夜靜空懸照佛燈春色漸從江路去東風猶遣暮寒增竟憐門外垂楊樹欲舞腰肢老不能

贈李欲仙同年

水勢西流急山形北望遥三年饒枳棘百里穩漁樵風雅迂儒事艱虞俗吏腰頗聞齋閣下詞賦日超超

雨中泛浠水過陳氏山齋

到此忘孤客眞堪臥一丘漁舟來檻下鳥語落墻頭夕雨飛仍急村舂響亦幽怡然人境外無事更埋憂

又

杜宇催春去提壺喚酒來人都臨水坐簾為看山開暮靄當門樹輕寒蘸甲杯客懷殊未已欲去更徘徊

同等觀上人過萬兼山秀才山齋留題二首

別業依城曲清陰面面開檐虛初日近地僻曉雲廻叢菊枝仍潤垂楊手自栽閒門稀剝啄只有鳥聲來

其二

荷芰紛斜徑藤蘿覆短墻偶隨方外士閒過讀書堂山色東來滿溪流西去長茫茫夕照外極目楚天荒

清明偕等觀上人遊清泉寺二首

出郭暢幽尋沿流振輕策春風散餘清浠河蕩浮碧飛花時點衣鳴禽如笑客遙山亦含暉歷歷見白石寺後有白石山寺雖不遠已與人境隔草木各有態泉聲自馳僻以茲冷冷心滌我營營迹澹漠無終窮幽潔信足適柰何好奇者無源強別擇寺外里餘有[illegible]

其二

旅次昧佈候懶懷怯步櫟湯休招我來遂得山心接僧房不種花往往雲如葉葉新雲亦澄坐久映肴堤緬懷黃州老曾此一登涉桑海變無常墨瀋今猶浥遊覽本偶然但取意所愜胡爲行坐愁擾擾如亂蝶余亦白髮生誰能對鏡鑷東坡遊清泉詞有休將白髮唱黃雞之句寺額東坡所題

和李明府採木葺文廟二首

梓杞生崇岡亭亭孤且直沐浴日月姿鬱紆霜雪色不知茂年歲幽貞善默默良材古所稀知己不易得運會誠有

時一朝遭拂拭恭承明信意懷抱不敢匿知君即瓊樹爲君成羽翼文章世已驚剪伐固所亟良驥九方過神劍風胡識契合非徒然願言保令德

其二

足民本農桑厚俗敦學校農桑化輗輪學校廢寇盜草昧蘄春城講肆跡如掃從來縮符綬不暇謀德造今人重催科古人重文教唯君識本源勵志在化導陽崖既晨擊陰谷亦夕到以茲匠石意登頓非所悼直爲秉貞心豈獨覽山貌蜀郡美徽音奕代庶同調

將發蘄水慨然有作兼柬李相如

積雨漲空江澄流如疋練肅肅蟲語繁泠泠風入館昔來桃始華今往秋已變壯懷不可弭日月在貧賤嘆息老隨人白髮直於箭楚天莽茫茫曠望徒遊衍誰持徑寸心而與古人見

其二

出門即萬里我行良已久舟楫車馬間顏色見衰醜秋聲生夕涼衣裳又不厚去去未遽歸童僕苦任負君亦澹蕩人老至困杯酒囊琴走四海盡室在漢口念此不能寐幽

憂何時剖

寄李欲仙

兩年萬里獨擔簦來往勞於行腳僧聞道爲官已奏寬可知詩興更馮凌江天古樹連雲渺山郭清泉入夢澄處處香蘅堪攬擷好隨秋水寄良朋

姚淳燾字陛山浙江烏程人康熙丁未進士湖廣提學道

慈烏行詠姚貞婦

虞淵燀赫西日曛長松乍摧青桂焚啼烏啾啾泣夜雲將羅含哺恩斯勸泉下有穴地有門今欲從之[illegible]

淂斯邑吏雜多端須自立琴鶴相隨出　帝京兒童竹馬争迎拜年來三楚集雉兵轉輸供應日縱横君去湖南始平湊蘭溪鴻鴈尚哀鳴滇黔蜀粤勞師旅　聖主宵旰無寧處卜式當年已大家劉晏裴馬何掀舉與君同譜十六年知君經濟有源淵願君政成膺卓異同來燕冀近堯天

楊大鶴　字芝田江南武進人康熙己未進士翰林院編修

送張邑畊入楚

曾記東皐狂醉日十年踪跡悵艮朋忽驚邂逅三千里何以相於一片氷燕市秋來風乍爽楚江日落騎初澄緑楊

橋畔如相憶烟水微茫仔細憑

孫在豐　字屺瞻浙江德清人康熙庚戌榜眼掌院學士

奉祝郭山張夫子壽

奎壁來東國人文出漢京千門平子賦一乘茂先名珥筆麟臺貴揚鑣驄馬輕薰風交玉樹寶露浥金莖帝眷南山固臣心楚水清晶簾端柏操紗幔盼蘭英藻鑑氷壺朗清裁玉尺平官箴皆鵠立客座盡嚶鳴山斗瞻依切楓宸拜賜榮升堂聯綵袖酌酒奏瑶笙

喜張青獻世兄魁楚賦此寄賀

[illegible]冉冉望中遥杳聽呦鳴膺自知漢水家聲流澤遠[illegible]山世業日星垂好將玉樹開桃浪方著斑衣折桂枝携手長安應不遠共看春色在花期

俞星留　字綮存杭州人

秋影樓

雲牙起伏瞰清流城角晴開萬井秋蘸筆霜批明月鏡艾花絮吐采英毬山童竹馬迎新臘野老壺餐足敝裘蓋日緑楊橋畔望元龍豪氣更何求

其二

秋影騰蛟天水齊人從山頂望丹梯[illegible]垣凍瓦霜侵案萋草湮扉石作泥只有庾樓能愛客肯將謝何尚留題無負到處羞彈鋏稀米乾坤聽曉雞

李　恕　字相如廣東肇慶人

還金谷山

出山梅花白還山梅實黄嗟歲月既况復征路長逆風阻釜浦官軍横馬當對面見小孤半月不得航一宿暫既賦詰朝復鄱陽清江過上蘇樵悴回南昌阜顏告友昆八口逢歲荒斷續語寒澁涕下多慚惶老能[illegible]行乞豈不羞

肝腸口腹累他人負此須眉良浩然返浠水窈意誰能豈
醜腆得錙銖不如垂空甕饘粥苟不克薇蕨恣所嘗賣琴
買新麥聊用爲酒漿招我素心人須臾共陶唐耳熟且擊
缶何必彈清商清商多楚調况復易爲傷

楚江

神女爲雲日懷王巳入秦可憐長逝水愁殺獨醒人野竹
生新淚幽蘭抬暮春寄言楚漁父余亦在江濱

清泉寺

繫馬疎林外看山引步遲有懷窮浩刼無法問沙彌夢覺

鐘聲在滄桑井水知梅花如巳悟問落任南枝

又

地自貞元闢泉因陸羽題早春鴻競去老樹鴝能棲華髮
西風亂紅塵落日低勞勞無住着吾寂負招提

由吳門到浠水夜聞鐘聲題主人屋壁

濁酒初醒比斗橫故鄉兒女又關情一聲一點還家淚
斷還家夢不成

壬戌清明漫興次屑證山韵

春閒惆悵倚東籬乳燕鳴鳩也識時三月浪聞焚介子

杯遥欲貢更離心傷行潦焉誰酌淚滴南陔欲廢詩請看
日斜風動處阜魚踈樹影參差

癸亥十月田立庵來至蘄水邀余卜居陽城携兒出
山賦以紀事

故人招我家王屋得得金臺到玉臺病骨便從冬後健愁
眉先向雪邊開頻年八口淪江漢何日三遷出草萊策蹇
呼兒問前路帶星行月不須哀

寫寒山圖兼題詩寄蘄水程尼城

二十年來滯雙趾拓落論交少知巳削迹難投逐客書獨

探江離問湘水一杯對影哭燈前搔首捋鬚吟可憐半夜
開門問山鬼山鬼不應星河懸且喜蘭溪入金谷修竹池
塘帶書屋無端移去傍他人不見鳴鶯見橙木買山卜居
途亦窮老僧沽酒酬老翁只言方外得怡悅誰料逢君蕭
寺中逢君索我寫詩句又索枯毫寫枯樹英年意氣干霄
雲邂逅之間巳如故何不結交尊貴人老夫髦矣病且貧
安得爲君致高譽世人寶玉君寶珉王屋歸來未相見一
瘧再瘧長瞋眂欲往從之霜露繁咫尺金牛隔鄉縣[illegible]
一幅寒山圖紅樹蒼松無處無詩看别有歲寒意贈[illegible]

翁無老夫

李紹聞 字德中山東長山人康熙己亥進士浙江巡鹽御史

送二弟出宰浠川

蘄春百里有花封凫舃雙飛仙吏蹤江上一山爲赤壁湖
邊千樹是芙蓉琴聲竊宛鳴官閣茗椀風流對遠峰卧理
三年同卓魯璽書遥下五雲重

龔鼎孳 字芝麓合淝人崇禎甲戌進士歷官禮部尚書

感舊寄周天格喜其 恩允終養

淚裂青衫出帝都麻鞋先已到菰蘆 聖朝自合垂纁幣

蘄水縣志　卷四　十八

草莽何妨有釣屠紫蔘白鹽供養足素琴黄卷道情孤蜀
山杜宇啼尤切 吾鄉有大蜀山 幾度春風變緑蕪

吳偉業 字柳村太倉人崇禎辛未會元官司業

寄懷周天格

昔年宋玉共論文年少周郎早冠軍竹馬送行中秘名銀
魚遞向碧山焚埋名肯種柴桑柳過眼終憐楚塞雲吾谷
退耕歸辛得江東我正悵離羣

周壽明 見前

亂後還山答官凝之

幾年原火燼荒扉松徑參差是與非失木哀猿驚落葉傷
棲孤鳥悵秋暉仙源有窟留君老山魅無情妬我歸努力
支撑餘歲月飽餐尚有故丘薇

王予雲東郊話舊

二十年前兩袂分白頭驚見老楊雲浮名世上曾先我抗
志山棲未後君欲哭荒墟乾血淚且澆濁酒破塵氛緑楊
蹈月人何處無限蒼涼對夕曛

石峽口 北距大營山七里

悉秋曠阡陌峽口天地窄驅馬暗室中陡使雲日隔澗流

蘄水縣志　卷四　十九

潺且清石古相扞格欹雜激悲響一鏄如湍濤譾譾陰風
來渺莽望虚白行行出沉冥晃然怡心魄世間險狹路白
晝逢鬼伯誰懷蹴躋憂趨奔似相廹

郭外廢塚

何代松楸地剥在路中央封土化飛埃詎辨斧與防羊豕
卧窀穸觸目嘆桑滄石槨幾年拙漆燈有時滅翁仲徒在
門椎埋無一説仙人遺劍履古帝葬衣冠身後名不死白
骨終日刊達人知夢幻逍遥域外觀

臨山秋決

王師如飛翰徵調不須期轉糧亂山窟檄夫早春時令嚴
無小邑丁壯悉驅馳回頭泣一別倉卒塞言辭牛羊弃夜
黑卧雪枕殘骴約囊攀身道天際一稃秕狂氛四面合一
鼓克肉籬男兒死王事僵路固其宜忠勇兩未許身死國
不知道旁勿零涕汝涕亦奚爲義命自應爾行行莫怨咨

楚之平 湖南寇平賦此

楚之平漢水清消瀲灔靜騈砰君山遥没龍城絶馬蹄長
湘蘅横犢背脱劍耕頭會躅徭亦輕混六漠一九阬維尚
夔塌歌聲天子萬年壽但飲瓔桑服玉英

潛魚

鳳凰莫數飛數飛辱黄塵白龍莫漫遊漫遊困素鱗木石
幽千載憑依當有神芝蘭棄不采蕭艾雜爲薪柰時蒼毛
女恍忽雲中賓不見赤鯉公隱躍托沉淪神蛟一聲尾騰拔凌青旻

蝸廬

曰予有室家東傾西復圻歲月風雨憂蕭荒同廢宅埏土
葺敗垣寢子禦冬追鹵莽報未愆方春土如礫愐懷張融
居水陸不相借精舍動千楹羨彼雲外客何爲依妻孥終
朝守雞栖香阜誰最幽我欲生羽翮

熊賜履 字素九孝感人順治戊戌進士大學士

春曉亭

草堂未到杜陵前浠水樓臺靜可憐每說晴天如獄寺時
聞蘭雨洗紅泉魚罾斜掛綠楊外野舫横拖白石邊何日
溪山容我去三竿旭景枕書眠

官撫宸 見前

魚樂天池

翔雲鴣洞上師子窟而西有天池焉官子廣之可
十畝構頤岫居如在鑑内觀魚之樂將無同

黄龍山上客所適在天池池内有何物天中只自怡春風
吹仰沫秋月掛遊絲不肯嘗香餌茲懷那得知

圭泉飲鹿

居西南隅有山如鉢下出甘泉潔以自甃隔岡冬
青竹蔭之際又稜一泉並淵以穆鹿鳴霄嶂一跡
其聲嚗之羣焉呼飲

好水甘如露羣焉飲不驚呼朋跑屽草引子弄池萍相得
性俱潔同流影自清鹿門無世味聲氣頗難名

危巖滴水

數曲溪流迸石左趨右後懸巖丈峙下滴百尺縈
內猶然大古
𥪡道危方出行窮滴亦階三農皆古處六月未知炎練色
朝暾借濤聲夜雨添見聞猶不及來往任相淹
石塘聽竹
窮巖水之源自中匯於上谷者以石爲堤竹亂其
響
竹石皆良友相依毋不多晴空扈白木烟雨被青莪古井
存蝌蚪長稍貫碎蘚坐招王子晉吹到鳳凰過

咽石藏峰
硼心峰起枇杷衣之流泉一道吞石腹不見已而
復吐陡峯頂當湍而立下上其音
吾道不容語高風未可標入流通石隱絕路語山樵一往
任空曠其中元寂參寘鴻復何有下上若相招
石林龍井
挾去泉而中登老峰回顧如蟠上有龍井禱則興
雲沛雨下多如林之石受其洗滌匯旋周折於以
流觴

礼老兒孫擁龍潛湫沫涼迎風立若鴟迹客生成稱乳穴
滃雲族玄淵洗谷王提壺臨曲水拄杖共長房
龍首望江
黃龍山老幹駝背巍峩高閒步庭檐見其巔登之
所思杳無際陂彼望環墟野馬飛何定蝸牛爭自如超雲
紆西楚返照掠東吳獨有天都境臨池舊草廬
花溪雲谷
盤陀石可千人坐其下花雨溪澌浸寒碧匯雪山
乃雪谷也洞門將近清潭照膽

豈曰無行地深心別有私花前笑裏事雪到劈寒時光氣
全非貸溫涼總未移所依還鷹渴不負丈夫兒
月灣磊嵒
白衣巖頂其相如鈎東面危嵒叢三磊落點於鈎
上內相淵涵莫可比擬
此間無半點石跡渙朝暉入室終難見凌虛覘石圖幽禽
宜方竊芳樹吹天衣曾不斷入境時來籲曲微
堂園香窩
洞深空杳四壁低然沿石錯循探罅無盡西觀下

屏危立一窩可仰伺雲鴻而珍香古根雜植石丁
我來無所住循走頓忘言竹影全非幸桃花豈是源香光
能悅鳥墻壁不通猿自有龍潛窟何人到此門

訪黃美中山居

寥寥天地有賜聲繞撇塵囂改見聞噴雪瀑寒行道日翻
濤松捲到山雲黃虞代可同耕鑿唐宋人先禁斧斤與予
誅茆爲避世今朝一到此論文

其二

曲折山根水遶樓洞門開閉幾千秋石頭無數扶輿出泉

眼隨時入夢妝十里綠陰人跡少雙飛自黙鳥聲幽何方
道士無名姓乍見相詢舊羽流

吳　光字長庚浙江歸安人順治辛丑探花官翰林

寄題春曉亭

亭新名自舊勝跡此棲遲草木今春好江山異代思泉香
深引綆柳碧細香絲吟酒容清放長懷倒接䍦

熊正笏字元獻漢陽人康熙戊午孝廉

庚申中秋遊浠水賦贈張鄂山年伯

赤壁追隨記昔年曲江風度尚依然龍門久已推先達感
武今看起後賢黃菊晚香開綠野丹楓明月映清泉招邀
竟日容需醉阮籍窮途或可憐

郝惟訥字敏公順天霸州人順治丁丑進士吏部尚書

送周既樸孝廉下第南還

多材推楚國模楷在先民射策經綸古傳家衣鉢新十年
工一賦六翮養三春無限清衢路行行尚自珍

嚴　沆字灝亭浙江餘杭人順治乙未進士左副都御史

春曉亭

連蜷蘭溪間石子細可數倚閣寓閒亭聊爲丹臺補結茅

北綈錦椽竹何媚嫵不必手仍岡不必百餘武驂首夭蒼
蒼井邑咸在俯此水能西旋至今流不腐昔日品泉客安
得相吞吐徒來看落人十十還五五眺詠集深吞遲徊聽
杜宇何時采芝行曉日綠楊樹

宋敏求字谷懷黃梅人康熙己未進士翰林院庶吉士

金門送李明府

柳縮旗亭別思長送君南去近三湘滄江水落秋聲細赤
壁丹迴夜色蒼此日花栽潘岳縣他年樹帯召公棠家園
亦在蘭溪畔極目西風雁幾行

穌良嗣字竹公奉天遼陽人黄州府刺史

姚貞婦詩

巖巖浠川山浩浩浠川水山水毓靈奇相業傳姚氏文采挺異姿佳配難爲擬邱琊本世家有女才德美願言締百年琴瑟静蘭芷春風拂鏡臺秋月照書几韶光轉盼非中道摧連理化石望不還泉路期相挨仰顧堂上親兩兩差哀矣俯視懷中兒呱呱徵衾襄俛仰各誰託何敢遂一死鬢髮謝鉛華龜手脱簪珥代子勤温清課兒飽經史兒以母兼父翁賴婦如子卓哉稱未亡三世一身倚貞心冰雪

同勁節松筠似只今里黨間姗儀咸仰止巾幗而冠裳須眉較多恥表彰日于責持献需年齒我詩備採風更以勸百爾

李念慈字起瞻陝西涇陽人順治戊戌進士竟陵知縣

送弟欲仙筆浠上

伊昔同來翺翔皇京差池爲序雝雝和鳴分飛屢年還集帝里我宰竟陵君除蘄水維我所治民頑賦逋罔上告訐寔繁有徒蘄俗惇淳能什無缺強幹清明姦伏良悦君才優兹雖茹勿吐令行在初獲上斯覩蘭溪漣如嘉祥揚聲

彙侯休德兆民稟程嘉猷訏積陝帝左右掖垣竹梧青蔭茂矱隴西之裔濟濟同登我歸南畝詠歌休明秋風沆碭送爾遵征君召奚蒸哉丕敷令名

曹溶字秋岳浙江秀水人崇禎丁丑進士官總憲

舟泊蘭溪晤周旣樸世兄因悼尊人天格

長江瀲灔接浠水一曲菱歌度晚煙却憶滬池高隱節名山著作冷清泉

又

二十年前對古人逢君促膝話酸辛相期莫讀送窮句清

白吾曹是後身

朱阜字即山浙江山陰人康熙戊戌進士官左中允

都門送張青獻世兄公車還楚

紫氣遥瞻浠水濱和風餞舊別懷新千秋師友垂南斗兩地弟兄依北辰此日暫分燕帳月他年還共玉堂春須知報國文章在待詔金門第一人

譚籍字[redacted]竟陵人

浠川別李明府

題詩浩泉寺蘸筆白石渠此事亦偶然千載名不渝豈非

昔賢人今古鎖不殊此邪風氣美時多賢大夫放衙山色
襄拄笏水石區一行作吏來筆墨未常蹤栽樽時領客日
處烟霞俱遡自人倫鑑徐公本顧厨謂徐元歎先生諸葛拜牀下
秦晁出大蕪政事原有本文章豈無徒松葛雖異質臭味
適同株自懷貧類情窮年廹憂虞种放徑捷日傲昕甘自
廷五字淡生活識者或相娛自咲百年身長使友朋扶一
旦奪我撫相憐勸曳裾謂勑庵父母吾道輕糠粃此物尤廢甌
謙謙君子心何以采襄蕪盛德從所秉高懷迴不誣君看
阜伯通亦有廡下儒

徐元文字公肅江南崑山人順治己亥狀元官左都

楊菊廬索題春曉亭

四眺雲峰合千廻石磴開丹巖臨綺榭錦渚傍層臺曙覺
春禽好吟生灌木哀何人會此趣獨愛艸玄才

顧景星見前

第三泉

分茶陸處士戴笠老坡仙荒草迷前路名山伏後賢茝蘭
空積裹烟雨大江邊若取廉泉比清風許並傳

打鼓石巖壁有蘇文忠公書空明三字

懸巖三大字深刻擊空明歲歲春霖洗蒙蒙碧蘚生雷霆
魑魅護風雨鬼神驚上有磨崖句流光泝古情

綠楊橋

悠優今古事杜宇一聲中誰臥溪橋月偏當酒旆風楚兒
無舊樹江店發新叢跋馬重來日題碑氣更雄

浴蓮庵秋影樓

殘荷聲起處秋影落梧桐淹雅還江令臨風想謝公溪毛
陳父老竹馬走兒童欲識新詞好青蓮有化工

洗筆池

文竹留餘墨千秋照水涯如何右軍意獨許此召知老筆
孤鴻爪前賢一字師接羅堪倒着日日醉山池

癸亥春日懷李欲仙

艱難多態日儁爽見高標詞翰耽雲月江山逸麗譙鬭茶
桑苧水沽酒綠楊橋欲極論詩興春波買畫橈

又

往日徐元歎幽棲向薜蘿一菴名落木舊雨憶寒河鄴下
遺音在由拳秀句多師承風格好試變楚人歌

祁徐方伯請祀龔宗伯約

花外斜陽憑吊處獨存老樹殺秋枝二疏祖帳還丘壑萬
卷藏書入夜臺往往山陽橫笛淚年年春雨杜鵑來浠川
兒女餘香火縹緲荒祠酒一杯

其二

詩格廬州長句好秋原萬馬静銜枚六橋明月三春酹孔
里姑胥百尺臺詞賦久隨梁苑盡笙歌無復季長來向山
椒杜何由酹老去漂零濁酒盃

其二

往事孤城傳箭急隱囊羽扇寂風流嫛條幾下江潭涕斷

鳫長憐楚塞秋萋蔭菭凉留蔓艸樓臺落日半林丘郎今
棲翠收功地父老含悽說未休

其四

川嶽英靈豈漫猜如今真是軼倫才陳遵勝客餘尊酒郭
泰門生半草萊尚有池臺沉碧藕空憐官閣貽江梅 生
蕭遠狂歌裡誰解千秋庾信哀

朱 雯 字裔三浙江石門人康熙甲辰進士江寧司馬

鳳棲梧

十六年來論仕宦我始來京墨綬君初綰金馬浮湛君莫

傍笺頭燕子飛

其三

今日何曾似古時愁添萬斛少新詩可能記得當年事重
到蘇公洗墨池

其四

潭上桃花歲歲春花開花落一時新願將身比姮娥老照
見永安宮裏人

其五

潭柳和煙幾日晴我來不見月華明豈緣影落江南水也

逐浮萍無定情

其六

前月後月潭上流新人舊人潭上遊雞鳴月落西江去恰
似灰飛赤壁樓

蔣 寅 字亮天江南丹徒人順治乙未進士浙江大參

春曉亭

蘋子吟春地孤亭愜勝情瀑泉侵檻外爽氣捲簾明鳥語
閒趨趨花開雜杜蘅還如大堤上士女踏歌行

張鴻道 字喆甡浙江慈谿人

六補湣宵克之山房詩集

泉春悠遊眺言塵清溪濱山山含蒼翠曲曲流漪淪漁舟
還上下炊火吸煙雲石橋架懸崖山市隔幽津水迴岫浸
青依依殊可親哲人秉玄鑒卜居爲比鄰寂莫桑墉間書
卷縱橫陳足跡遠城郭囂散絶囂塵昔常剡溪去乘興不
蘇頓滿載餘杭酒多邀曲水賓我家越東鄙未獲接清芬
偶然成邂合相對寫殷勤烹泉後包炙洗爵抒妙論所嘆
拔分晚倉卒逼斜曛感嘆獨歸來忽忽如飲醇

迴風磯

屹橋休滿掛此處獨迴風亂石攔江半狂瀾漱壁空長携
雲作伴時有鴈來同已識隨波意典懷轉不窮

酬送周屺公

半載如圍客秋風拂袂初已難禁別意那更作鄉書對酒
驚新鴈披衣冷敗葉浮蹤同汗漫歸興幾時舒

洗筆池

紛傳名蹟踏芳蹊漫說蘄陽亞會稽春色已滿山皆滴翠花
殘半壁盡環溪儘餘野鶩過家翰豈有鵞群入墨池
潑有餘墨滿辯才應也濺江西

清明

愁聽荒郊野哭餘當年城郭不全虛楮錢一縷飄何處
尾三杯與自如花鳥但知新歲月山川不似舊樵漁空留
石上連綿迹蘚剝苔殘歎楚墟

贈畢丹生明府

感歎秋風吹客衣徘徊句曲靄斜暉幾盃花醞沉吟久十
載關城芳訊希老我浮踪遊未倦饒君薄宦去何微細思
五斗無多戀陶令籬邊菊自肥

玉臺山張王廟　調寄滿江紅

仰歎孤忠甚到處蒸嘗不絶曾記取睢陽圍困食窮兵竭
悵望賀蘭援已斷痛呼南八聲何烈剩纖腰一捻饗軍多
心不結　光瀲灩浠川月秋點淡孤臣節想英魂不散飄
飄黃葉古廟莫教巷鼠竄空城徧被將軍摒倘吹來風箭
玉臺高還悲咽

九日登玉臺山觀操　調寄放高樓

携手去登眺玉臺高雲淡淡鴈嗷嗷丹楓樹影黃花酒嫩
涼天氣薄寒袍放闊情風吹帽髩邊毛　看不盡旗翻魚
貝鳥聽不住馬嘶擊士鞍韉鼓降來無濤輕慓子弟爭超

雖風流邑宰嘉投醪哭書生長倚劍興空豪

彭定求 號訪濂江南長洲人康熙丙辰會狀翰林院修撰

送李欲仙之蘄水

君才非百里捧檄暫南征驛路秋寘爽征驅漢渚輕綠楊欹枕畔丹井沸泉聲仙吏忘憂處興歌次第鳴

向在江

如園雨中與等公

偶過浠水尋幽處借榻禪房爾共談客蓬戶邀層翠入重陰梧接逵烟含客來瀟瑟天邊雨僧住滄桑變後庵日暮

坐深鐘梵寂個中消息與同參

周綱

壬戌春偕等公遊清泉

郭外尋幽徑春風引路長飛花縈客袂小鳥說年芳修竹團清影孤松溢日光遙聞鐘磬響山曲是僧房

又

雲門逵市郭泉碧映遙天芳草無人跡斜陽何處煙引遊隨老衲流覽想前賢亦有下戈擬殘碑欲悵然

下蒙發人 字燕公浙江嘉善 康熙戊辰進士

和外舅蘭溪月下還署

衝寒當歲晏況復戴星行欲作循良最須令訟 平冰霜威自霽剝啄吏難驚飲水知公性壺漿野老情

又

勤聽還飛舄歸程踏月行氣溫寒可散路險政能平近苦鴻呼急休教驕唱驚經過應歎息民牧名為情

浠上和別張嵒畊

山縣同為客關心若病多蕭閒商藥裹眠食減愁痾神逵交偏淡途窮志不磨曲江風度在青白眼誰何

又

一從仙蛻去山冷鳳難棲樹老嘶官馬城荒報午雞紙窗風自語泥屋雪常迷歸去江南好花蹊共柳蹊

屠又艮 字尹和浙江仁和人康熙庚戌進士雲南曲靖郡丞

祝張鄂山夫子四袞

喜值星輝候欣逢強仕年生申維岳降當代出仁賢射策終軍少咨謨作士先文章千古上器略萬夫前攬轡登熊軾搴帷入越川兒童趨畫轂父老識金蟬簡要𡠗情譜清高一節堅析傷寬東甚樸棫荷鈞銓吐握終無倦包容細

苯捐風聲遍陬澨儔蹟耀台躔鳳閣清班望鶯臺左席懸
殊恩升碧漢盛瑞紀神仙使節車盈署門人佩委蛇李桃
慚玉筍蘭蕙長芝田世業光家乘科名誇代傳周行承矩
矱努力巽闈甄洩浡歸丹籙鸞駘受玉鞭笙歌賡樂只覓
袖舞徧褼東海安期棗西池王母蓮無能持獻祝聊賦紫
芝篇

曹爾堪 字顧菴浙江嘉善人順治壬辰進士翰林院侍讀

春曉亭

峯廻楚甸對江城水郄西流繞岍清化夫神仙存舊跡亂

餘亭榭署新名澄潭放艇垂楊影曲徑憑欄杜宇聲蝶夢
染青波染綠春來曉色最分明

其二

橋畔詞頭憶宋人使君題咏復清新攜觴頻醉三更月卷
幔長收萬里春丹竈蘚痕迷洞口玉臺花片亂溪濵他年
倘試三泉水白社相尋許卜隣

華亦祥 號陽湖江南無錫人順治己亥榜眼

楊菊廬索題春曉亭詩

蘭溪之水清且漣西流汨汨稱名泉屹然有山在東郭昔

[illegible]蘇飽起步逐蹊斜拜石如逢友巢雲亦有家柳搖
矜物候蝶舞感生涯曉夜山春續勞勞人事賒

又

偶眠松畔石幽夢閱泉聲山色能清午花香半媚晴數畦
寒日漾疊樹爨煙平餘粒餐山鳥八過了不驚

又

松嶺續嵐氣松濤湧澗泉鑒流清一掬縣響靜諸天雲日
閑中換風蘿物外妍掛瓢隨處滑待月且留烟

中秋晚泛就閑雲閣

此夜人如月中流擢自由雲情閑欲住天意半於秋足岍
蟲吟足當邨犬吠幽空明徒夢想漁火亂烟洲

送劉雲蓭明府守泰州

荆揚千里接漣漪江遶羅浮瑞節移野叟大錢兒去橐清
泉白石照新碑官兼水部梅花理調反淮南叢桂詞別夾
猪肝終勿累溪蘭永襭被哀巖

題練光樓

環城皆水碧涵堂誰解當琴引練光持此素心同澹澹超
然絃指竟洋洋曉籟霞舉笙爭秀岩楊嵐面夢亦涼不數

李疵泉品第逍遥吏事節滄桑

謝兆昌字墉在浙江定海人康熙丁未進士侍御史

李明府之蘭溪賦送

㷡氣朝來鳳閣邊驪歌初發便乘船使君異政飛鳧日童
子新騎竹馬年自是聖朝崇治術於今南國靜風煙絲楊
橋畔逢多暇白雪應調入管絃

三泉

李 泓字平津江南典化人

芳泉獨湧向沉潭似遜高名品第三石火湯煎消宿渴松

濤徐沸助雄談時分子午同湖汝地進蘄蘭帶夕嵐我欲
擕鐺踵下住細將風味靜中探

牡丹石

色香品位壓春官每妬狂風損藥欄今日芳姿成玉骨不
須重立相風竿

又

眠茗着艸縱奇觀雨露憑沾蕊不揹盡道生公能點首乞
將根帶向風安

查培繼號王望浙江海鹽人順治壬辰進士九江巡道

春曉亭歌

春曉曉春春欲曉枝頭宛轉啼山鳥山鳥流紅春不知秋
花如雪春已老蘄陽達者獨憐春每踏深林散襟抱玉臺
山畔探幽奇蘭溪岸曲騁窮討玉臺蘭溪隱聖靈仙蹟羅
羅紀玉清蒼斗天矯麥碧漢石羊紛披走赤城翠壁丹梯
餘天洞蘚床石竈離塵纓猗蘭十里香濃郁羽士烹芝之調
玉羹俯瞰長虹吸波白瀛洲學士寄幽情搆之傑閣冠以
亭亭名春曉春風生春風泠泠春月明尋春士女擷芳蕙
豈無白鹿駕仙人霞冠絳幘駐山樊縱遇羨門人不識蕭

疎漁牧自寒溫

向古

別如圍宿巴河懷等師聲官鴻士鄭存朴

浠水連雲瀉輕颿不暫停鷗浮沙渚白煙亂暮山青江接
巴河市人依帶草亭醉鄉昨夜月歎寐歎晨星

又

縹緲湖天濶蓮香不可尋大江雙槳月高閣五更心枝颭
支衰盛鬓鬚眉立古今遥思鐘磬外桐露有清音

樊 翰字桐山河南桐柏人順治辛卯舉人雅州學正康熙戊午分校楚闈

別張子青獻返豫

分枝朱幃五色開龍文喜得蓓中裁淵源久識傳家學李璧今看軼楚材彩筆已徵方脫穎錦標猶冀㨗登臺歸來快語中州士江漢名株手植回

沈令式 字雲中浙江德清人順治己丑進士廣東學道

春曉亭

蘄春佳勝地百尺玉臺山背郭寒煙繞臨江落照開幽棲駝逸侶獨寤惜韶顏丹井知無恙何當煉九還

其二

頻年休戰伐帶甲淨黃州卜築名山靜潺湲浠水流花田歌牧犢潭月泛漁舟見說幽居事風塵幾臥遊

其三

溪山晨夕勝春色更難銷杜宇啼空谷楊花覆石橋閣中清嘯永亭下白雲遥莫道林泉地高陽久寂寥

其四

竚想登臨興晴雲碧水天花城仙吏暇金谷主人賢着屐慣康樂傾樽妬萬年何時謝塵鞅斟酌第三泉

李含春 字㑹谷順天通州人順治戊戌進士文選司郎中康熙辛酉科典試楚闈

送客菴兄之官浠上

一鴈秋風百里吹歌騰來暮綴新詞迎簾肅穆琴聲靜繞砌幽閒鶴步遲赤壁遊高蘇子賦池塘夢和謝公詩聯床兄弟應圖聚知在還期北斗時

魏學渠 號青城浙江嘉善人順治戊子舉人督學楚中補江右湖西道

送陳雲銘同李欲仙之蘄水

爲客齊安策短轅秋風斜日黯無言漢江士女稱南紀水國樓臺類故園才子推陳工草檄高名御李重登門側身西望桐鄉舊湘雨衡雲總斷魂 雲銘尊公昔長安仁故慨及之

方舟 字虛菴蘄州人浙江嘉善知縣

秋日和李雲浦送酒

天涯無簡事愴影伴窓斜刺史王弘酒龍宮慧遠家孤踪隨野鶴詩卷對秋花一水東南隔荒城還暮鴉

暮春送友還羅州

歸帆浠水外執手別離難鄉夢疑方近江春趂未闌放船追落日懷友討征灘同是天涯客無由托羽翰

浠水立秋柬李明府

青山流水寄孤踪老去生涯向此濃臨罷黃庭難換酒賣

來越錦旋朝春折屐五斗羞爲令餬口八人媿上農乘吏
湧言清白事秋成依舊似年凶

西郊同友人看菊

僚倒花前酒滿巵晚香深處繫舟時喜同雲壑分三秀欲
傍霜籬借一枝松徑未荒元亮宅花溪長詠少陵詩憐予
楚客悲秋慣醉讀離騷動旅思

孫致彌 字愷似江南嘉定孝廉

送雲間王霄羽由汴梁王中丞署就婚蘄水

華亭谷口秋風高鴐鵝鴻鴈求其曹此時把酒送君去沉

吟使我心神勞兩家百里隣鄉縣司理中丞偕鶚薦開濟
還推太僕公樞曹我祖情無間通門三世托久要豈同文
酒尋常交愛君兄弟三株樹扶疎直上干雲霄憶昔初逢
君伯氏典衣沽酒燕臺市肝膽俄從一見傾才華頻使千
人廢君家中丞太僕孫金隄建節當奇門狂生懷刺久湧
溷公獨顧我同春溫歸來舊隱尋深柳仲也金昆李玉友
憐我塵埃汙素衣許我論心醉醇酒灌夫爲弟袁絲兄不
煩越祝丹雞盟淵源祖德聯膠漆脫畧形骸得性情從茲
暫別心猶結楓樹青青照梁月乘興相思命駕來我正停

桃君欲別牙檣錫纜指中州裘馬翩翩羨壯遊彩毫花映
梁園雪金縷歌停艮岳秋別有瑤池青鳥信秦樓引鳳簫
聲近盧家木解顛花紅扠寶爭看憐玉潤楚江宮閣雀屏
開郎扇吟成七步才同心茝照宜春勝並蒂花傾竹葉杯
吉夢預占投玉燕頌椒詠絮分題徧九子螺描京兆眉六
銖衣舉梁鴻案應識雞鳴戒旦心還期杏苑醉花深青箱
好續東萊議彤管無煩潘岳箴折柳臨岐增繾綣秋衾思
夢隨君遠難兄把臂定相思應惟稽生作書懶憑君寄語
謝中丞今日河南得李膺殷勤若問牛衣客可許龍門再

一登

田雯 字綸霞山東德州人順治辛丑進士湖北糧儲參政

同年李欲仙出宰蘄水賦送

李子通籍十六年今日之官蘄水尹塵埃蹇嵼典足豪文
章鬱怒才方斂觜爪開張脫韝鷹刃鍔晶瑩磨鼻盾清襟
雅量擺雷硠哆口疎眉無畦畛古廟高詞破鬼膽寒廳夜
話生風吻燕郊騎馬酒徒多楚船打鼓布颿穩青門送客
發曼歌玉溝排岸推車軫前者攢箏撥檀槽後者彎弓射
鵰隼二將何戡唱渭城六響鼓鞞紬韈蠋蘄春山川宛崤

擭水郭風花更輪囷赤嶂遠岫聳千尺白渚芙蓉挿萬木江村飛牒官錢催戈船下瀨軍糧緊縣堂敲朴痛民恩長吏刀圭醫邑疹我恨未爲親民官君才且莫擲虛牝手板低頭如駏蛩行隊張軍鴐鸞靷龔黃召杜跡堪追東馬巖徐事可哂君輩須爲百姓福何用文字琢肝腎朱雀揮桁誇京朝頭銜署紙空蠹蠹座末爲郎齒髮衰水部龍鍾石龝窘那怪紛拏逐燕雀無異青紅浮海艤唐舉玅術何人傳虞翻寒柎勞嗟憫不應趨朝聽曙雞只合萖畦採野菌山雲發祭雨新沐井梧蕭摵葉未隕旗脚風轉聞啼鵶天

色蔚藍秋鴈引

張亮邦 字秉六江南華亭人

三洑蘭溪感賦

西風瑟瑟江上吹木葉脫落鳴鴈悲江水無情自蕩漾滔滔東去何時歸憶昔春明堤柳綠沙棠棚展楚歌續惆悵征南未罷兵傷心客路驚相屬幸今里巷稍安閒雞犬桒麻似舊年溪沙無恙流清泚人去人來照藉顏磯頭宿鳥如相識却笑勞勞無休息幾回襆被不勝寒玉壺空青謫含山色

陳鉽 字雲錦浙江嘉善人

浠上立春 調寄探春令

陽和初轉春光漏洩又含金柳庚中守盡年華後恰值月圓時候　流觴浠水欣同偶詩興濃於酒想家園剪綵宜春小窗兒女思余否

李振宗 見前

採木山中作 爲葺文廟

採木南山下斧斤以其時晨行宿霧中披荊路逶迤林壑如有靈受此雨露滋觀彼衆材玅一一多瑰奇工師愼取

捍聳幹忍棄遺直道古所貴大廈惟其支屈曲幸自全棟梁媿非宜嗟哉松柏心千年今見知

王氏節孝歌

蘄春八月初停轍采風待欲披貞節縣譜猶傳宰相家潯陽江上留雙烈烏柏紅經三十霜懷清遺事今堪說有子趨庭讀賜書門高交滿公卿列季心然諾重當時塵世涼蟾幾圓缺北風蕭瑟憾西河素幃幾度相辭訣只爲繈緜養大家兼石荻管存瓜瓞茲離瑟柱調孤鸞春隔空庭花百結祇今玉樹漸菁葱祖庫孫頂翁心悅能把冰霜護莖

誰言巾幗非人傑生女猶將節義持王家那得淮流

慨余守十有成規表章未使幽芳揜惟期教子早知名壽

母高題貞孝碣

湧蓮菴

清池蓮湧處小築勝名留松徑消殘暑僧房入早秋霜前

新果嫩雨後晚苗稠自笑多迂拙來閒欲解憂

仝友人飲文昌閣

臨水紆谿路憑山聳翠樓榴花猶照日疎竹已迎秋詩酒

牽鄉思嬌歌冒客愁倚窗登眺絕千里暮雲浮

蘄水縣志　卷　四九

宿太乙閣

江雲常作雨況復是春寒捲幔風增怯添香話未殘思因

愁病斷夢藉客杯安待月瞻牛斗空天放眼寬

萬壽寺苦雨

風雨浹三旬幽棲度歲新村煙迷遠樹岸柳濕芳塵永日

傷前事終宵憶故人江南花信好獨占世間春

春日宿陳家廟

春日巡行數停驂處處禪喜親僧是主愁對雨爲緣倒壁

兵荒後幽窗竹石前常來空寂地反苦百情牽

癸亥蒙　恩頒賜宮袍恭賦

盛典彰施重天孫縷繡微遠臣叨　聖眷殊錫出宮闈愈

覺桑蠶苦還慚錦製非寧遑什襲意常被見光輝

賦得解鞍欹枕綠楊橋

春曉亭西浠水東倦遊那復計飄蓬詩成馬上邀明月夢

逐溪流任曉風已是羲皇高竹牖何須禪衲靜琳宮欲知

我輩疎狂態不忍輕過柳色中

張邦福見前

甲寅都門奉別少宰張繡紫夫子歸里

蘄水縣志　卷四　五十

一代勳名孰與先長依紫極在天邊遠辭函丈三千里近

立門墻二十年鵷鷺久慚班列後鳶魚猶識去來緣自知

綠野承恩處歌詠誰云效昔賢

喜文昌閣成登眺懷古

高標峻閣接蒼穹萬井煙嵐一望中閣道連雲飛五色亭

窗虛月引三紅臨河欲結珊瑚網寶樹還期金碧叢赤壁

黃樓共鼎峙應知今昔有紗籠

山居寄呈少司馬孫作庭夫子

范韓德望重金臺聖國文章昭代才啟沃早傳新諫草和

羨衛藉舊插梅程門雪映冰霜遠將徑雲移星斗迴非是
陛眺松菊好幽懷曾待幾時開

巴河贈別祝參滑世兄 河南孝廉父諱呂顯帝己丑進士司理黃州曾蒙首拔

馬首遥馳漢水開晴江玉露映冰壺汝南月旦推名宿赤
壁文章識大蘇業著千秋方淑世才鄰八斗亦師吾上林
如錦盈春色早佩絲綸入石渠

山居寄懷學士孫子在豐編修方子象瑛行人羅子
映台諸及門

十載金門獻策還一堂受業筍成班廣平獨坐傳風雅伊

洛同源接斗山玉樹扶疏清夢裏仙槎縹緲白雲間栖遲
正好藏迂拙儘日幽閒自閉關

和李欲仙父母東郊閱武 李公練鄉勇城內外凡十團

特簡來宸極飛鳧入漢東弘文思繡虎浩氣友滇鴻　帝
命疇咨重汝諸師錫同臣心原似水民望久如虹已識澄
清意還需砥柱功四郊惟馴雉三面不言獲陸嶂依丹鳳
蘋堤走玉驄五雲迎趙日萬井待堯風偷武人情協出車
士氣融劍光流月白旗影動朝紅威肅行冰上謀成在幄
中長楊滋蔽芾細柳藹江楓仗鉞千鈞立援枹一派通轄

羨楚叔子白恰彷山公何用師徒力祗緣節概雄拔萃風
易徧扶纜意難窮自有生花筆無煩後羿弓德星環境集
旄宿應時空擊壤同民樂鳴絃報國忠滿懷霖雨志寧止
兆年豐

客遊荊州値滄眉葉師誕日賦祝 諱南生荊州司理丁酉分房出其門

荊城客路滯風霜喜接芳辰五一陽南岳仙雲馳壽省西
池花影照槐堂詞華久擅題鸚鵡政化遐傳下鳳凰幸托
扶搖方有日恰隨鶴馭到宮牆

長安完寓偕諸同人中秋前一夕對月和韵

樓頭遠眺賦新詩一派清光繞客思明月欲圓惟此夜好
陰堪惜待何時蟾蜍有意同孤影鴻雁無情對小卮最是
旅愁難禁處笙歌隔院滿庭吹

王保釐 字埋仲邑人順治戊戌進士江南常州別駕丁憂服闋候補

和閱操詩

天子欽良牧福星臨漢東遐方勤節帥原野切哀鴻順則
民無畏歸仁執可同詩書思化雨飢渴望長虹昏墊由來
久雍新妙有功大庭無伏鼠深谷絶潛豵天際翔威鳳山
城接玉驄湯湯　帝澤穆穆慎皇風草木烟光縈禽魚意

氤氲披雲嶠漢碧立雪點爐紅彩徹三山外春留一顧中
德音宣隴麥濃蔭鹿林楓游刃有餘地羨榆自此通王臣
時匪懈　聖德日虛公涓靜湘江潤神凝岱岳雄孔脂曾
不漾笳響更何窮巴蜀早傳檄昆明隨橐弓輓輸雖未巳
杼柚漫言空能以咨為啇原移孝作忠鳴絃歌壽考足國
頤民豐

周梓　字既樸康熙壬子邑孝廉

浴蓮庵謁龔端毅公遺像

香山有祖蹟今日謁三泉風馥浠濱水清分鉢底蓮成名

先破賊慧業後成仙一瓣旃檀供蒼寒五色煙

畢紹轟　字右宣康熙丙午邑孝廉

清泉梵響

清泉仍是古清泉梵磬齋魚共戛然沙鳥鬧依東郭渡嶺
松孤帶北城烟吹來佛號風生浦夢過禪房月滿天誰道
心燈宜續録木犀香意巳先傳

仙臺藥茂

崔嵬千尺白雲鄉彷彿天台古石梁毛姊何年逢阮肇市
門幾處賣韓康緑秤削養龍沙局黃獨春深石髓糧采去
鳳丹翔碧落蓬萊清淺不須防

張萬選　見前

冬日讀書清泉寺雨中感懷

三冬景色滿荒郊花酒何時漫解嘲溜滴空庭竹半響煙
籠古樹鳥同巢幽閒冷慢人清醉野寺疏鐘僧夢敲兀坐
小窗添澹漠連宵風雨巳頻交

巴江送銓部王思繩座師還都

吳越風高嶺玉堦近聽紫氣滿江涯綸綸業著千官肅斗
極文衡百代師雲漢星輝知有色氷壺月映照無私弘開

絳帳今方識杖履容隨到鳳池

巴江送桐山樊夫子旋豫

盈盈秋色憶嫦娥近倚中州佳氣多伊洛心源散緑浦漢
江彩潤起金波和風遠映披桃李霽月高懸照棫莪野卉
願將清露洗鍾山巳駕待鳴珂

賦得解鞍欹枕緑楊橋

山光水色在城東春日遲遲落照紅為愛馬嘶芳草地却
隨花睡月明中碧波澄處迴天影清夢來時度曉鴻弱柳
長堤渾未改風流應許古今同

出都別方涓仁朱卽山諸世兄太史

十年投契可如蘭出處情同傲歲寒但以文章存古道猶
將干節砥狂瀾多君著述留花影愧我淵源負釣竿自識
歸來煙月好遥望紫氣逼雲端

長安道晚行

一望寒山影蒼茫古道中飛煙棲夕兎落照挽流鴻草色
侵人夢鐘聲亂客驄楚天何處是緑野負春風

高　鑑字仲聡康熙戊午邑孝廉

題清泉寺蘇學士像

蘄水縣志　卷四　五十五

蘇公眉宇自翛然雪意梅情二月天鳥自嚶嚶空谷裏槨
仍縷縷緑橋邊泉清可許名同老寺僻還因像並傳潑道
古今相憶處徒從頑石接先賢

邢　雲字以帥康熙辛酉邑孝廉

遊清泉寺

泉聲作有無樹色碧澄鋪壇閉龕龍藏林披石燕圖村醪
騰秫米僧鉢飯茨菇寶塔愁思矗雙雙白鶴呼

同鄧天赤楊元會諸年兄春郊

且將短啄作笙簧聯袂狂呼緑水流紫陌牧童時跨背春
田桑女乍擡頭晴雲細卷浮沉世對艸閒藏今古愁奚濟
所須無箇事一登高處快吾求

登華柱山憶古輪非臺

杵臼奔崖鳥道通沿藤薈爪竄梧桐青天忽誦驚人句徙
倚高峯憶謝公

邢子稙字[redacted]康熙甲子邑孝廉

居山吟

樵風漁浪遶吾家竹徑通香杳有花寫馬金刊丞祐傳騎
牛歌出穎侯衙清聲半樹鶯三月緑字千年蠹五車爲報

蘄水縣志　卷四　五十六

先生春睡早侍兒休唱浣溪沙

又

爲熟半額畫娥眉作賦難工世所遺閉比高僧惟食肉感
生往事又删詩飛花紅點當圈句病葉青含未斷枝窮蟲
宛陵梅子集更無風雨得相知

憶癸巳郡司馬陳夫子署篆蘄水拔余第一後督糧
湖南死于軍感而哭之　諱雲

少年知己已輪心此日廻思痛更深文老波瀾人不見淩
雲賦尚在山陰

其二

雪裏文章帶白看終朝連飲不知寒試日大雪蒙飲以酒高山欲仰

悲戎馬湖上年年秋月殘

懷司李馬夫子諱纘緒

得入榜下喜同升未必文章匹騄丞廿載深山人半老何

曾倂上繫紅綾

懷潘學師諱如安

豈有文章似子瞻師語余文似蘇長公披襟高讀手掀髯而今湘水

八千里泮上淒淒秋草淹

張屏公字宗臣邑明經與弟翀山弁名當九試棘闈列副車六

和李父母賑饑原韵

叔度來何暮今方槩解懸荒村咸帶月冷竈復含煙春色泗陽滿歡聲越水綿輿人欣化日詎足篤三賢

春月偕同人泛舟浠上不果即席分鄉字

河山有意惜輕芳不使遊人借一航兩岸花陰空往復廻溪波影自洸洋聊酬佳興牽詩思暫買春光入醉鄉何日招舟重泛酒好將星月引流觴

和邑侯劉雲麓先生清泉讌集

野外尋幽色琴聲徹遠巒雲陰樹迹古風靜鳥音殘竹[illegible]聯烟滴泉飛帶葉篇看花穿綠壁索句倚雕闌嫩葉香猶積小池墨未寒翻經客老衲遺俗坐蒲團仙客曾為侶披翁豈曠官解鞍霞作幛呼飲月同餐梧鳳棲鳥鹿[illegible]鸞宿暮灘應知名世在奚必問漁竿

謁前憲楊西印夫子諱志遠丹陽人順治乙[illegible]風首[illegible]

幾載丹陽借巨賢曲江銘勒楚江平[illegible]律溫寒谷劉龍垂清潔碧川蓮府能開人鶴舞栢臺[illegible]水犀連欣逢激鐸欽山斗文信恩[illegible]與其宣[illegible]

畢紹昌字卅生邑明經江南休寧令

仙臺蘩茂

仙人騎鶴去留跡在高臺丹竈常如此黃冠何日來荷鋤千澗雪對局一枰苔却笑秦皇帝神山海上猜

浠源峻險

何處西流出騈峯亂石磯斷虹愁鳥度奔雪帶船飛地割鴻溝界雲縫織月機人家偏樸畧幾處曬蓑衣

三泉異味

吾愛陸鴻漸評泉復著經千岩知名性一艇入蘭汀標鼓

雲潭味懷君古客星松風鐺裡出巴甕似中泠

屈　構字既法邑恩貢授國子監學正

賦得澄江淨如練

江上烟波自古愁而今七澤盡安流神妃何處水車伏爲魚未鳴濤響收朝鏡澄開森倒影晚梭閒織泛輕舟寂宜明月來相照萬頃長干一色秋

鄭文先字存樸號岱巖邑明經東安縣教諭

玉臺山

玉臺臺畔緑楊斜桃石敧眠綴素霞聽得杜鵑啼畫閣看

來芳樹映晴沙空庭佛古停雲影僻地僧閒伴落花倒浴浠流川宛轉盈盈淨練點浮鴉

又

洞裏仙踪亦久違那知春曉又花蕪石臺桐月空今古粥板雲鐘乍有無舊砌雨餘秋草碧青山雲護石龕孤只今贏有枕浠閣憑眺躊躇數畫圖

上巳仝何竺淵先生汎舟擊空明

何必蘭亭在會稽流觴修禊此偏宜環溪水不如相答入艦雲嵐可共怡醉折岩花依石虎笑持麈尾狎山麋蘋公昔日思來者我憶他年又是誰

僊人洞

僊人何事不重來怕着芒鞋破碧苔天上空歸黃鶴在洞門只見白雲廻青山接日揺蔾閣碧水連天望藥臺清磬數聲山翠度野花啼鳥亦徘徊

牡丹石

雲根那藉栽培力獨吐天香象外繁不向人間供採擇常留春色在巉岏

楊繼杜字文升巳名諸生詳逸行循氏繼錫孝廉叔弟繼暢戊子副車

仲春日影微在林未登梅梓山

緑樹香清吹晚風路廻花曲面迎東宿禽凝轉初開栢新月搖當欲吐蘋佛古憐人常下拜僧愚詢我不歸空西來樂氣因誰紫蒼髪盈盈坐老翁

雨中過浠流光

一過流光豈不宜但因雨濕步遲遲愁兼慷慨江干黄葵帶淒涼郴上絲急水看魚無住處斷雲驚鶴有低時香來石隙波生影驀見漁舟花裏移

釋道惺法號竺觀

丙辰秋夜方子子潔周子逵慕官子叔珍聯過山廬
剝啄靜夜誰卮年二三友酩酊長橋來過我池邊驢入門
一犬吠聲聲嗔老醜老醜任蹐踏杯盤一無有何以滌醒
酙茗粥煑升斗清光就圓月京陰薄高柳集瘖亂離中交
情覺彌厚亹亹聽清言何殊掃愁帚玄黃戰有年殺運尾
非偶人世不如意十巳居八九屈指數樂土無出彈丸右
未知此後來常獲安寧否庾公興不淺千古在人口忍坐
册邊辭滄桑信囬首

過城西別業有感（金孝廉舊居有董思白題額）

山水清幽映林宇流金爍石不知暑野老坐來心忽酸滄
桑誰是滆濛主亂後知經三十年溪光山色任依然當時
曾憶搜尋遍太史銀鉤絕可憐今在此中疑是夢慨余霜
雪已盈顛

晴江晚發

鄉心生野霽風色促歸裝柳醒春江綠花飛暮岸香辨燈
郵影近聽草听聲長驛起詢亭驛鶩滿入夢悤

郊遊步官子顧士韵

樹裏人家薜荔墻春陰漠漠覆山堂高花媚島江盈檻芳
草憐人綠繞觴遠岫歛煙開別浦斜陽次水滿歸航依林
覓得池邊路語落新荷句句香

山居

亂雲堆裏結茅亭書滿床頭花滿瓶匝眼不知幾髮白開
門惟見遠山青林巒浩渺心魂穩天水空明筆墨靈更喜
潺湲層石裏曳筇閒帶夕陽聽

釋超蕉（法號祿雨）

酬蘄水李明府仝蘄州張刺史登梅川後峯飛身臺

觀水火

相知寧用早相見豈徒然風月千年調煙霞一味禪興來
忘禮數欲去轉留連斷憶攢眉者鐘聲到耳邊

其二

空山來異客懷抱各依然但得此中意不知何處禪馬嘶
芳草綠人語白雲連去去後峯近松濤衣帶邊